英国労働党の教育政策「第三の道」

―― 教育と福祉の連携 ――

谷川至孝

Tanigawa Yoshitaka

世織書房

目次

序　章　本書の課題——ポスト福祉国家レジームと教育改善　3

　1　問題の所在——基本的な課題と二つのアプローチ・研究意義　3
　2　英国ポスト福祉国家像についての先行研究　24
　3　本書の構成と研究方法　42

第Ⅰ部　「第三の道」を構成する要素

第1章　脱物質主義——ケインズ主義的福祉国家とニューライト国家の限界　49

　1　イングルハートからの出発　49
　2　ケインズ主義的福祉国家の限界——フォーディズムの議論より　51
　3　ニューライト国家の登場と限界　57

第2章　市民社会の政治化・民主化について　62

　1　二つの小さな政府論　62
　2　二つの民主主義論（熟議民主主義論及びアソシエーティブ・デモクラシー論）と市民社会の政治化・民主化　65
　3　ラディカル・デモクラシー論による民主主義論の深化　71

4 ラディカル・デモクラシー論による熟議民主主義論及び「第三の道」への批判　77
  5 ラディカル・デモクラシー論とアソシエーション　80

第3章　「第三の道」における福祉サービスの制度構想——福祉多元主義　85

  1 リピエッツの議論より　85
  2 福祉多元主義とは　87
  3 新自由主義による福祉多元主義の借用　91
  4 福祉多元主義が描く国家像　93

第Ⅱ部　「第三の道」のキーアクター
　　　　——ボランタリー・セクターについて——

第4章　「第三の道」におけるボランタリー組織　99

  1 第三のセクターの復権　99
  2 ボランタリー組織の特性と「第三の道」　101
  3 ボランタリー組織の特性と福祉多元主義の課題　105

第5章　英国市民社会におけるボランタリー・セクター　111

  1 英国ボランタリー・セクターの伝統　111
  2 英国におけるボランタリー・セクターの今日的定義　115
  3 福祉多元主義の展開——「契約文化」の登場から「パートナーシップ文化」へ　119
  4 「パートナーシップ文化」の地方及びコミュニティへの発展　127
  5 「パートナーシップ文化」の意義と課題　129

第6章　労働党政権下におけるボランタリー・セクターの公共サービスに果たす役割　132

  1 ボランタリー・セクターの現状　132

2　統計からみえるボランタリー・セクターのジレンマ　140
3　ボランタリー・セクターによる公共サービス提供の展望　152

第Ⅲ部　EAZとECMにみるポスト福祉国家像

第7章　ニューライト国家の展開　159

1　サッチャリズムとその政策　159
2　サッチャーの教育政策　164
3　メージャーの教育政策――評価制度の確立　167

第8章　「教育改善推進地域」(EAZ)にみるポスト福祉国家像　170

1　問題の所在　170
2　EAZとは　172
3　EAZの評価　178

第9章　「すべての子どもを大切に」(ECM)にみるポスト福祉国家像・1――ECMの発展とボランタリー・セクター　191

1　ECMとは　191
2　ECMの発展過程　198
3　ECMの政策特徴の広がり　206
4　ECMにおけるボランタリー・セクターの位置づけ　209

第10章　ECMにみるポスト福祉国家像・2――子どもセンターについて　218

1　英国の就学前教育・保育――子どもセンターの誕生まで　218
2　子どもセンターの構想　220
3　子どもセンターの実像――報告書より　225
4　子どもセンターへの訪問調査　227

第11章　ECMにみるポスト福祉国家像・3——拡張学校について　234

 1　拡張学校の構想　234
 2　拡張学校の実像——報告書より　240
 3　拡張学校におけるボランタリー組織の活動——現地調査より　245
 4　ケンブリッジシャーにおける拡張学校の実像　254

第12章　ECMの評価と「第三の道」としての課題　259

 1　子どもセンター及び拡張学校への公的機関からの評価　259
 2　ECMへの政策展開にみる「第三の道」としての課題　265

終　章　「第三の道」、その意味と展望　227

 1　英国労働党教育政策にみる「第三の道」とは　277
 2　本書の総括　291
 3　わが国の教育及び研究への示唆　296

 註　303
 資料・参考文献　341
 事項索引　359
 あとがき　363

英国労働党の教育政策「第三の道」

序章
本書の課題
・・・・ ポスト福祉国家レジームと教育改善

1 問題の所在――基本的な課題と二つのアプローチ・研究意義

1 国家社会のグランド・デザインのなかに教育を位置づける
■わが国における政治オルタナティブの未成熟

「富国強兵」という国家目標のもとに、教育勅語を掲げ、国家体制と一体となって教育が展開され、悲惨な大戦に突き進んでいった歴史を持つわが国において、教育行政の一般行政からの独立は教育行政の基本原理であってしかるべきである。しかし、教育政策と国家体制、あるいは教育政策と他の国家政策とがまったく無縁であることはありえない。戦後、「われらは、さきに、日本国憲法を確定し、民主的で文化的な国家を建設して、世界の平和と人類の福祉に貢献しようとする決意を示した。この理想の実現は、根本において教育の力に待つべきものである」と述べ、「民主的で文化的な国家」建設と教育の在り方とを密接に関係づけたのは、他ならぬわが国の旧教育基本法である。他にも、1960年首相となった池田勇人が掲げた「所得倍増計画」はわが国の高度経済成長を支えたが、そこで語られた「人的能力開発論」は教育政策が経済成長計画に深く組み入れられた一例であるし、また、臨時教育審議会の教育政策が臨調路線の一環として、新自由主義のイデオロギーに強く影響されたこと（例えば、大嶽秀夫 1994、参照）など、その例は数多くあげることができる。

このように、教育政策が他の国家政策とともに、国家や社会のあり様、グ

ランド・デザインのなかの一分野として語られることは決してまれではない。そしてこのことは、国家・社会のグランド・デザインをどのように描くかによって、教育政策のあり様も大きく異なってくることを意味する。本書はこのような観点から、つまり、国家や社会のあり様、グランド・デザインを考察することから出発し、その一領域を担う教育政策のあり様へと論を進めていくことを展望している。

> 『第三の道』の第三の道たる所以は、国家管理、高い税金、生産者利益の追求に専念したオールドレフトでもなく、また公共投資や、時には『社会』や集団の努力という観念さえも、触れてはならない悪のごとく扱ってきたニューライトでもなく、その双方を超えて決然たる道を進もうとするところにある（Blair, T. 1998：p.1／T. ブレア 2000：9頁）。

さて、この引用は英国労働党元首相ブレア（T. Blair）が「第三の道」という言葉を広く世に知らしめた1998年の論文「『第三の道』：新しい世紀の新しい政治」（*The Third Way : New Politics for the New Century*）の「まえがき」である。この一文が端的に示すとおり、戦後における国家や社会の改革および教育改革の進展を世界的にみた場合、わが国も含めた西側先進諸国においては、ケインズ主義的福祉国家の形成・発展・限界からニューライトやそのオルタナティブとしての「第三の道」によるポスト福祉国家形成の試みとして捉えることができる（図1参照）。

もちろん、その具体的な進展のあり様は各国によって様々である。わが国では、1973年は「福祉元年」ともいわれ、その後も福祉国家の建設がめざされてきたが、そのあり様は、老人介護に代表されるように家族が家族にサービスを提供する家庭内福祉や、社宅に象徴される企業内福祉が伝統的に発展してきたこと等の理由もあり、国家が出資し提供する福祉は、米国に次いで貧弱であった[1]。

ただ、以上にもましてわが国におけるポスト福祉国家の展開について確認しておきたいことは、その提供されている選択肢の乏しさである。1982年に首相となった中曽根康弘（1987年まで首相）は、同時代の米国のレーガン（R. Reagan、1981年より1989年まで大統領）、英国のサッチャー（M. Thatcher、

図1　ポスト福祉国家の見取図

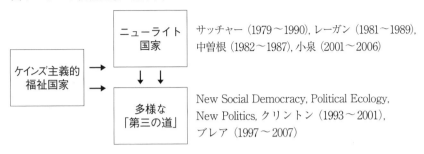

サッチャー（1979～1990）, レーガン（1981～1989）, 中曽根（1982～1987）, 小泉（2001～2006）

New Social Democracy, Political Ecology, New Politics, クリントン（1993～2001）, ブレア（1997～2007）

1979年より1990年まで首相）らとともに、典型的なニューライトの政治家とされ、国鉄や電電公社、専売公社の民営化や臨時教育審議会の設置（1984年）等、ニューライトを象徴する政策を次々と実行した。しかしその後の90年代の政権がそうした改革を徹底したか、さらには異なったグランド・デザインに基づいて改革を遂行したかというと、非自民党政権である細川内閣（細川護熙、1993年8月～1994年4月）や羽田内閣（羽田孜、1994年4月～6月）が誕生したものの短命に終わり、「失われた10年」という言葉が示すとおり、明確なグランド・デザインに基づく国家政策を遂行できないまま世紀末を迎えた。

　この90年代の閉塞した状況のなかで、国民の大きな期待を集めて2001年に登場したのが小泉政権（小泉純一郎、2001年4月～2006年9月）であった。この後詳しく述べることとなるが、一般的にニューライトとは、小さな国家や自由競争等を旨とする新自由主義と強い国家や権威主義を意味する新保守主義との二つの理念で説明される。小泉純一郎の掲げる政策も基本的にはニューライトの政策として理解できる。例えば、郵政民営化は「民営化」という典型的な新自由主義の政策であるし、靖国神社の参拝や有事立法に示された政治姿勢は新保守主義といえよう。

　ところで、大嶽秀夫は、1994年の著書で1980年代の政治を分析し、「日本の経済的自由主義が対抗イデオロギーを欠いたまま、全社会的に浸透し、きわめて画一的な思想状況を生み出す危険を内包することになった」（大嶽1994：19頁）と述べた。そして、2001年4月に誕生し戦後三番目の長期政権となった小泉内閣の支持率が異様なほどの高さ[2]であったその一因は、この指摘が的中していることを示しているのではないか。つまり、ケインズ主義

的福祉国家の行き詰まりに対し、多くの市民にとって、ニューライト的な小泉改革の他に選択肢が存在しなかったのである。

　そして、このニューライト的改革以外選択肢が乏しいという状況は今日も変わらない。2009年8月の衆議院総選挙に圧勝し誕生した民主党内閣は、確かに少なくともマニフェストを読む限り、「子ども手当」や「高校授業料の無償化」等、これまでとは異なるグランド・デザインで政治が行われることを期待させた。しかし、現実には、明確な国家・社会ビジョンを提示できず、マニフェストに掲げられた多くの政策が実施されないまま、2011年3月11日大災害に直面した。そして、復興後の国家・社会ビジョンも提起できずに、2012年12月の総選挙では公示前の230議席から57議席へと議席を激減させ政権を失った。その後の動向においても、グランド・デザインや基本政策の基盤を構築し、党勢を立て直す姿をみることはできない。

　一方、総選挙に大勝した自民党安倍政権（安倍晋三）はニューライト、あるいは旧来型の保守とは異なるビジョンをもって国家・社会像を描いているとはいいがたい。

　このようにわが国ではポスト福祉国家の国家・社会像が、ニューライトのそれ以外有力なオルタナティブが存在しないまま今日に至っている。このことは、わが国が、この後に述べるようなポスト福祉国家・社会像の世界史的な歩みから取り残されたままであることを意味する。そして、教育政策もその例外ではない。ケインズ主義的福祉国家やニューライトの国家・社会像を構成する教育政策は存在しても、他のポスト福祉国家・社会像を基盤とした教育政策を見出すことは難しい。したがって、わが国において今日ほど、ニューライトのオルタナティブとしての国家や社会のグランド・デザイン、そしてその一領域としての教育政策の探求が必要とされている時代はないのである。

　『ヨーロッパ社会民主主義「第三の道」論集Ⅱ』（2001）で小川正浩は「訳者あとがき」でわが国の状況について次のように述べている。

　　日本での「第3の道」あるいは中道左派の可能性はどうだろうか。まず、ヨーロッパのように、それを「社会民主主義の現代化」と定義したとして、理論と政策レベルは参考として考えてみるべき点は多くある。

しかし、政治主体レベルにおいては、残念ながら「現代化」すべき社会民主主義はほとんど存在しないか、あったとしても微弱である（小川 2001：106頁）

このわが国における「政治主体の脆弱さ」は以上述べたとおりであり本書の出発点である。そしてこの「政治主体の脆弱さ」は「第三の道」の理論や政策レベルの脆弱さと表裏の関係にあるのではないか。すなわち「第三の道」の理論や政策レベルが確立されていけば、「第三の道」の政治主体も成長する。またその逆もありうる。本書は「第三の道」の理論や政策レベルの発展に貢献することにより、間接的に政治主体の成長に貢献できればと考えている。

■ 本書の基本課題

以上のことから、本書はポスト福祉国家におけるニューライトのオルタナティブとして、国家・社会のグランド・デザインを描くことから出発し、その一環としての教育政策を論じることを基本的な課題とする。したがって、本書の課題設定の意義・特徴は、あるべき国家・社会像を想定し、それを基盤にして教育政策を設計する点にある。広田照幸もこの課題設定の意義について、次のとおり繰り返し論じている。例えば2004年の著書では「近年の教育学が不十分なのは、この領域への関心ではなかっただろうか」（広田 2004：9頁）と指摘し、以下のとおり述べる。

> 異なる未来社会の構想は異なる教育の未来像を描くことになる。……「教育のあるべき姿」が論じられるときに決定的に欠落してきているのが、「われわれはどういう未来社会を欲するのか」という次元と関わった議論である。個人化とグローバル化の先に、どういう政治・経済システムを選ぶか——その問いについて議論を始めるところから、教育の新たなビジョンの可能性が開けてくるのではないだろうか（広田 2004：99頁）[3]。

このような広田の表現を用いると本書は「予測された未来社会の像から、

その社会にとって必要な教育を演繹する」(広田 2004：8-9頁) というアプローチをとる。繰り返すが、本論はまず「未来社会の像」、すなわちあるべきポスト福祉国家像について考察することから出発する。その上で英国を研究対象として、そのあるべき「未来社会の像」の一領域たる教育のあり様について論じる。

■世界における多様な「第三の道」

さて、わが国の政治状況が以上のような状況であるのに対し、世界は決してそうではない。武川正吾（東京大学、社会政策学）は、80年代の先進資本主義国家の動向を検討し、以下の点を指摘する。1980年代の福祉国家の質的な再編と調整の方向は、普遍主義と平等主義にバイアスのあるネオ・コーポラティズム[4]と、選別主義と競争主義にバイアスのある新保守主義という両極化であったとする。このネオ・コーポラティズムの典型がスウェーデンであり、新保守主義の典型が英国であった。続いて武川は1990年代を分析し、1990年代は、一方では世界経済及び国際政治におけるアメリカの支配的地位の確立があり、もう一方ではスウェーデンの経済的停滞、欧州統合、社会憲章をはじめとした「社会的ヨーロッパ」の潮流、すなわち、ネオ・コーポラティズム的再編に親近性のある「欧州モデル」の模索がある、という。こうして1990年代は、「英米モデル対欧州モデルという対抗軸が新たに形成された10年だった」（武川 1999：212頁）と捉えられる。ただし、80年代の対抗軸が同位的な二項対立であったのに対し、90年代の対立は英米モデル優位という「欠性対立」であることに注意を促している。

もう少しヨーロッパの状況を俯瞰してみると、フランスでは1986年の総選挙の結果、シラク（J. Chirac）を首班とする保守政権が誕生し（1986年～1988年）、歳出削減、民営化の促進、減税を公約した。デンマークでもシュリーター（P. Schlüter）が1982年に保守派の首相（90年まで）となり、連続して緊縮予算を組んだ。ドイツでも保守派で市場志向型の政権が誕生し（1982年より1988年までコール首相〔H. Kohl〕）、ベルギー、ノルウェーでも1981年以降、保守政権のもとで経費削減プログラムが採用された。このように1980年代は英国だけではなく、その他のヨーロッパ諸国でも、ニューライトが政権に大きな影響を及ぼした。

しかし、1990年代後半に入ると、社会民主主義政党が相次いで政権に復帰し、ニューライトのオルタナティブとなった。1996年イタリアの「オリーブの木」政権（2001年まで）、97年イギリスブレア政権、同じくフランスジョスパン（L. Jospin）政権（2002年まで）、98年ドイツのシュレーダー（G. Schröder）政権（2005年まで）である。1997年の時点で、連立を含めると、欧州連合15カ国のうちドイツとスペインを除く13カ国で社会民主主義政党が政権を担当している。2000年11月現在でも、同じく15カ国中スペイン、アイルランド、オーストリアを除く12カ国で社会主義インター加盟党が政権を担当しており、史上初めて、ドイツ、イタリア、イギリス、フランスの4大国でそろって左翼政党が政権を担う状況にあった[5]（荒木傳 2001、1997年6月4日付『朝日新聞』朝刊、等参照）。

　もっとも、こうした1990年代のヨーロッパの社会民主主義政党を中心とした政権が、すべて同様の理念に基づき同様の政策を展開しているわけではない。本書は英国を対象に検討を行うが、英国が唯一無二のモデルではなく、各国の状況に応じた多様な「第三の道」があると考えている[6]。「第三の道」をどのように捉え、そこに英国はどのように位置づけられるのか。生活経済研究所は、2000年と2001年に『ヨーロッパ社会民主主義「第三の道」論集』と題した二つの論文集を刊行している。ここにはヨーロッパの著名な研究者たちが論文をよせている。以下、この論文集をもとにもう少しこの「多様な『第三の道』」についてふれておきたい。

　まず「第三の道」という用語の歴史的経緯について。ホウェ（S. Howe 2001）によると、今日的な意味で「第三の道」を提唱したのは、アメリカの民主指導評議会（Democratic Leadership Council）が1991～2年に用いたのが最初であったという。それが大西洋をわたり、英国労働党ブレアに多大な影響を与えたギデンズ（A. Giddens）によって深められた。ギデンズの『第三の道』（*The Third Way : The Renewal of Social Democracy*）が出版されたのは1998年だが、その源流ともいえる『左派右派を越えて：ラディカルな政治の未来像』（*Beyond Left and Right : the future of radical politics*）は1994年に出版されている。1998年2月のワシントンにおけるブレア＝クリントン会談の政策協議後、ブレアが「『第三の道』：新しい世紀の新しい政治」（*The Third Way : New Politics for the New Century*）を発表したのは1998年9月で

ある。それが、全ヨーロッパ的に展開されるようになったのは、1998年のドイツのシュレーダー政権誕生が大きい。「それは『第三の道』のアングロサクソン的孤高を終わらせ」(ホウェ 2001：56頁)たといわれる。ブレアとシュレーダーの共同声明「ヨーロッパ：第三の道・新中道」(Europe：The Third Way/Die Neue Mitte)がだされるのが、1999年である。そして、先にも述べたとおり「第三の道」はヨーロッパ各国に展開される。このような経緯から「第三の道」は「アングロ・サクソンの政治文化に限られた用語であり、アメリカとイギリス、ニュー・デモクラッツとニュー・レーバー、ビル・クリントンとトニー・ブレアのあいだの『特別な関係』のカリスマ的シンボルにすぎない」(クーペルス 2001：82頁)と評されることもあるが、本書では「『第三の道』概念は、純粋なアングロ・サクソン的かつブレア的文脈から切り離すことができるし、またそうすべきである」(クーペルス 2001：83頁)と考えている。

■「第三の道」の共通の背景

次にこのように「第三の道」が瞬く間に全ヨーロッパ的に展開された要因には、ヨーロッパ各国が置かれた共通の背景がある。この二つの論文集のどの論考でも論じていることは、「グローバリズム」の影響である。それは、「資本主義のグローバル化が進み、社会民主主義との歴史的妥協の主要舞台であった国民国家の枠に資本主義が収まらなくなってきている」(サスーン 2000：50頁)ことである。「こんにちでは、われわれは資本市場の完全なる国際統合と商品市場の完全なるヨーロッパ統合に直面している。……労働と資本間の再分配をめぐるたたかいもこんにちでは国際資本市場で決定され、もはや国内のストライキや交渉や政府規制で決められるわけではない」(シャルプ 2001：42頁)のである。つまり、ヨーロッパ各国とも、グローバリゼーションという共通の条件のもとで、従来のケインズ主義的福祉国家の見直しを迫られている。そして、この見直しは、社会的公正や社会的包摂という概念を意識して述べるならば、「国際的な経済統合が国内社会の分裂に結びつかないようにするという挑戦」(マイヤー 2001：91頁)である。

次に、その福祉国家の見直しのための共通した方策は「積極的福祉」であろう。クーペルスは次のとおり述べている。「ブレア＝シュレーダー共同声

明」において「狙いとするところは、グローバリゼーションという新しい文脈のなかで競争力を持つ積極的福祉国家のヨーロッパ社会民主主義モデルをつくることにある」（クーペルス 2001：84頁）。積極的福祉国家とは、伝統的な福祉国家のなかにある福祉受給の受動的補償から脱皮し、労働市場へのアクセスに必要な条件を整備する等、困窮者に自助の機会を与える社会的投資国家である。したがって、そこでは生涯にわたる自助のための教育制度が重視される。ブレアの「教育、教育、教育」もこの文脈で捉えることができる。一方、個人や家族にはそれらの機会を活用する市民としての社会的責任が求められる（メルケル 2001：9-11頁、マイヤー 2001：75-76頁、等参照）。

　ところでマイヤーは「第三の道」には三つの層があるという。第一の層はイデオロギーレベルで、ギデンズや政治理論から提起されている問題領域である。第二は綱領的なレベルであり、政党の一般的な立場もしくは政府の「政策イデオロギー」に関わる領域である。第三の層は現実の政策立案の領域である（マイヤー 2001：86頁）。

　1990年代のヨーロッパ各国はグローバリズムという共通の背景を持つにしても、各国が政策決定を行う際それぞれの経済的、社会的、文化的、伝統的な条件がある。したがって、「第三の道」の第一の層では一定の収斂が可能であるとしても、第三の層はいうまでもなく第二の層においても各国において違いがあると考えるのが当然である。それが「多様な『第三の道』」を生みだす。メルケルは西ヨーロッパの「多様な『第三の道』」を次の４つに分類している。①市場重視の道：英国ニュー・レーバー、②市場とコンセンサス重視の道：オランダの「ポルダー・モデル」、③福祉国家改革の道：スウェーデン（およびデンマーク）、④国家管理の道：フランス社会党。

　本書は、第Ⅰ部で「第三の道」の第一の層つまりイデオロギーレベルの検討を行う。ただし、経済学、政治学、社会学等の学問を網羅して検討を行うことは、筆者の能力を超えている。そこで、ケインズ主義的福祉国家とニューライト国家はどこに問題があったのかという問いかけを出発点としている。そして、第Ⅱ部及び第Ⅲ部では英国を対象とした政策研究に取り組んだが、「第三の道」の第三の層＝具体的な教育政策を取り上げるのは第Ⅲ部であり、本書の中心をなす。第Ⅱ部では、イデオロギーレベルにおいても政策レベルにおいても「第三の道」のキーアクターとなるボランタリー・セクターを取

り上げ、検討を行った。

それではこうした「多様な『第三の道』」があるなかで、なぜ本書は英国を研究対象とするのか。それは、英国ではケインズ主義的福祉国家→ニューライト国家→「第三の道」国家という展開が、以下のとおりすこぶる明快であるからに他ならない。

英国では、1979年に首相となったサッチャー（保守党）は、それまで保守党の主流であり、労働党とともに、基本的にはケインズ主義的福祉国家の建設に努めてきた「ウェット」と呼ばれる保守党の政治家たちから、党内の主導権を奪い、ニューライトの改革を推進した。さらに、ニューライトの改革が行き詰まると、保守党に代わって、1997年労働党が政権をとり、ブレア首相のもと、ケインズ主義的福祉国家でもない、ニューライトでもない、「第三の道」を標榜した政策を推し進めた。もちろん、ブレアの政治は本当にニューライトの政治と異なるのか、異なるとするならばどこがどう異なるのか、それを「第三の道」と呼べるのかどうか、多くの議論がある。武川もブレア政権に対して「新保守主義的再編の亜種ではあっても、これに取って代わる新種とはいえない」（武川 1999：129頁）という評価を下している。しかし、少なくともブレアは「第三の道」を標榜して政権を獲得した。そして、わが国と比較し、英国はケインズ主義的福祉国家→ニューライト国家→「第三の道」という国家や社会のあり様の転回が明確であり、先進的である。ここに、英国の国家や社会のあり様、英国の教育改革を検討する意味があり、それは、わが国の教育改革を考える上で、大きな示唆を与えてくれると考える。

それではこれまで論じてきた「あるべき国家・社会像を基盤にして教育政策を設計する」という研究アプローチ（「国家社会像から出発するアプローチ」）は、今日のわが国の教育の改善にとってどのような貢献をするのであろうか（図2参照）。次にこの点について、つまり、わが国の教育がおかれた現状を直視、分析し、その改善、発展を考えるとき、教育という一領域のみを視野に捉えるだけではなく、教育政策と他の政策、とりわけ教育に隣接する福祉あるいは労働といった政策を関連づけて捉えることが今日必要不可欠なこと、したがって、教育の改善・発展という教育を出発点とするアプローチ（「教育の改善から出発するアプローチ」）から考えても、国家・社会の枠

組みで広く教育を構想する必要があることを次に明確にしておきたい。そしてこのことは、本書の課題が今日の教育の改善・発展という点からも重要な研究意義を持つことを明らかにすることでもある。

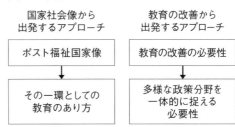

図2　本書の2つのアプローチ

次節では、この教育を出発点として、福祉、労働と言った隣接分野を関連づけて捉える教育学的必要性・意義について論じる。

2　教育改善のために隣接分野を一体的に把握する必要性――教育と福祉の連携

これまでも教育と福祉の関係を問う教育学研究は存在した。例えば白石裕の2000年の著書『分権・生涯学習時代の教育財政』の第1章は「福祉国家と教育」と題され、「福祉と教育」、「戦後の経済発展と教育・福祉」、「『ポスト福祉国家』と教育財政」という節立てで論を進めている。この節立てからわかるとおり、白石の著書は「ポスト福祉国家」を念頭において、教育と福祉の関係を論じる好著だが、白石の図書が執筆されて以降、教育の現場や行政がおかれ取り組んでいる状況、それについての研究の関心は変化、進展している。

■子どもと貧困

その一つの象徴が「子どもと貧困」研究だろう。新自由主義が生みだした格差や貧困、また2008年9月米国第4位の投資銀行リーマンブラザーズの経営破綻に象徴される深刻化する世界的な金融危機を背景に、わが国でも「子どもと貧困」に関わる多くの研究がなされてきた。そうした研究が行われる一つの契機となったのは、2006年7月の経済協力開発機構（OECD）「対日経済審査報告書」であろう。ここでは、日本の相対的貧困率（世帯ごとの個人単位の所得の中央値の50％ないし60％[7]を貧困ラインと設定し、貧困ライン以下の国民の割合）がOECD諸国のなかでアメリカに次いで第二位であると報告され、また子どもの貧困率についても警告された。ちなみに、2005年のユ

ニセフのデータによると、子どもの貧困率[8]はOECD26カ国中10番目に高く14.3％であった[9]。

　わが国でも、戦前から多くの貧困研究の蓄積がある。しかし、1960年代からの高度経済成長期以降、「一億総中流化」の意識のなかで、貧困への社会的関心は低下し研究も少なくなっていた。確かに、発展途上国の絶対的貧困と比べ、わが国の「貧困」を実感することは乏しい。しかし、この「相対的貧困」という概念の提示は、「貧困の再発見」の重要な契機となった。そして、この「貧困の再発見」は子どもの貧困の再発見でもあった[10]。

　こうした研究[11]のなかでも、ここでは、児童福祉の分野から貧困家庭における子育て支援を論じた岩田美香（2007）の論文を取り上げる。岩田はまず、少年院生に実施したアンケートとインタビュー調査から、家族の生活基盤の脆さ、養育機能の貧しさをはじめ、「少年院生は、家庭の中にも親戚の中にも地域の中にも、自分が頼りにできる相手を見いだせてこなかった」（岩田 2007：212頁）ことを指摘する。一方意外にも、こうした少年院生にとって、学校の教員への評価は高く、好きな先生がいる割合は72.1％に達し（一般群では49.2％）、先生を「頼りになる」と回答している少年院生も69.2％に達していた。こうしたデータについて岩田は、中学生にもなれば、一般的に多様な大人たちに囲まれ、学校の教員の評価は相対的に低くなるのだが、少年院生は「先生以外には誰もいなかったことを示している」（岩田 2007：213頁）という。ところが、学校卒業後には、そうした先生との関係も途絶えてしまう。このように、家族をはじめ非行少年をとりまく社会関係資本の乏しさが少年に重大な影響を及ぼしていることが論じられる。

　次に岩田は、こうした状況は「少年院生に限ったものではなく、……低所得・貧困家庭に見られた傾向である」（岩田 2007：213頁）と述べ、いくつかのケース・スタディを行い、こうした環境に置かれている子どもたちを援助していく上での課題に考察を進めている。そして、家族員相互の支え会いや感情的依存を「当たり前」とする「家族主義」が家族間の不平等や家族資源と市場の関係認識を曇らせること[12]や、「一部の援助者や教員が個人の頑張りで救っているが、いわゆる『夜回り先生』がいてはじめて助かる子どもが存在する社会を、子育て支援が充実している社会であると言えるのであろうか」（岩田 2007：216頁）、「青年期になってからの育ち直しや再チャレンジの

施策を準備するよりも、保育所のように子育て・子育ちの最初の段階から」(岩田 2007：217頁) 子どもと家族の生活を総合的に支えること、等、重要な指摘を行っている。つまり、このように岩田は、「家族主義」を乗り越え、学校の教員やカウンセラー、児童相談所や児童福祉施設のソーシャルワーカーなど様々な機関や関係者が協力して、子どもの幼児期から子どもと家族の生活を総合的に支える制度の構築を主張している。

次に、日本教育行政学会も、2008年の大会より三年間、格差や貧困の問題を課題研究に設定し、毎年3名の研究者をシンポジストとして議論を行い、学会年報に掲載してきた[13]。そのなかで中嶋哲彦はこれらの研究によって得た共通認識を次のとおりまとめている。「現代社会における教育機会の格差の解消または是正のためには、(1) 公教育・社会福祉・労働政策を含む総合的・体系的な施策・制度の整備が必要であること、(2) 教育行政や教育制度の社会的包摂機能を向上させることが重要であること」(中嶋 2011：193頁)[14]。

この中島の認識はまさしく本書の核心的な認識である。つまり、ここで論じられていることは「教育機会の格差の解消または是正のためには」、つまり「教育改善」のためには、教育という一領域のみを視野に捉えるだけではなく、教育政策と他の政策、とりわけ教育に隣接する福祉あるいは労働といった政策を関連づけて総合的に捉える必要性である。そしてそれは「国家の在り方そのものに関わる改革課題の認識」(中嶋 2010：234頁) なのである[15]。

さて、こうした「子どもと貧困」研究について、膨大な先行研究を網羅的に論じることはできないが、最後にその政策や制度を考える上で重要と思われるいくつかのわが国の特徴を指摘しておく[16]。

まず第一に、わが国はひとり親世帯とりわけ母子世帯の相対的貧困率がすこぶる高いことである[17]。第二に、岩田も指摘したとおり、子どもは家族が支え合って家族で育てるもの、したがって、子どもの貧困の原因を個々の家族の支え合い、努力の不足に帰する家族主義、自己責任(自助努力)論の強さである。そして、この第二の特徴は次の第三の特徴を生みだしている。「ひとり親家庭のうち親が働いている世帯」と「同働いていない世帯」の相対的貧困率を国際的に比較してみると、注目すべきは、わが国のひとり親家庭の貧困率の高さだけではなく、それにもまして働いているひとり親家庭の

貧困率の高さである[18]。わが国のひとり親たちは他の国のひとり親たちと比べ、仕事に従事している割合が高く（98％、OECD全体の平均は68％、山野良一 2008：44頁）にもかかわらず、貧困から抜けだせないワーキング・プアなのである。つまり、そこには、「家族主義」から、頑張って一人で子どもを育てようと努力するがそれでも貧困から抜けだせずにいるひとり親の姿と、その努力に責任を押しつけワーキング・プアを生みだしているわが国の子ども家庭福祉政策の貧困が浮かび上がる。そして、この子ども家庭福祉政策の貧困が第四の特徴である[19]。

■虐　待

続いて、虐待に関わる研究についてふれておきたい。厚生労働省によると、全国の児童相談所における児童虐待に関する相談対応件数は、1998年度の6,932件から2015年度の103,260件（速報値）と15倍に増加している[20]。こうした痛ましいニュースを見聞きするにつけ「なんとひどい親がいるものか」という思いがまず心に浮かぶ。しかし、山野良一は「日米の先行研究に学ぶ──子ども虐待と貧困」（2010）と題した論文で次のとおり論じている。山野は最初にこの論文の視点を次のとおり明確に示している。わが国において、世代間虐待連鎖説やアルコール依存などによる暴力への衝動性をコントロールできない脅迫的虐待など虐待を親個人の病理の問題として理解することが、これまで学術的に代表的な理論であった。さらに、マスコミの影響などから、あたかも虐待をする「ひどい」親から子どもを救いだすことが、児童相談所の社会的使命のように世論は認識している。しかし、虐待を「日本において主流な見方である親の個人的な問題とのみとらえるのではなく、親個人や家族全体が、もっと幅広い社会的文脈のなかで作用を受けていることを認識していく必要がある」（山野 2010：192頁）。

このように述べ、次に、アメリカにおける調査・研究に論を進めている。アメリカでも、子ども虐待を貧困問題や社会的な文脈から理解しようとする姿勢は、特に初期ではきわめてマイノリティであった。しかし、1990年代以降今日では、貧困問題が子ども虐待に大きな影響を与えていることは、一般的にコンセンサスを得ているという研究者さえいると述べる。そして、こうした子ども虐待の貧富による地域間での偏在的な発生率に注目するのが、

子ども虐待に関する生態学的研究であると述べる。ブロンフェンブレナー（Bronfenbrenner）の生態学研究は、従来の発達学研究を批判し、子どもと様々な環境との相互作用を重視し、次の三つのレベル、「マイクロシステムレベル（家庭内の親子関係など）、エクソシステムレベル（地域や労働環境など）、マクロシステムレベル（文化や福祉政策など）という多層的な環境相互間の影響のあり方が子どもの発達の方向性を形づくっているとする」（山野良一 2010：203頁）。また、ガルバリーノ（Garbarino）は、それまでの研究が子ども虐待現象を親たちの病理的な要因として捉えていたことを指摘し、そうした「医療モデル」からの転換を試みた。「つまり、生態学的アプローチとは、個人と環境間の相互影響を重視するものであり、単に子ども虐待の直接的な現場である加害親と被害児の関係だけに注目するものではない」（山野良一 2010：204頁）。

　山野は基本的にこうした立場に立った上で、とはいえ、多くの貧困家族は虐待をしていないのであり、そこで貧困が虐待に導くプロセスについて、論を進めている。山野はそのプロセスを三つに分類している。第一は、貧困が親たちに与える心理的なストレスであり、第二は貧困や社会資源の不足そのものが、子どもの虐待の可能性を高めることであり（例えば、経済的に豊かな親たちは子どものための短期サービスを利用したり、休暇をとったりできるが、貧困な親たちはそれができない。また長時間労働や夜間労働、ワーキング・プアを強いられる）、第三には、親たちの社会的な孤立、インフォーマル及びフォーマルな社会的サポートの貧しさである。つまり、貧困な家庭は、友人の数も親類縁者の数も少なく、子どものことで家庭内外に頼る人が一般的に少ない。さらには、得ている社会的サポートも少ない。逆に、同じ貧困地域でも、親族や地域内の家族間の相互的な援助関係があったり、専門家が相談に乗ってくれたり、保育所が使いやすいなど子育てをしやすい環境が整っているなど社会的サポート体制が整っているならば、虐待のリスクは低くなることを実証的に論じている[21]。

　さて、この山野の議論には先の岩田の議論と多くの共通点が見出せる。なかでも、子どもとその家族の貧困が生みだす様々な問題に取り組むには、教育関係者だけではなく社会や地域の関係者、福祉その他様々な機関が協力して、その子どもと家族の生活を総合的に支えるその仕組み・制度が必要なこ

とを確認しておきたい。

■ 幼保一元化

次に、教育と福祉との関係について、わが国における現実の政策や制度の動向を俯瞰してみると、明治期以来の教育と福祉という二元化された制度を一元化すべく長らく議論されてきた分野は、就学前教育・保育制度の分野であり、「幼保一元化（一体化）」の議論である。その戦後の経緯を辿ってみると、1947年に学校教育法と児童福祉法が制定され、幼稚園と保育所が別々の法律のもとに位置づけられた。そして、1951年の児童福祉法改正で「保育に欠ける」という文言が加えられ、保育所入所を限定する規定が設けられたことにより、幼稚園と保育所の二元化は決定的なものとなった[22]。

しかし、一方で一元化を求める議論も繰り返し行われてきた[23]。なかでも今日の議論の発端となっているのは、1989年のいわゆる1.57ショックを契機とした少子化問題、少子化対策を背景とした1990年代からの議論であろう。このなかでまず、働く女性の増加に伴って、都市部を中心に保育所への入所待ちをする待機児童の増加が問題となり、一方幼稚園については、少子化による園児の減少により運営が困難となる園の増加が問題とされた。そこで、幼稚園については、文部省は1991年に3年保育を認め、1997年には「預かり保育促進事業」を予算化し、2000年から施行された幼稚園教育要領において「預かり保育」[24]を位置づけた。このことにより預かり保育を行う幼稚園が増加し、「幼稚園の保育所化」といわれる状況ができあがってきた。さらに、幼稚園と保育所の実質的な教育・保育の内容、カリキュラムについても、2008年に幼稚園教育要領と保育所保育指針の内容が大幅に共有化されたことにより[25]、「個別の教育・保育内容の違いは幼保の差というより、各施設の方針によるところが大きい」（東弘子 2012：2頁）といわれる状況を迎えている[26]。

以上の背景のなかで[27]、2006年10月「就学前の子どもに関する教育、保育等の総合的な提供の推進に関する法律」（就学前保育等推進法）の施行により登場したのが「認定こども園」である。認定こども園は、保護者の就労の有無にかかわらず、0歳から就学前の子どもすべての教育・保育を一体的に提供する施設であり、また、認定こども園の事務については、文部科学省と

厚生労働省とが連携して「幼保連携推進室」を設置し、一元的に取り扱い、認定こども園自身は幼保一元化を体現する施設といえる。

さらに、2012年3月に民主党政権がさらなる改革をめざして[28]法案を国会に提出した。しかし、法案は恒久財源として消費税の引き上げを前提としており、同年6月の「社会保障・税一体改革」についての自民党、公明党との折衝・三党合意の中で変容し、同年8月に「子ども・子育て支援法」「認定こども園法一部改正法」「関係法律の整備等に関する法律」として成立し、2015年4月より本格実施されている[29]。

以上の経過をふまえて、「幼保一元化」についてここではこれまでの文脈にそった、より根源的な課題を指摘しておきたい。認定こども園の機能として、文部科学省及び厚生労働省の幼保連携推進室がそのホームページやパンフレットで繰り返し記してきたことがらは、①就学前の子どもに幼児教育・保育を提供する機能、②地域における子育て支援を行う機能、の二つである[30]。2006年の就学前保育等推進法でも、同様の目的が規定されている。しかし、認定こども園が誕生した文脈を振り返ってみると、そこで意識されていた現実的な問題は、少子化であり、保育所の待機児童問題であり、幼稚園の定員割れ＝経営難であった。そして実際にも幼稚園をベースとした認定こども園への転換がはかられてきた。

それに対し、本書でこれまで論じてきた教育と福祉の一体化についての問題認識は、岩田や山野が論じていたように、社会や地域の関係者、様々な機関がその子どもと家族の生活を総合的に支えるその仕組みを提供する必要性であった。果たしてそのような施設として認定こども園は構想され機能しているだろうか。「少子化や過疎化の進行により、地域によっては、施設運営の効率化などの観点から、保育所と幼稚園について、一体的な設置・運営が求められているところがある」（伊藤良高 2008：59頁）との指摘もあり、「施設運営の効率化などの観点から」だけで幼保一元化が進められているとするならば、それは論外であるが、「設置の理念・目的をはじめ、認定こども園制度そのものがきわめて曖昧なものであると言わざるをえない」（伊藤良高 2008：61頁）と指摘されていることが現実なのではないか。2012年8月に成立した子ども・子育て関連3法にしても、内閣府・文部科学省・厚生労働省が記した「子ども・子育て関連3法について」（2013年4月）において、「地

域の子ども・子育て支援を総合的に推進」することが強調されてはいる。そして、そこで記されている「地域子ども・子育て支援事業」の一つひとつについては評価に値する。しかし、それらは総花的で全体の基盤となる理念、方向性がクリアにはみえてこない[31]。また、本格実施後の2015年7月に出された内閣府・文部科学省・厚生労働省「子ども・子育て支援新制度ハンドブック（施設・事業者向け）」（改訂版）でも同様であり、これらすべての事業が取り上げられ、やや詳細な説明がなされてはいる。こうした事業が実施されることが強く望まれるが、全体的な実施の理念や構想、道筋[32]、さらにはそこに認定こども園がどう位置づくのかが明確ではない。

この現状においては、たとえ、幼稚園と保育所のより高い方の基準が適用されるようになったとしても[33]、さらには、幼稚園や保育所がなくなって認定こども園に一元化されたとしても、そこで登場する認定こども園は、これまでの幼稚園と保育所との機能を併せ持つ程度のものでしかなく、岩田や山野が指摘してきた機能、すなわち、就学前の子どもに幼児教育・保育を提供するだけではなく、子どもと家族の生活を総合的に支え地域における子育てを支援する、そのような教育と福祉を一体的に提供する中心的な組織とはなりえないように思う。

伊藤良高は『日本教育行政学会年報』第34号（2008年）の特集「教育行政と他行政分野の連携と競合」に「幼稚園・保育所の『一体化』『一元化』と幼児教育・保育行政の連携——認定こども園制度を中心に」と題した論文を寄せている。そのなかで、今日の「幼保一元化」議論を「90年代以降における少子高齢化・人口減少を背景とした新自由主義に基づく社会福祉（基礎構造）改革・教育改革下での論議、と位置づけることができよう」（伊藤 2008：67頁）と批判している。それに対し、今日求められる国・地方自治体双方のレベルにおける子ども・子育て支援を統一的に管轄する新たな行政制度の構築とは、「労働・保健・生活環境等その他隣接する行政領域を含め、現代において改めて、乳幼児の『保育の権利』及び親・保護者の『文化的に生活する権利』『労働する権利』『市民的活動の権利』の保障を中心に、換言すれば、乳幼児のウェルビーイング（幸福）と親・保護者のウェルビーイングの同時的・統一的保障という観点から、その内実が豊かにされていく必要があろう」（伊藤 2008：71頁）と結論づけている[34]。幼保一元化（一体化）は

このような「子ども家庭福祉」の理念に即して進められていく必要があり、今日の「幼保一元化」議論はこの理念を必ずしも充分にふまえた議論とはなりえていない。

残念ながら、この伊藤の論文では、こういった「子ども家庭福祉」の理念に基づく具体的な政策や制度構想までは言及されていないが、新自由主義の政策、制度に代わり、子どもとその家庭の現実から出発し、教育や保育だけではなく、「労働・保健・生活環境等その他隣接する行政領域を含め」、子どもと親のウェルビーイングを統一的に保障する、そうした政策・制度構想を検討することがまさしく本書の課題であり、意義である。

■日本教育行政学会の特集から

さて、以上のとおり、教育や福祉その他様々な分野の連携の必要性が様々に論じられるなか、日本教育行政学会は2008年に「教育行政と他行政分野の連携と競合」というテーマで特集を組んだ（『日本教育行政学会年報』34号）。ここでは、先に論じた幼保一元化に関わる伊藤の論文に加え、産業・科学技術行政を対象とした論文、総論的行政組織論、英国と米国の外国研究がそれぞれ一本、計五つの論文が掲載されている[35]。

まず、山下晃一の論文「米国における少年非行対策の展開と教育行政——総合的地域児童政策の視点から」を取り上げる。本論文は米国の少年非行対策にかかる論文であるが、山下は、少年非行・少年犯罪の深刻な社会問題化に伴い、「教育のみならず福祉・医療等の組織が縦割りの弊害を超え、連携・協働することで総合的支援体制を構築する必要性が指摘され、実際に取り組まれてきた」（山下 2008：75頁）と述べる。そして、この米国の状況のなかで論じられてきたことを山下の論文から次の3点にまとめることができる。①組織間協働、②予防的な取り組み及び少年とその家族への統合的な支援、③コミュニティの重要性。つまり、山下の論文からは、子どもを支援するためには子どもとその家族への統合的な支援が必要なこと、そのような支援を可能にするためには多様な分野の多様な専門家や組織の協働が必要なこと、予防や初期対応が効果的であること、そのような取り組みにはコミュニティ全体の取り組みさらにはコミュニティ自体のエンパワメントが必要なことが読み取れる。このように、米国における少年非行の問題についても、教

育とその隣接分野との一体的な取り組みが必要なことが理解できる。

　もう一つ、日本教育行政学会の特集のなかで、荻原克男の論文「現代教育行政の分化と統合」は次のとおり論じる。この論文も貧困や教育格差の問題等、今日の子どもや若者をとりまく喫緊の課題の解決には、複合的な取り組みが必要なこと、そのためには教育行政についても「政府体系全体の再編との関連において教育行政を位置づけ直すという視野の拡大が求められる」（荻原 2008：22頁）という、本書と共通する認識を出発点として議論をスタートさせている。荻原はまず、中央－地方関係という垂直的関係と地方内部レベルでの水平的関係を交錯的に論じ、戦後の体制は融合・分立体制であったとする。ここで融合とは「国と自治体が、同一種類の事務事業に相互に関係する状態」（荻原 2008：23頁）であり、分立とは「国・自治体を通じて、行政が個別分野ごとに縦割りになっている状態」（荻原 2008：23頁）である。一方、1999年に制定された地方分権推進一括法は融合・統合路線をとったという。統合とは、教育行政が他の行政と総合化されることであり、教育委員会廃止論ともつながる。それに対し教育委員会の存続、教育行政の独立の議論が対置される。

　こうした議論の一方、荻原は英国のジョインド・アップ政府（joined-up government）への志向等にも言及しつつ、「複合的な性格をもつ現代的政策課題への対応のため、現代の教育行政は統合の論理の強まりのなかで、みずからを位置づけ直す必要にせまられている」（荻原 2008：32頁）と論じる。ここで大切なことは「教育行政を新たな統合のなかでの分立として再定位する」（荻原 2008：33頁）という立場に立っていることである。つまり、「教育行政の一般行政からの独立」という原則（分立）を保持しつつ、教育や福祉などの総合的なサービスの提供、そのための行政システムの構築（統合）を構想しようとしている点にある。荻原は次のとおり述べる。教育行政の独立という場合、そこには閉鎖性、縦割り統制という否定的な連鎖が存在する。そのような否定的な連鎖ではない「新たな分立・独立イメージ」（荻原 2008：33頁）を模索したい。

　英国の教育行政組織には、「教育行政の一般行政からの独立」という理念は存在しない。なぜならば、英国には元来、教育委員会のような独立した教育行政組織はなく、これまで地方教育行政組織として位置づけられてきた地

方教育当局（Local Education Authority：LEA）は、地方議会の議員によって構成されていた。さらに、このLEAも本書で論じるジョインド・アップ政府への志向のなかで、2004年子ども法（Children Act 2004）に基づき、子ども福祉サービスと一体的な行政が行われている（2004年子ども法について詳しくは第9章参照）。しかし、わが国では、本書の冒頭に述べたとおり、歴史的経緯から「教育行政の一般行政からの独立」は尊重されなければならない。そこで、「教育サービスと福祉サービスの連携」も「教育行政の独立」という行政組織原理の中で執行されなければならない。それにはどのような行政組織が考えられるのか。以上の荻原の論考は、その教育行政組織論を具体的には展開できていないが、その「イメージ」＝方向性を指し示してくれている[36]。

■文部科学省の政策提言

さて、最後に、広く文部科学省の政策提言に目を移してみる。同省は、2009年7月「教育安心社会の実現に関する懇談会報告：教育費の在り方を考える」を発表した。ここでは、教育が「機会の平等」を確保する役割を果たすためには、「雇用、年金、医療、福祉などの他の社会保障政策と同様に、教育を『生活安全保障』（セーフティーネット）あるいは『人生前半の社会保障』と位置づけ」（4頁）ねばならないという基本認識に立って、特に家計負担の軽減について、OECDの教育データ（『図表で見る教育〜OECDインディケータ2008』）、廣井良典の福祉社会に関わる研究[37]、厚生労働省や総務省の貧困に関わる資料、国立教育政策研究所や苅谷剛彦の学力研究などこれまで積み上げられてきた多様な研究や資料をもとに、以下のような注目すべき指摘を行っている。

教育に対する公財政支出の対GDP比はOECD加盟諸国のなかで最下位にあること、わが国における高齢者に対する社会保障に関する給付・負担と比較しても、若年層に対する教育サービスに関する給付が少ないこと、その結果教育に関わる家計負担の割合が大きいこと、親の社会的背景や文化的背景そして所得などの家庭環境の差異が、子どもの学力や学習意欲、進学機会に影響を及ぼしていること等、をまずもって指摘している。

このような現実を直視するならば、子どもの教育を改善するためには、例

えば、一般政府支出の在り方やそこに占める教育費の割合、生まれてから死ぬまでの福祉バランス等、日本社会全体の福祉の在り方を再検討しなければならないことや、そこでは子どもだけではなくその親と家庭をも支えねばならないことが結論として導きだされるはずである。ところが、残念なことに、この報告書は省庁の縦割り行政の影響からか、扶養控除や生活保護などの具体的な福祉分野に関わる記述はほとんどなく、その提言は就学援助や授業料減免、奨学金の充実など、教育の従来の分野の提言に限られている。すなわち、単一の省庁の垣根を越えた取り組みの必要性が認識されているにもかかわらず、省庁横断的な取り組み＝「ジョインド・アップ政府」は提言されていない[38]。

　以上、子どもと貧困、虐待、子育て支援、その他教育の様々な領域を対象とした先行研究を述べてきたが、これらすべての領域において、問題の現状を直視し、改善するにあたって、教育という一領域のみを視野に捉えるだけではなく、教育政策と他の政策、とりわけ教育に隣接する福祉あるいは労働といった政策を関連づけて捉えることが今日必要不可欠であることは明らかである。しかし、そうした研究の必要性が認識されてはいるものの、ようやく緒についたばかりであり、また、それらの政策を実施するわが国の省庁の動向をみても、省庁横断的な取り組みは十分ではない。そのような状況にあって、本研究の研究課題＝「第三の道」の国家・社会像を描くことから出発し、その一環としての教育政策のあり様を論じることは、国家・社会の枠組みで広く教育を構想し、教育だけではなく福祉や労働といった隣接分野をも視野に入れて、総合的な政策・制度の探求をめざすものであり、したがって、本研究課題が今日の教育の改善・発展という点からも重要な研究意義を持つと考えている。

2　英国ポスト福祉国家像についての先行研究

1　本節の目的
　本研究の基本的な研究課題とその研究意義は前節で述べたとおりであるが、研究対象は英国新労働党の政策にある。本節は先行研究の検討をとおして、英国新労働党を研究対象とした研究における具体的な研究仮説及び研究目標

を設定することを目的とする。

　1997年に誕生したブレア労働党政権は、ケインズ主義的福祉国家（＝オールドレイバー）でもないニューライト国家（＝保守党政権）でもない「第三の道」＝ニューレイバーを掲げて登場した。その後日英において、それまでの保守党政権との連続性・非連続性について、多くの議論がなされてきた。しかし、その多くはサッチャリズムを新自由主義と新保守主義で説明し、その枠組みから両政権の連続性を強調するものであった。「人間の顔をしたサッチャリズム」（1997年11月1日付『朝日新聞』朝刊）や「サッチャリズムのマークⅡ」、「サッチャーの息子」という幾多の表現は、そのイデオロギー的な連続性を揶揄した表現であるし、例えば、岡本徹（2006）は以下のとおりヒル（D. Hill）の評価を紹介している。いくつかの新労働党教育政策には「社会民主主義的なイデオロギーを見つけることができるが、その多くは、市場主義の教育への導入や保守的、実利的な全国共通カリキュラムに代表される新自由主義、新保守主義に基づくサッチャー政権の政策の継続」（岡本 2006：100頁）、さらには拡張である。そして、岡本は「このような評価を下す研究者は、他にも多く見られる」（岡本 2006：101頁）とし、例えばウィッティー（G. Whitty）をあげている。

　また、わが国には、新自由主義と新保守主義の枠組みから両政権の連続性を強調する岩橋法雄の典型的な研究がある。岩橋の論文「英国ニュー・レイバーの教育政策――サッチャー教育改革との継続性と断絶について」（2007）はその題名からして、保守党政権と新労働党政権との連続性・非連続性を論じる論文である。ただ、本論文は社会的包摂やコミュニティといった「第三の道」のキャッチフレーズとされるキーワード、さらに「第三の道」を具現する教育政策として高く評価されることの多い教育政策＝教育改善推進地域（Education Action Zones：EAZ）についても論じている。

　しかし、この論文における岩橋の基本認識は「ブレア労働党政権下での教育制度改革は、……経済成長政策を前提とした市場原理を基調としたものである」（岩橋 2007：30頁）というものである。そして労働党がこの政治的立脚点を放棄しない限り、「ニュー・レイバーのレトリックは相変わらず被剥奪者援助を言い、差別なき市民権の行使が可能な社会的包摂を主唱するが……実質的な格差・貧困は再生産されている」（岩橋 2007：30頁）。これが岩

橋の結論である。つまり、岩橋によると、ニューレイバーが市場原理主義を抱き続ける限り、社会的包摂やコミュニティ、EAZという「第三の道」的要素、政策は、格差・貧困を再生産させるものへと変質させられる、という。このように岩橋の連続性・非連続性議論は、市場原理主義の連続性をともかく絶対視するものである[39]。

　また、わが国の文部省（2000）も、保守党政権から継承された政策として以下をあげている。「学校選択の拡大とその前提となる学校情報の公開、学校監査の拡大・強化、国の教育課程基準と全国テストの重視、高等教育の評価・効率的拡大、教育資質の向上等々」（21頁）。ここであげられた政策は新自由主義と新保守主義で説明されるニューライト＝サッチャリズムの典型的な政策であり、したがって、ブレア政権はサッチャリズムを多分に引き継いでいることは否めない。

　しかし、一方でブレア政権は保守党政権とは異なる「第三の道」＝ニューレイバーを掲げて登場してきたことも厳然たる事実である。先の岡本の論文も「ブレア政権が保守党政権の遺産をそのまま引き継いでいるのではないということ」（岡本 2006：109頁）を明らかにしようとするものであった。

　そして、こうしたブレア労働党政権とそれまでの保守党政権との連続性・非連続性についての議論は、とりもなおさずブレア労働党政権が示した国家・社会像がニューライトのオルタナティブたり得るかという議論に他ならない。つまり、ブレア労働党政権が、それまでの保守党政権を引き継いだ連続的なものに過ぎないのであれば、ブレア労働党政権が示した国家・社会像はニューライトのオルタナティブたり得ない。それが「第三の道」であるためには、少なくともそこに非連続的なものを見出さなければならない。

　本節は、この連続性・非連続性の観点から、主に次の二つの先行研究、大田直子の「品質保証国家」論と小堀眞裕の「規制国家」（Regulatory State）論を取り上げる。そして、非連続的なもののなかに、「第三の道」の要素を見出し、それをキー概念として本書の研究仮説あるいは研究目標を設定することを目的とする。また、この両者の議論を取り上げる理由は、両研究は個別の教育政策の検討に終始することなく、保守党政権と労働党政権両者を見通した独自のポスト福祉国家・社会像を設定し、その枠組みのなかで教育政策を分析しており、前節で示した本研究の基本的な課題＝「国家社会のグラ

ンド・デザインのなかに教育を位置づける」と同様の枠組みを設定しているからに他ならない。

2 大田直子「品質保証国家」論

　先に述べたとおり、これまでの連続性・非連続性の議論は、サッチャリズムを新自由主義と新保守主義で説明し、その枠組みから連続性を論じる議論が多かった。大田直子はこうした「日本やイギリスで繰り返し展開されたニューライトのイデオロギーを問題にする次元での論争には与しない」（大田2010：5頁）と明言し、異なるポスト福祉国家像＝「品質保証国家」を設定し、その枠組みから連続性・非連続性を検証している。この点で大田の議論はすこぶるユニークである。

> 　本書は1980年代以来、英国（イングランドとウェールズ）で追求されてきたポスト福祉国家像を「品質保証国家」と命名し、そのもとで公教育の新しい供給メカニズムがどのように開発されたのかということを明らかにしようとするものである。この「品質保証国家」なるものは、サッチャリズムと総称されるいわゆるニューライトのポスト福祉国家路線が1980年代末にその原型を作り上げたものであるが、……その内容は新自由主義と新保守主義という言葉で普通説明されるほどには単純ではない（大田 2010：3頁）。

そして、大田は、結論的には「品質保証国家」というポスト福祉国家像において、以下の通り保守党政権とブレア労働党政権との連続性を主張する。

> 　教育水準の向上という目標を保守党、労働党がともに設定した時に、実際にはほとんど同じ体制、すなわち『品質保証国家』がきわめて有効な装置として機能するという点に労働党が注目したということを主張するものである（大田 2010：4頁）。

ただし、大田はサッチャリズムのもとでの「品質保証国家」と新労働党政権でのそれとを峻別する必要性も強調している。そして「両者の違いを簡略

に述べるとすれば、『自由競争』と『自然淘汰』をキイワードとした保守党の『品質保証国家』から、『規制された競争』と『事後評価と救済策』をキイワードとした労働党の『品質保証国家』へということが可能である」(大田 2010：19頁) と論じる。

遺作となった『現代イギリス「品質保証国家」の教育改革』(2010) の序章で、大田はこのように述べた後、サッチャーが登場する前の「労働党の幻の教育改革案」からその分析を始め、保守党の政策、労働党の政策と筆を進めている。本書ではこの著書も参考にしつつ、この著書の基となった既発表の論文をたどっていく。なぜならば、むしろそのほうが、大田の思考の軌跡をたどることができ、論理の展開をより明確につかむことができるからである。

大田がサッチャーの教育政策を論じ始めたのは「サッチャー政権下の教育改革」(1992) からである。しかし、そこには「品質保証国家」という言葉は登場しない。大田が最初に「品質保証国家」という用語を用いたのは「サッチャリズムの教育改革——イギリス」(1998) であった。この論文で大田は以下のとおり課題を設定している。

　　当初、サッチャリズムが注目され、その政策が実現されていった領域は、主に経済・財政政策、労働政策の分野であった。そこでのサッチャー政権の政策は、市場原理をすべてのものに対置するという極めて単純な形で登場してきた……しかし、サッチャーが三度目の総選挙で勝利し、いよいよ「福祉国家」の最後の牙城と呼ばれた教育制度と社会福祉制度の改革に乗り出した時、そこでは市場原理にとどまらない、まさに「福祉国家」以後の国家像がどのようなものであるべきかが問われることになったのである (大田 1998：66頁)。

　　本論では、サッチャリズムとは、「福祉国家」に代わる新しい国家を構築しようとした一大プロジェクト構想として把握されるべきであり、そこで成立した新しい国家像とは「品質保証国家」に他ならないとの仮説に立ちながら、サッチャリズムの成立経過とその構造を、政策立案・実施過程のダイナミズムの中でとらえたいと思う (大田 1998：68頁)。

このように、この論文ではポスト福祉国家の国家像として「品質保証国家」を明確に位置づけている。そして、サッチャー政権の教育政策の展開を論じ、次の通りの結論を導きだしている。1988年教育改革法のナショナル・カリキュラムは教育科学大臣ベーカーのイニシアティブによって法案に盛り込まれたのであり、サッチャー自身は「イデオロギーが深く関わる教育内容の世界を巡っては非介入を主張していた」（大田 1998：81頁）。「しかし福祉国家像を否定して次に置き換える現実的な国家像としては、サッチャーらの提唱した教育政策は無力なものであった」（大田 1998：81頁）。それに対し、「ベーカーの構想においてこそ、『福祉国家』ののちの『品質保証国家』が登場してくるのであり、ここにおいてサッチャリズムが体制として完成したものとなったのである」（大田 1998：81頁）。

　以上のように結論づけるわけだが、肝心の「品質保証国家」とはどのようなポスト福祉国家像なのかについては、その用語をグリーン（A. Green）が使用していることを紹介するくらいで、ほとんどといっていいほど論じられていない。

　次に、2002年の二つの論文「イギリスの教育改革——『福祉国家』から『品質保証国家』へ」（大田 2002a）と「イギリス労働党の教育政策——装置としての『品質保証国家』」（大田 2002b）は、共に「新自由主義とは異なる『第三の道』的可能性があるのかどうかをさぐってみたい」（大田 2002a：221頁）、「どこが新労働党なのだろうか。保守党政権とどこが違うのだろうか」（大田 2002b：405頁）という問いかけから出発し、保守党から労働党への非連続性を見出そうとしている。

　そして、前者の論文は、まず、保守党の1988年教育改革法を論じた後、1998年の先の論文では示されなかった「品質保証国家」とはどのような国家なのか、次のとおりわかりやすく示している。

　　ひとつのポスト福祉国家像が浮かび上がってきた。それが「品質保証国家」である……これは、従来公的機関が公務員を雇って公的サービスを供給していたのをやめ、国家はサービスの水準と内容と供給のルールを規定するものの、サービスそれ自体の供給は契約の形態を使って市場

に委ね、国家は供給されたサービスの質を水準と照らし合わせてチェックし、モニターするというものである。そしてモニターした結果を公表することによって、質の悪いサービスを提供した企業を次の契約からはずす、あるいは消費者が選択しないというメカニズムによってサービスの水準を維持する（大田 2002a：227頁）。

このように、国家によるサービス内容の基準の設定、サービスの供給主体の多様化、国家とサービス供給主体との契約、準国家的監査機関の設置、それによる監査とその公表。このような仕組みを組み合わせ、市場原理によるサービスの質の保証をはかる国家像が「品質保証国家」であるという。ちなみに、論者によって、「品質保証国家」を「契約国家」、「監査社会」、「評価国家」と呼ぶこともあるという。

そして、同論文は、その後の保守党の教育政策について「『品質保証国家』的教育政策の拡大」との章題をたててその展開を述べ、「1988年教育改革法が規定した『品質保証国家』的枠組は、高等教育の分野にも、教員養成の分野にも拡大され」（大田 2002a：230頁）、技術教育や職業資格の分野でも同様であったと論じている。

ただ、この論文での労働党教育政策についての記述は限られており、その保守党との違いについても次のとおりの「仮説」を述べているに過ぎない。

　　　新労働党の政策は、多様な文化的背景を持ち多様な価値観を持つ人々から構成される新しい活力ある社会像を模索するものであった。……これこそ多元化社会における「品質保証国家」の完成した教育政策のあり方といえるかもしれない。しかし、こういった思考は果たして現実的であろうか（大田 2002a：231頁）。

確かに、この後本書でも詳しく論じるが、「第三の道」の国家・社会は、ケインズ主義的福祉国家の物質主義を乗り越え、経済・階級中心性を相対化し、多様な価値、多様な問題を同等に尊重し解決していく国家・社会である、と本書でも考えている。このことからして、大田の指摘する「多様な価値観を持つ人々から構成される社会」は、「第三の道」を考えるに当たって的を

射た着眼点である。しかし、大田は、この仮説に基づいて「多元化社会」における労働党の具体的な教育政策についての入念な分析を行っているとはいえないし、この仮説自体についても、「第三の道」の国家・社会像をトータルに設定しているとはいいがたい[40]。

次に、2002年の後者の論文でも、最初に、「品質保証国家」とはどのような国家なのかをまとめている。(2002年の先の論文と同旨であるのでここではあらためて記すことはしない。)そして、保守党の教育政策について論じた後、先の論文とは異なり、労働党についての記述を入念に行っている。まずは、新労働党の一般的な政策理念、キャッチフレーズについて論じる。保守党は地方自治体など国家と個人の間の中間組織を弱体化したこと、格差を拡大したこと、それらに対し、労働党は「福祉から労働へ」、「包括的社会」、「パートナーシップ」、「ステークホルダー・エコノミー」といった語を、キャッチフレーズとしたこと、さらに、コミュニティ、家族の重視、法と秩序の重視とキリスト教精神の尊重など、旧来の社会主義政党にはない内容も語られたこと、なかでも「市場と個人をあまりにも強調したサッチャリズムに対抗するものとして、コミュニティを強調することは、サッチャーのやったヘゲモニックプロジェクトに十分対抗するものとなった」(大田 2002b：421頁) という記述は注目に値する。こうした記述の後、同論文は労働党の教育政策について記述する。ただ、確かにその記述は充実しているのだが、結論としては次のように保守党と労働党の連続性を強調したものであった。

> 新労働党の教育政策は、人的投資論を中核とし、……教育水準の上昇のために、……公教育サービスの供給主体の多様化を実質的に促進し、かつ、国家によるサービス内容(ここではナショナルカリキュラム)の決定とモニター機能をさらに充実した強力な枠組みを有しているということがわかる。ここから「品質保証国家」的枠組みは政党の違いを超えて機能していることが確認され、ここに装置としての「品質保証国家」の完成を見ることはそれほど無理ではないだろう (大田 2002b：428頁)。

このように、この論文はコミュニティの強調というサッチャーとは異なるヘゲモニックプロジェクトにふれてはいるものの、それは簡単な指摘にとど

まり、結論としては「品質保証国家」という連続性を主張するものでしかない[41]。

それに対し、2004年の論文「国家の教育責任の新たなる在り方——イギリス『品質保証国家』の教育政策」は、連続性・非連続性について、若干ニュアンスが異なる記述がみられる。この論文でも「はじめに」で新労働党政権の教育政策の「大枠はサッチャー政権下において形をあらわした『品質保証国家』そのものであった」（大田 2004：2頁）と断じている。しかし続いて「だがそこには大きな違いが存在するというのが本論の主張である……それこそが『第三の道』につながると思われるものであった」（大田 2004：2頁）と述べ、これまでの論文とは異なり、保守党の教育政策と労働党のそれとの違いを強調し、「『品質保証国家』的教育政策の二つの類型を析出することを目的とする」（大田 2004：2頁）との表現をしている。

それではどこが異なるというのか。大田は次のとおり結論する。「保守党政権下の『品質保証国家』的教育政策は、LEAを排除し、基本的に市場原理と自然淘汰による教育水準の上昇を意図するものであった」（大田 2004：3頁）。これに対し労働党政権は、第一に教育水準の向上を最重要課題とし、そのために私立学校、民間企業、一般市民、親といったあらゆる既存の制度やエージェンシーを組み替え、利用していること、第二に、中央政府に留保された基準設定という権限を最大限利用し、強力な介入を行っていること、を指摘する。そして、「新労働党の教育政策を、保守党のそれとの連続性にのみ目を奪われて評価してしまう」（大田 2004：11頁）危険性を戒めてさえいる。ところが、保守党と新労働党との「品質保証国家」の違いが、どう「第三の道」につながるのかについては、「『品質保証国家』のもう一つの可能性」として「市場原理と事後評価の組み合わせは生徒、学校、LEAの弱点を明らかにし、救済策を講じる手段に転化した」（大田 2004：11頁）と述べるに過ぎない。

ここで、三つの疑問を提示したい。第一に、その日本語が本来持つ意味からして、教育水準の上昇を最終的には「市場原理と自然淘汰」に委ねてしまう国家は、「品質保証国家」といえるのかどうか。第二に、第一の点が是認されたとしても、国家が教育水準を保障しようとすることは、至極当然のことである。問題は、どのような手段や方法でそれを行うのかではないのか。

保守党のように市場原理に委ねてしまうのか、労働党のように国家の介入に重きをおくのか、そうした違いは国家のあり方として、決して小さくはない。そしてこれら以上に、第三に、大田はこの2004年の論文でも、新労働党の教育政策の「背景に包摂的社会の主張が社会正義として提唱されていることも忘れてはならない」(10頁)と述べている。ここで述べられた「包摂的社会」や2002年の論文でふれられた「コミュニティ」といった「第三の道」のキーワードとして新労働党が提起してきた語に、あまりにも無頓着のまま、新労働党の体制が「品質保証国家」にあると結論づけていないか。つまり、大田の新労働党教育政策についての分析は、「品質保証国家」という視点から分析を行っているに過ぎず、したがって、保守党政権と新労働党政権の違いについての指摘は「品質保証国家」の類型の違いの指摘にとどまっており、「品質保証国家」という枠組みを超えて、新労働党の国家・社会像をトータルに分析しているとはいえない。

この三つの疑問は、大田の遺稿となった『現代イギリス「品質保証国家」の教育改革』(2010)を読んでもぬぐえない。この著書の結論はこれまでみてきた個々の論文からの結論となんら変化はない。繰り返すと、「品質保証国家」の体制を新労働党も引き継いでいること、しかし、保守党の「品質保証国家」と新労働党のそれとには違いがあることである。ただ、労働党の教育政策についてはこれまでの論文以上に詳細に検討しているので、その点につき、この著書の記述を分析しておく。

労働党の教育政策は第5章で分析されている。まずは取り上げられている分野の広さ、それに伴う資料の豊かさに圧倒される。労働党野党時代の総合的な政策文書、選挙綱領、新労働党政権第一期（1997年～2001年）の教育政策＝就学前教育、義務教育、後期中等教育、高等教育の分野を網羅し、最後は地方自治体政策にまで言及している。

その上で、繰り返し述べるが、「品質保証国家」に関わる大田の結論は揺るがない。新労働党政権は「義務教育段階については、すでに保守党政権の下でナショナルカリキュラムやナショナルテストといった基本的な枠組みが完成していたので、どちらかというとその体制を精緻に、より洗練された形にした」（大田 2010：144頁）。その行き着く先は、学校に改善がみられないと評価された場合、学校を閉鎖しさらに人心一新されて再び開校する権限を

教育担当大臣に与える「フレッシュ・スタート」であった。また、後期中等教育の分野においても結論は明確で、新労働党政権独自の取り組みとして、「品質保証国家の政策の実施過程をみることができる」（大田 2010：151頁）。地方自治体改革についても「『品質保証国家』の枠組みが全面的に適用されていることがわかる」（大田 2010：160頁）と結論づけている。しかし、その結論に至る過程は、資料を豊富に紹介はしているものの、丁寧な説明になっているとは必ずしもいえない。

終章では、保守党政権下と新労働党政権下における「品質保証国家」の違いを論じている。第一はLEAの役割の違い、第二は親の役割の違い、第三は私立学校への対応の違い、である。これらの違いはすべて次のとおりまとめられる。新労働党政権では「学校も、親やLEAもこの教育水準の向上という究極的目標を実現するための装置として、役割が見直され、その新しい役割に向けて教育されているのである」（大田 2010：169頁）。つまり、保守党政権下では弱体化されたり（LEA）、放置されたり（私立学校）していたものが、新労働党政権下では目標の達成に向けて新たに役割が付与されたというのである[42]。つまるところ、先に述べたとおり、これまでの論文と結論に変化はなく、三つの疑問はそのまま残る。

否、以下の点からさらに疑問は深まる。大田はこの書の最後に補論として「イギリスの教育改革から学ぶものとは何か」と題した論考を載せている。ここでは、「日本とイギリスの公教育制度の差異」を述べた後、「共通の課題」について論じている。そして、ここで注目したい議論は、英国や米国さらにわが国で教育改革がなぜ起こったか、その共通課題の一つに「依存文化」の存在を指摘し、その解決は「『自立した』（責任感ある）市民をいかに生み出すか、という点にかかっている」（大田 2010：187頁）と論じていることである。

ここには、ケインズ主義的福祉国家が「依存文化」を育ててきたという前提があることは容易に想像できる。そしてこの課題に対し、大田はニューライトの理論家ハイエクの論を紹介し、「主体的な個人の創出は、現代社会では専ら消費者の『選択』に期待がかけられているといっても過言ではないだろう。そしてもしこの仮説が正しければ、保護者の学校選択や学校への経営参加（＝共同政策決定）は主体形成論としても、民主主義論としても、重要

な意義があるものとして検討されるべきである」(大田 2010：189頁)と論じる。また、「『依存文化』からの脱却や自立した責任ある市民を育成するための現代の『品質保証国家』的教育改革」(大田 2010：192頁)は、教育内容の国家的基準の設定、学校の自律的経営、保護者の学校選択と経営参加、事後評価の四点セットを構成していると述べる。

　この「主体的な個人の創出」という点において、本書は大田と問題認識を共有する。これもこの後詳しく論じるが、「第三の道」では「多様性と差異を承認し、自律的個人に自己決定の権利や集団的な政治的決定への参加を保障する民主主義を市民社会の中に創りださねばならない」と本書も考えている。しかし、果たして、学校選択と学校経営への参加という制度を推し進めることで、あるいは「品質保証国家的教育改革」を推し進めることで、すべての親を「主体的な個人」に育てることができるのか、賢明な選択のできる家庭とそうでない家庭では益々世代を超えて格差が広がるのではないか、国家的基準の設定とそれに基づく事後評価は多様性や差異を認めないのではないか、こうして「品質保証国家的教育改革」は社会的排除を生みだすのではないか、等、様々な危惧も生じる。要は、そのような危惧を緩和するためには「自律した個人」のみを論じるのではなく、自律した個人が「つながりあって生きる社会」をも議論の射程に入れなければならないのではないだろうか。そして、その議論におけるキイワードが「包摂的社会」や「コミュニティ」なのではないか。

　繰り返すが、大田の新労働党教育政策についての分析は、「品質保証国家」という視点にとらわれ、こうした「包摂的社会」や「コミュニティ」という概念に視点が及んでいない。したがって、「品質保証国家」という枠組みを超えて、新労働党の国家・社会像をトータルに分析しているとはいえない。

　さらにあえてこの著書の残念な点をもう一つ付け加えておくと、新労働党についてこの著書の中心的な分析の対象時期が労働党政権第一期（1997年〜2001年）に限られていることである。つまり、労働党「第三の道」の教育政策として注目される「すべての子どもを大切に」（Every Child Matters：ECM）が登場する以前に大田の著書は脱稿しているのである。

3　小堀眞裕「規制国家」（Regulatory State）論

　次に、小堀眞裕の「規制国家」（Regulatory State）論を取り上げる。ここで「規制国家」論を取り上げる理由は以下のとおりである。繰り返し述べるが、これまでの連続性・非連続性についての議論の多くはサッチャリズムを新自由主義と新保守主義で説明されるものとして捉え、その概念枠組みのなかで論じていた。しかし、大田直子の「品質保証国家」論がそうであったように、小堀の「規制国家」論も、独自のポスト福祉国家・社会像を設定し、その枠組みのなかで教育政策を分析しており、本書の基本的な課題と同様の研究アプローチをとっているからである。加えて、小堀の議論は以下の点で秀逸である。第一に教育政策に多くの関心を払いつつ、ブレア政権の教育以外の政策も網羅的に論じている。第二に小堀の議論も「規制国家」という枠組みから連続性を認める議論である。しかし、大田とは異なり、小堀は新労働党の「第三の道」としての「キャッチフレーズ」である「包括的社会」や「コミュニティ」といった語に対しても十分な分析を行っている。

　さて、小堀はその著書『サッチャリズムとブレア政治』（2005）において、ブレア政権の諸政策を分析するなかで、その政策の特徴を二度整理している。最初の整理は第5章「ブレア政権の諸政策」を論じるにあたって「政策全体の特徴」として、次の4つにまとめている（小堀 2005：150-153頁）。①民営化・市場化の政策をサッチャー政権から受け継いだ。②市場化政策を受け継ぎながらも、ターゲットの達成に重点をおくことで、規制国家の性格を強めた。③ジョインド・アップ政府構想。④ギデンズやコミュニタリアン哲学などの様々な影響が政策ごとにみられる。

　二度目の整理は同じく第5章でサッチャー政権と比較するなかで「ブレア政権の政策の独自の特徴」として次の6つの特徴を上げている（小堀 2005：191-199頁）。①ジョインド・アップ政府構想を通じてのコミュニティ重視。②コミュニティのなかでボランタリー・セクターに重要な仕事を与えた。③経済政策としての教育政策。④サッチャー政権下と比較して、低所得者にとって極めて有利な所得配分政策。⑤権限委譲、地方自治法セクション28[43]廃止、上院改革などを通じて、非権威主義、社会的自由主義の立場に立つ改革の実施。⑥コミュニティ重視に優越する規制国家の強まり。

　以上の二つの整理に加えて、小堀は教育政策の特徴についても次のとおり

5つに整理している（小堀 2005：170-180頁）。①経済政策としての教育政策。②コミュニティ重視。③全国統一カリキュラムや補助金維持学校などサッチャーが導入した政策がほとんど受け継がれた。④多様性や選択の拡大。⑤規制国家の強まり。

　さて、以上の小堀の記述から、ブレア政権の教育政策の特徴について、小堀の指摘をあらためて整理すると次のとおりとなる。第一に、サッチャーが導入した政策をほとんど受け継いだだけではなく、民営化・市場化がさらに進められている。この点は、新自由主義と新保守主義で説明される従来型のオーソドックスな連続性の議論である。第二に、経済政策としての教育政策。これについては次の2つの側面が指摘されている（小堀 2005：170-171頁）。①英国の国際競争力を向上させるための教育政策、②貧困層を引き揚げて経済的に自立させるための教育政策。①の側面はグローバル社会のなか、国家の国際的経済競争力を発展させるという市場原理を重視する従来型の連続性議論に通じる。それに対し②の側面は「失業や貧困からの脱出手段としての教育水準の向上」であり、「したがって、貧困地域などで教育が遅れた地域などでの向上が主眼となっている」（小堀 2005：192頁）。このように、②の側面はコミュニティ重視や社会的包摂という「第三の道」に通じる側面である。第三に、コミュニティ重視、ジョインド・アップ政府構想、ボランタリー・セクターというキイワードで表現される政策特徴。第四に、このコミュニティ重視に優越した規制国家。

　このように整理してくると、従来型の連続性議論とは異なる小堀の議論の特徴は、第一に、貧困や格差の是正、包括的社会をめざしての、コミュニティ重視、それに基づくジョインド・アップ政府という制度構想、そしてそこでのボランタリー・セクターの活用、つまり、政府機関、営利、非営利の民間機関が協力して活動する多機関協働（Multi-Agency Working）[44]、第二にこれらの三つの基盤方策に優越する規制国家の強まり、ということにあることがわかる。この第一の特徴が、「第三の道」に通じる政策特徴であることはいうまでもない。

　そこで、この二つの特徴について小堀の議論をもう少し深追いしてみる。まず、第一の特徴＝コミュニティ重視、ジョインド・アップ政府及び多機関協働の三つの基盤方策について。小堀によると、ブレアはポスト福祉国家に

おける社会の問題を市場だけでは解決できないとし、「それでは、市場以外に何が必要か、そこでブレアにその役目を与えられるのが、コミュニティーである」(小堀 2005：125頁) という。そして、「サッチャーが責任という場合、政府からのサーヴィスに頼らずに自立して生活する責任」(小堀 2005：126頁) であるのに対し、「ブレアの場合、個人のコミュニティーに対する責任を重要視する」(小堀 2005：126頁)。このように、ブレアは社会の問題を解決する主役をコミュニティに求めるわけであるが、それをどのようにして実現しようというのか。まず、サッチャーとブレアとではコミュニティの構成員が異なると小堀はいう。サッチャーは個人とその家族だけであった。それに対しブレアにおいては「地方自治体をはじめとして、地方の企業、コミュニティー・グループ、ヴォランタリー・セクターなどがコミュニティーを構成し、これらの共同でコミュニティーを強化しようと考えたのである。また、そのことは、これらのヴォランタリー・グループ、コミュニティー・グループなどのアソシエイションを中心とした市民社会の確立を目指しているといえよう」(小堀 2005：127頁)。そして、こうしたブレアのコミュニティ戦略の具体的な制度構想として以下のとおりジョインド・アップ政府構想と多機関協働を位置づける。

　例えば社会的排除につながる若者の犯罪の問題は、治安の問題であり、教育の問題であり、雇用の問題でもある。したがって、警察だけではなく、学校や、ジョブ・センターなど様々な分野の様々な機関が、省庁の垣根を越えて共同する必要がある。それが中央政府では省庁が共同するジョインド・アップ政府の構想となり、地方レベルではコミュニティにおける警察、学校、病院、自治体、ボランタリー組織などの諸組織、諸団体の横の共同となる。それが、政府機関、営利、非営利の民間機関が協力して活動する多機関協働 (Multi-Agency Working) である。そして、そうしたなかでも、ボランタリー・セクターに重要な仕事を与えたことも、ブレア政権の特徴である、と小堀はいう。

　　企業精神に基づくサッチャー的な個人主義が自分自身の義務しか果たさないのに対して、ブレアはコミュニティーの成員によるコミュニティーのための義務を求めた……それが具体的に実践に移されるのが、ジョ

インド・アップ政府の構想である。……そして、その取り組みは、政府のレヴェルだけではなく、地方のコミュニティーにおいては、諸団体間の横の共同であった（小堀 2005：191頁）。

このように小堀は「三つの基盤方策」を構造的に捉え、具体的な政策例として社会的排除ユニット（Social Exclusion Unit）、医療アクションゾーン、そして教育分野でのEAZを上げている。

しかし、このEAZについて小堀は、貧困地域での社会的排除との闘いとして好意的に評価する一方、コミュニティからEAZの期間延長について強い要望があったにもかかわらず、ブレア政権は当初3年の予定を2年延長しただけで取りやめてしまったことを捉え、「ブレア政権のなかでの重要な政策転換」（小堀 2005：172頁）、「コミュニティーからのシフト」（小堀 2005：173頁）と指摘している。そして、このシフトこそが規制国家の優越であると論じる。

それでは「規制国家」とは何か。小堀は次のとおり説明する。サッチャリズムの市場化政策では、市場化自体が目的となり、競争と成果との間はブラック・ボックス＝レッセ・フェールとなっていた。つまり成果への意識は弱く、格差や貧困も容認された。それに対し、ブレア政権はとりわけ教育政策において市場に委ねてしまうのではなく、成果＝ターゲットの達成を徹底的に追求した。そこでは基本的な枠組みやターゲットは中央政府が決定し、ターゲットや業績指標に基づいて評価され、その評価結果次第では、行政組織から介入指導を受けることとなる。教育水準局（Office for Standard in Education：OFSTED）や教師訓練エイジェンシー（Teacher Training Agency）（ともに1992年設立）、監査委員会（Audit Commission）による学校や地方教育当局を対象とした査察、OFSTEDの査察等に基づく閉校・民営化などの強制処置（フレッシュ・スタート）がその具体策である。ブレア政権下では1997年教育法でOFSTEDの査察が地方教育当局にまで拡大され、地方教育当局までも一部民営化された。

ただ、このような成果、規制重視の方策は貧困対策としての目的があったことも確認しておきたい。つまり市場化政策では競争と成果とのつながりが不明確であり、貧困地域において着実に成果を達成することができないばか

りか、格差を増長することにもなる。そこで、国家がこのような仕組みを整えることにより、貧困や格差を解消する着実な成果がもたらされる。

　そして、こうした規制国家の諸側面はサッチャー政権期からみられると小堀は論じる。教育政策については、全国統一カリキュラムやリーグ・テーブルの発表がその具体策として例示され、規制国家の根幹的な機関となる教育査察機関（＝OFSTED）が保守党メージャー政権の1992年に設立された。また、規制国家の視点から民営化を捉えなおすと、サッチャー政権時でも民営化された企業に対する規制は行われていたのであり、「規制緩和 deregulation というよりは、再規制化 re-regulation として考えたほうが適当」（小堀 2005：194頁）ということになる。

　一方で小堀はサッチャー政権期の規制国家とブレア政権期の規制国家とでは次のとおり違いがある、とも論じる。「ブレア政権での規制化の特徴は、サッチャー政権の民営化企業に対する規制などを受け継ぎつつ、それ以上に、政府内の規制に重点を置き、それをかつてなく進展させた」（小堀 2005：197頁）。

　さらに、こうした規制国家の強化がコミュニティ重視に優越しているというのが小堀の結論である。このことは以下の記述からも確認できる。

> （EAZは）コミュニティーの要望があったにもかかわらず、ブレア政権は終了させた。また、教育アクションゾーンにおいても、コミュニティーの自主性を尊重するというよりは、地方教育委員会や学校にターゲットを課し、その達成の方法においてのみコミュニティーの意思が尊重される。そして、そのコミュニティーが政府の設定したターゲットを達成できないと、指導や閉校などの強制的処置が待っていた（小堀 2005：239頁、括弧内は引用者、以下同）。

　さて、以上の小堀の議論をあらためて整理すると、小堀が指摘するブレア政権の教育政策の特徴とは、まず第一に新自由主義と新保守主義で説明されるサッチャーの教育政策を引き継いでいること、第二にそうした従来型の連続性議論とは異なる政策として、①貧困や格差の是正、包括的社会をめざしてのコミュニティ重視、②それに基づくジョインド・アップ政府という制度

構想、③そしてそこでのボランタリー・セクターの活用、つまり、政府機関、営利、非営利の民間機関が協力して活動する多機関協働（Multi-Agency Working）、という三つの基盤方策、第三に、この第二の政策特徴に優越する規制国家の強まり、つまりブレア政権の重要な政策転換としてのコミュニティからのシフト、である。この三つの特徴のなかで「第三の道」として捉えられる政策特徴は、第二の「三つの基盤方策」であることはいうまでもない。

　ところで、この小堀の著書は2005年に刊行されたものであり、労働党政権終盤の状況については検討されていない。そこで、労働党政権全体及び2010年に誕生した保守党・自民党との連立政権の政策までも視野に入れた小堀の2010年の論文についても以下ふれておく。この論文は「社会的排除」に関する政党政治の対応を、中等教育政策を対象として検討したものである。

　小堀はまず次のとおり論じる。ブレアが党首となった1994年、「ブレアが中心的なアピール・ポイントとして考えたのが、コミュニティーを中心とした社会−主義（Social-ism）構想であり、そのなかにおいて、経済政策としての教育が重要な位置を占めることになった」（小堀 2010：642頁）。90年代、「ブレアが強調するのは、社会あるいはコミュニティーへと人々を包摂することであり、いわば、社会的排除を克服することが、ブレアにとっての社会主義であった」（小堀 2010：642頁）。このように、小堀によると、90年代「コミュニティ」は社会的排除の克服と一体となって、ブレアにとって基本的な政策用語であった[45]。ところが、続いて小堀は「ブレアの思想的遍歴」として次のとおり断じる。「ブレアの発言や著作においては、90年代には、上記のように、コミュニタリアニズムを意識した発言や、ステイクホルダー経済の主張などがあったが、政権を運営するうちに弱まり、そして消えていった」（小堀 2010：653頁）。このように、この論文でも労働党政権の「コミュニティからのシフト」という小堀の評価は変わらない[46]。

　それでは小堀のいうとおり、本当に労働党政府は規制国家を優越させ、コミュニティからシフトしたのであろうか。結論を先に述べるならば、小堀の著書は2005年に出版されたものであり、ECMについては、大田の著書と同様まったくふれていないが、EAZが示した「三つの基盤方策」は2004年以降本格的に実施されるECMに見事に引き継がれているというのが本書の主

張（研究仮説）である。換言すれば、規制国家という国家・社会像が「三つの基盤方策」に優越し「第三の道」の要素を打ち消してしまった、という評価を本書は採用しない。したがって、英国労働党政府が作り上げてきたポスト福祉国家における教育政策は、第一に新自由主義と新保守主義で説明されるニューライト的な側面、第二に規制国家的な側面、第三に「三つの基盤方策」が導く「第三の道」の側面、三つの側面によって構成されている、と考えている。なお、規制国家的な側面は、国家の統制を強めるという点で第一の新保守主義的な側面と親和的であるとも考えている。

4　本書の研究仮説及び研究目標

さて、以上をふまえて、英国新労働党を研究対象とした本書における具体的な研究仮説及び研究目標を明示する。具体的な研究対象はEAZとECMである。なかでも、大田や小堀の議論において取り上げられなかったECMを中心的な研究対象とすることは本書の一つの特徴であり、さらに、そのことによって小堀とは異なる研究仮説の設定が可能となる。それは、まずEAZについて、「第三の道」の政策特徴である「三つの基盤方策」がその政策を支えていることを確認した上で、ECMがこの「三つの基盤方策」を受け継いでいること、したがって労働党の教育政策はその政権終了まで「第三の道」の要素を強く持ち続けたという研究仮説である。

本書はこの研究仮説を実証し、次に、ECMの政策展開の具体的な実像、その政策の成果と課題を検証する。そしてこれらの検討を通じて、英国労働党政府が作り上げてきた教育政策はどのような点において「第三の道」なのかについて、この後詳しく論じる「第三の道」の理念的な柱として析出した「脱物質主義」と「市民社会の政治化・民主化＝民主主義の民主化」の観点から、それを明確にすることを本書の具体的な研究目標とする。

3　本書の構成と研究方法

1　本書の構成

本節ではまず、本書の構成について記す。本書はポスト福祉国家におけるニューライトのオルタナティブ＝「第三の道」として、国家・社会のグラン

ド・デザインを描くことから出発し、その一領域を担う教育政策のあり様について、英国を主要な研究対象として論じることを基本的な課題とする。そして、この課題の解明は、ニューライトに代わる有力な「あるべき国家・社会像」が描けていないわが国にとってとりわけ重要な意義があると同時に、教育と福祉さらには労働等との関係を一体的に論じることによって、現実の教育や教育政策そのものの改善、発展に貢献するという点からも、重要な今日的意義を持つ。

　本書は三部構成をとっている。第Ⅰ部では、経済学や政治学、社会福祉学を基盤に、ケインズ主義的福祉国家とニューライト国家はどこに問題があったのかという問いかけを出発点として、「第三の道」としての国家・社会のグランド・デザインについて理論的な枠組みを検討する。そして、第Ⅱ部では、その理論的な枠組みにおいてキーアクターとなる、ボランタリー・セクターに焦点を合わせて論じる。第Ⅲ部では英国におけるポスト福祉国家の展開について、「教育改善推進地域」(EAZ) と「すべての子どもを大切に」(ECM)、とりわけECMを具体的な研究対象とし、「第三の道」における教育政策の展開、現実のあり様について明らかにする。そして、英国労働党政府が作り上げてきた教育政策はどのような点において「第三の道」だったのかについて論じる。

　具体的には、第Ⅰ部では、第1章と第2章で「第三の道」を支える基本的な二つの理念「脱物質主義」と「民主主義の民主化」について論じる。続いて第3章では「第三の道」の制度構想として「福祉多元主義」を取り上げる。

　第Ⅱ部では、まず第4章で、ボランタリー・セクターの一般的な用語の整理とその特性及び課題について論じる。第5章と第6章は、英国におけるボランタリー・セクターに焦点をあて、第5章では、ボランタリー・セクターの伝統、今日的定義、保守党政権から労働党政権に至る公共サービス提供の変容について述べ、第6章では、労働党政権下におけるボランタリー・セクターの公共サービスに果たす状況について、各種統計資料を用いて実証する。

　第Ⅲ部では、まず第7章で「第三の道」のカウンターパートとして、保守党サッチャー (M. Thatcher) 及びメージャー (J. Major) によるニューライト国家の展開を記す。その上で第Ⅲ部は労働党の教育政策の展開、現実のあり様を明らかにする。その対象とする政策はEAZとECMであるが、EAZ

が政策の「実験台」として5年という期限を切って実施されたこともあり、分析の中心はECMとなる。第8章では、EAZが「三つの基盤方策」を実施の理念や体制とする「第三の道」を代表する政策であることを確認する。そして、第9章から第12章までをECMの分析に当て、ECMが「三つの基盤方策」を引き継いでいることを確認し、その上で、ECMの政策の展開や実像、評価、課題について検討する。

以上の検討を経て、終章では、まず本書の結論として「三つの基盤方策」に特徴づけられるこうした英国労働党の教育政策はどのような意味において「第三の道」なのかについて、第Ⅰ部で論じた「脱物質主義」と「民主主義の民主化」の観点に立ち返って論じる。続いて本書のまとめを記す。そして、最後に、本書の意義や今後の課題、わが国の教育・研究への実践的な示唆について記す。

2　本書の研究方法

次に本書の研究方法について述べる。第Ⅰ部は「第三の道」の基本理念を論じているから、研究の方法は理論研究となる。また、本書は「第三の道」の国家・社会像を描くことから出発していること、教育改善のためには教育とその隣接分野を一体的に把握する必要があると考えていることから、第Ⅰ部は教育学以外の学問分野の理論に多くを依拠している。具体的には、経済学のレギュラシオン学派の理論、政治哲学、そして社会福祉学の業績から多くを引証している。

第Ⅱ部のボランタリー・セクターの研究については、日英の研究者の文献、政府関係機関や組織の刊行物、英国におけるボランタリー組織の全国組織である全国ボランタリー団体協議会（National Council for Voluntary Organisation：NCVO）の統計資料等の文献研究に加え、英国研究者への聞き取り調査、NCVOスタッフへの聞き取り調査も行っている。

第Ⅲ部はEAZとECMにかかわる政府関係機関や組織の刊行物等をもとにした政策理念研究を基盤に、それら政策の実像を明らかにすることを目的とし、その研究をすすめるにあたっては、教育水準局（OFSTED）や英国会計検査院（National Audit Office：NAO）といった査察機関の報告書、先行研究、そして研究者、行政のスタッフ、ボランタリー組織のスタッフ、教育・保育

表1　研究調査の経緯

日程	インタビュー相手	所属・肩書き等	備考
《2007年》			
5月30日	Dr. Linda Milbourne	Birkbeck College, University of London	ボランタリー・セクター研究者。子どもサービス分野を中心に聞き取り調査
6月22日	Dr. Margaret Harris	Aston Business School (Birmingham)	ボランタリー・セクター研究者。ボランタリー・セクター一般について聞き取り調査
7月5日	Sue Blakemore	Director of Services, Children's Links	子どもサービス分野のボランタリー組織のスタッフ
8月2日	Ben Hasan	Head of Hungerford Children's Centre	子どもセンター (in London) のスタッフ。センターの見学と聞き取り
8月8日	Terence Connor	Catholic Children's Society, Director	子どもサービス分野のボランタリー組織のスタッフ
9月10日	Sue Blakemore	Director of Services, Children's Links	子どもサービス分野のボランタリー組織のスタッフ。拡張学校 (in Lincoln) の見学と聞き取り
9月10日	Carrie Forrester	Children's Centre Programme Manager	子どもセンターのスタッフ。センター (in Lincoln) の見学と聞き取り
9月12日	Terence Connor	Catholic Children's Society, Director	子どもサービス分野のボランタリー組織のスタッフ
9月25日	Patricia Hennessy	Centre Manager, Bird in Bush Centre	子どもセンターのスタッフ。センター (in London) の見学と聞き取り
《2010年》			
2月16日	Marcus Starling	子ども・学校・家庭省／Child Safeguarding Division	子ども・学校・家庭省のスタッフ。労働党の教育政策一般について聞き取り
2月16日	Janet Moore	子ども・学校・家庭省／Team Leader, Third Sector Partnership	子ども・学校・家庭省のボランタリー・セクター担当スタッフ
2月16日	Matthew Freeman, Joe Hayman	Contin You National Development Manager, Contin You Director of Extended Services and Study Support	拡張学校の指導的立場にあるボランタリー組織のスタッフ
《2011年》			
9月7日	Amanda Tuck	St. Petersfield Primary School, Headmaster	小学校 (in Cambridge) の校長。拡張学校の見学と聞き取り
9月7日	Sian Phillips	CCC Local Authority Representative for Extended Schools	地方当局 (Cambridge) の拡張学校担当スタッフ

9月8日	Ann John	Extended Schools Co-ordinator	拡張学校（in Cambridge）の地域コーディネーター
9月8日	Trader Goffe	Burrowmoor Primary School Headmaster	小学校（in Cambridge）の校長。拡張学校の見学と聞き取り
9月9日	Brenda Darcy	St. Petersfield Primary School, Governor	小学校（in Cambridge）の学校理事。拡張学校責任者。拡張学校について聞き取り
9月9日	Anna Hardwick	Local Authority staff for Children Center	地方当局（Cambridge）の子どもセンター担当スタッフ

《2014年》

3月10日	Victoria White	教育省／International Education Division	教育省のスタッフ 教育政策一般について聞き取り
3月12日	Catherine A. Simon	Bath Spa University	ECM研究者（In Bath）
3月13日	Oli Henman	NCVO, Head of EU & International Team	NCVOのスタッフ。ボランタリー・セクター一般について聞き取り

《2015年》

1月23日	Nick Haisman	Family Links, CEO	子どもサービス分野のボランタリー組織のスタッフ（In Oxford）
1月26日	Dr. Linda Milbourne	Birkbeck College, University of London	ボランタリー・セクター研究者。子どもサービス分野を中心に聞き取り
1月27日	Kathy Evans	Children England, Chief Executive	子どもサービス分野のボランタリー組織の連合体スタッフ

機関のスタッフを対象とした聞き取り調査、学校や施設の見学を行った。また地域的には、リンカーンやケンブリッジ、オクスフォードなどの調査も行い、ロンドンに偏らぬよう心がけた。第Ⅱ部にかかわる研究調査も含め、研究調査の経緯をまとめると表2のとおりである。

第Ⅰ部	「第三の道」を構成する要素

　序章では、本書の基本的な課題を次のとおり論じた。ポスト福祉国家におけるニューライトのオルタナティブ＝「第三の道」として、国家・社会のグランド・デザインを描くことから出発し、その一領域を担う教育政策の有り様について、英国を主要な研究対象として論じる。そして、この課題の解明は、ニューライトに代わる有力な「あるべき国家・社会像」が描けていないわが国の現在と未来にとって、重要な意義があると同時に、現実の教育や教育政策そのものの改善、発展に貢献するという点からも、重要な今日的意義を持つ。第Ⅰ部では、この「第三の道」としての国家・社会のグランド・デザインを支える基本理念及び制度理念について論じる。

第1章
◆
脱物質主義
・・・・ ケインズ主義的福祉国家とニューライト国家の限界

---

1 イングルハートからの出発

　序章では、ポスト福祉国家におけるニューライトのオルタナティブ＝「第三の道」を検討する意義について論じた。それでは、そもそもケインズ主義的福祉国家のどこが問題なのか。ここではまず、イングルハートの議論に着目する。

　「ニュー・ポリティクスの理論は、ロナルド・イングルハート（Inglehart, Ronald）の次のような宣言で事実上その姿を現すことになった」（丸山仁 2000a：2頁）。『ニュー・ポリティクスの政治学』の序章はこの一文で書き始められている。それでは、イングルハートの宣言とは、どのようなものだったのか。

　イングルハートは、1970～73年のヨーロッパ及びアメリカの世論調査データ、なかでも①「国内秩序の維持」、②「重要な政治決定に際して発言権を増すこと」、③「物価上昇との戦い」、④「言論の自由の保護」の4項目から最も好ましいものを二つ選ぶという質問に対するデータをもとに、「欧米諸国民の価値観は、物質上の福祉と身体の安全に関する要望から、徐々に生活の質を重視する方向に移りつつある」（Inglehart, R. 1977：p.3／イングルハート 1978：3頁）ことを宣言した。ここで、①の選択肢は、身体の安全に対する関心を反映し、③の選択肢が経済的安定性を優先させる態度を反映しているとされ、この秩序と経済的安定性の強調が物質主義的組み合わせである。それに対し、②と④の選択肢は脱物質主義的価値とされる。

そして、イングルハートはこの価値観変動の原因を次のA．H．マズロー(Maslow)の理論に求めた。(1)欲求変動論＝第二次大戦後の社会変動、とりわけ①経済変動（豊かさの普及）が物質的飢餓感を解消し、②全体戦争の不在が身体の安全を保障したため、「下位レベルの諸欲求はある程度充足し、より手に入れにくい高次の社会的欲求あるいは自己実現欲求の欠乏感が顕著になる」(武重雅文 1986：44頁)。(2)初期優先原則＝「一般的な、基本的態度および性格は幼児期を中心とする人格形成期に形づくられる」(武重 1986：44頁)。したがって、戦後、西欧経済が復興するまでに幼少年期を送り、戦争と物質的飢餓感を経験した世代は、長じても「国内秩序の維持」や経済的安定生に重きをおく。それに対し、戦争のない経済的に繁栄した時代に育った世代は、長じても帰属欲求や美的知的欲求を優先させる。つまり脱物質主義的価値を重んじる。

このイングルハートの議論については批判も多い。特に批判が集中したのはマズローの仮説の適用だとされる（イングルハート 1978、「訳者あとがき」、等参照）。しかし、本研究がイングルハートに注目するのは、各国において価値観の変動が実際に起こっているのかどうか、また、価値観変動を生みだすメカニズムについての仮説の妥当性ではなく、ケインズ主義的福祉国家を支えていた価値観が物質主義であり、それに対しポスト福祉国家を支えるであろう価値観が脱物質主義であるということ、そして、そのような価値観の変動によって政治が変動するであろうことを、イングルハートは指摘したからである。

イングルハートが指摘した価値観の変動による政治の変動とは次のようなものである。ここではとりわけ次の二点に着目する[1]。(1) 経済争点の重要性の相対化＝経済中心性の政治からの脱却：価値観の変動により、政治的争点志向が変化し、「最も顕著な政治問題が経済的争点から生活様式の争点へと移動することが予想される」(Inglehart, R. 1977：p.183／イングルハート 1978：179頁)。すなわち、「環境保護、生活の質、女性の役割、道徳の再定義、麻薬の使用、政治的・非政治的な決定作成へのもっと広範な国民の参加」(Inglehart, R. 1977：p.13／イングルハート 1978：14頁) といった争点が政治の領域に入り込み、経済中心性の政治から脱却する。(2) 階級中心性の政治からの脱却：物質主義の価値観に基づく政治では、「政治的不満感は通常物

第 1 章　脱物質主義　51

質的条件に起因し、低所得層に集中していた」。しかし、脱物質主義の価値観に基づく政治では、「比較的豊かな脱物質主義者がいまや政治的不満感と抗議の最も確実な源泉となる」(Inglehart, R. 1977：p.365／イングルハート 1978：361頁)。その結果、階級投票の伝統的パターン（労働者階級＝左翼政党、中産階級＝右翼政党）や従来の社会階級的対立軸が弱まり、「政治的党派性の社会的基盤が根本的に変化することが予想される」(Inglehart, R. 1977：p.183／イングルハート 1978：179頁)。

　繰り返すが、各国においてどれほどの価値観の変動が実際に起こっているかどうかについて、ここでイングルハートの見解をそのまま受け止めることはしない。しかし、1960年代末に登場した「新しい社会運動」[2]の全世界的な浸透は、人々の脱物質主義的な価値に支えられていることは間違いがないし、身近な例としては、大震災後のわが国において原子力発電所を再稼働させるのかどうか、物質主義的価値に基づく存続派と経済的な価値を相対化する反存続派で世論は真二つに分かれている。

　このように今日ではかつてより価値観が多様化していることは間違いがなく、そのような価値観が多様化する社会にあって、政治のあり方にも変化が求められているのである。そして、その時になぜ、従来のケインズ主義的福祉国家には限界があるのか、次にこの点について、フォーディズムの理論を手がかりに考察する。

2　ケインズ主義的福祉国家の限界——フォーディズムの議論より

　フォーディズムとは1970年代半ばフランスで生まれたレギュラシオン学派の経済理論である。レギュラシオン学派は、20世紀後半の持続的な経済成長の構造とその危機への転化をフォーディズム的発展様式として見事に解き明かした。

■山田鋭夫の解説

　山田はフォーディズム的発展様式を図1のとおりまとめている。この発展様式の核は、蓄積体制の回路（図1の生産性、賃金、消費、投資、需要の回路）

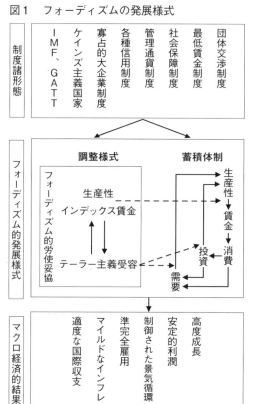

図1　フォーディズムの発展様式

（出典・山田鋭夫 1993：125頁）

にある[3]。この回路が循環を続け、大量生産－大量消費が生みだされる。また、この大量生産－大量消費の回路は、フォーディズム的労使妥協（労働者は生産性の上昇と連動した賃金上昇と引き替えにテーラー主義的労働を受容する）[4]という調整様式によって成立し[5]、また、「団体交渉制度、最低賃金制、社会保障制度といった制度諸形態の結果でもあり、またその原因をもなしている」（山田 1993：124頁）。

例えば、団体交渉制度の成立により、労働者は生産性上昇と連動した賃金上昇を獲得することが可能となり、それが消費を生みだした。また、社会保障制度の成立により、生産性上昇の成果が収入のない層や低所得者層にも分配され、労働の対価以外の賃金すなわち「間接賃金」となって、個人消費の増加にはね返った。そして、大量生産－大量消費が税収入を増加させ、豊かな社会保障制度－ケインズ主義的福祉国家を支えたことを忘れてはならない。このように、フォーディズムの発展様式は生産条件のみならず賃金の上昇など消費条件を同時に変革するものであり、「これは資本主義の歴史上はじめてのことであった」（山田 1993：120頁）。逆に、1930年代大恐慌は、大量生産に対応して、労働者の賃金の上昇や大衆消費社会が成立していなかったために生じた構造的危機であった。

このように、ケインズ主義的福祉国家の政治は、このフォーディズム的発展様式が生みだす経済成長の追求とその成果の国家による配分を一つの基軸

とする。つまり「福祉国家は、フォーディズム的発展様式とともに発達してきたのである」(渡辺博明 2000：166頁)。

■ リピエッツの解説

次に、M. アグリエッタ (Aglietta) やR. ボワイエ (Boyer) らとともに、レギュラシオン学派の代表的理論家であり、フランス緑の党の経済問題専門家であったリピエッツ (A. Lipietz) のレギュラシオン理論を紹介し、理解を深めておく。(ただし、リピエッツの用語と前掲図1で示した山田の用語とにはいくぶん違いがある。しかし、フォーディズムについての基本的な説明については変わりがないことはいうまでもない。) リピエッツは、大きくは「危機」、「発展モデル」(図1では「発展様式」)、「労働編成モデル」(図1では「調整様式」)、「蓄積体制」、「調整様式」(図1では「制度諸形態」)[6]という五つの概念で資本主義を説明する。まず「危機」について。リピエッツによると、資本主義の歴史のなかで、19世紀末、1930～50年代、1960年代末以降が資本主義の「大危機」にあたる。「だが、このような大危機と大危機とに挟まれた時期には、『長期的妥協』が社会諸集団によって受け容れられる。この妥協の基礎にあるのが『発展モデル』である」(リピエッツ 1990：13頁)。そして、1930～50年代と1960年代末の二つの大危機の間の発展モデルがフォーディズム的発展モデルである[7]。

また、「この妥協は、右派から左派にいたるあらゆる種類の政治集団によって擁護される。各政治集団は、共通の世界観にしたがって、モデルのなかで実現できる特定の利害や改良にかんして闘うのである」(リピエッツ 1990：13頁)。このように、一つの発展モデルでは、社会諸集団によって受け容れられる「世界観」があり、「妥協」がある。つまり、そうした世界観や妥協に基づいて、発展モデルが成り立っているわけである。

次に、この発展モデルは、「労働編成モデル」、「蓄積体制」、「調整様式」から構成される。「調整様式」とは、「諸個人の相互に矛盾した対立的な諸行動を蓄積体制の全体的原理に適合させるように作用するさまざまなメカニズムの組合せ」(リピエッツ 1990：21頁) である[8]。例えば社会保障制度などの制度諸形態が人々の行動を特定の方向へと誘導する。

「労働編成モデル」の根幹はテーラー主義にある。つまり、テーラー主義

による統制を受け容れる代償として、賃金生活者は、それまで経営者によって独占されてきた生産性上昇の分け前の分配を要求した。これがフォード的労使妥協である。そしてこの妥協が大量生産－大量消費の回路（生産性の上昇が消費の上昇を生みだし、その結果さらに生産性を上昇させる回路）＝「蓄積体制」を生みだす。さらに、「フォーディズムは、福祉国家、社会保障制度、社会扶助制度、各種給付金といった、連帯を押し進める強力な手段を持っていた」（リピエッツ 1990：145-146頁）。この手段が「調整様式」である。この「調整様式」が、人々の行動をこうした労使妥協や蓄積体制へと誘ったのである。

■フォーディズムの限界

以上が、山田とリピエッツのフォーディズムの発展様式（発展モデル）についての説明であるが、このようなフォーディズム的発展様式も永遠ではなかった。フォーディズムの繁栄を謳歌した先進諸国は、1970年代あたりから長期不況に陥った。そして、レギュラシオン学派はこの不況を、以下のとおりフォーディズムの構造的危機として説明する。フォーディズム型の少品種大量生産方式によって規格化された製品が市場を一巡し、市場は多品種少量消費型の需要動向を示すようになった。こうした人々の消費行動のフレキシビリティ化は生産システムのフレキシビリティ化を要求するが、これにフォーディズム型の少品種大量生産テクノロジーでは対応できなかった[9]。

また、テーラー主義的労務管理の強化が限界に達した。労働はますます断片化され、単調化され、強化され、「権限を持つ者」と「実行する者」の分離のなかで生じるこうした労働の非人間化によって、労働者の疲労、意欲喪失、そして抵抗が激増したのである。こうした状況は生産性を抑え、市場を収縮させ、失業者を増加させた。契約的賃金は破棄されざるをえなくなった。かくしてフォーディズム的労使妥協が崩壊する。この結果、失業手当等の社会保障給付が1970年代前半には大幅に増加した。ところが、社会保障は税金や拠出金によって調達されねばならず、それが賃金や利潤を圧迫し始め、問題をさらに悪化させた。フォーディズム的発展様式の好循環が悪循環に変わったのである。そして、ケインズ主義的福祉国家の正統性が攻撃された。

以上は一国的な枠組みのなかで生じた危機であったが、問題はそこにとど

まらなかった。大量生産‐大量販売が生みだす国境を越えた国際競争の熾烈化、国際経済の相互浸透の激化によって、これまでフォード主義国国内における購買力の増加は、その一国の企業に対する需要増加につながったが、それが通用しなくなった。そして、国内における利潤や賃金を不安定化させた（山田 1994、リピエッツ 1990、等参照）。

　さらに、フォーディズムの限界はこういった経済的側面だけではない。本研究で注目したいのはむしろ以下の点である。大量生産－大量消費は環境破壊をもたらす。すなわち、エコロジーとは対極的な位置にある。また、フォーディズムは「労働する男と消費する女（家を管理し家事・育児を担当する専業主婦）との固定した分業関係に立脚するゆえ、ジェンダーの不平等な関係を内包する」（小野一 1999・中：43頁）。つまり、フォーディズムはジェンダーの問題をも浮き彫りにさせた。

　さて、先に述べたとおり、社会諸集団によって受け容れられる一定の価値感によって、このフォーディズム的発展モデルは支えられている。また、フォーディズムは消費条件を変革したところに歴史的な意義があった。これは市民社会を蓄積体制へと統合する大衆消費社会を生みだしたことを意味する。「消費財の消費と賃金労働を美徳とし共通善とする市民社会」（斉藤日出治 1998：250頁）の誕生である。このフォーディズム型市民社会では、あらゆる領域に商品関係が浸透し、そして「商品経済的価値から外れた有用性を無視する」（斉藤 1998：251頁）。この価値観、それはまさしく「物質主義」とよべる価値観であるが、それに基づいて、人々は共通の生活様式＝アメリカ的生活様式を謳歌することとなる。「すべての人が商品の消費の増加をとおして幸福を追求する」（リピエッツ 1990：26頁）生活様式である。このように、フォーディズム的発展モデルはそしてケインズ主義的福祉国家は、物質主義という単一の価値観に基づいて構成されている。

　さらに、この価値観の統一に関わって、斉藤日出治は次のとおり述べる。フォード的労使妥協では、「賃金生活者にとって、労働はもはや所得を手に入れる手段にすぎなくなる。所得額への関心が高まる一方で、何をどのように生産するか、労働することの意味は何か、といった問いは関心から遠のいていく」（斉藤 1991：86頁）。いやむしろ、賃金生活者は、所得を手に入れることと引き替えに、労働の意味を問うことを放棄させられたといってよい。

また、この労働の意味喪失にとどまらず、フォーディズム的発展モデル従ってケインズ主義的福祉国家では、公共の様々な事柄から人々は関心を背けさせられることとなる。斉藤は次のとおり述べる。

　労働の意味の喪失、所得と消費への関心の集中、したがって公共の事柄に対する無関心と私生活志向＝個人の「ワタクシ化」、これはほかならぬフォード主義的妥協がもたらした大衆社会状況である。公共の事柄に無関心となり、たがいに離反し会う諸個人に動機をあたえて、社会を統一に向けて導くもの、それが所得であり消費なのである（斉藤 1991：86-87頁）。

このように、ケインズ主義的福祉国家は、所得や消費につまり物質的・経済的価値に関心を集中させることによって、その仕組みを成り立たせているわけである。

これに対し、「忘れられた価値を掲げてのフォーディズム体制への異議申し立て」（小野 1999・中：43頁）としてエコロジー、ジェンダー、エスニシティといった「新しい社会運動」が展開されるようになる。今日、フォーディズム体制に示された消費を美徳とし第一と考える物質主義的・画一的な価値に基づく経済中心性の政治から、多様な価値の存在を前提とする経済的争点が相対化された政治へと移行せねばならないのは、フォーディズム体制が経済的な面で限界を露呈するようになったためだけではなく、ケインズ主義的福祉国家の政治では、「新しい社会運動」が提起する多様な政治的争点に対応できないためでもある。「『新しい社会運動』によって提起されている問題は、もはや生産や分配の問題ではなく、伝統的な福祉国家の射程を超えている」（武川正吾 1999：98頁）のである。

この点について、もう少し付論しておく。近藤康史は、「福祉国家は社会保障や社会福祉といった形での所得再分配や国家介入によって社会経済的な不平等を緩和しつつ、資本家と労働者の間の和解を政治的に調整することを通じて、大衆統合や支持調整を達成していこうとするシステム」であり、「経済と階級を中心に据えるヘゲモニー」（近藤 1998・一：148頁）であったとする。ところが、「新しい社会運動のイシューやアイデンティティは経済

的・階級的利害を中心にしたものではな」（近藤 1998・二：219頁）い。したがって、新しい社会運動のイシューは、ケインズ主義的福祉国家においてはマージナルなものとしてしか扱われない。逆に、このような福祉国家が、「新しい社会運動」の提起するエコロジー、ジェンダー、エスニシティといった価値を物質的・経済的価値と同等に尊重することは、ケインズ主義的福祉国家を成り立たせている価値基盤を弱めることを意味する。したがって、これらの問題の解決には、経済・階級中心性を相対化し、多様な価値、多様な問題を同等に尊重し解決していく政治、国家・社会、レギュラシオン理論の用語を使用すると、フォーディズムに代わる新しい発展モデル、ケインズ主義的福祉国家に代わる新しい制度諸形態が必要なのである[10]。

以上より「脱物質主義」は「第三の道」を支える基本的な理念として理解できる。

3　ニューライト国家の登場と限界

ケインズ主義的福祉国家の行き詰まりに対し、1980年代にいち早く現実政治のなかで対案を提示したのはサッチャー、レーガン、中曽根といったニューライトの政治家達であった。それでは、ニューライト国家とはどの様なものであり、どこが問題なのか。

■アフター・フォーディズム

まずは、ニューライト国家の登場についてレギュラシオン学派の理論を参照する。レギュラシオン学派はフォーディズムすなわち石油ショックまでの戦後先進資本主義の黄金時代の分析によって、その存在を世界に強烈にアピールしたが、レギュラシオン学派は次のとおりそれ以前とそれ以後の資本主義についても歴史的な分析を行っている。この分析における基本的な概念の一つに、リピエッツを取り上げた際述べた「危機」がある。なかでも「大危機」は「資本主義の特定の構造を問いなおし、その構造変化を促迫するものである」（山田鋭夫 1994：76頁）点で重要である。そして、レギュラシオン学派は、フォード主義的発展様式が登場するまでの資本主義について次のとおり分析している。まず、19世紀末大不況の大危機まで「ビクトリア朝的

繁栄」を謳歌し19世紀をリードしたのはイギリス的発展様式である。次に、20世紀の初めにテーラー主義が登場し、「相対的安定期」（過渡期）を経て30年代大恐慌という大危機を迎え、その後、第二次世界大戦後から「栄光の30年」ともよばれる未曾有の成長体制を築いたのがフォード主義的発展様式であった（山田 1994、等参照）。

　また、レギュラシオン学派は「フォード主義的発展様式」以後について、①ネオ・フォーディズムないしネオ・テーラー主義、②トヨティズム、③ボルボイズムないしカルマリズム、④ハイブリッド・モデルという4つのアフター・フォーディズムの発展様式を検出している。この①のネオ・フォーディズムないしネオ・テーラー主義がニューライトの新自由主義路線である。これを山田は次のとおりまとめている（山田 1994：137-138頁）。ここでは、テーラー主義が強化され、テーラー原理受容と引き替えに生産性が分配されるというフォード主義的妥協は切り崩される。構想（生産管理部）と実行（現場労働）の分離が過度に進み、労働組合は衰退し、賃金・雇用のフレキシビリティーの増大、すなわち、競争的賃金制度や個人別労使契約の市場原理が復活する。その結果、労働市場の二重構造が深まり、社会は二極に分裂して砂時計社会となる。

　アメリカを筆頭にイギリスやフランスもこれに近い戦略をとった。これに対し、カルマリズムのカルマルとはスウェーデン・ボルボ工場の所在地名で、カルマリズムとはテーラー原理を放棄ないし緩和し、労働者が労働の構想に参加し、労働の意味を回復し、質の高い労働を確保する戦略である[11]。

　このように、ニューライトは、フォード主義的妥協を切り崩し、賃金・雇用のフレキシビリティーを増大させ、すなわち賃金や雇用における市場原理を復活させ、労働の意味は回復されることなく公共のことがらに無関心のまま、「経済的な意味での『差異化と豊かさ』への欲求に依拠する」（丸山仁 2000b：12-13頁）利益政治である。したがって、ケインズ主義的福祉国家と同様、否、それ以上に物質主義に基づく政治であり、経済中心的である。例えば、広田照幸は次のとおり述べている。「新自由主義的な競争社会は、人々の〈生〉を、ますます経済に固執させてしまう。……経済的なサバイバルが人生そのものになってしまう状況である」（広田 2004：79-80頁）。

■ニューライト国家の仕組みと限界

次に、ニューライト国家の仕組みと限界について、「社会統合」という観点から論究する。通常、ニューライトの理念は新自由主義と新保守主義の二つの理念で説明される。新自由主義とは、小さな政府、規制緩和、民営化、市場原理、自由競争、自助努力等をキーワードとする政治理念である。ニューライト国家でも、ケインズ主義的福祉国家と同様に経済成長がめざされる。しかし、その方法は、レギュラシオン学派が指摘したように、国家に福祉国家としての役割を与え、政府に大きな役割を担わせるのではなく、個々の国民や企業の自由競争と市場原理に委ねられる。そのために、これまで政府が行ってきた様々な規制を緩和したり、能率の上がらない国営企業を民営化し、これまで自由な競争を妨げてきたものを取り除く。このように新自由主義では政府の役割は小さくなり「小さな政府」となるとともに、個々の国民はその生活の保障を政府に頼ることが許されず、自助努力が求められる。

次に、新保守主義とは、強い国家、伝統的・権威的な国家や社会をめざす。つまり、国内的には、伝統的・権威的な家族の連帯、犯罪の取り締まり等の法の強化、道徳や宗教に支えられる社会秩序の維持、対外的には、攻撃的で国家主義的な外交政策による対外秩序の維持が政策となる。

そして、この新自由主義と新保守主義の二つの理念は、バラバラに存在するのではなく、次のとおり相互補完的に結びつきニューライト国家を支えている。

ニューライト国家の新自由主義的側面は、ケインズ主義的福祉国家の介入主義的国家、「大きな政府」を批判し、政府の活動範囲を制限すること、「小さな政府」であることを主張する。この点について、例えば、ピアソン（C. Pierson）はニューライトの代表的な理論家ミルトン・フリードマン（M. Friedman）の次の言葉を引用している。「政府の活動範囲は、制限されなければならない。その主要な機能は、われわれの自由を、外敵あるいは同胞市民の双方から守ること、すなわち、法と秩序を保持すること、私的契約を保証すること、そして、競争的市場を育成することでなければならないのである」(Pierson, C. 1991：p.42／ピアソン1996：85頁)。同様にフリードマンと並び称されるニューライトの理論家フリードリヒ・ハイエク（F. Hayek）も、政府の役割を、外部からの攻撃に対する集団的防衛や市場が効率的に供給で

きない集合財や公共財の提供等に制限している（Pierson, C. 1991：pp.43-44/ピアソン 1996：88-89頁）。

このように国家の役割を制限することは、レギュラシオン学派が説明したような福祉国家としての国家のまとまり、社会統合を弱めることを意味する。なるほど、ピアソンはハイエクの「カタラクシー」という概念を紹介している。ピアソンによると、カタラクシーとは、「財産、不法行為、契約にかんする法原則の枠内において行動する諸個人を通じて、市場によって生み出される独特の自発的秩序」であり、「社会民主主義と福祉国家は、いずれも、自然発生的な市場制度にもとづき形成されたこのカタラクシーという秩序をくずそうとするものであり、それゆえ自由で公正な社会における諸原則に反するもの」（Pierson, C. 1991：p.42/ピアソン 1996：86-87頁）と説明される。このようにハイエクは、福祉国家といったような人為的な秩序ではなく、市場によって生みだされる自然発生的な秩序による社会統合を構想しているといえる。

しかしこのような経済的自由主義が生みだす弱肉強食の競争社会は、市場において様々な人々が自分勝手に自己の利益を追求する秩序破壊的側面を持つことは論をまたない。また、人々に「精神の貧困」をもたらす。そねみ、奪い合い、さいなみ、倫理の喪失、等様々な社会・人間関係問題群を生みだす。そこでニューライトの政治は、「経済的自由主義と、再生された保守主義とが強く結びついた混合体」（Pierson, C. 1991：p.41/ピアソン 1996：84頁）となる。すなわち、経済的自由主義が社会統合を獲得するためには、たとえ一旦は敗者となっても競争に向かってたゆまぬ努力を続け、決して犯罪などには走らない道徳や宗教が必要であり、そして万が一犯罪者が生じればそれを強く取り締まる「法と秩序」が必要であった。また、この後取り上げるリピエッツが指摘する伝統的権威的な家族、さらにこのような国内の社会秩序に加えて、国内の不満を海外に向けさせる攻撃的で国家主義的な外交政策による対外的秩序、が必要であった。このように、国家に新自由主義を存続させるためには、新保守主義が必要だったのである。

またリピエッツはニューライトのこの新自由主義と新保守主義との関係、社会統合を次のように分析している。リピエッツはニューライトの政治を自由主義的生産第一主義と名付け、フォーディズムに代わる発展モデルの一つ

と捉えている。このモデルでは、先にも述べたとおり競争の勝利者と敗者との「二極分裂社会」、「砂時計型の社会」が作られる。下層では多くの失業者が生みだされるが、福祉国家が彼らの生活を保障することはなく、失業者や病人の面倒は家族がみることとなる。「実際それは、奉仕活動というきわめて古くからの『救いの神』への復帰である。奉仕活動の『生まれながらの』専門家は女性である。彼女たちは無償労働や家族の看護によって、万人の万人にたいする闘争の犠牲者たちの傷の手当てをするのである」（リピエッツ1990：62頁）。このように、自由主義的生産第一主義の発展モデルでは、福祉国家による社会的連帯＝社会統合は解体され、それに代わって家族の連帯が強調される。実際には女性に多くの負担が押しつけられることなる。

このようなリピエッツの議論からも理解できるとおり、ニューライトの新自由主義がもとめる経済的繁栄は、市民社会を二分するばかりでなく、市民社会に非民主的な権威主義＝新保守主義が必然的に持ち込まれることを示している。

第2章
市民社会の政治化・民主化について

1 二つの小さな政府論

　従来のケインズ主義的福祉国家には「物質主義」＝経済中心性の政治という点で限界があり、それに代わって登場したニューライト国家についても、同様に経済中心性の政治であり、さらには「権威主義」といった民主性の観点からも問題があった。本章はこの民主性の観点から、ニューライト国家と「第三の道」との差異を論じ、「脱物質主義」に加えて「第三の道」がよってたつもう一つの理念、「民主主義の民主化」＝「市民社会の政治化・民主化」を明確にする。

　ケインズ主義的福祉国家の行き詰まりに対し、ニューライトは福祉国家の大きな政府を否定し、民営化等国家の縮小を主張した。このようにポスト福祉国家を志向し、国家の縮小を主張する点ではニューライトと「第三の道」とは共通する。しかし、少なくとも以下の二つの点で両者は根本的に異なる。第一に、ニューライトは、「経済的な意味での『差異化と豊かさ』への欲求に依拠する」（丸山仁 2000b：12-13頁）利益政治である。したがって、福祉国家と同様、否それ以上に物質主義であり、経済中心的である。第二に、国家の縮小に伴って、これまで国家が担ってきた機能のある部分をニューライトは市場と伝統的規範に委ねるが、「第三の道」では政治化された市民社会に委ねる。第一の点については前章で論じた。本章では、第二の市民社会の政治化・民主化について考察する。

　この第二の点について、図1は、伝統的福祉国家、ニューライト国家、

「第三の道」の違いを図示したものである。ここからもわかるとおり、ニューライトと「第三の道」との違いをまず単純に述べるならば、これまで国家が担ってきた機能の一部をニューライトは市場に委ね、「第三の道」は市民社会に委ねる、ということになる。しかし、それだけでは不十分な理解である。なぜならば、縮小された国家の機能を引き受ける市民社会が、従来通りの抑圧的な権力関係、例えば前近代的な女性と男性との関係を引き継いでいるならば、「第三の道」はニューライトとの差異化をはかることができないからである。市民社会も改革されねばならない。つまり、以下のとおり、市民社会も政治化・民主化されねばならない。

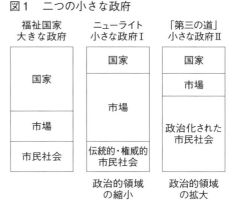

図1　二つの小さな政府

　繰り返し述べるが、一般的にニューライトは、小さな国家を標榜する新自由主義と強い国家や権威主義を意味する新保守主義という二つの理念で説明される。そして、この二つの理念は単純に併存しているのではなく、補完的、合理的に結合している。すなわち、福祉国家では、市民社会を蓄積体制へと統合する国家的統合、経済・階級を中心に据えた大衆統合の装置が存在した。新自由主義が福祉国家における政府の介入から個々の市民を解き放ち、市民が自由に振る舞うようになったとき、国家的統合、大衆統合の装置、社会的な秩序を維持するための装置が必要となる。ニューライトはそれを新保守主義、すなわち伝統的権威的な家族の連帯（例えば女性の奉仕活動）、「法と秩序」、道徳や宗教等によって支えられる社会秩序や奉仕活動、こうした国内の社会秩序及び、攻撃的で国家主義的な外交政策による対外的秩序、に求めた。ギデンズも次のとおり述べている。

　　新自由主義は、自由な市場の力を、伝統的な制度、とりわけ家族と国家の擁護と結びつける。経済に関しては個人のイニシアチブを発揮させるべきだが、他の社会的活動領域では、個々人が義務と責任を果たさな

ければならない。社会的秩序を維持するためには、伝統的国家と同様に、伝統的家族を擁護しなければならない（Giddens, A. 1998：p.12／ギデンズ 1999：33頁）。

このように、ニューライトの市民社会は必然的に伝統的・権威的市民社会である必要があった。近藤康史もこの点を次のとおり明確に指摘している。

> （サッチャリズムは）「国家の縮小」を内容的に基軸とした。……そこで縮小された機能は自由市場での運営に委ねられるが、そこからは秩序を維持する論理が出てこないために、強い国家による法と秩序の強制や、市民社会内の伝統的規律（家族など）による補完が必要となった（近藤 1999・1：311頁）。

さて、「第三の道」では縮小された国家の機能が市民社会に委ねられる場合、以上のようなニューライトが求めた伝統的・権威的な既存の市民社会に委ねることはできない。「第三の道」の市民社会では、旧来の市民社会における社会関係のなかに様々に存在する支配の諸関係に対する異議申し立てから始められねばならない。これが市民社会の政治化である。そして、縮小された国家の機能はこうして政治化された市民社会にこそ委ねられねばならない。つまり、市民社会における抑圧的権力関係から個々の市民を解放し、多様性と差異を承認し、自律的個人に自己決定の権利や集団的な政治的決定への参加を保障する民主主義を市民社会のなかに創りださねばならない。

そして、近藤はこのように市民社会が政治化されることによって、次のとおり政治的領域が拡大するという（近藤 1999・1、参照）。ニューライトでは、縮小された国家の機能が市場や伝統的市民社会に委ねられる。そこでは、様々な事柄が市場原理と所与の伝統的価値や規律によって動いていくのであり、そこは個々の市民の政治的な意思が反映されることの乏しい非政治的領域である。つまり、ニューライトでは、国家の縮小によって、従来、政府や議会など国家の政治的な制度をとおして決定されていたことがらが、市民の政治的な意思とはかけ離れた市場原理と所与の伝統的価値や規律、権威によって決定され、市民は、それらのことがらに対して、政治的に関わる機会を

失う。こうして、ニューライトでは政治的領域が縮小される。

これに対し、「第三の道」では、縮小された国家の領域は政治化された民主的な市民社会に委ねられ、市民は依然として政治的決定に参加することができる。それだけではない。市民社会が政治化されることにより、これまで（福祉国家においても）所与の伝統的価値や規律、権威によって決定されていた市民社会のことがらに市民は政治的意思を反映させることができる。このようにして「第三の道」では、政治的領域が拡大される。

2　二つの民主主義論（熟議民主主義 Deliberative Democracy 論及びアソシエーティブ・デモクラシー Associative Democracy 論）と市民社会の政治化・民主化

■熟議民主主義論とアソシエーティブ・デモクラシー論

前節では、「第三の道」とニューライト国家との重大な差異として、「第三の道」では市民社会が政治化・民主化され政治的領域が拡大することについて論じた。

ところで、山口定の著書『市民社会論――歴史的遺産と新展開』（有斐閣、2004）は、大塚久雄、丸山眞男、松下圭一、平田清明等、名だたる研究者の市民社会論の検討をふまえ、「新しい市民社会」論を論じた名著である。山口によると、1990年代に入って、わが国も含め世界的に「市民社会」論が現実政治のなかでも、学問の世界においても脚光をあび「市民社会論ルネサンス」という状況が生まれているという。そして、山口はこうした「新しい市民社会」論の特徴を以下の七つに整理している。「ヘーゲル＝マルクス主義的系譜からの離脱」、「二元論から三元論へ、そして五項モデルへ」、「『地球市民社会論』の登場」、「失われた公共性の回復とデモクラシーのバージョン・アップという課題意識」、「アソシエーショナリズムへの傾斜と『複数制』の共同社会」、「知的エリート主義と一国主義の脱却をはかる開かれた『市民』概念」、「他者共有の『共同社会』としての『市民社会』」。

本節では、この七つの特徴の内「失われた公共性の回復とデモクラシーのバージョン・アップという課題意識」について論じ、「市民社会の政治化・民主化」についての理解を深める[1]。

山口は、多数決＝民主主義論を超えて、民主主義論のバージョン・アップに応える理論的な舞台装置として、「『市民社会』論と『公共性』論こそがその土俵であり、近年欧米諸国で急速に広がってきている『熟議民主主義 (deliberative democracy)』論と『結社民主主義 (associative democracy)』論の二つが、理論的深化のための有意義な切り口になるのではないか」(山口 2004：231頁) と述べている。それでは、この二つの民主主義論とはどのようなものなのか。

　まず、山口は熟議民主主義について次のとおり説明している。熟議民主主義は、「今日の代表制民主主義のもとでの議会政治における意思決定ばかりでなく、イニシアティブやレファレンダムという直接民主主義的形態での意思決定においてさえも、関係者たちが充分な情報と熟慮に基づいた討議、すなわち『熟議』を踏まえて決定を行ったとはいいがたい状況がしばしば見受けられることを問題視して、もっと『熟議』に基づく決定を可能とするような民主主義のあり方を提起しようとするものであった」(山口 2004：233頁)。また、熟議民主主義には「人々の意見は『熟議』の結果として変わりうるものだ」という前提があり、「討議は意見の交換で終わるものであってはならず、具体的な合意と妥協を伴うものである」(山口2004：233頁) という。

　ペルチンスキ (Perczynsky) も次のとおり説明する。「熟議民主主義は次のような民主主義についての基本的な関心から発展した。民主主義とは、声 (voice) の単なる集合ではなく、自由な熟議の結果それらの声が変容することにある。換言すれば、……投票は単なる意見の計測にすぎず、熟議民主主義はむしろ議論の結果としての意見の形成に重点をおく」(Perczynsky, P. 2001：p.73)。つまり、熟議民主主義論は、多数決＝民主主義論を超えて、徹底的な議論とそれに基づき意見の形成を行うことにより、民主主義のバージョン・アップをはかる。

　次に、山口が「自発的・自律的で民主的内部構造をもった集団やアソシエーションが主役を演じる民主主義のモデル」(山口 2004：247頁) と定義するアソシエーティブ・デモクラシー論について。まず、山口はここでのアソシエーションの概念を次のとおり説明している。社会運動や社会学の領域において、アソシエーションは欧米を中心とする歴史のなかで「諸個人が、共通の目的を実現するために、財や力を結合する形で、自由意思と契約に基づい

て組織をつくる行為ならびにそれによって生まれる組織」（山口 2004：237頁）という意味を与えられてきた。さらに90年代初頭から「『アソシエーション』とは単なる諸個人の自由意思による結合体というにとどまらず、民間・非営利・独立の結合体である」（山口 2004：239頁）という限定を受けるようになった。そして、山口のこの書でも「『アソシエーション』の概念は、営利主義をコントロールできる結合体を指すものとする」（山口 2004：240頁）という立場に立つと明言されている。このようなアソシエーションの特性は、これまで「第三の道」を支える理念として論じてきた「脱物質主義」に通じるものである。

　ところで、篠田武司は、英国の代表的なアソシエーティブ・デモクラシー論者であるハースト（P. Hirst）を論じ次のとおり述べている。「ハーストにとって問題なのは、フォーディズム（ケインズ主義的福祉国家）や、国家社会主義の衰退以降、ネオ・リベラリズムが大きな潮流になっているにもかかわらず、それに有効に対抗するプロジェクトが生まれていないということである」（篠田 2003：203頁）。そして、捧堅二によると、ハーストは「アソシエーション主義そのものを『第三の道』（the third way）と呼んでいる」（捧 2003：71頁）。

　このように、アソシエーティブ・デモクラシー論は「第三の道」を研究するにあたって、見過ごすことのできないものである。ハーストのアソシエーティブ・デモクラシー論の最も基本的な主張は、「個人の自由と人類の福祉は、社会のできるだけ多くの物事が自発的で民主的に自治を行うアソシエーションによって展開されるとき、ともに最もよく提供される」（Hirst, P. 1994：p.19）という点にある。そして、ハーストはアソシエーティブ・デモクラシーに基づく福祉国家を構想している。その基本は、「パブリックサービスを民主的に自己統治されるボランタリーな組織に委ね、そうした組織はパブリックな資金を受け取る」（Hirst, P. 2001：p.23）という、まさしく次章で論じる福祉多元主義にある[2]。

　そして、このアソシエーティブ・デモクラシーの確立は次のような制度原理によって行われる[3]。①社会的給付等国家機能の一部をアソシエーションに委譲し、また、アソシエーションに対する公的融資メカニズムや援助機関などを市民社会のなかに確立する。②権力は機能や領域ごとにできるだけ分

配され、分配された領域ごとに効果的なガバナンスを行うため、行政はできるだけ下部組織に委ねられる。③コミュニケーションとしての民主主義。民主主義的ガバナンスの本質は、選挙や多数決にあるのではなく、「被治者から治者への適切な情報フローに基づく効果的な統治と、それによって影響を受ける人々との継続的協議を通じた政策執行の調整」（形野清貴 1999：49頁）にある。

　以上のアソシエーティブ・デモクラシーについて、ここでは次の点を確認しておきたい。国家機能のアソシエーションへの委譲は、公・私領域のバランスを変更し、民主的にコントロールされる自発的アソシエーションを通じて私的領域を公共化（publicizing）することである（Hirst, P. 1994, p.25）。そして篠田によると、この「市民社会の公共化」は「市民社会の政治化」と同義である。「そこでは『ガバナンス』のあり方が日々問われ、合意が調達される空間となるからである。従って、そこはもはや『非政治的』空間ではない」（篠田 2003：207-208頁）。

　以上、アソシエーティブ・デモクラシーは、国家機能の一部をアソシエーションに委譲し、そこに市民が参加し、様々な事柄を脱根拠化し、熟議にふす。そのようにして市民社会を政治化し、民主主義をバージョン・アップさせる。そして、ボランタリー組織はアソシエーションとしてアソシエーティブ・デモクラシーの主体であり、従来の国家機能を担い、熟議の場を開き、市民社会の政治化・民主化、政治的領域の拡大を促進させる。

■二つの民主主義の結合

　さて、こうしたアソシエーティブ・デモクラシー論に対してなされる批判の一つは、その「コミュニケーションとしての民主主義」原理に対してであり、単刀直入に述べるならば「コミュニケーションとしての民主主義」をアソシエーション内あるいはアソシエーション間で現実的に担保するその論理の弱さである。ペルチンスキ（P. Perczynsky）は次のとおり述べている。「ハーストは、自発的に生まれ、民主的に合法化され、メンバーの内的な参加を持つボランタリーで自己統治の組織としてアソシエーションを描いている」（Perczynsky, P. 2001：p.77）が、「アソシエーション内部のメカニズムについては、入念な議論を行っていない」（Perczynsky, P. 2001：p.78）。「アソ

シエーションに民主的な条件を課しているが、……果たして現実的にどれほどのアソシエーションがこのような民主的な性格を有しているのか」(Perczynsky, P. 2001：p.80)。

　他の論者も同様に「アソシエーション自体の、あるいはアソシエーション間自体のデモクラシーがどう担保できるのかが、議論され、実態的に批判されることが多い」(篠田 2003：214頁)、「今日の先進諸国のいずれにおいても、既存の団体の中に、『民主的』性格を有すると認定できるようなアソシエーションが実際にはどの程度存在するのか」(山口 2004：251頁)と指摘している。

　こうした批判を乗り越えようとペルチンスキは、アソシエーティブ・デモクラシー論と熟議民主主義論を結合させること、すなわち「アソシエーション」内部ならびに「アソシエーション」間の意思形成に熟議民主主義論の発想を生かすこと、を主張する。アソシエーティブ・デモクラシー論者は、社会のなかでアソシエーションがどのような役割を果たすのかについての議論＝システム論に集中し、アソシエーション内部で実際の決定がいかになされるかの決定手続き（メカニズム）はあまり述べていない。この決定手続きを論じているのが熟議民主主義である。さらに、こうした熟議民主主義の反映は、アソシエーション内部だけではなく、アソシエーション間の論議についても必要である、とペルチンスキは論じる[4]。また、山口によるとこの二つの理論の結合は、「イギリス労働党の『第三の道』論の革新をはかろうとする人々によって提起され、そこでは『結社重視の熟慮民主主義』(associo-deliberative democracy) という民主主義のあり方が『真の第三の道』として提唱されている」(山口 2004：232頁)という[5]。

■ギデンズの民主主義論

　最後に、英国労働党の「第三の道」に大きな理論的影響を与えたとされるギデンズ (A. Giddens) の民主主義論＝対話型民主主義 (daialogic democracy) 論について考察しておく。

　形野清貴はギデンズの対話型民主主義を「コミュニケーションとしての民主主義」と共通の民主主義観に立つと評している (形野 1999：68頁)。ギデンズは、この対話型民主主義を「論争的な問題を、既成の権力形態をとおし

てではなく、むしろ対話をとおして解決したり、あるいは少なくとも取り扱うことが——原則的に——可能な、そうした公的舞台を創り出す手段である」（Giddens, A. 1994：p.16/ギデンズ 2002：29頁）と説明する。そして、こうした対話型民主主義の拡大は、「民主主義の民主化」（democratizing of democracy）のプロセスの一部である、と述べる。

　また、ギデンズによると、対話型民主主義論の出発点は熟議民主主義（deliberative democracy）にある。しかしギデンズは、ミラー（D. Miller）を参照し、「ミラーによる熟議民主主義の概念構成は、フォーマルな政治の分野にとどまっている」（Giddens, A. 1994：p.115/ギデンズ 2002：149頁）のに対し、対話型民主主義はフォーマルな政治の外側の次の４つの領域でも展開されるという。

　①男女関係、婚姻、友人関係、親子関係、等、個人生活の領域。ここでは、まず自己を再帰し（＝自分自身の感情と向き合い）、そして、「論議や見解の交換によって能動的信頼を高め、維持する、そうした対人関係の発達」（Giddens, A. 1994：p.16/ギデンズ 2002：30頁）を対話型民主主義は生みだす。②社会運動や自助グループ。「社会運動や自助グループは（原理的に）公の対話のための空間をきり拓いていくという事実から、民主主義と本質的につながっている。たとえば、社会運動は、それ以前には議論の対象にならずにきたり、あるいは伝統的習わしによって『決着が付けられた』社会的行為の諸側面を、理路整然とした議論の場に無理やり引き出すことができる」（Giddens, A. 1994：p.120/ギデンズ2002：156頁）。換言すれば、「これらの運動やグループは、ものごとの『公認されてきた』定義づけにたいして異議をさし挟むのに役立つ。フェミニズム運動やエコロジー運動、平和運動は、いろいろな自助グループがそうしてきたように、いずれもこのような成果を獲得してきた」（Giddens, A. 1994：p.17/ギデンズ 2002：30頁）。③組織内部の民主化。「組織内部における民主化の過程は、規模や官僚制組織に関してほんの一世代前まで通用していた常識に正面切って反するため、ますます際だっていく。……能動的信頼によって構造化される組織は、必然的に責任を下部に委譲し、拡大された対話空間に依存する」（Giddens, A. 1994：pp.122-123/ギデンズ2002：158頁）。④グローバル秩序。

　さて、熟議民主主義論の概念構成が「フォーマルな政治の分野にとどまっ

ている」と批判することの適否については留保するが、以上のとおりギデンズの対話型民主主義論とは、フォーマルな政治の分野だけではなく、社会の多様な領域の多様な社会関係において、かつては自然であり、伝統であり、権威であり、所与のものとなっていた事柄に、異議を申し立て、脱根拠化し、熟議にふすものであり、このようにして、様々な領域の様々な支配の諸関係を政治の舞台に登場させ、民主主義のバージョン・アップを進めようとするものである。端的に述べるならば、ギデンズの対話型民主主義論における市民社会の政治化・民主化とは、様々な身近な組織や社会関係を政治の場とし、それらの組織や関係を民主化する＝社会関係の民主化として捉えることができる。

3　ラディカル・デモクラシー論による民主主義論の深化

■自由主義と共同体論の論争

本節では、ラディカル・デモクラシーの議論から市民社会の政治化・民主化について考察を深めていく。ロールズ（J. Rawls）の『正義論』（1973）以来、政治哲学の世界では、ロールズら自由主義（liberalism）と共同体論（communitarianism）との間に論争が繰り返されてきた。こうした自由主義[6]と共同体論との論争について、野平慎二は『教育学研究』67巻3号（2000年9月）で次のとおり論じている。

野平によると、「国家が立法国家から行政国家、福祉国家へと変容し、政治問題の中心を経済問題が占めるようになるにつれて」（野平 2000：14頁）、国家が公共性を独占するようになった状況のなかで、1980年代半ば自由主義と共同体論との論争が交わされるようになった。このような経緯から、双方の議論は必然的に福祉国家批判でもあるとされる。そして、この論争は次のとおりである。

「自由主義的見解によれば、何よりも重視されなければならないのは個々人の自由と価値の多元性である」（野平 2000：14-15頁）。そして、こうした自由主義の考えに基づくと、「価値観が多元化し相対化した現代社会では、すべての構成員によって支持される特定の善き生を構想することは困難となり、むしろ個々別々の善き生の構想を公平に実現するための正義の原理を探

求することが重要な課題となる」（野平 2000：15頁）。そこで、この「正義の原理の具体化」こそが国家に求められる役割である、とされる。

これまで述べてきたとおり、フォーディズムやケインズ主義的福祉国家では、社会諸集団によって共通して受け容れられる一定の価値感が存在し、社会統合に大きな役割を果たしていた。その価値観とは「すべての人が商品の消費の増加をとおして幸福を追求する」ような「物質主義」であった。これに対し、自由主義では、「物質主義」という価値観はまさしく相対化されており、他の価値観も同等に取り扱われる社会が構想されている。ところが、人々が様々な価値観を追い求めるようになったとき、社会統合という点では問題がないのか。

その点を厳しく批判するのが共同体論である。自由主義は「個人を自己の利害関心の追求のみへと向かわせ、他者に対する無関心を拡大する側面をもちあわせていることも否めない」（野平 2000：15頁）と、共同体論は自由主義を批判する。そして、共同体論は、まず「共通善」の存在を認める。そこでの国家は「個々の主体の権利の保護という点にではなく、主体の間で共通する利害関心について市民が相互に了解しあう場としての意思形成過程を保障する点」（野平 2000：15頁）に正当性が認められ、そうした役割が国家に求められることとなる。

野平はこうした共同体論に対し、「国家および市場と並ぶ社会統合の第三の源泉として、連帯という次元を浮かび上がらせることができる」（野平 2000：15頁）と評価している。しかし、自由主義と共同体論との論争はここにとどまらない。野平も主にハーバーマス（J. Habermas）の論考をふまえて、さらに議論を深めているが、本章では、主にラディカル・デモクラシーの論考をもとに、議論を展開させる。

雑誌『思想』1996年9月号は、ラディカル・デモクラシーを特集している。そのなかでヤング（I. M. Young）は次のとおり共同体論を批判している。共同体論によると、「公的な討議や政策決定に参加することにより、市民は自己中心的な生活や私的利益の追求という個別性を超越し、共通善についての合意に至る一般的な視座を獲得すると考えられている」。ところが、「共通善や一般意志、あるいは公的生活の共有という理念は、市民の同質性の強要につながる」（ヤング 1996：102頁）。つまり、「同質性が公的参加の前提条件

として求められるようにな」(ヤング 1996：105頁) り、「差異を有すると規定された集団は明らかに排除」(ヤング 1996：101頁) されるようになる。

また、同様に齋藤純一も次のとおり述べている。共同体論において、「人びとを統合するのは、……『共通善』という政治的価値である。しかし、共和主義は、正式の市民のみを政治的存在者として処遇するのであり、市民の政治のために等質な文化的環境を求める。……共和主義が、自由至上主義に抗してしばしば称賛する特性――『公共精神』や『公民的特性』――は、……そうした特性を発揮しない（できない）『二級市民』を作りださざるをえない」(齋藤 1996：77頁)。

つまり、ヤングや齋藤によると、共通善やそれを基盤とした合意形成に参加するためには、市民としての同質な特性が必要であり、そのような同質性を持ちえない人々は合意形成から排除され、社会的に排除される。

■ラディカル・デモクラシーによる多元主義と共通善の両立

さて、それでは人々の差異＝多元的な価値を尊重しながら、社会統合をはかることは不可能なのであろうか。以下のとおり、この問いに答えようと「根源的かつ多元的な民主主義」(radical and plural democracy) を提起するのがラディカル・デモクラシーの代表的な論者、シャンタル・ムフ (Chantal Mouffe) である。「われわれは、個人の自由なり諸権利か、それとも市民の行動なり政治共同体か、といった誤った二分法を受け容れるべきではない。……こうした二分法が当てはまらない近代の民主主義的な政治共同体を構想することが、決定的に重要な挑戦なのである」(Mouffe, C. 1993：p.65／ムフ 1998：131頁)。

ムフは自由主義に対して、「多元主義と個人の諸権利を擁護する点でロールズは適切であるとしても、そうしたプロジェクトが、共通善に関するあらゆる観念の拒否を要請してくると考える点では間違っている」(Mouffe, C. 1993：pp.46-47／ムフ 1998：92頁) と評する。また、共同体論に対しては、「私は、市民的特性、公共精神、共通善、政治共同体といった、自由主義によって捨て去られたものを復活させることの重要性には同意する。だがそれらは、個人の自由の擁護と両立させるような仕方で再定式化されなければならないのである」(Mouffe, C. 1993：p.112／ムフ 1998：222頁) と評価する。そ

して、「われわれは、自分たちの自由を確保し、自由の行使を不可能にするような隷属を避けようと思うなら、市民の徳を陶冶し、共通善のために尽力するのでなければならない。私的利害よりも上位にある共通善の観念は、個人の自由を享受するための必要条件なのである」(Mouffe, C. 1993：p.63／ムフ 1998：127頁）と論じる。このようにムフは、個人の自由を享受するための必要条件としても共通善の観念は必要であり、多元主義や個人の自由と共通善の観念を両立させるべきものと捉えている。

　それでは、ムフはどのような方法でこの二つの理念を両立させようとするのか。「近代の民主主義的な政治共同体は、ただ一つの実体的な共通善の観念を中核にして組織できるようなものではない」(Mouffe, C. 1993：p.62／ムフ 1998：125頁）、ともムフは述べている。あたかも共通善の理念を否定するかのような記述である。しかし、この記述が、以下のとおり、多元主義と共通善の二つの理念を両立させる鍵となる。

　「われわれが構想すべき政治社会のあり方とは、実体的な共通善の存在を当然のこととして仮定したりはしないけれども共同性の観念は含んでいるような政治社会でなければならな」(Mouffe, C. 1993：p.66／ムフ 1998：132頁）い。「自由主義は共通善の理念を退け、市民的共和主義はそれを実体化するが、ラディカル・デモクラシーのアプローチはそれらとは異なって、共通善を『消尽点』(vanishing point）と見なす。つまり何か、われわれが市民として行為する場合につねに引照しなければならないが、しかしけっして達成され得ないものとして見るのである」(Mouffe, C. 1993：pp.84-85／ムフ 1998：170頁）。自由民主主義的な体制に特有の価値は、「万人が平等で自由であるという原理であり、その原理はそのような体制に特有の政治的共通善を構成する。しかしながら、自由と平等の原理や、それらが適用されるべき社会関係の形態や、それらの制度化の方法については、常に競合的な解釈があろう。共通善はけっして実現させることはできないのであり、それはわれわれがつねに引照すべきではあるが、現実の存在にはなり得ない仮想の領域（foyer virtuel）にとどまらなければならないのである」(Mouffe, C. 1993：p.114／ムフ 1998：225頁）。

　これらの記述は次のとおり解釈できる。つまりムフにとって、共通善とは、その存在を信じ、常に追い求められねばならない理念であるが、すべての構

成員による合意には達しないもの、したがって、そのような意味で実体的には存在しないものとして捉えられている、と考えられる。このように、共通善を「消尽点」とみなすことがラディカル・デモクラシーの鍵概念となる。

それでは、このように共通善を捉える意義はどこにあるのか。それは、共通善を実体化させてしまうことは、例えば、いくつかある自由と平等に関わる解釈のどれかを国家・社会が固定的に採用することであり、それは多元主義の原理に反する。共通善は最終的に固定化されてはならないのである。しかし、そのことは自由主義者のように複数の解釈を安穏と併存させることではない。それらの複数の解釈を常にぶつかり合わせることが求められるのである。

わが国におけるラディカル・デモクラシーの代表的な研究者である千葉眞も、多元主義と共通善との関係について、次のとおり、同様の見解を述べている。ラディカル・デモクラシーは、「差異の政治の重要なモメントと共通善の政治の有意味なモメントを弁証法的緊張のなかに保持する方途を模索するであろう。……ラディカル・デモクラシーは、政治社会における諸個人や諸集団の個性や差異や多様性の擁護に力点をおきつつも、政治社会一般の共通善をともに探求する試みを放棄しないであろう」(千葉眞 1995：174頁)。そして、そこにおける「共通善とは、この概念の本性からして決して完全な実現には到達しえないものである。それは、つねに地平ないしフロンティアとしてとどまる」。「共通善は歴史的時点のおりおりに提示され、政治の試案的な規準および目標として措定される」。しかしそれは、「あくまでも試案的な概念であり、その絶対化や固定化には激しく抵抗し、また有意性を失った場合には是正されていく必要がある」(千葉 1995：175頁)。

このようにして、ラディカル・デモクラシーは社会における人々の多様な価値の尊重と共通善とを両立させ、社会的な排除を生みださない社会統合の在り方を論じている。つまり、ある国家や社会において、一時的に、ある価値観が優位にたったり、いくつかの価値観が調停されることはあっても、最終的にそれが固定化されるような形で社会統合がなされてはならない。大切なことは、持続的に共通善を創出していく行為そのものといえる。

ムフは次のとおりハナ・ピトキン(H. F. Pitkin)を肯定的に引用している。「多種多様なパースペクティブが、相互に浸透し作用し、それらの調停の結

果として、単一の公共政策が生み出されてくる。ただし、そうした調停は、つねに一時的かつ部分的で暫定的なものでしかないのである」(Mouffe, C. 1993：p.50／ムフ 1998：100頁)。「政治的生活を特徴づけているのは、まさに多様性、諸種の競合する要求、対立する利害の脈略で、持続的に統合や公共性を創出していく問題にほかならない。……政治的集合体である『われわれ』にとって必要なのは、それらの継続的な要求や利害が、集合体の存続を可能にさせる仕方で解決されるよう行為することなのである」(Mouffe, C. 1993：p.50／ムフ 1998：101頁)。

■ラディカル・デモクラシーにおける市民社会の政治化・民主化

さて、こうした「大切なことは、持続的に共通善を創出していく行為そのもの」というラディカル・デモクラシーの考え方は、市民社会の政治化・民主化の核心でもある。なぜならば、既存の価値観や秩序を「共通善」の名でもって温存させるのであれば、今日、市民社会における社会関係のなかに様々に存在する支配の諸関係も温存されることとなる。また、「共通善」を共有しない人々を排除することともなる。一方、多元主義の名の下で、多元的な価値を安穏と市民社会のなかに温存させるのであれば、公共性や社会統合が損なわれる。したがって、市民社会の政治化・民主化のためには、多様な価値を尊重しつつ、「共通善」とされている既存の価値観や固定観念、秩序を問い直すこと、つまり、人々の多様な価値、競合する様々な選好や利益や見解、要求をまずもって明確にさせ、それらを尊重し、支配の諸関係に対する異議を申し立てることから始めねばならない。このようにして、様々な支配の諸関係や支配的な価値を政治の舞台に登場させ、問い直す、これがラディカル・デモクラシーの求めるところであり、それが、ラディカル・デモクラシーが生みだす市民社会の政治化・民主化の内実である。

ムフは次のとおり述べている。

　　ラディカル・デモクラシーの立場からの解釈では、実に多くの社会関係のうちに支配の諸関係が存在していること、そしてそれゆえ、自由と平等という原理が適用されるべきであるとすれば、そうした社会関係に異議が申し立てられなければならないことが強調されるだろう（Mouffe,

C. 1993：p.70/ムフ 1998：141頁）[7]。

このように、熟議民主主義論やギデンズの対話型民主主義論もラディカル・デモクラシーも、社会関係を問いなおし、その民主化によって市民社会の政治化・民主化を生みだすという点において、共通している。

しかし、次に論じるとおり、一方でムフは熟議民主主義論やギデンズそして「第三の道」を厳しく批判している。

4 ラディカル・デモクラシー論による熟議民主主義論及び「第三の道」への批判

2000年の著書『民主主義の逆説』（*Democratic Paradox, Verso*. 葛西弘隆訳、以文社、2006年）でムフは熟議民主主義と「第三の道」（ここでの批判の対象はギデンズ）を共に「合意論アプローチ」（Mouffe, C. 2000：p.135/ムフ 2006：204頁）として批判している。ただ、ムフはそれぞれを別個に論じているので、ここでもまず熟議民主主義論への批判を検討する[8]。

■熟議民主主義への批判

ムフの批判を端的に述べるならば、熟議民主主義が「排除なき合意の可能性を仮定している」（Mouffe, C. 2000：p.49/ムフ 2006：77頁）こと、「完全に包括的な合意を探求するという見当違い」（Mouffe, C. 2000：p.71/ムフ 2006：110頁）をおかしているという点にある。詳しくみていこう。

ムフは熟議民主主義とラディカル・デモクラシーの相違を、「普遍主義対コンテクスト主義」という題目で説明する。熟議民主主義は「合理的協議をつうじて不偏不党の立場に到達しうるのであり、そこでは諸決定はすべての人びとの利害に平等になされるはずだと信じている」（Mouffe, C. 2000：p.73/ムフ 2006：114頁）。つまり普遍主義の立場をとる。そこにおいては、「平等な人びとの自由な推論からは単なる暫定協定ではなく道徳的な合意が帰結すると理解するため、そこに政治決定をめぐる合理的合意の不可能性が伴うことを受け入れない」（Mouffe, C. 2000：p.89/ムフ 2006：138頁）。

それに対しラディカル・デモクラシーでは、そうした諸決定は「政治的秩

序の多様な可能性のうちのひとつを表象するに過ぎない」のであり「それは歴史的、文化的、地理的に種差的な存在状況をともなったある特殊な歴史の産物として理解しなくてはならないもの」(Mouffe, C. 2000：p.62/ムフ 2006：96頁) と捉えられる。つまりコンテクスト主義の立場をとり、「すべての合理的で理性的な人びとによって受け入れられるべき、自由民主主義の合理性や普遍性を正当化する議論」(Mouffe, C. 2000：p.66/ムフ 2006：102頁) を批判する。

　それではこうしたコンテクスト主義をとる意義はどこにあるのか。それは、「正しい政治的秩序とは何かという問いについての正統な解答の複数性」(Mouffe, C. 2000：p.62/ムフ 2006：97頁) という自由主義的観念の尊重という意味合いだけではない。ムフは次のとおり論じる。「あらゆる合意はある暫定的なヘゲモニーの一時的な帰結として、権力のあるひとつの安定化としてのみ存在する」のであり、「それにはつねになんらかの排除がともなう」(Mouffe, C. 2000：p.104/ムフ 2006：161頁)。ところが、熟議民主主義は「ある合理的合意が獲得されるような、排除をともなわない公的討議空間の可能性を措定する」(Mouffe, C. 2000：p.105/ムフ 2006：161頁)。だが、このような「排除なき合意の可能性」を措定することは、「民主主義的な意義申しだて」を閉ざしてしまう。そうではなく、合意が概念的に不可能であることを示し、「不合意に余地を開き、それが表現される諸制度を育てること」(Mouffe, C. 2000：p.105/ムフ 2006：162頁) こそが死活問題であるとムフは考える。なぜならば、そうすることにより常に社会関係に異議が申し立てられ、それを政治の舞台に登場させ、問いなおし、市民社会の政治化・民主化を永続的に[9] 進めることができるからである。

■ 「第三の道」(ギデンズ) への批判

　さて、次にムフによる「第三の道」(ここではギデンズ) 批判について検討する。ムフは「第三の道」への批判を次のとおり展開している。端的に述べるならば、「権力関係の把握がまるで欠けている」(Mouffe, C. 2000：p.15/ムフ 2006：23-24頁) ことである。ムフは次のとおり論じる。「第三の道」では、左右の対立を超越し、「民主主義生活を対話として構想すべきだと主張する」ことによって、「権力関係にともなう対立は、対話をとおして調和すること

が可能な利害の競争へと還元」させてしまっている（Mouffe, C. 2000：pp.110-111/ムフ 2006：168-169頁）。したがって、「第三の道」は「グローバルな市場の力と、第三の道が闘うふりをしているさまざまな問題——排除の問題から、環境のリスクにいたるまで——との間に存在する構造的連関を把握することができない」（Mouffe, C. 2000：p.111/ムフ 2006：169-170頁）。「現存する権力や権威の構造に根本的に挑戦することなくして、そうしたプログラムを実践に移すことがいかにして可能なのか？」（Mouffe, C. 2000：p.111/ムフ 2006：170頁）とムフは厳しく批判する。

そして、このことの象徴がグローバリゼーションを無批判に受け入れていることである。ムフは次のとおり述べる。「左翼の民主主義政治にとっての最重要課題のひとつは、新自由主義へのオルタナティブを提示」（Mouffe, C. 2000：p.118/ムフ 2006：179頁）することである。にもかかわらず「グローバリゼーションは、『オルタナティブが存在しない』という教説をしばしば正当化する。……この種の議論は、新自由主義のヘゲモニーのひとつの帰結として構築されてきたイデオロギー的地勢を当然のものとし、ひとつの状況にすぎないものを歴史的必然性へと変換してしまっている」（Mouffe, C. 2000：p.119/ムフ 2006：180頁）。

つまり「第三の道」は「新自由主義の権力関係に挑戦しようとはせず、自らの役割を、『グローバリゼーション』の不可避な運命に人びとが順応するための些細な修正に限定してしまっている」（Mouffe, C. 2000：pp.5-6/ムフ 2006：11頁）。したがって「第三の道」は「新しいヘゲモニーを構築しようとするのではなく、新自由主義のヘゲモニーに降伏しているにすぎないのである」（Mouffe, C. 2000：p.119/ムフ 2006：180頁）。その結果「第三の道」では、「豊かな多国籍企業の利益は、失業者、シングルマザー、障害者の利害とめでたく和解されうる。社会的結合は、平等、連帯、市民権の効果的な行使をつうじてではなく、家族の強さ、道徳的価値の共有、義務の認識によって保障されると考えられる」（Mouffe, C. 2000：p.121/ムフ 2006：183頁）。

そして、「第三の道」のこうしたグローバリゼーションへの対応に対し、ムフは「もうひとつのグローバリゼーション」（Mouffe, C. 2000：p.120/ムフ 2006：182頁）を対置する。「グローバリゼーションの時代に、国民国家の水準だけで資本主義を馴致することは不可能である。さまざまな国家がその力

を統合するヨーロッパ統合の文脈においてはじめて、……異なるグローバリゼーションが可能になるだろう」(Mouffe, C. 2000：p.127／ムフ 2006：192頁)。

さて、これまで論じてきたとおり、様々な身近な組織や社会関係を政治の場に登場させ、それらの組織や関係を民主化する、こうした社会関係の政治化・民主化によって、市民社会を政治化し、民主主義の民主化をめざす。こうした点において、熟議民主主義論もギデンズの「第三の道」もラディカル・デモクラシー論も共通していると考える。その上で、熟議民主主義論に対してラディカル・デモクラシー論の特徴は、共通善を「フロンティア」と捉え、彼方の共通善を希求しつつも、ある歴史的、文化的、地理的な文脈における、暫定的なヘゲモニーへの一時的な帰結(合意)をむしろ強調する点にあると考える。それを強調することにより、常に社会関係に異議が申し立てられ、市民社会の政治化・民主化を永続的に進めることができる。

これらの点は首肯する。一方で、序章で述べたとおり、「第三の道」が全ヨーロッパ的に展開された要因には、ヨーロッパ各国が置かれたグローバリゼーションという共通の背景がある。確かにムフのいうとおりEUの未来にもう一つのグローバリゼーションを求めることは将来的には魅力的である。しかし英国新労働党の「第三の道」が求めたものは、グローバリゼーションという文脈での一時的な帰結(合意)であったと考えることはできないだろうか。

グローバリゼーションという「文脈」のなかで、したがってその点においては「現存する権力や権威の構造に根本的に挑戦することなくして」、社会に存在する支配の諸関係を問いなおし、貧困や格差、排除の問題に取り組むことはできないのか、第Ⅱ部及び第Ⅲ部では新労働党の政治の実際をみていきたい。

5 ラディカル・デモクラシー論とアソシエーション

以上のとおり、ラディカル・デモクラシー論と熟議民主主義とは社会関係の民主化によって市民社会の政治化・民主化を生みだすという点において、共通の基盤を有すると考える。さらに、ラディカル・デモクラシー論はあらゆる合意を「一時的な帰結」として捉えることによって、民主主義的な意義

申し立てをたえず開かれたものにし、市民社会の政治化・民主化を永続的に進めることができるという点で、熟議民主主義論を深化させたものと捉えられる。それでは、今日のもう一つの有力な民主主義論アソシエーティブ・デモクラシー論とラディカル・デモクラシーとはどう関係するだろうか。

■ 千葉眞の「自発的共同社会」

千葉眞（1995）は、わが国も含めて、現在の自由民主主義を標榜する国々は大衆民主主義状況にあると述べる。ここで、「大衆民主主義状況とは、大衆消費社会のなかで政治経済体制の締めつけのもとに自由民主主義の諸制度を背景にデモクラシーが位置づけられている不可避の境位である」とし、「総合的にみた場合、大衆民主主義状況は、一般民衆の脱政治化状況、無関心、政治的受動性、政治的無責任といったデモクラシーにとって致命的な諸契機を内包している」（千葉 1995：114-115頁）と述べる。このように、千葉は、今日の多くの国家で大衆消費社会が進行し、そこにおいて脱政治化状況が生みだされる危機を鋭く指摘している。それでは、なぜ脱政治化が起こるというのだろうか。

千葉は、S. S. ウォリン（S. S. Wolin）を引用しながら、世紀末のアメリカを政治経済体制（the political economy）あるいは経済政体（economic polity）と呼び、次のとおり述べている。政治経済体制とは「政治の限界が、企業体の支配する経済のニーズ（必要性）、および企業体の指導力と緊密な協働関係において作動する国家組織のニーズによって決定づけられる一つの秩序体」であり、「この支配システムにおいては、『経済』が……社会上の変化の駆動力となり、国家組織は、その企業体的ヴィジョンにしたがって政治や社会の改編に携わる。その意味で政治経済体制とは、政治の民主主義的基盤を切りくずし、社会の脱政治化をあまねく押し進めていく経済主導の政治体制の謂である」（千葉 1995：85頁）。

このように、千葉もこれまで本書が強調してきた「経済中心性の政治」を論じ、今日の「自由民主主義を標榜する国々」が経済中心性の政治であると論じる。そして、こうした経済中心性の政治、物質主義に基づく政治が、次のとおり「脱政治化」を押し進めるとする。政治経済体制では「デモクラシーの要請する政治的正義に代えて、経済的正義」（千葉 1995：85頁）があて

がわれる。「支配システムは、失業対策やインフレ抑制策などを通じて、みずからの権力を増強させ、それと同時に貧困者や労働者の脱政治化をはかる」(千葉 1995：86頁)。さらに、経済中心性の政治は、経済的正義を達成することが「政治」であるから、「社会関係の中に様々に存在する支配の諸関係」のうち経済的な支配関係しか政治課題にのぼらない。そして、それ以外の支配関係は、政治の関心から除外され、こうして「脱政治化」が進行するのである。

　それでは、このような脱政治化をくい止め、市民社会に政治的公的空間を再構成する＝市民社会を政治化する、手だてはないのか。千葉は、次のとおり市民が任意に形成していく「自発的共同社会」(voluntary associations) にその役割を期待している。大衆消費社会のなかでデモクラシーを活性化させるためには、大衆の一員でありながら、大衆消費社会のメカニズムにたいする批判意識、政治社会の不正や抑圧、差別や不平等にたいするプロテストと抵抗の姿勢をもった市民が一定数存在し、それらの市民によって「政治社会の共通善や実現すべき目的について、つねに相互に対話し審議し討議していく」(千葉 1995：119頁) 複数の公的言説の輪＝ミクロなデモクラシーの政治＝政治的な領域が拡大された公共空間が地域レベルで自立的に創りあげられる。そして、このようにして創りあげられた複数の自発的共同社会がネットワークを張りめぐらすことにより、大衆民主主義状況をデモクラシーへと変えていく触媒的な役割を担っていくという。

■ムフとアソシエーション

　さて、再びムフの議論に目をむけると、千葉の以上のような議論をムフの言葉では次のとおり表現されている。まず、ムフが1993年の図書で引用しているボッビオ (N. Bobbio) の次の一文が示唆的である。「ある国で達成された民主化の状態を判断する規準は、もはや『誰が』投票するかではなく『どこで』投票できるかを見極めることである」(Mouffe, C. 1993：p.103／ムフ 1998：206頁)。つまり、今日問題とすべき民主化とは、政治のステージを国家という一つの大きな組織を対象とするだけではなく、様々な身近な組織や関係を政治の場とし、それらの組織や関係を民主化する＝社会関係の民主化にこそあると、ここでも考えられている。ムフはボッビオを評して次のとお

り述べる。「民主化のプロセスは政治的な領域から拡大され、あらゆる社会関係——ジェンダー、家族、職場、近隣社会、学校等々——を包含するものになければならない」(Mouffe, C. 1993：p.103／ムフ 1998：205-206頁)。

そして、ムフはボッビオの議論を下敷きにして、ハースト (Hirst, P.) がそのような民主化がいかなる形態を取り得るのか、具体的な提案を試みているとし、ハーストの次の一文を引用している。「教育、保険、福祉、地域サービスは、協働的あるいは社会的に所有され民主的に運営される組織体によって提供され得る」(Mouffe, C. 1993：p.99／ムフ 1998：197頁)。つまり、公共サービスは巨大政府や巨大企業によって一元的に提供されるのではなく、民主的に運営される団体や共同体といった小単位の社会生活の組織によって促進され、多元的に提供される。また、そのような組織が企業や公共機関の民主化のための重要なモデルを提供しうる、としている。このように、ムフは自らのラディカル・デモクラシーを論じるにあたって、ハーストのアソシエーティブ・デモクラシー論を引証している[10]。

また、2000年の著書でもムフは新自由主義のオルタナティブとして新しい経済発展モデルを描くにあたって、その「基準」として三つの論点を提起し、その一つを次のとおり述べている。「アソシエーションによる数々の非営利活動の大きな発展のための助成。私的経済、公的経済に相互作用し、純粋市場経済とは異なる、真に複数主義的な経済の発生に寄与する」(Mouffe, C. 2000：p.126／ムフ 2006：190頁) [11]。

以上の千葉とムフの二つの議論を参考にすると、千葉のいう「自発的共同社会」やムフのいう「小単位の社会生活の組織」の中軸的な組織としてボランタリー組織を想定することができる。このように、ラディカル・デモクラシーはアソシエーティブ・デモクラシーを包み込み、ボランタリー組織を市民社会の政治化・民主化に貢献する重要なアクターとして位置づけている。したがって、ボランタリー組織は「第三の道」において重要な役割を果たすことが期待される。

*

さて、本章では、「第三の道」の理念的な柱として市民社会の政治化・民主化について論じてきた。整理すると、国家の縮小を志向する点では、ニューライトと「第三の道」は共通する。しかし、国家の縮小に伴って、これま

で国家が担ってきた機能のある部分をニューライトは市場に委ねるが、「第三の道」では、市民社会に委ねる。さらに、ここで重要なことは、ニューライトの市民社会は新保守主義の伝統的・権威的な市民社会であった。それに対し「第三の道」において、縮小された国家の機能を引き受ける市民社会は、政治化され民主化された市民社会、つまり抑圧的な権力関係から解き放たれた自律的個人が自己決定や集団的な政治的決定を行う、そのような政治的な領域が拡大された公共空間でなくてはならない。そして、今日の有力な民主主義論の一つである熟議民主主義論は、様々な身近な組織や社会関係を政治の場に登場させ、それらの組織や関係を民主化する、こうした社会関係の政治化・民主化によって、市民社会を政治化し、民主主義の民主化をめざす。

　さらに、ラディカル・デモクラシー論は、ある歴史的、文化的、地理的な文脈における、暫定的なヘゲモニーへの一時的な帰結（合意）を強調し、それを強調することにより、常に社会関係に異議が申し立てられ、市民社会の政治化・民主化を永続的に進めることを論じる[12]。また、アソシエーティブ・デモクラシー論は国家機能の一部をアソシエーションに委譲し、民主的にコントロールされる自発的アソシエーションの活動を通じて、市民社会の政治化・民主化を求める。そして、ラディカル・デモクラシー論もこのアソシエーティブ・デモクラシー論を自らの論のなかに包み込み、ボランタリー組織を市民社会の政治化・民主化に貢献する重要なアクターとして位置づけている。したがって、「第三の道」の中心的なアクターとしてボランタリー組織を捉えることができる。

　そこで、ボランタリー組織については第Ⅱ部で詳しく検討する。

第3章
◆
「第三の道」における福祉サービスの制度構想
・・・・福祉多元主義

1 リピエッツの議論より

　ここまで論じてきたとおり、従来のケインズ主義的福祉国家には「物質主義」＝経済中心性の政治という点で限界があり、それに代わって登場したニューライト国家についても、同様に経済中心性の政治、さらには「権威主義」といった民主性の観点つまり「市民社会の政治化・民主化」の観点からも問題があった。そこで、「第三の道」では、経済中心性の政治から脱却し、権威主義を克服し民主的な社会統合を成しとげる制度構想が求められる。それはどのようなものなのか。ここでは再びリピエッツ（Lipietz）の議論に目を向ける。

　リピエッツが示すオルタナティブのキーワードは、個人と集団の「自律性」、個人と集団とのあいだの「連帯」、「エコロジー」である（リピエッツ 1990：101頁）。そして、リピエッツは七つの指針[1]を提起しているのだが、ここでは、「福祉国家にとって代わるべきものがあるとすれば、それはむしろ『福祉共同体』であろう。それは、家族単位の共同体ではなく、むしろ地域社会である」（リピエッツ 1990：122頁）と、福祉国家のオルタナティブとして直截に制度を構想している「福祉共同体」について紹介する。

　リピエッツは次のとおり述べる。福祉の在り方として、まず問題とされることは、「なにもしないということは、なによりも、援助されている者にとって心理的に苦痛な状態」（リピエッツ 1990：154頁）であるということである。そもそも、フォーディズムの根幹には、労働編成モデルがあった。この

モデルは、所得を手に入れることと引き換えに、労働の意味を問うことを放棄させられるものであった。しかし、人は「カネのためだけでなく、独立と社会的承認のために働く」（リピエッツ 1990：154頁）のである。したがって、福祉においてもただ単にカネを給付されるのではなく、働くことの喜びこそが給付されるべきなのである。

そこでリピエッツは、社会的に有用な第三セクターの創設を提案する。福祉国家からの失業手当等の給付金は、社会的に有用な事業を行う第三セクターの創設にあてられ、そこで雇用が創出される。ここで行われる社会的に有用な事業とは、資本主義の基準からすれば収益性の乏しい次のような財やサービスである。――病人の世話・介護等、女性の無償労働によって提供されているサービス、貧困地区の環境改善・文化指導等。この第三セクターは労働者によって自主的に運営され、またユーザーと契約関係を結び、ユーザーから対価を受け取る。したがって、そこで提供されるサービスは、従来の国家による公共サービスの提供以上に、利用者に対する社会的有用性を高めなければならない。つまり、公共部門が提供してきたサービス以上の質の高いサービスが提供される。また、こうした第三セクターは、補助金が与えられ、税金も免除されるので、民間セクターと競合し、民間の経営を圧迫しないよう、せいぜい労働力人口の10％に限定される。ただし、経営的に成長し採算が合うようになった第三セクターは、助成金の支給を受けない民間企業になることができる。このようにして第三セクターは、取り残された階層を引き受け、「社会的に有用な活動をする失業者と社会保障費を拠出する市民のあいだで、個人と集団との連帯が自律性を抑制しないかたちで生まれてくる」（若森章孝 1991：73頁）。福祉サービスの提供と社会統合[2]はかくしてなされる。

さて、リピエッツのこの「福祉共同体」についての論議は、以下の点で注目すべきである。第一に福祉サービスの受給者も含めて「『自律的な個人を社会形成の原理とする』パラダイム」（リピエッツ 1990：146頁）に基づき構想されていることであり、具体的には、失業者は政府から給付金を受け取るのではなく、自律の手段としての雇用が提供される。つまり、ここでも「積極的福祉」の要素を読み取ることができる。第二に、第三セクターの役割が強調されている点である。つまり、従来のケインズ主義的福祉国家では、政

府がサービス内容を決定し、政府が財源を提供し、政府がサービスを提供していた。リピエッツの福祉共同体構想では、サービスの提供は政府のみによって提供されるものではなく第三セクターによっても提供される。そして、サービス内容はサービスの利用者とサービスの提供者たる第三セクターとの契約関係に基づき決定され、サービスの質の向上がはかられる。また財源は政府とサービスの利用者が共に供給する。以上の点で、これまでのケインズ主義的福祉国家における福祉のあり様を刷新するものである。

2　福祉多元主義とは

　上記のリピエッツの「福祉共同体」構想と基本的な部分で同じくするところが多く、しかしそれ以上に、より現実的かつ具体的に従来のケインズ主義的福祉国家における福祉サービスのあり様に代わる制度を示す理念が福祉多元主義である。

　伝統的な福祉国家において、福祉サービスは政府の行政部門によって一元的に供給され、それは例えば教育サービスがそうであるように、ややもすれば画一的、硬直的なサービスとなった。そして、3時間待って3分間の診療、変化に乏しい公団住宅のデザイン、規格化された年金、と批判されてきた。こうした福祉サービスの提供は、価値観や生活スタイルが多様化した社会にあって、人々の個別的な差異や多様性を否定する契機を内在していた。

　ジョンソン（Johnson, N. 1987/ジョンソン 1993）にならって福祉多元主義を簡潔に述べるならば、福祉サービスの供給が、①行政部門、②民間営利部門、③インフォーマル部門、④ボランタリー部門という4つの部門から供給されること、つまり、供給形態の多元性をいう。福祉多元主義と、ケインズ主義的福祉国家やニューライトが構想する福祉サービスの在り方とを比較すると表1のようになる[3]。

　以下、この表1を参照しながら、福祉多元主義について述べる。まず第一に、福祉多元主義の特徴は、福祉サービスの「供給」と「財政」と「規制」とを明確に区別すること、したがって、たとえ行政部門が「供給」を行わなくとも、福祉の権利性からして、「財源」や「規制」についての政府の責任が放棄されるわけではない、ということである。

表1　福祉多元主義

	供給	財源	規制*2
福祉国家	行政部門	政府	政府
ニューライト	民間営利部門	民間営利部門 （受益者負担）	市場
福祉多元主義 （「第三の道」）	①行政部門 ②民間営利部門*1 ③インフォーマル部門 ④ボランタリー部門	政府及び民間 （受益者負担や寄付）	政府や供給者、 受給者の共同決定

注・*1 「②民間営利部門」は民間の営利企業によるサービスの提供。また、企業内福祉＝職域福祉もこの部門に含まれる。「③インフォーマル部門」は親族とりわけ家族、隣人、コミュニティ。「④ボランタリー部門」は非営利民間、組織規模の点からインフォーマル部門と区別されるが、比較的インフォーマルな小規模近隣グループ、セルフヘルプあるいは相互扶助グループから、大規模なチャリティ財団まで含まれる。
*2 「規制」はサービス内容の決定等。

　第二に、現実の国家においては、例えばそれが典型的なネオ・コーポラティズムの福祉国家スウェーデンであろうと、サッチャーのニューライト国家であろうと、福祉サービスの「供給」が行政部門や民間営利部門に一元化されることはあり得ない。つまり、ケインズ主義的福祉国家やニューライトを標榜する国家でも、現実には多元的に福祉サービスは供給されている。それは、「財源」や「規制」についても同様である。したがって、ここで問題とされることは、それぞれの国家において、どの部門に力点がおかれるかの問題である。そこで、「第三の道」における福祉サービスのあり様が「福祉多元主義」であるということの含意をあらためて述べるならば、福祉サービスの供給においてボランタリー部門に力点がおかれている、ということである。

　このことはそもそも、「『福祉多元主義』という用語は当初ボランタリー組織の将来に関するウルフェンデン報告Wolfenden Committee Report（1978）が出された後にイギリスで一般的に使われるようになった」（Johnson, N. 1999：p.22/ジョソン2002：22頁）ことからも確認できる。また宮本太郎は、英国のハドリーとハッチの著書（Hadley & Hatch, 1981）を参照して、次のとおり述べている。福祉多元主義は「ある意味ではサッチャーリズムを回避することがその目的」であり、ハドリーとハッチは「インフォーマル、市場、ボランタリー（非営利）各セクターの連携を掲げると同時に、とくにサービス受給者と供給者双方の意志決定への参加という観点からボランタリー・セクターを機軸においた構想を立てていた」（宮本1999：186頁）。

第三に、福祉多元主義における「財源」は、政府の財政支出につけ加えて、受益者負担や寄付等も導入されるが、先ほども記したとおり、政府の責任が放棄されるわけではない。換言すれば、行政が福祉サービスの直接的な供給を縮小することと、行政が財政的支援を縮小することとは、直接的につながるわけではない。

　ジョンソンもこの点について次のとおり述べている。「福祉多元主義者は必ずしも政府支出の削減に賛成してはいないし、ボランタリーおよびインフォーマル・サービス供給部門を支持するために政府支出を再分配することを求めている。国家は主要な福祉サービス供給者であることをやめ、福祉サービスの主要な財源調達者として機能し続け、その社会的規制をおこなう役割を高めることになるだろう」(Johnson, N. 1987：p.176／ジョンソン1993：184頁)。「福祉への国家参画を削減するという多くの議論において、最も注目されたことは福祉の『直接供給』についてである。国家の財政的役割や規制的役割を維持しながら、あるいはそうした役割を高めながら、国家供給を削減することは十分に可能なことである」(Johnson, N. 1999：pp.49-50／ジョンソン2002：53頁)。つまり、福祉多元主義が求めるものは、福祉サービスを効率的にあるいはニーズに敏感に対応して供給するため、あくまでも福祉サービスの「供給」を多元化することである。したがって、インフォーマル部門やボランタリー部門の拡大には国家の財政的支援を必要とすることもあり、福祉供給の多元化は必ずしも、国家の財政的な支出の縮小を導かない。

　また、福祉の権利性という観点からしても、福祉サービスの最終的な保障は国家が行わなければならず、そのための財源保障も、一部民間資金を導入するにしても、同様に国家が保障しなければならない。その意味で「政府は権利を保障できる唯一の存在」(Johnson, N. 1999：p.272／ジョンソン2002：294頁)なのである。この点で、サービスの質の保障を市場に委ねたり、「福祉国家の危機」の最大の理由を福祉政策の財政負担の増大にもとめ、公共支出の抑制を第一の目的とするニューライトの議論とは、根本的に異なる。

　第四に、伝統的な福祉国家では、福祉サービスの内容を政府が決め、供給に携わる労働者の労働を政府が管理する等の事前統制により、福祉サービスの質を保障してきた。この点については、わが国の教育サービスの質保障の在り方を思い浮かべると理解しやすい。伝統的にわが国では、例えば、学習

指導要領に法的拘束力を持たせ、政府が教員管理、学校管理等をとおして、学習指導要領の徹底をはかり、教育の質の保障をはかってきた。一方、ニューライト国家における質保障は市場原理に委ねられる。これは学校選択がその一例であるが、ここでは、サービスの受給者は、それを購入するかしないかという手段でしか、サービス内容やサービスの質保障に関わることができない。

　それらに対し、福祉多元主義における「規制」について、表1では、「政府や供給者、受給者の共同決定」と記した。福祉サービスの質が良好か、有効な税金の利用＝サービスのコスト・パフォーマンスが良好か等、「規制」についても、市場原理に委ねてしまうのではなく、政府やサービスの供給者、受給者による集団的な討議のなかで決定される。しかし、その「規制」の内実は大いに議論する必要がある。例えば、「財源」同様、福祉の権利性からして「規制」＝質保障における政府の責任は免除されることはない。むしろ、民間及び公と民との間の過度な競争、人員削減等による福祉サービスの質の低下を防ぎ、水準を維持するため、行政の「規制」的役割はそれまで以上に重要となることもある。また、行政部門は、社会全体の福祉計画の策定にリーダーシップを発揮し、他の部門がその計画の策定、実施に資するように、調整、規制を行う必要もあろう。サービスの不足や重複を解消するため、各部門のサービスを相互に関連づけネットワークを形成することも行政の仕事となろう。一方政府の規制が大きくなりすぎ、権威的なものとなるならば、ボランタリー・セクターが提供するサービスの多様性や創造性が損なわれてしまう。

　また、ボランタリー組織は営利のためではなく、ミッションのために活動する組織である。そして多くのボランタリー組織は、その使命感から頑張りすぎるほど頑張ってしまうのだが、頑張ることが直ちに良質のサービスを提供するとは限らない。したがって、サービスの質の保障をボランタリー組織に委ねてしまうことにも躊躇される。このように、ボランタリー組織によって提供されるサービスの質をどのように保障するのかという問題は、十分に検討されねばならない問題である。

　こうした質の保障のあり方については、どのような目標をだれが設定し、また評価基準をだれが決定し、だれが評価するのかによって、国家の実像は

大きく異なってくる。例えば、目標を経費節減に偏らせるのであれば質の保障に問題が生じるであろうし、行政が一方的に基準の設定や評価を行うのであれば、これまでにも増して、行政と民間組織との関係は権威的な従属的な関係となろう。また、運用のあり方によっては、例えばボランタリー組織に財政的支援を行わず私企業と競わせるのであれば、市場原理が強く支配し、ボランタリー組織の特性が公共サービスに反映されないこととともなる。

理念的に述べるならば、「規制」にあたって、行政とサービスの供給者であるボランタリー組織、そしてサービスの受給者は対等な資格で参加し、共同作業を行うイコール・パートナーであるべきだと考えている。そうすることによって、異なる価値観や社会的文脈を持つ異質な者による対話や協働が、従来にはない意味と資源をサービスに付与するのである。表１の「規制」の欄に「政府や供給者、受給者の共同決定」と記したのはこうした考えを表している。

3　新自由主義による福祉多元主義の借用

　この福祉多元主義は、新自由主義的な立場から一面的な借用が行われる場合があり、注意を要する。
　序章でもふれたとおり、社会福祉への政府支出が国内総生産に占める割合において、わが国は国際的に低く、これまでわが国は福祉後進国と評価されることが多かった。ところが、わが国の福祉は、福祉多元主義のモデルとして語られることもある。英国のグールド（A. Gould）は以下のとおり述べている。
　1973年、日本政府が「福祉元年」と決定したちょうどその年の「石油ショックと、それに続いて発生した景気後退は、日本の当局者に、福祉国家（welfare state）は先進資本主義国家間での競争にとって不利になるという確信をもたらすに至った。彼らの主張によれば、日本独自の福祉社会（welfare society）を有しており、福祉国家に転換する必要がないというものであった。他国で国家福祉（state welfare）が提供するものを、日本では家族、雇用主、ボランティア、民間部門（企業）が提供する、という主張であった」（Gould, A. 1993：p.6/グールド 1997：6-7頁）。ここにおいて、日本は「福祉多元主義

に与して福祉国家の理念を放棄」（Gould, A. 1993：p.37／グールド 1997：35頁）した。

確かに、ジョンソンも「伝統的な社会サービスへの支出のみを考慮した場合には、全体として誤った像が描かれてしまうであろう。福祉国家後進国のようにみられる国でも職域福祉が十分に発達しているかもしれない。アメリカと日本がそのよい例であろう」（Johnson, N. 1987：p.13／ジョンソン1993：11-12頁）と述べている。ここで、職域福祉＝企業内福祉とは、雇用に伴って職場から受ける給付・サービスであり、職域年金制度、安価な企業内食堂、住宅制度などである。企業内の文化・スポーツ・娯楽施策もここに含まれ、教育訓練制度（企業内教育）もこの周辺部に位置する[4]。そして、ジョンソンが指摘しているとおり、国際的に見てわが国は職域福祉（企業内福祉）が発展した国として理解される。

しかし、職域福祉が発展していることのみを捉え、福祉多元主義のモデルとすることは、新自由主義的立場からの福祉多元主義の一面的な借用に導く危険な福祉多元主義理解といわざるをえない。なるほど、福祉多元主義とは福祉サービスの供給形態の多元性を言うから、福祉サービスが職域福祉という形で民間営利企業によって供給されることも、福祉多元主義の一つのあり方ではある。しかし、先に指摘したとおりニューライト国家においても、現実には福祉サービスは多元的に供給されているのであり、ただ、その力点は民間営利部門の供給におかれる。職域福祉の充実はこの民間営利部門による供給を強化することに過ぎず、先ほど指摘したような福祉多元主義に求められる「権利としての福祉」理解に基づく財源保障や質の保障を内在するものではない。また、職域福祉には次のような課題も指摘できる。第一に、企業はその自由意思で容易に職域福祉を削減できる。第二に、職域福祉を充実させる企業は大企業であり、企業規模で格差がある。第三に、同じ企業のなかでも、職域福祉を享受できる正規職員とそうでない非正規職員間で大きな格差がある。

さて、ここで、新自由主義的立場から福祉多元化を進めようとする場合の問題点についてあらためて論じておく。新自由主義的立場からの福祉多元化は、全体的な公共支出を抑制・削減するという、国家財政上の目的を持つ。そのために、福祉関連公的施設の売却・閉鎖、規制緩和、サービスの民間委

託等が行われる。また、福祉サービスの受給資格基準を設定し、さらに引き上げて、サービスの受給資格対象者の数を減らすという「選別的給付」の強化が行われ、選別された部分だけに公共支出を行い、切り捨てられたサービスは民間の市場に放りだされる。また、サービスのコストを受給者に転嫁し、さらにその負担を増やすという受益者負担の強化が行われる。また、福祉はきわめて労働集約的であるので人員のわずかな削減でもかなりの費用削減になる。このようにして行政部門の縮小、他の三部門への転嫁がめざされるわけだが、それはわが国の現状が示すとおり、ややもすれば家族に重い負担を背負わせることとなったり、「必要に応じた福祉から支払い能力に応じた福祉」(山口定 1989：165頁)に転換することとなる。本来の福祉多元主義は、例えば、ボランタリー組織が無償のボランティアを活用し、それが結果的には財政支出の削減に繋がったとしても、財政支出の削減を目的とするものでは決してない。

4　福祉多元主義が描く国家像

　近年、ポスト福祉国家を考える上で、「契約国家」、「評価国家」、「品質保障国家」という言葉が使われている。こうした概念やその実像について、序章で記したとおり大田直子も論じていたところであるが、ポスト福祉国家の一つの国家像を、その国家が持つ異なった機能から説明したものでトータルには同様の国家像を述べたものと理解でき、次のように簡潔に説明することが許されると思う。これまで政府が担ってきたサービスの供給を民間営利部門やボランタリー部門が担う際に、政府と企業やボランタリー組織が「契約」を結ぶ。そして、企業やボランタリー組織はサービスを実施し、そのサービスは契約に基づいて国家によって「評価」される。その評価の結果、契約の見直しが行われる。このようにしてサービスの「品質保証」がなされる。
　こうした議論に関して、福祉多元主義を制度理念とした国家のあり様を、ジョンソンは「条件整備国家」とよんでいる。ジョンソンは、1980年代及び90年代における新しい公共経営管理（New Public Management）の動向について論じ、その結果生じた国家形態が次のような用語で表現されていると述べる。「条件整備国家」(enabling state)、「契約国家」(contract state)、「企

業家国家」(entrepreneurial state)、「経営管理国家」(managerial state)。そしてジョンソンは、以下のとおり、このなかでもとりわけ条件整備国家と契約国家という二つの語に注目している。「混合経済という視点から最も適切な言い方は、『条件整備国家』と『契約国家』である。いずれの言い方も、サービスの直接供給者としての国家の役割の削減を意味している。条件整備国家はニーズが非国家機関によって充足される条件を創出し、それを維持する責任を果たす国家である」5)(Johnson, N. 1999：p.88/ジョンソン 2002：94頁)。また、次のようにも述べている。福祉多元主義の「全体としての狙いは、サービスの直接供給者としての国家の役割を縮小することであるが、財政と規制の役割を保持することも狙いである。このようにして、国家の役割は供給者よりも条件整備者(enablers)となっている」(Johnson, N. 1999：p.25/ジョンソン 2002：26頁)。

　このように、条件整備国家とは、「公共サービスを自ら生産するよりも、それが提供されることを確保することに責任をもつ」(Johnson, N. 1999：p.72/ジョンソン 2002：76頁) 国家である。具体的には、これまで述べてきたことから理解できるとおり、条件整備国家は、政府によるサービスの直接提供をひかえ、代わってボランタリー組織等の非国家機関がサービスを提供できるよう、政府は、その「財源」を保障したり、良質なサービスが提供されるよう「規制」を行うことによって、サービスの維持・向上のための条件整備を行う国家である。

　それでは、ボランタリー部門を中心とした福祉多元主義及び条件整備国家は、旧来の福祉国家と比較してなぜに評価されるのか。それは第一に、根源的に、人々の多様な価値観や個別的差異性に対応するからである。

　　ボランタリー組織はたんにサービスの供給者というだけではない。諸
　　価値の貯蔵庫でもある。……ボランタリー部門はそれ自体多様性に富ん
　　でいるが、社会的多様性に貢献し、市民社会や民主政体に不可欠な要素
　　を構成している (Johnson, N. 1999：p.196/ジョンソン 2002：215頁)。

　第二に、前章で述べたとおり、市民社会の政治化＝民主化に貢献することが期待されるからである。

＊

　さて、以上のとおり第Ⅰ部では、ケインズ主義的福祉国家とニューライト国家はどこに問題があったのかという問いかけを出発点として、「第三の道」としての国家・社会のグランド・デザインについてイデオロギーレベルの検討を行った。そして、「第三の道」の基本理念として二つの理念、「脱物質主義」と「市民社会の政治化・民主化＝民主主義の民主化」を抽出し、検討した。その結果以下の見解を得た。

　第一に、ケインズ主義的福祉国家もニューライト国家も「物質主義」という単一の価値観に基づいて成り立っている経済中心性の政治であり、それに対し、「第三の道」では経済・階級中心性を相対化し、多様な価値、多様な問題を同等に尊重し解決していく「脱物質主義」の政治が求められる。第二に、ケインズ主義的福祉国家の肥大した国家を縮小する際、従来の国家機能の一部をニューライト国家のように市場に委ねるのではなく、政治化され民主化された市民社会に委ねねばならない。したがって、「第三の道」では市民社会の政治化・民主化が求められる。続いて、「第三の道」の制度構想として福祉多元主義を設定し、検討した。

　ここで、「脱物質主義」、「市民社会の政治化・民主化＝民主主義の民主化」、「福祉多元主義」これらすべてにおいてボランタリー組織が基本となるアクターであることに気づく。そこで、英国「第三の道」の政策レベルの検討に入る前に、ボランタリー・セクターを取り上げ検討する。そして、英国社会において「第三の道」の政策が展開される土壌・基盤について理解を深めておきたい。

第Ⅱ部 「第三の道」のキーアクター ボランタリー・セクターについて

　第Ⅰ部では、「第三の道」の理念的な二つの柱：(1)脱物質主義、(2)市民社会の政治化・民主化＝民主主義の民主化、と「第三の道」の制度理念：福祉多元主義を析出した。そして、これら三つの理念すべてにおいてボランタリー・セクターは重要なアクターであった。また、序章で論じたとおり、英国「第三の道」の特徴である「三つの基盤方策」の一つ、多機関協働においても、その中心的なアクターはボランタリー組織であった。そこで第Ⅱ部では、ボランタリー・セクターに焦点をあわせて考察する。そして、英国において「第三の道」の政策が展開される土壌・基盤について理解を深める。

第4章
◆
「第三の道」におけるボランタリー組織

1 第三のセクターの復権

　本章では「第三の道」のキーアクターとなるボランタリー・セクターについてその一般論を述べる。

　■ボランタリー組織の定義
　最初にボランタリー組織の定義について述べる。まず、社会における活動はセクターという視点で分類できる。第一のセクターは、国家や地方自治体、公社、公団、事業団といった特殊法人や外郭団体などによって構成される行政セクターである。次に、第二のセクターとして、市場における営利を目的とした民間営利組織によって構成される営利セクターがある。こうした行政セクターでもない、民間営利セクターでもない第三のセクターの担い手として、ボランタリー組織という用語は理解される。
　このボランタリー組織という言葉は、英国でよく用いられる用語であるが、全世界的にみるとこの言葉が普遍的に使われているわけではない。また、英国においても近年ではボランタリー・アンド・コミュニティ組織（Voluntary and Community Organisations）という用語が使われることが多く、さらに、次章で詳しく述べるが、この用語とて統一的に使われる用語ではない。
　ここで注目されるのは、米国とヨーロッパの違いである。NPO（Non-Profit Organization）という用語がよく用いられるのはわが国と米国である。このNPOという用語は、わが国では曖昧に使用される場合があるが、米国で

は比較的限定的に用いられており、民間非営利組織を「他者を助ける組織」あるいは非メンバーのために貢献する組織として把握する傾向が強く、自助あるいは互助の組織である協同組合や共済組織はNPOから除外される。また、NPOの定義に、「利益非分配制約」つまり経済的活動が作りだした剰余を分配しないこと＝利益配分をしないこと、という要件が含まれ、この要件からしても、米国では剰余金をそのメンバーに配分する協同組合をNPOに含まない[1]。

　それに対し、ヨーロッパでは、「協同組合、共済組織、NPOの共通特質を『営利目的ではなく社会的目的の実現を第一義とする組織』（Not-for-Profit Organization）としてとらえ、三者を『非営利目的組織』として一括して把握しようとする」（富沢賢治 1999b：19頁）。こうした理解から、協同組合、共済組織、NPO（ヨーロッパではassociationと表現される）からなる組織を一括して、「非営利・協同組織」（Non-Profit and Co-operative Organizations）とよばれ、この非営利・協同組織が担う国民経済の一領域を「非営利・協同セクター」とよぶ（富沢 1999b：27頁、参照）。さらに、この非営利・協同セクターが担う経済は「社会的経済」と名付けられる（富沢 1997：3頁、等参照）。

　以上を概括的に述べるならば、行政セクターでもなく民間営利セクターでもない、第三のセクターの担い手として、米国やわが国ではNPOという用語が主に用いられ、ヨーロッパでは「非営利・協同組織」と呼ばれることが多く、英国では「ボランタリー・アンド・コミュニティ組織」という用語が用いられることが多いが、それらの内実はいくぶん異なる、ということになる[2]。

■ 第三のセクターの復権

　次に、それではこのような第三のセクターが今日なぜ注目を集めるのか。従来、近代の国家像・社会像は行政セクターと民間営利セクターとの二つの領域によって構成されていると認識されてきており、第三のセクターについては例えば国民経済統計においてもそうであったように、無視されてきた[3]。それに対し、1970年代以降ボランタリー組織が世界的に増加し、そのような二元論を超えて、この二つの領域に加えて、第三の領域が社会の構成領域として認識されるようになった（富沢 1999a：23頁、等参照）。なぜだろう。

この点について佐藤慶幸は次のとおり論じている。伝統的共同社会は地縁に基づく社会であり、人々はそこに自発的な意志に基づいて所属するわけではない。それに対し、フランス革命後の19世紀前半の労働者アソシエーション主義やユートピア思想あるいは社会キリスト教等のもと、個人の自発的な意志に基づくボランタリー・アソシエーションが結成されるようになる。協同組合が登場し、社会的経済の概念が誕生するのもこの頃である。そして、「いずれもそれらは当時の勃興期にあって、さまざまな社会的諸問題をもたらしていた資本主義経済社会を批判し、それにとって代わるより善き社会を求めての社会運動であった」（佐藤 2002：105頁）。ところがその後、そうしたボランタリー組織が取り組んだ資本主義経済体制批判は、ソ連型マルクス社会主義に吸収され、他方では世界的に帝国主義が進むなかで、国家はボランタリー組織を抑圧しあるいは国家権力の傘下に取り込んでいった。さらに、戦後に登場した福祉国家・社会も大きな政府であり、国家中心的な社会であった。

ソビエト社会主義国家もそうであったように、国家中心的な社会では、国家はボランタリー組織を抑圧するか、国家権力の傘下に取り込もうとする傾向が強い。このような潮流のゆえに、19世紀前半に現れた社会的経済の運動は衰退し、「国民の生活は市場と国家の二つのセクターのうちに取り込まれてしまった」（佐藤 2002：105-106頁）。そして、これまで近代経済学やケインズ経済学では、市場と国家による市場経済と公共経済の関係しかみておらず、この社会的経済の領域は、理論的には排除されてきた。ところが、ソビエト社会主義国家の崩壊、「福祉国家の危機」により、この社会的経済概念とその担い手であるボランタリー組織が、今日、復権し始めたのである（佐藤 2002：103-107頁、参照）。

このように、ボランタリー組織は、そして、社会的経済はまさしくポスト福祉国家の申し子といえる。

2　ボランタリー組織の特性と「第三の道」

■ボランタリー組織の多様な特性

次に、このボランタリー組織の特性（特徴）についても様々な議論がなさ

れている。例えば富沢賢治は次の4点をあげている（富沢 1999a：12-13頁）。

① 開放性（開かれた組織、自発性に基づく加入・脱退の自由）
② 自律性（政府その他の権力の直接的な統制下にない自治組織）
③ 民主制（一人一票制を原則として民主主義と参加という価値に基づいて運営される組織）
④ 非営利性（利潤極大化ではなく社会的目的の実現を第一義として運営される組織）

また、NPO研究の第一人者であるアメリカのレスター・サラモン（L. Salamon）らのグループは次に示す5つの特徴を持つ組織をNPOだとした（日詰一幸 2000：255頁）。

① 形式性（法人もしくは活動の継続性など組織的整備がされていること）
② 非政府性
③ 利益の非配当原則
④ 自己統治性（外部の組織によってコントロールされることなく、自己の活動を自分で管理する力があること）
⑤ 自発性（組織の活動や管理に関して自発的な参加があること）[4]

そして、他にも、日本NPOセンターの山岡義典はボランタリー・セクターの性格を非営利（nonprofit）、独立的（independent）、自発的（voluntary）、という言葉で説明し、また、ボランタリー・セクターの「社会的意味」を述べるのに、先駆性、多元性（多様な社会サービスが多様な価値観で行われる）、批判性、人間性という言葉を用いている（山岡 1997）。

■ボランタリー組織の特性：「脱物質主義」と関わって
このように、ボランタリー組織はいくつかの面からその特徴が説明されるが、ここでは、本書の理念的な柱である脱物質主義、市民社会の政治化・民主化と関わらせてその特性を論じておく。
まず第一に「脱物質主義」と関わって。先ほども述べたとおり、ヨーロッ

パでは「非営利・協同組織」の第一の特質を、営利目的ではなく社会的目的の実現を第一義とする組織として捉えている。つまり、営利企業が営利の獲得を目的とする組織 for-Profit Organizationであるのに対し、「非営利・協同組織」はNot-for-Profit but for-Mission Organizationなのであり、多様な価値、ミッション、社会的使命に基づき活動し、営利のために活動する組織ではない。したがって、「非営利・協同組織」は根源的に脱物質主義的である。そして、アメリカ流のNPOの定義に含まれる利益非分配制約は、NPOの非営利性をより厳格に捉えた定義と解されるから、この「非営利」という特質は、ヨーロッパの「非営利・協同組織」に限らずボランタリー組織全体に共通する根幹となる特質であることはいうまでもない。

このような特質を持つボランタリー組織は脱物質主義の社会を構成するにまさしく適合的な組織である。逆のいい方をすれば、脱物質主義への市民の価値観の変動がボランタリー組織の成長を生みだしてきたといえる。日詰一幸は「『利潤動機』とは異なるもう一つの働き方として、社会に必要とされ、なくてはならない労働である『社会的有用労働』への関心が広がっているのである。そして、さらに自己実現や社会貢献に対する人々の意識の高揚、あるいは人と人との交わりにおける双方向性や互酬性の重視」（日詰 2000：258頁）という市民意識の変化がボランタリー組織の台頭の背景にあるという。

■ボランタリー組織の特性：「市民社会の政治化・民主化」と関わって

第二に「市民社会の政治化・民主化」と関わって。佐藤慶幸は、ヨーロッパの研究者たちは「アメリカのNPO概念の非分配制約の原理よりは、NPO組織内部の民主主義を第一原理として重用視して」（佐藤 2002：8頁）おり、非営利・協同セクターが「他のセクターと理念的に区別される原理は、組織民主主義の原理である」（佐藤 2002：9頁）と述べている。

川口清史も同様である。川口は、ヨーロッパの社会的経済についてのよく用いられる定義として、ベルギーのワロン地方政府によって設立されたワロン地域圏社会的経済審議会による定義をあげ、社会的経済の原則は以下の4つにあるとする。①利益よりもむしろ構成員あるいはその集団に奉仕することを目的とする、②管理の独立、③民主的な意思決定過程、④収益の分配においては、資本より人間と労働を優先する。そして、この原則のなかでも、

アメリカでは利潤の非分配制約が重視されるのに対し、「社会的経済概念では意思決定における民主主義が重視される」(川口 1999：31頁) と、③民主的な意思決定過程原則を強調している。

これまで述べてきたとおり、市民社会の政治化・民主化とは、様々な身近な組織や社会関係を議論の場、政治の場とし、それらの組織や社会関係を民主化することにある。一方、以上のとおり非営利・協同組織の中心的な組織原理は、組織民主主義の原理にあり、したがって、ラディカル・デモクラシー論やアソシエーティブ・デモクラシー論が主張していたとおり、市民社会のここかしこに存在するボランタリー組織がここかしこで市民社会を政治化し、民主化し、そのようなボランタリー組織がネットワークを張りめぐらすことにより市民社会全体を政治化し、民主化していく。ボランタリー組織はこうした触媒の役割を担うことが期待されている。

そこで、ボランタリー組織の組織民主主義原理について、もう少し詳論しておこう。第一に、この組織民主主義の原理が最も端的に示されるのは、営利組織の核たる株式会社の決定権限が出資額に応ずるもの(一株一票)であるのに対し、ボランタリー組織は一人一票原則に基づく、ということである。この点がボランタリー組織と民間営利組織とで明らかに異なる。

第二に、ハーシュマン(A. O. Hirschman)の「発言」(voice. 構成員としての参加)と「退出」(exit. 組織を離脱することによる意思表明)についての宮本太郎の考察を参考に詳論しておく。サービスの受給者がそれぞれの多様な意思を民間営利企業の商品に反映させる方法は、「買わない」という「退出」行為でしかない。民間営利企業はこうした行為が行われないようサービス受給者の意思を商品に反映させようとする。しかし、こうした人々と民間営利企業との関係は、基本的には貨幣関係に支配されている。つまり人々の意思が民間営利企業の商品に反映されるかどうかは、人々の持つ経済リソースの多寡＝貧富の差によって左右されることとなる。そこで、「経済リソースを持つゆえに退出オプションを行使できる層とそれが行使できなくて低所得者向けの(しばしば公的な)サービス供給に甘んじなければならない層」(宮本 1999：193頁)が生じることとなる。これに対し、人々がボランタリー組織に構成員として参加し、「発言」する際に、そのような経済リソースの差は影響を及ぼさない。つまり、貧富に関わりなく、誰でもが対等にボランタリ

ー組織に参加し「発言」できる[5]。

　第三に、ここでボランタリー組織への参加という場合、次のとおりサービスの提供者と受給者が共に参加するものと解される。ボランタリー組織のボランタリズム、利他主義はサービスの供給者と受給者との協同の利益が尊重される。また、福祉サービスは、サービスの供給者と受給者がサービスをとおして一体化され、「供給の側と受ける側の共同作業で行われるものであるから、両者が主体的に参加することによって、良好なサービスを実現できる」（藤田暁男 1999：266頁）。このように、ボランタリー組織の組織民主主義とは、サービスの受給者もサービスの共同生産者としてサービス内容等の決定に加わる＝組織に参加する、ことをも意味し、そうすることによって福祉サービスの質も向上するのである。

　第四に、佐藤慶幸が「アソシエーション」を定義するとき、「民主的」とは、意思決定が「メンバー間の対話と討議によって、できるかぎりの相互理解のもとに合意をめざして行われることを意味する」（佐藤 2002：155頁）と述べる。資本主義的経済行為における目的合理的行為が、他者のことを配慮して自己の行為を制御することがないのに対し、このコミュニケーション的行為は、他者肯定的なボランタリズムを基本的原理とし、また、モノや金銭、権力によってではなく、対話や信頼関係によって、人と人とを結びつける行為であり、「個人の自立と個人間の連帯を同時に可能にする」（佐藤 2002：151頁）と佐藤は説明する。

　このように、サービスの供給者も受給者も貧富に関わりなく対等に、自立した個人が連帯して、対話し合意に至る。そのような組織民主主義の原理を根幹とするボランタリー組織がネットワークを張りめぐらすことにより、市民社会を政治化・民主化する触媒的な役割を担うのである。

3　ボランタリー組織の特性と福祉多元主義の課題

　以上のとおり、ボランタリー組織は、「第三の道」の二つの理念と密接に関わり、「第三の道」を担う基本的なアクターであることがあらためて確認できた。しかし、「第三の道」という観点からだけでも、ボランタリー組織に関わる検討課題も多い。ここでは、ボランタリー組織の特性を念頭におき

つつ、福祉多元主義の観点からいくつかの検討課題について考察する。

■社会サービスの「脱商品化」におけるボランタリー組織の課題
　第一に行政セクターにおけるサービスの提供は、公平性や平等性が重視される。したがってややもすれば画一的なサービスの提供となる。このことは行政セクターによるサービスの提供は、人々の個別的な差異や多様性を否定する契機を内在していることを意味する。この点を克服するのが福祉多元主義に基づくサービスの提供なのだが、それに関わって、武川正吾の議論を参考に考察しておく。
　武川はこうした福祉国家の画一性の問題と関わって、商品化（↔脱商品化）と家父長制化（↔脱家父長制化）という二つの座標軸を用いて、「成長問題」と「フレキシビリティ問題」という二つの問題を検討している。ここで参考となるのが後者の問題である[6]。
　消費化社会の最終的な局面において、人々は大量生産－大量消費で生みだされる画一的かつ硬直的なものから、差異的かつ不定型なものを求めるようになる。こうした人々の消費行動のフレキシビリティ化は生産システムのフレキシビリティ化を要求する[7]。さらに、この消費行動のフレキシビリティ化要求は、福祉国家が供給する社会サービスの領域にも及ぶ。ところが、福祉国家が供給する社会サービスはすこぶるインフレキシブルなものである。それは、規格化された年金、3時間待って3分間の診療、変化に乏しい公団住宅のデザイン、そして、教育の画一化、等々である。こうした福祉国家の供給する社会サービスがインフレキシブルな性格を帯びるのは、「集権的な大量生産にもとづくインフレキシビリティに、社会サービスに固有の官僚主義的なインフレキシビリティと、専門主義的なインフレキシビリティとが加わ」（武川 1999：205頁）って生みだされる、という。
　それでは、消費行動のフレキシビリティ化要求に福祉国家はどのようにして対応するのか。この問いに対し、武川は次のとおり解答する。「社会サービスの供給がフレキシビリティを欠いたものとなる原因のひとつは、政府がそれを直接供給しているというところにあった」（武川 1999：205頁）。そして、この政府によるサービスの直接供給に対し、社会サービスの再商品化と脱商品化という二つの適応戦略が考えられる。再商品化戦略とは、ニューラ

イトが追求してきたように、福祉国家が直接供給してきた社会サービスを民営化し、市場の調整機構に委ねることである。しかし、こうした再商品化は、サービス労働の低生産性という本質から限界に突き当たるかもしれない。（つまり、サービス労働は儲けを得にくい。）このとき、社会サービスは家事労働やボランタリーワークによる供給によって補完されることとなる、と武川はいう。一方、脱商品化戦略とは、「これまで福祉国家が供給してきた社会サービスの脱商品性を保持ないし強化しながら、脱国家化するというものである」（武川 1999：208頁）。この戦略のなかで重要な役割を果たすのが、ボランタリー組織である。

さて、武川がここでいう「脱商品化戦略」の制度理念として、福祉多元主義が浮かび上がる。ところで、ここでの問題は、人々のフレキシビリティ化要求に旧来の福祉国家は対応できないことであった。人々の価値観の多様化、ライフスタイルの多様化、福祉ニーズの多様化（例えば、所得維持を中心とした福祉から高齢者や子どもに対する多様な社会サービスの提供への変化）等、こうした多様化の状況に、福祉国家は、つまり、行政がもっぱらにサービス提供を担うという体制はうまく対応できない。

そして、このフレキシビリティ化にいち早く対応しようとしたのは、やはり市場とそしてニューライトであった。ニューライトのキーワードは「多様性と選択」であると喧伝される。ニューライトの主役である私企業もそれを得意とすると吹聴する。果たしてそうか。確かに、民間営利組織は行政セクターにおける組織と異なり、公平性や平等性をおもんばかることなく、人々の多様な要求に対して迅速に対応できる。しかし、民間営利組織の組織原理は営利の獲得にあり、営利を生まない要求には対応することはない。したがって、民間営利組織が提供するサービスは、たとえそれが福祉サービスの提供であるにしても「儲かるもの」に限られ、画一的となる。

それに対し、ボランタリー組織の中心的な組織原理が組織民主主義にあり、そして民主主義の根幹が人々の個別的な差異や多様性を尊重するということからして、ボランタリー組織による福祉サービスの提供は、サービスの多様性を保障し、人々の多様な要求に対応できるものでなくてはならない。

しかしこの普遍主義へのアンチテーゼとは裏腹に、現実的には以下のような問題を生みだしているとジョンソンは指摘している。

ボランタリー組織の利用が増えると不公平が拡大する場合がある。これはボランタリー供給が均等には行われないことに起因する。都市部は農村部よりも大きな貢献を受け、富裕地域は貧困地域よりも大きな貢献を受ける。……児童や身体障害者また高齢者はボランタリー組織からかなりの貢献を受ける傾向があるが、その一方で、心を病む人、アルコール・薬物依存者、単身ホームレス、特定エスニック・マイノリティ、ゲイやレズビアン、ひとり親は十分な貢献を受けていない（Johnson, N. 1999：p.197／ジョンソン 2002：215-216頁）

　以上のとおり、ジョンソンはボランタリー組織によるサービスの供給が、地域や社会階層、あるいは特定の下位集団に対して偏って行われていることを指摘している。このことは、ボランタリー組織の特性が自律性、独立性にあり、自己が提供するサービスの内容を自ら決定できることと関係している。すなわち、ボランタリー組織の自律的な決定がサービスに一定の偏向性を持たせ、貧困層や特定の下位集団を社会的に排除しかねないことを意味している。

■福祉多元主義の財源の問題
　次に福祉多元主義の財源の問題と関わって考える。本書ではこれまで「第三の道」の制度理念として福祉多元主義を提唱し、そこにおける財源については、福祉の権利性からして政府の責任が放棄されるわけではなく、福祉サービスの多元化は必ずしも、国家の財政的な支出の縮小を導かないことを論じてきた。しかし、「福祉国家の危機」が叫ばれるようになった大きな理由は、福祉国家における福祉政策の財政負担の増大であった。そこで、福祉多元主義における現実的な課題として、「財源」の問題についてもう少し考察を加えたい。
　藤村正之（1999）は福祉多元主義の問題を考えるに当たって、資源配分様式を、①自助的配分様式、②互酬的配分様式、③再分配的配分様式、④市場交換的配分様式の4つに整理している。①自助的配分様式とは、個人あるいは家族という特定の主体自身による資源の獲得および利用、つまり自給自足

である。②互酬的配分様式とは、特定の主体どうしによる資源の相互移転である。この様式は行為主体の違いに基づいて帰属的互酬と達成的互酬に区分される。帰属的互酬は、行為主体が親族共同体や地域共同体などであり、血縁と地縁という社会関係に基づく互酬である。達成的互酬は、行為主体が友人関係やボランタリー組織などであり、連帯的な社会関係に基づく互酬である。集団に自発的に属するか否かという観点から、この二つの互酬の性格の違いは大きい。③再分配的配分様式とは、国家や地方自治体など特定の中心的主体へ移転・集積された資源を再移転させることである。④市場交換的配分様式とは、任意の主体間における資源の相互移転であり、その主要な行為主体は私企業である。

さて、現実の国家では、以上の4つの資源配分様式が混合して存在している。しかし、福祉国家は、③再分配的配分様式を基本として成り立っている国家であり、また、ニューライトが尊重する配分様式は、④市場交換的配分様式であることは論を待たない。それでは、「第三の道」、福祉多元主義はどうか。福祉多元主義の財源はボランタリー組織メンバーの会費であったり、ボランタリー組織内部におけるサービス提供の対価であったりもする。これらの場合は互酬的配分様式（達成的互酬）といえる。しかし、中心となる財源を政府とするならば、資源配分様式からいえば、③再分配的配分様式であり、福祉国家と比較した場合、資源を再移転する際の受け手が多様化したにすぎず、再分配的な政府体系の制度的再編成と考えることができる。このことをボランタリー組織について考えると、基本的な資源配分様式が再分配的配分様式であるとするならば、例えばボランタリー組織が行政セクターの委託事業を請け負う場合、その運用によっては、サービスの供給主体が行政的要素を濃厚にもつ「別働隊」に移動したにとどまり、ボランタリー組織が持つ自律性、独立性が損なわれ、多様性が十分に発揮されない場合が考えられる。とりわけ、ボランタリー組織の財政的基盤が弱いわが国の場合は、そのような運用に陥る危険性を多分に持つ[8]。

一方、このような再分配的配分様式を揺り動かし、しかも市場的配分様式ではなく、互酬的配分様式に重点をシフトさせる制度が、ボランタリー組織への寄付に対する優遇税制である。この制度の考え方としては、これまで国家や地方自治体に支払っていた税の一部を、ボランタリー組織に寄付として

直接支払い、国家や地方公共団体に代わるボランタリー組織のサービス提供を活性化させると同時に、その分、税が減免される制度であると説明できる[9]。しかしこの制度とて問題を抱えている。第6章で詳論するが、多くの寄付を集めるボランタリー組織は全国的に著名な大組織に偏る傾向がある。また、先ほど指摘したとおり、ボランタリー組織のサービスの提供が寄付を行う裕福な篤志家が求めるサービスに偏向するおそれもある。ともあれ、藤村正之が、「非営利団体とそこへの寄付者への免税制度が本格的に施行された場合、活動が具体的に見えやすい非営利団体に寄付金として援助するのがよいのか、公共性を帯びつつも活動の見えにくい政府に税金として徴収されるのがよいのかという選択の問題を生みだしていく」(藤村 1999：197頁) と述べていることからも理解できるとおり、税の控除制度は資源配分様式の再編成を促す制度であることに違いはない。

第5章

◆
英国市民社会におけるボランタリー・セクター

　本章では、英国「第三の道」における教育政策分析の核心、EAZ（Education Action Zones）及びECM（Every Child Matters）の分析に進む前にその核となっているボランタリー・セクターについて、①英国におけるボランタリー・セクターの伝統と今日的定義を整理し、②保守党サッチャー政権時代から始まった福祉多元主義への動き＝福祉サービスの供給形態の多元化＝福祉サービスの委託契約化・民営化の進行について論じる。そしてそのことによって、ボランタリー・セクターが公共サービスに重要な役割を果たすための制度基盤とその土壌、そこにおける意義と課題を明らかにする。

1　英国ボランタリー・セクターの伝統

■ わが国のNPO法人制度

　わが国では、1995年におきた阪神・淡路大震災がボランティア活動を活性化させ、同年はボランティア元年と呼ばれた。そして、1998年12月に特定非営利活動促進法が施行され、これによってボランタリー組織は法人格を得ることが可能となり、法制度上初めて認知されることとなった[1]。そして、制度発足17年を経た今日、特定非営利活動法人（NPO法人）の数は50,822法人に達している（2016年2月末現在、内閣府NPOホームページ〈http://www.npo-homepage.go.jp/〉）。また、2011年6月には特定非営利活動促進法が改正され（2012年4月1日より施行）、NPO法人の申請手続きの簡素化・柔軟化、会計の明確化がはかられると共に、NPO法人の財政基盤を強化することを

ねらいとして、認定NPO法人制度が拡充された。

　この改正の概要は以下のとおりである。①税制上の優遇処置を得られる認定NPO法人制度の認定基準を緩和した。②個人寄付者は国税と地方税あわせて、寄付金額の最大50％が税額から控除されるようになり、より大きな優遇処置が得られるようになった[2]。③認定NPO法人の認定について、従来の国税庁長官による認定制度を廃止し、都道府県知事または指定都市の長による認定とした。④設立後5年以内のNPO法人については、スタートアップ支援のため、要件を緩和して、税制上の優遇措置が認められる仮認定を1回に限り受けることができる仮認定NPO法人制度を新たに導入した[3]。

　また、2011年3月11日の東日本大震災後、被災3県（岩手県、宮城県、福島県）における2011年度のNPO法人年間増加数は計171件であり、前年度と比較して約4割の増加となっている。これらのことをみると、わが国のNPO法人の制度、活動は社会に確実に定着しているといえる。しかし、英国と比較した場合、例えば、わが国の認定NPO法人の数は684（2016年2月末現在、内閣府NPOホームページ〈http://www.npo-homepage.go.jp/〉）に過ぎないのに対し、英国では、チャリティ委員会に登録すれば自動的に税制上の優遇処置が受けられ、税制上の優遇処置を受けられる組織の数は桁違いである。このように、その歴史においても、数量的な面においても、政府や社会との関係においても、以下に示すとおり英国のボランタリー・セクターはわが国のそれを遙かに凌いでいる。

　■英国チャリティ法制度の歴史

　1998年、英国労働党政府とボランタリー・セクターはコンパクト（Compact）と呼ばれるパートナーシップ協定を結んだ。公共政策におけるボランタリー・セクターの役割を中央政府が公式に認めたものであり、福祉多元主義発展のエポック・メイキングとなる協定であるが、このコンパクトや福祉多元主義、そして英国政治におけるボランタリー組織の活動を育む土壌として、英国市民社会にあるチャリティの伝統を見過ごしてはならない。

　英国のチャリティの起点は、16世紀の教会への土地財産の贈与にあるといわれる。当時、人々は財産を教会に寄贈し、教会はこれらを用いて布教活動だけではなく貧困救済や医療活動にあたっていた。こうしたなか、国家も

貧困の救済に関心を示すようになり、1601年にエリザベス救貧法（The Poor Law）と公益ユース法（Statute of Charitable Uses）が作られた。法制度史的にみると、この「公益ユース法」が最初のチャリティに関する法律とされる。ユースとは信託（trust）の起源となるもので、財産を譲渡する際に譲渡先に使途を明示する制度であり、教会への寄進の方法としても用いられた[4]。この公益ユース法の意義としてよく指摘されることは、「この法律により、教会への寄付を直接貧困者に配分してしまうのではなく、信託として基金を設立し、継続的に事業を行う仕組みが設けられた」（伊藤善典 2006：229頁）ことである。さらに、この法律の前文で「公益性」の具体例が記されたこともよく知られるところである。教会への寄進行為は、封建領主にとっては地代や税金がとれなくなるため、制定法によってこれを禁止されもしたが、これに対し公益ユース法は「公益性」を定め、公益を目的とした寄進行為については、例外的に認めたのである。このように公益ユース法は、公益活動について社会的意義を認め法的に位置づけるとともに、公益活動の濫用を防止することも目的とした。

　その後、教会の活動は次第に衰退していったが、18世紀後半以降、産業革命が進展するなかで、貧困、衛生、教育等に関わる多くの社会問題が噴出し、チャリティ団体が加速度的に形成されるようになり、19世紀半ばのヴィクトリア朝時代に最盛期を迎えた。その背景には、社会問題の噴出に加え、市民の独立自尊・自助努力の尊重、そして政府の介入を嫌悪する自由主義的思潮があったことも指摘される（岡田章宏 2003：205頁）。こうしたなか、信託を受けた受託者の義務違反や信託財産の管理の失当などの不正行為が起こるようになり、これらを防ぐため1853年公益信託法（Charitable Trust Act）が制定された。そして、この法律に基づき、公益信託の監督・指導のため設立されたのが、今日でもチャリティを統一的に管理しているチャリティ委員会（Charity Commission）であった。このような法制度上の動向について、「これらはいずれも、免税処置や補助金給付等をともなう公益信託という形式をとるチャリティに対し、制度濫用の防止という観点から規制を課したものではあったが、そのことがかえって、チャリティ独自の公益的活動領域を画することにつながった」（岡田 2003：205頁）と評されている。

　しかし、20世紀に入り福祉国家体制が整備されていき、とりわけ1942年

に社会保障の包括的なシステムを提案したいわゆる「ベバリッジ報告書」に基づき、戦後の福祉国家の建設が進むにつれ、それまで家族やボランタリー組織が行ってきた福祉サービスの供給を国家が提供するようになり、ボランタリー・セクターの活動領域は相対的に狭められるようになった。それでもチャリティ団体は、1919年に全国社会サービス協議会（National Council of Social Service）を設立し、その活動を根強く持続させ、同協議会は1980年に全国ボランタリー団体協議会（National Council for Voluntary Organisation：NCVO）に改組され、今日、後に述べるとおり公共政策に多大な影響を及ぼしている。

さて、法制度史上、戦後の画期的な出来事は、1960年のチャリティ法（Charity Act）の制定である。この法律は健全な民間公益活動を促進するための法制度の全面的な見直しのため1950年に設けられたネイサン（Nathan）委員会の報告書（1950年12月提出）に基づき制定されたもので、具体的な内容としては以下の4つがあげられる。

① チャリティになる法主体として、信託によるもの（公益信託）以外にも、会社法により設立される公益目的の法人、公益目的を有する法人格なき団体、勅許状（Royal Charter）により設立される公益目的の法人等でも、チャリティになりうる。
② 行政上の監督を原則としてチャリティ委員会に一元化し、チャリティ委員会がチャリティの登録、監督、情報提供などを行う。
③ チャリティの登録制度を導入し、登録が認められれば自動的に税制上の優遇措置が認められる。
④ チャリティに対する保護（雨宮孝子 2004、中島智人 2007、等参照）。

また、わが国の特定非営利活動促進法と比較し、チャリティ法は、①ボランタリー組織に法人格を付与する法律ではないこと、②登録すれば自動的に税制上の優遇処置が受けられることが、大きな違いとして指摘できる。その後、1985年、1992年、1993年に、チャリティ委員会の監督を強化するなどの法改正が行われ、近年では労働党政権のもと2006年に改正が行われている[5]。

最後に、チャリティの税制上の優遇処置について整理しておく。登録を望むボランタリー組織は登録申請書や定款等をチャリティ委員会に提出し、チャリティ委員会はその団体が公益性を有するか否か等を審査し、登録の可否を決定する[6]。登録が認められたチャリティはすべて次のような税制上の優遇処置を得ることとなる。①所得税・法人税：登録チャリティは所得があっても、それが「本来の事業」（＝当該チャリティの公益目的事業）から得たものであり、本来の事業にあてられるならば、原則として所得税、法人税は課税されない。また、チャリティが本来の事業とは関係のない目的外事業を行う場合、全額出資事業会社を用いて行うことが認められており、同会社のチャリティに対する寄付は無税扱いとなる。②寄付金税制：個人がチャリティに寄付する場合、累進税率に関わりなく、基本税率22％を差し引いた金額を寄付できる。例えば、寄付者の所得税率が40％の場合、40－22＝18％分得をする。さらに、チャリティは22％の税金を還付請求することができ、結局チャリティは100％の寄付が得られる。なお、この税制上の優遇処置を受けるためには250ポンド以上寄付しなければいけなかったが、2000年の税制改正で、その額が撤廃された。また、給与から天引きしてチャリティに寄付する制度が認められており、この寄付は寄付金控除の対象となり、所得税が免除される。なお、天引きされる金額も2000年の税制改正でこれまで設けられていた上限が廃止された[7]（雨宮 2004、等参照）。

2　英国におけるボランタリー・セクターの今日的定義

　第4章では近年英国においてボランタリー・アンド・コミュニティ組織という用語が使われることが多いと述べたが、本節では英国におけるボランタリー・セクターに関わる用語を今日的に整理しておく。
　ボランタリー・セクターという言葉は、英国でよく用いられる用語であるが、英国内で厳格にあるいは統一的に用いられているわけではない。例えば、NCVOの年鑑（Almanac）の2007年（The UK Voluntary Sector Almanac 2007. 以下、『アルマナック2007』と記す）は次のとおりボランタリー・セクターの定義について説明している。「UKにおけるボランタリー・セクターの定義は決して容易ではなく普遍的に同意された定義は存在しない」（『アルマナッ

ク2007』: p.7)。2006年にサードセクターオフィス（Office of the Third Sector）が設置[8]されて以来、サードセクターという語の使用が増えたが、この定義についてもほとんどコンセンサスを得ていない。これらの組織はこれまで用いられた定義によると以下の諸側面のすべてあるいはいくつかを兼ね備えた組織である。①形式性（formality）：規則や組織を有し継続的な活動を行っている。②独立性（independence）：公共セクターや民間営利セクターから独立している。③利益非分配原則（non-profit-distribution）[9]。④自己統治性（self-governance）。⑤自発性（voluntarism）。⑥非営利性（公益性）（private benefit versus public benefit）：自己のメンバーの利益のみに活動するのではなく公益のために活動する（『アルマナック2007』: pp.7-8）。

また、『アルマナック2007』は「一般チャリティ」（general charities）の定義についても述べており、これについても「完全ではない」（『アルマナック2007』: p.8）とし、例えば、コミュニティに根ざした小規模組織が除外され、このことはボランタリー・セクターの過小評価を生みだす、と述べている。

次にNCVOの年鑑から離れても、ボランタリー組織の用語について、英国において共通した定義を見つけることが困難なことは、以下の文献からも確認できる。例えば、DfES（Department for Education and Skills：教育技能省）の2004年の文献『すべての子どもを大切に：子どもや若者のためのボランタリー組織との協働』（*Every Child Matters : Change for Children—Working with Voluntary and Community Organisations to Deliver Change for Children and Young People*）は、子どもやその家庭に関わるサービスの提供や変革にボランタリー・セクターが死活的な役割を果たすことを認め、ボランタリー組織と政府組織との協働のあり方を提案した重要な政府文書であるが、ここではvoluntary and community organisationsという用語が用いられている。この用語は、コミュニティグループを含み、またコミュニティに根ざした組織であることを強く意識する用語であり、今日英国でもっとも頻繁に使用されているというのが、研究を進めてきたなかでの経験知だが、その定義については次のとおり必ずしも明確ではない。

　　ここではvoluntary and community sectorsという用語を厳格に定義はしていない。私たちはここでは、voluntary and community sectorを、

社会的企業（social enterprise）の特性を持つ組織を含み、一般チャリティ（general charities）やボランタリー・セクターよりは広い概念として用い、一方、サードセクターや非営利（non-profit）、社会的経済（social economy）よりは狭い概念として用いている（DfES 2004b：p.4）。

また、2009年のDCSF（Department for Children, Schools and Families）の文書『サードセクター戦略とアクションプラン：活動への意思』（*Third Sector Strategy and Action Plan : Intentions into Action*）ではサードセクターを次のとおり定義している。「価値本意に活動し（value-driven）余剰利益を更なる社会的・環境的・文化的な目的に再投資する非政府組織である。この定義はセクターの活動の多様性及び組織構造から影響を受けている。サードセクターはまた、voluntary and community organisations、チャリティー、社会的企業、協同組合・共済組織を含む」（DCSF 2009：p.4）。

さらに、財務省及び内閣府（HM Treasury & Cabinet Office 2007：p.6）では、サードセクターは実に多様な組織を包み込んでいるとした上で、それを構成する組織を以下のように分類している。

① voluntary and community organisations：これはチャリティ委員会に登録されたチャリティ及び非登録のチャリティとチャリティではない組織とに分類される。2006年末、イングランドとウェールズで168,600の登録チャリティがあり、非登録チャリティの数は110,000と推測される。ここには、大学や博物館、美術館、多様な教育的・宗教的な組織が含まれる。チャリティではない組織とは、例えばスポーツクラブとかであり、公的機関に認知されることが少なく、共通していることは利他的な組織であり、多かれ少なかれボランティアに依存している組織である。
② 社会的企業：2005年には55,000以上を数え、一部は voluntary and community organisations や協同組合（cooperatives）のカテゴリーに含まれる。
③ 協同組合・共済組織（cooperatives and mutuals）

以上のとおり、これら三つの政府文書を比較しても、同様の用語のそれぞれの関係を明確に理解することは難しい。ボランタリー組織の定義に関わる

以上のような状況は英国の研究者の世界でも同様である。ハリス他（Harris, M., Rochester, C. & Halfpenny, P. 2001）は次のとおり述べている。「ウルフェンデン委員会に導かれ、1980年代と90年代には幾多の異なった基準に基づいてボランタリー組織を分類する研究が発展した。……こうした業績にもかかわらず、ボランタリー組織の多様な特別な目的を含み込む共通の特徴を定義することは困難であることがわかった」（Harris, M. et al. 2001：p.8）。そして、ハリス他は、ボランタリー組織の多様性と研究者の異なる関心が多様な定義を生みだしているのであり、にもかかわらず強引に共通の定義を導きだすことについてはむしろ否定的である。

　ただ、以下で主に取り扱うNCVOのアルマナックでは、次のとおりもう少し明確な説明がなされている。ボランタリー・セクター及びボランタリー組織（voluntary organisations）を「一般チャリティ」（general charities）と同義に用いる。ここで一般チャリティとは、チャリティ委員会（イングランドとウェールズを管轄）及びスコットランドと北アイルランドの同様の機関に登録されたチャリティから現在活動していないチャリティ、二重登録のチャリティ、ブリティッシュ・カウンシル等政府の統制下にある組織や独立学校等を除いたものである（『アルマナック2012』：p.19、等）[10]。また、2010年の年鑑によると、2007/2008年度のイングランドとウェールズにおける登録チャリティの数は163,372であり、その内一般チャリティの数は146,788である（『アルマナック2010』：p.90）。さらに、『アルマナック2010』はボランタリー組織という用語の他に「市民社会組織」（civil society organisations）という用語も用いている。これらは国家や市場から独立して活動する組織であり、UK全体における市民社会組織は2007/2008年で900,000、その中心的な組織として一般チャリティが171,000あり、他にスポーツクラブ127,010、協同組合（co-operative）が4,600、独立学校2,410、大学170等がある。労働組合や政党もここに含まれる。

　さて、本書では第4章ですでにボランタリー組織について章を設けて論じた。そこでは、ボランタリー組織の特性について何人かの論者の異なる見解を紹介した。ここからもわかるとおり、ボランタリー組織の普遍的な定義をその特性から行うことは困難である。しかし、本書内での一定の用語の統一をはかっておく必要はある。第4章ですでに、「『ヨーロッパでは、協同組合、

共済組織、NPOの共通特質を『営利目的ではなく社会的目的の実現を第一義とする組織』(Not-for-Profit Organization) としてとらえ、三者を『非営利目的組織』として一括して把握しようとする』(富澤賢治 1999b：19頁)。こうした理解から、協同組合、共済組織、NPO（ヨーロッパではassociationと表現される）からなる組織を一括して、『非営利・協同組織』(Non-Profit and Co-operative Organizations) とよばれ」る、と述べた。

図1　ボランタリー・セクターに関わる用語の関係図

一方、先述したとおり、今日の英国で最も頻繁に用いられている用語はボランタリー・アンド・コミュニティ組織であるというのが研究を進めてきた上での経験知である。そこで、本書では最も一般的には「ボランタリー組織」という用語を用い、それを「非営利・協同組織」と同義に用いる。したがって、そこには「一般チャリティ」、「社会的企業」、「協同組合・共済組織」が含まれる。なお、「ボランタリー・アンド・コミュニティ組織」についても、その組織的特質や厳密な定義が困難であることを考え、原文でvoluntary and community organisations と表記されている場合、VCOあるいはボランタリー組織と訳出している。また、NCVOのアルマナック等を論じる際に用いる「一般チャリティ」という用語は、NCVOの定義にならい、登録チャリティから一定のチャリティを除いたものとする。ただし、この場合、アルマナックの定義とは異なり、上に記したとおり一般チャリティとボランタリー組織とは同義としては考えない。

以上より、概ね図1のような関係図をもとに本書の用語は使用している。

3　福祉多元主義の展開――「契約文化」の登場から「パートナーシップ文化」へ

■保守党政権による福祉サービスの民営化

さて、1970年代半ば以降、英国でもケインズ主義的福祉国家の行き詰ま

りが指摘されるなかで、1978年のウルフェンデン委員会（Wolfenden Committee）による報告「ボランタリー組織の未来」（The Future of Voluntary Organisations）は、イギリス社会福祉の歴史の分析をとおして、公共セクター、インフォーマルセクター、民間営利セクターと共に、ボランタリー・セクターが福祉サービスに重要な位置を占めることを強調した。「ボランタリー組織を含めた多様なセクターが福祉供給を担う福祉多元主義を提起したという点で画期的なもの」（塚本一郎 2002：153頁）と評される報告書であった。しかし、1979年にサッチャー政権が誕生したことにより、その後福祉サービスの民営化は進行したものの、それは次に示すとおりすこぶるニューライト的な様態をとった。

サッチャーの福祉サービスについての政策を象徴的に示し、強力に推し進める原動力となった法制度は、1980年の強制競争入札制度（Compulsory Competitive Tendering）と1990年の「NHS及びコミュニティ・ケア法」（NHS and Community Care Act）である。強制競争入札制度は、地方政府が公共サービスを実施しようとする場合、民間業者との競争入札を義務づけ、公共サービスの民営化や費用の削減を追求する制度である。当初は現業部門が競争入札の対象とされたが、1988年の地方自治法の改正によって福祉分野にも拡大された。強制競争入札制度によって民間業者が落札した割合は現業サービスで44％程度、金額で3割程度であった（吉田忠彦 2005b：104頁、参照）。

強制競争入札制度はメージャー政権でも維持されたが、コスト削減ばかりが追求され、サービスの質が疎かになっているとの批判が強かったため、1991年、サービスの質を重視することを謳った市民憲章（Citizen's Charter）が制定され、数値目標の設定や業績評価、情報公開等が導入された（伊藤善典 2006：217頁、他参照）。

次に「NHS及びコミュニティ・ケア法」は、病院での長期入院から在宅を中心とするコミュニティ・ケアへの移行を進めるためコミュニティ・ケアの充実を目的とするもの[11]で、1990年に制定され、1993年から本格実施された。この法は、費用対効果の観点から地方自治体直営のサービスよりも民間セクターのサービスが優れている場合、地方自治体は後者を購入するとするものであり、国から地方自治体に交付され、民間サービスの購入に充てられる「特別移行補助金」（Special Transitional Grant）が支出されたこともあ

って、現実的には保健医療と対人福祉サービスの民営化を進めるものとなった。具体的には、高齢者や障害者に対するケア・サービスについては地方政府がニーズ・アセスメントを行い、コミュニティ・ケア計画を策定し、

表1 高齢者ケアサービスの民営化

		1992年	1996年
施設ケア売上高	公共セクター	£260,900万	£227,700万
	民営セクター(計)	£459,800万	£604,000万
	非営利	£65,900万	£99,600万
	営利	£393,900万	£504,400万
在宅ケア契約時間(週)	公共セクター	1,647,800時間	1,581,200時間
	民間セクター(計)	39,100時間	905,500時間
	非営利	6,800時間	100,700時間
	営利	32,300時間	804,800時間

(出典・塚本一郎 2002 より作成)

契約により民間サービスを購入することを促進するよう規定している。また、この計画は大臣の指示に従って策定され、大臣はサービス提供の現場を適宜監査することができた（伊藤 2006：160頁、他参照）。

表1は「NHS及びコミュニティ・ケア法」導入後、民営化がどれほど拡大したかを示すため、塚本一郎（2002）の論文をもとに作成した。施設ケア売上高と在宅ケア契約時間について、法が導入された直後の1992年と労働党政権が誕生する前夜の1996年とを比較した。

自治体直営施設の売上高は1992年から1996年の4年間で減少し、ボランタリー・セクター及び民間営利組織のそれはともに増加していることがわかる。在宅ケア契約時間の変化はさらにドラスティックである。自治体直営の契約時間は減少傾向にある一方、民間セクターの契約時間は20倍以上に増え、その内訳もボランタリー・セクターが約15倍、営利組織の契約時間は約25倍に膨れあがっている。

さて、以上のような保守党政権時代における福祉サービスの民営化により、「契約国家」及び「契約文化」が形成された。すなわち、保守党政権は福祉サービスに市場原理を導入した。そこでは、これまで政府が担ってきた福祉サービスに入札を導入し民営化を促す。その結果、私企業やボランタリー組織がサービスを供給することになると、政府が規定する基準や計画に基づいて、政府と私企業やボランタリー組織が契約を結ぶ。政府は契約料を支払い[12]、私企業やボランタリー組織はサービスを実施し、そのサービスは契約に基づいて「評価」される。そして、このような仕組みにおいては、地方

政府はサービスの直接提供者（provider）という従来の役割よりも、多様なサービス提供者と契約を結び競争を促進するという条件整備機関（enabler）の役割を担うようになった[13]。そして、ボランタリー組織は営利業者とともにサービスを争って売る「プロバイダー」や「契約者」となった。さらに、保守党メージャー政権から労働党政権へと進むにつれ、サービスの質が問題とされ、監査制度が整備されるようになり、国がサービスの基準をより規定するようになる。以上が「契約国家」の仕組みであり、そこでは、政府組織とボランタリー組織との関係を「契約文化」が支配するようになった。

■コンパクトの締結

こうした保守党政権の後に登場したのが労働党政権である。先にも述べたとおり、1998年、英国労働党政府とVCSはコンパクト（Compact）と呼ばれるパートナーシップ協定を結んだ。これは福祉多元主義発展のエポック・メイキングとなる協定であった。このコンパクトの端緒となったのは、1996年のディーキン（Deakin）委員会報告「ボランタリー・セクターの未来」（Future of the Voluntary Sector）であった。このレポートは、中央政府はボランタリー・セクターの多様な役割を認めるべきこと、一方ボランタリー・セクターは健全なセクターの発展に責任を持つべきことを推奨し、中央政府とボランタリー・セクターとが協定を結ぶべきことを提起した。当時の保守党政権はこの考えを受け入れなかったが、1997年2月労働党は政策文書「ともに未来を創る」（Building the Future Together）で中央政府とボランタリー・セクターとのパートナーシップの基盤としてコンパクトが必要なことを述べ、コンパクトの締結を約束した。そして、労働党政権に代わった1997年7月、NCVO内にワーキング・グループが設置されコンパクトの草案作成が始まり、25,000の組織との協議を経て、1998年11月ナショナル・コンパクトが締結された。

ブレア首相の前書きで始まるこのコンパクトは、まずもってボランタリー組織の社会的な存在意義を次のとおり述べる（Home Department 1998）。

① コンパクトの哲学はボランタリー・コミュニティ活動が、民主的で包摂的な社会の発展の基礎であるということにある。

② ボランタリー・コミュニティ団体は、ボランティア活動の機会を提供することを通して、個人が公共生活やコミュニティの発展に貢献することを可能にする。
③ ボランタリー組織は利用者がサービスのデザインや供給に関わることの開拓者であり、声を持たない者の声を代弁する。それによって平等と多様性をおし進める。
④ ボランタリー組織は貧困を和らげ、生活の質を改善し、社会的包摂をする。

そして、続いてコンパクトを支える理念について以下のとおり述べる。

① ボランタリー活動は民主的な社会の基本的な構成物である。
② 独立した多様なボランタリー・セクターは社会の福利にとっての基盤である。
③ 公共政策の発展と供給において、中央政府とボランタリー・セクターは明確で相補的な役割を果たす。
④ 中央政府とボランタリー・セクターが共通の目的に向かってパートナーシップを組んで活動するときに追加的な価値が生まれる。意味のある協議は関係性や政策の発展を生みだし、サービスのデザインや供給、プログラムを高める。
⑤ 中央政府とボランタリー・セクターはアカウンタビリティの異なった形を持ち、それぞれのステイクホルダーに別個に応答する。しかし、両者に共通して必要なものは、誠実性、客観性、アカウンタビリティ、公開性、リーダーシップである。
⑥ ボランタリー組織は法律の範囲内で目的を達成するためにキャンペーンを行う資格が与えられている。
⑦ 中央政府はボランタリー組織への資金提供者として重要な役割を果たす。資金の提供は中央政府とボランタリー・セクターとの関係の重要な要素である。
⑧ 中央政府とボランタリー・セクターは、人種、年齢、障害、性、宗教に関わりなく、すべての人々の機会の均等の重要性を認識する。

以上の理念を確認した上で、コンパクトはボランタリー・セクターに対して中央政府が行うべきこと守るべきこと、及び逆にボランタリー・セクターが行うべきことを述べる。

中央政府が行うべきことをまとめると、次のとおりである。

① 政府から資金を受けていたとしても、ボランタリー・セクターの独立性は保障され、また法律の枠内でキャンペーンをしたり、政府の政策を批判したりする権利が保障される。
② 中央政府はボランタリー・セクターへの資金提供を保障する。
③ 公共サービスの提供などボランタリー・セクターに関わる新たな政策立案にあたって時宜を得て協議を行う。
④ 女性やマイノリティ、社会的な排除を受けている人たちの特別なニーズや利益を考慮する。
⑤ ボランタリー・セクターが提供する情報についての守秘義務。
⑥ とりわけ省庁横断的な課題について、中央政府とボランタリー・セクターとの協力関係を維持発展させる。
⑦ ボランタリー・セクターと共に毎年コンパクトの運用を見直す。

一方、ボランタリー・セクターに求められることは次のとおりである。

① 組織や活動を質的に向上させる。
② 資金提供者やサービス利用者に対してアカウンタビリティを果たす。
③ 法を尊重し、チャリティの場合はチャリティ委員会のガイダンスを遵守する。
④ 中央政府との協議を行う場合、率直に見解を述べる。また、それが前提となっている場合、政府から得た情報について守秘義務を負う。
⑤ 中央政府や他のエージェンシー及びボランタリー組織間の協働を発展させる。
⑥ 活動やサービスの開発、管理に対してサービス利用者の関与に努める。
⑦ 中央政府と共に毎年コンパクトの運用を見直す。

また、コンパクトは中央政府とボランタリー・セクターとの紳士協定であ

り、法的な拘束力を持つ文書ではなく、理念的抽象的な記述が多い。そこで、コンパクトはこうした理念を実効的なものにするために、以下の具体的な取り組みを提起している。①行動規範（Code of Good Practice）の策定、②コンパクトの運用を見直し発展させるため、中央政府とボランタリー・セクターは毎年ミーティングを行いそのレポートを公表する。③中央の政府組織及び地方政府へのコンパクトの普及。さらに、コンパクトは補遺で、「ジョインド・アップ政府」の観点から注目すべき、次のような提言を行っている。

　内務大臣（Home Office）を議長とする以下の大臣グループが中央政府内のコンパクトの履行を推進、監督する。文化省（Department for Culture, Media and Sport）、教育雇用省（Department for Education and Employment）、環境・交通・地域省（Department of the Environment Transport and the Regions）、保健省（Department of Health）、社会保障（Department of Social Security）、スコットランド省（Scottish Office）、ウェールズ省（Welsh Office）、北アイルランド省（Northern Ireland Office）。また、チャリティ委員会はオブザーバーとして出席する。

■コンパクトの推進
　さて、保守党から労働党へと政権が交代し、福祉サービスの供給者が民間営利セクターからボランタリー・セクターに変化したわけでは必ずしもない。その変化はコンパクトに記されたとおり政府とボランタリー・セクターとの関係性の変化にある。保守党政府はボランタリー組織を営利業者と同様に捉え、ともに行政に代わって福祉サービスを争って提供する「プロバイダー」としてしか捉えなかったのに対し、労働党政府はボランタリー・セクターの社会的な存在意義をあらためて確認し、その特性を福祉サービスに生かそうとコンパクトを締結し、ボランタリー・セクターとのパートナーシップを強調した。こうしてボランタリー・セクターと政府の関係性は、保守党政権下と労働党政権下において「契約文化」から「パートナーシップ文化」へと理念上は移行することとなった。また、コンパクトに示されたとおりコンパクトの履行は省庁横断的につまり省庁をジョインド・アップして進められた。このようにコンパクトは「第三の道」の「三つの基盤方策」＝コミュニティ

一重視、ジョインド・アップ政府構想、多機関協働(ボランタリー・セクターの活用)に根ざした政策文書でもあった。

加えて、このようなパートナーシップ文化を財政的な面から確認し、それに推進力を与えた文書として、2002年に財務省が発表したクロスカッティング・レビュー(The Role of the Voluntary and Community Sector in Service Delivery: A Cross Cutting Review)がある。このレビューは、冒頭に以下のような財務省副大臣の序言を掲載している。

▶私たちは、ボランタリー・セクターが公共サービスの改革や市民生活の活性化に死活的な役割を果たすことを確信している。
▶私たちの目的はボランタリー・セクターの強さを活用して新しいアイデアに挑戦し、私たちの共通の目的である社会政策の発展に寄与するため新しいパートナーシップを築くことにある。
▶このレビューはいかに中央政府とボランタリー・セクターとが協働するかについて述べる。つまり、コンパクトを履行するために、良好な資金の提供やボランタリー・セクターの能力開発について提言する。

このように財務省副大臣はボランタリー・セクターの公共政策に果たす役割と中央政府とのパートナーシップを確認した上で、内務省のコミュニティ活性化室(Active Community Unit)に1億8,800万ポンド、フューチャービルダー(Futurebuilders)[14]に1億2,500万ポンドを提供することを述べている[15]。

また、このレビューの作成には財務省財務担当副大臣(Financial Secretary to the Treasury)を座長とし、内閣府(Cabinet Office)、文化省、環境食糧省(Department for Environment, Food and Rural Affairs)、教育技能省(Department for Education and Skills)、国際開発省(Department for International Development)、保健省、運輸自治省(Department for Transport, Local Government and the Regions)、労働年金省(Department for Work and Pensions)、内務省(Home Office)、法務省(Lord Chancellor's Department)の10大臣が参加している。まさしく省庁横断的＝ジョインド・アップ政府の構成となっている。

その後、中央レベルでは内務省内にコミュニティ活性化室が設置され、各

省庁と連携をはかってコンパクトを推進する体制を整え、また、コンパクトで提言されたとおり次の5つの行動規範、「資金提供」（Funding）、「協議と政策評価」（Consultation & Policy Appraisal）〔以上2000年5月。なお2005年に「資金提供」は「資金の提供と獲得」（Funding and Procurement）に改定〕、「黒人と少数民族ボランタリー組織」（Black and Minority Ethnic Voluntary and Community Organisations）（2001年2月）、「ボランティア活動」（Volunteering）（2001年10月、2005年に改定）、「コミュニティグループ」（Community Groups）（2003年7月）が策定された。また、2000年5月以来、中央政府とボランタリー・セクターの代表との間でコンパクト推進のための会合が毎年もたれている。

4 「パートナーシップ文化」の地方及びコミュニティへの発展

地方レベルでも1999年4月にドーセットDorsetで最初のローカルコンパクトが締結され、2004年4月の中央政府とボランタリー・セクターとの年次集会では、翌年3月末までにすべての地方当局でローカルコンパクトが締結されるよう目標設定が行われた[16]。NCVOが提供するウェブサイトCompact Voice 〈http://www.compactvoice.org.uk/〉によると、2012年1月31日現在イングランドの地方当局の内97%がローカルコンパクトを締結している。

ローカルコンパクトの内容は、その地域によって大きく異なる[17]。今日（2012年11月）その内容は Compact Voice でみることができる。そして、次のような多様な発展を見せている。まず第一に、ローカルコンパクトの多層化があげられる。英国では広域自治体であるカウンティ（日本の県にあたる）と基礎自治体であるディストリクト（日本の市町村にあたる）との二層制をとっている地域があるが、ローカルコンパクトの締結にあたって、①カウンティとディストリクトがそれぞれ独自にコンパクトを締結するケースや②ディストリクトがカウンティのコンパクトに署名するケース、そして、③複数のディストリクトを統合して締結するケースがある。この後に述べる地域戦略パートナーシップ（Local Strategic Partnership）はこの③のケースにあたる。第二に、ローカルコンパクトは、当初地方自治体とボランタリー・セク

ターとの関係を示すものであった。ところが、その後、広範な公共サービス提供主体を含み込んだ多様な機関間の共有規範へと発展している。まさしく多機関協働を支える規範へと発展しているわけである（今井良広 2005a、等参照）。

　この多機関協働による代表的なコミュニティ戦略が地域戦略パートナーシップ（Local Strategic Partnership）である[18]。地域戦略パートナーシップは、2000年の地方自治法（The Local Government Act 2000）の改正によって導入され、2001年4月から設置が始まったもので、地域の長期的な将来ビジョンを示すコミュニティ戦略の策定と推進を地方政府と共に担う中心的な組織である。そこにはコミュニティに存在する多様で複雑な地域課題に対応し地域を再生するために、民間営利企業、医療・福祉・住宅・地域再生・教育・雇用領域のボランタリー組織、大学、地方政府及びその他警察、消防、医療サービス等の公共機関が参加し、包括的な戦略グループを形成している。このように、地域戦略パートナーシップは、公共セクター、民間営利セクター、ボランタリー・セクターというすべてのセクターが連携・協働し包括的なパートナーシップを形成し、多様な関連する公共サービス領域の優先課題を検討し、総合的に提供する施策を策定、推進する組織である。ただし、直接に事業を行う組織ではない。そして、地域戦略パートナーシップのパートナーとなる機関はローカルコンパクトに署名することが奨励されている。したがって、地域戦略パートナーシップの遂行にあたっては、ローカルコンパクトが示す協働原則を遵守、実践することが期待される。こうしてここには「公的セクターとボランタリー・セクターの関係規定からステークホルダー間の共有規範へと、コンパクトの性格転換」（今井 2005a：149-150頁）が生じている、と評される。

　さらに、地域戦略パートナーシップを支援する主要な補助金が近隣地域再生資金（Neighbourhood Renewal Fund）である。これは、貧困、犯罪、医療、教育、雇用等の指標に基づき、最も荒廃している88の「近隣地域」を指定し、そこに集中的に資金を投入することにより、地域格差を是正しようとするものであり、2001年より導入された。指定された地域には地域戦略パートナーシップの設置が義務づけられ、補助金は地域戦略パートナーシップに交付され、地域戦略パートナーシップは自治体と共同して近隣地域再生資金

を配分する。一つの地域戦略パートナーシップへの平均交付額は、2001年には227万2,730ポンド、2005年には596万9,000ポンドという莫大な金額であった（西村万里子 2007、参照）。そして、金川はこの近隣地域再生プログラムについて「ボランタリー・セクターに流れる資金が大きく……これは、横断的な課題解決を内容とする近隣再生事業にはボランタリー・セクターに大きな期待がかけられているからであり、いわば、労働党政権にとっての実験場になっているといえる」（金川幸司 2007：54頁）と評している。

5　「パートナーシップ文化」の意義と課題

■「パートナーシップ文化」の意義

　それでは「パートナーシップ文化」のもとでVCSが福祉サービスを提供する意義はどこにあるのか。ボランタリー組織の特性を考慮に入れながら整理しておく。

　第一の意義は公共サービスの刷新にある。ボランタリー組織の特性のなかには多様性、柔軟性、専門性がある。ボランタリー組織は市民の多様なニーズを多様に吸い上げ、それを柔軟にサービスに反映させることにより、サービスを多様化し、刷新する。また、ボランタリー組織は特定の問題、とりわけ政府や市場が関わりそうにない問題やグループに関わり、実践的な経験も豊富であり、専門的で実践的な知識、サービスを提供できる。さらに、有償・無償のボランティアがボランタリー組織の活動を支えるから、サービスのコストも結果的に低減する。

　第二の意義は「民主主義の民主化」にある。ボランタリー組織の特性の一つは、営利を目的とするのではなくミッションの為に活動する（not for profit but for mission）、つまりミッションの発信・伝達、アドボガシーにある。コンパクトでも述べられていたとおり、個々の市民がボランタリー組織に参加し、ボランタリー組織が政策形成や実施に参加することにより、間接民主主義では達成できない個々の市民の政策形成・実施への直接的な参加がボランタリー組織をとおして達成される。あるいはボランタリー組織が個々の市民とりわけマイノリティの声を拾い上げて政策形成や実施に反映させることもできる。つまり、ここに公共サービス提供に関わる意思決定の民主化がは

からる。また、ボランタリー組織への市民の参加は市民の民主主義を実践する能力を高めることができる。

さらに、コミュニティに根ざしたボランタリー組織はコミュニティの利益を代表し、そのような組織への個人の参加は、コミュニティへの所属意識やビジョンの共有、人々の信頼関係を高める。このようにボランタリー組織はコミュニティの「結合」（bonding）に寄与する。さらに、地域戦略パートナーシップのような公共セクター、民間営利セクター、ボランタリー・セクターというあらゆるセクターの多様な組織・機関が協力することにより、コミュニティ内の多様な組織・機関が連結（linking）、協力することとなり、コミュニティ内のつながりを強める。このようにパートナーシップ文化はコミュニティの発展に貢献する。

■「パートナーシップ文化」の課題

一方、次のような問題点も考えられる。まず、第一に上記の「民主主義の民主化」とは裏腹に、民主主義に関わる問題点も同時につきまとう。それは、ボランタリー組織に参加しない人々あるいはボランタリー組織が拾い上げない人々の声は公共政策の策定や実施にどのように反映されるのか、という問題である。さらには、ボランタリー組織が公共政策の策定や実施に直接的に参加する直接民主主義的な手法は、常に議会の権限との関係が取りざたされる。ボランタリー組織が公共政策の策定にかかわる正統性の問題といってもいい。

第二に、大規模ボランタリー組織と小規模ボランタリー組織の政策形成における影響力の違いの問題である。西村万里子は、近隣地域再生資金が投入されている地域戦略パートナーシップでは、資金が潤沢なため、ボランタリー組織はそのボランタリー組織自身の資金力に関わりなく、小規模なボランタリー組織であっても政策の意思決定過程に参加することができている。これに対して、こうした資金が交付されていない多くの地域戦略パートナーシップでは、資金を提供できない小規模なボランタリー組織は、その発言力を弱めている、と述べている（西村 2007：55頁）。つまり、西村はボランタリー組織の発言力がそれが持つ資金力の水準に依存していることを指摘する。さらにこうした地域戦略パートナーシップの例にかかわらず、大規模ボラン

タリー組織と小規模ボランタリー組織が持つ資金力や人材、事務処理能力等キャパシティの違いが生みだす政策形成への影響力の格差は様々な場面で指摘される。

　第三に、労働党政府は公共政策におけるボランタリー・セクターとのパートナーシップを提唱しながら、同時にその推進方法は中央集権的なメカニズムに益々依存するようになったことが指摘される。サービスの質や内容、実践の方法が中央政府によって規定され、その規格に従うようボランタリー組織は求められ、評価される。しかも矢継ぎ早にその規格が中央政府によって変更される。こうした中央主導のシステムに対し、金川幸司は「実行のための評価システムやペナルティなどの監視メカニズムが強く働いており、規制国家（Regulatory State）の色彩が各所に見られる」（金川 2007：56頁）と、小堀同様、規制国家論に基づく批判をしている[19]が、そのような中央集権的推進方法にボランタリー組織が順応していくことで、ボランタリー組織の自律性や多様性が損なわれていくことが危惧される。さらに、こうした中央政府の要求に対応できる事務処理能力を有するボランタリー組織は大規模なボランタリー組織に限られ、小規模なボランタリー組織が排除されていく。

　第四に、ボランタリー組織は地域やコミュニティの発展に貢献する。しかし、ここでいう地域やコミュニティはどの程度の規模あるいは範囲が適正なのか。多様な関連する公共サービス領域を総合的に提供するためには、多様なボランタリー組織の存在が必要だが、そのような多様なボランタリー組織を確保するためには、一定程度の広域な地域でなければならない。一方、コミュニティに住む個々の人々の声を拾い上げ、地域ニーズにあったきめ細やかなサービスを提供するためには、地域は限られた広さである必要がある。そしてここにも、ボランタリー組織の規模の問題が関係してくる。コミュニティに根ざし、コミュニティのニーズを拾い上げるボランタリー組織はむしろ限られた地域で活動する小規模な組織となるだろう。逆に、サービスを広域に提供するためには、組織は一定の規模が必要だが、そのサービスは規格化された画一的なサービスになりがちである。

　以上の課題については、この後引き続き検討したい。

第6章
◆
労働党政権下におけるボランタリー・セクターの公共サービスに果たす役割

　1996年以来毎年、NCVO（National Council for Voluntary Organisation）はボランタリー組織の数や財政、活動など統計的なデータを年鑑（Almanac）にして公表している。本章では前章に引き続きボランタリー組織に着目し、近年の年鑑をもとに、ボランタリー・セクターの今日的趨勢を把握し、公共サービスに果たす役割、課題を分析する。なお、分析する年代は主に労働党政権時代（1997年～2010年）となるが、それに加えて、2014年に発行された年鑑 The UK Civil Society Almanac 2014（以下、『アルマナック2014』と記す）が2011年度（2011年4月から2012年3月。以下、「2011/2012」と記す）の統計を扱っていることから、保守党及び自由民主党連立政権（2010年5月～2015年5月）初期も分析の対象とする。比較することによって、労働党政権時代の趨勢をより浮かび上がらせることができるからである。

1　ボランタリー・セクターの現状

1　ボランタリー・セクターの成長

　表1は一般チャリティの数を組織規模（年間収入）別に示し、図1は一般チャリティ全体の収入と支出の変化を記している。『アルマナック2006』によると1991年の一般チャリティの数は98,000であるから、長期の視野でみると組織数も収入・支出も成長していることは間違いがないが、近年の状況は必ずしもそうではない。組織数については、大規模組織の数は増えているが、小規模組織の数は減少している。小規模組織の統合が進行していること

第6章 労働党政権下におけるボランタリー・セクターの公共サービスに果たす役割　133

表1　一般チャリティの数

年	£1万以下	£1万〜10万	£10万〜100万	£100万〜1000万	£1000万以上	合計
1995	109,384		10,164	1,331	121	121,000
2000	126,219		12,838	1,701	206	140,964
2004	95,570	51,394	19,064	2,930	290	169,248
2007	91,067	53,971	21,470	4128	438	171,074
2009	87,683	51,090	20,432	4,084	474	163,763
2011	82,391	52,815	21,257	4,270	533	161,266

注・2011年は連立政権。
(出典・『アルマナック 2006』縮刷版、p.4, 44、『アルマナック 2010』p.27、『アルマナック 2012』p.19、『アルマナック 2014』p.15をもとに作成)

図1　ボランタリー・セクターの収入と支出

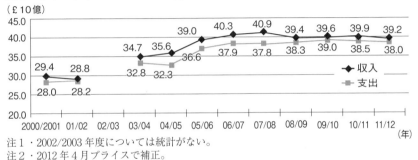

注1・2002/2003年度については統計がない。
注2・2012年4月プライスで補正。
(出典・『アルマナック 2014』p.26より作成)

が指摘できる[1]。ただし一方で、今日でも一般チャリティの半数以上が年間収入1万ポンド以下の小規模組織であること、つまりボランタリー・セクターは小規模組織によって支えられていることも確認しておく必要がある。

　収入については、2008年8月のリーマンショックにより、英国ではそれまでの好景気が一転し2008年の第2四半期から翌年の第2四半期までGDPマイナス成長に転じた。ボランタリー・セクターの総収入もこの影響を受け、2008/09年度に前年度よりマイナスとなった。加えて、2010年5月に誕生した連立政権の緊縮財政政策により、その後も充分な回復をみせていない。これらの点について、この後にも論じる。

　また、2009年の一般チャリティの数を分野別にみてみると、ソーシャル・ケアサービス分野が一番多く31,091団体で全体の19％を占める。ちな

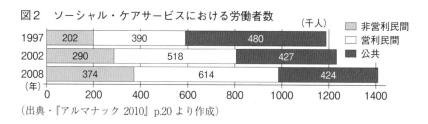

図2 ソーシャル・ケアサービスにおける労働者数

(出典・『アルマナック 2010』p.20 より作成)

みにこの数はイングランドの初等学校の数16,971のほぼ2倍にあたる。続いて文化・レクレーション分野22,677団体、宗教13,552、PTA13,147となっており、プレイグループ・保育は7,910、教育は7,775団体である（『アルマナック 2012』pp.23-24）。

2　公共サービスの受託

　図2は、労働党政権に入ってからのソーシャル・ケアサービスにおける労働者数の変化を示している。公共機関の労働者数が減少し、民間機関の労働者数は営利、非営利共に増加し、2008年の民間セクターの労働者の割合は70.0％に達している（その内非営利セクターが26.5％）。

　第5章表1では、保守党政権下における公共サービスの民間委託＝福祉多元主義の進行を示したが、労働党への政権交代があった1997年以降、労働党政権下でも、公共サービスの委託契約化が進行していることがうかがえる。以下、本節ではこうした公共サービスの委託契約化の進行についてボランタリー組織に関わるデータから実証する。

　図3は一般チャリティの収入源を示したものである。ここで、政府機関とは英国の中央政府や地方政府、政府エージェンシー、さらにEUや国際政府機関等であり、それらからの収入である[2]。一般チャリティが個人からの収入（寄付やサービス、グッズの購入等）に大きく支えられていることは、ボランタリー組織の特徴として押さえておかなければならないが、図3は政府機関からの収入が目立って増加していることを示している。なお、この政府機関からの収入が政権交代後の2011/12年度に大きく減少していることも指摘できる。政府機関からの収入についてのみいえば、2008/09年度のリーマンショックによる減少よりも、政権交代による緊縮財政の影響のほうが大きいことがわかる[3]。

図3　機関別収入源

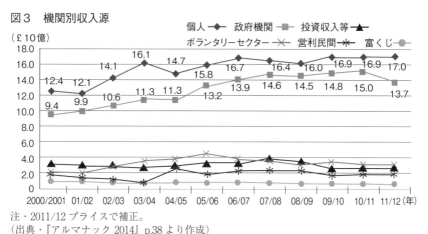

注・2011/12 プライスで補正。
(出典・『アルマナック 2014』p.38 より作成)

図4　政府機関からの収入内訳

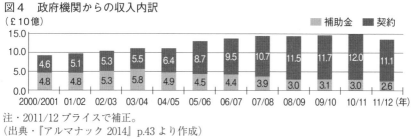

注・2011/12 プライスで補正。
(出典・『アルマナック 2014』p.43 より作成)

　また、2006年の『アルマナック』は一般チャリティ全収入に占める公共セクターからの収入の割合[4]を1995年度と2003年度とで比較しているが、1995年度の割合は28.0％であるのに対し、2003年度の割合は38.1％となっており、労働党政権における政府機関からの収入の割合は保守党政権時代をしのいでいることが理解できる(『アルマナック2006』：p.62)。また、これについて『アルマナック2006』は「政府はボランタリー・セクターの重要な役割を認識し、公共サービスの契約が増加していることを反映している」(p.61) と明確に述べている。

　この公共サービスの委託契約の増加を直截に示すデータが図4である。図4は政府機関からの収入の内訳を示したものであるが、一般補助金が減少し、委託契約の対価が増加していることが一目瞭然である。なお、2011/12年度の政権交代による影響は、「補助金」の減少だけではなく、これまで増え続けてきた「契約」の減少にも及んでいることがわかる。

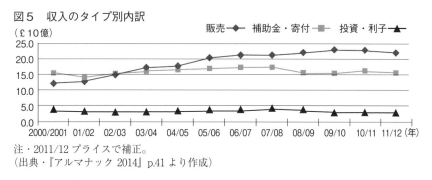

図5　収入のタイプ別内訳

注・2011/12 プライスで補正。
(出典・『アルマナック 2014』p.41 より作成)

　図5は個人や政府機関といった取引の相手先を問わず、収入のタイプの違いを年度ごとに追った。ここで「販売」(earned income) とは品物やサービスの販売によって得た収入である。このなかに政府との契約に基づき公共サービスを提供して得る収入も含まれる。「補助金・寄付」(voluntary income) は、国家及び地方政府さらにはヨーロッパ等からの補助金、個人や企業からの寄付等である。富くじ (National Lottery) からの分配金もここに含まれる。「投資・利子」(invest income) は株の配当金や預金の果実等である。

　2000年代に入り、「販売」収入が「補助金・寄付」収入をますます上回って来ており、労働党政権末期の2009/10年度で「補助金・寄付」収入が全収入の38%であるのに対し、「販売」収入は56%を占めるに至っている（ちなみに2001/02年度は「補助金・寄付」収入47.1%「販売収入」42.9%）[5]。この動向について『アルマナック2006』は「1990年代初期から観察できる傾向である」（『アルマナック2006』：p.59）と述べている。そして、この動向は公共サービスの委託契約の増加を反映していることは、『アルマナック』において繰り返し述べられてきた。例えば、『アルマナック2007』は、一般チャリティの主要な収入が補助金・寄付収入から販売収入に取って代わるようになっていることは、「一般チャリティが営利民間組織や公共組織と競争して入札し、契約し、公共サービスを供給する機会が増加していることに伴っている」（『アルマナック2007』：p.39）と述べている。同様に2009年の年鑑の要約版 (The UK Civil Society Almanac 2009 Executive Summary) も次のとおり述べている。販売収入は今や一般チャリティの収入の半分以上を占めるようになり、販売収入の増加は長く続く傾向である。「この傾向は主に契約によって行われる公共サービスの増加による。こうした状況のなかで一般チャリテ

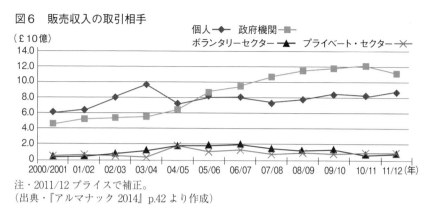

図6　販売収入の取引相手

注・2011/12プライスで補正。
(出典・『アルマナック2014』p.42より作成)

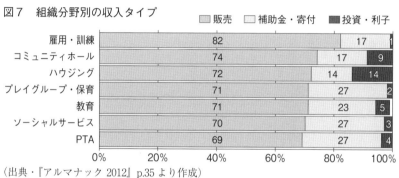

図7　組織分野別の収入タイプ

(出典・『アルマナック2012』p.35より作成)

ィははっきりと企業の性格を帯びるようになってきている」。

　次に、図6は、この販売収入の取引相手先ごとの変化を示している。ここでは政府機関との取引が増加していることは一目瞭然であり、上記の記述を明確に裏付けている。

　最後に、ボランタリー組織による公共サービスの提供は教育や子どもサービス分野でも例外ではないことを確認しておく。図7は販売収入の割合が多い組織分野を上位から示した[6]。これについて『アルマナック2012』は次のとおりコメントを付している。「『雇用・訓練』『ハウジング』『教育』分野では、『販売』収入が収入の大きな割合を占めるようになり、補助金や寄付への依存を弱めている。これら三つの分野は公共サービスの供給に関係している」(『アルマナック2012』: p.35)。

表2　一般チャリティの組織規模別収入（実額）

（£100万）

収入＼年度	£1万以下	£1万〜10万	£10万〜100万	£100万〜1000万	£1000万以上	合計
2003/04	298.2	1,736.6	5,882.8	8,171.7	10,233.2	26,322.6
2004/05	272.2	1,611.6	5,544.3	8,340.8	11,884.9	27,653.7
2006/07	269.7	1,795.4	6,305.5	10,611.2	14,190.6	33,172.5
2007/08	264.1	1,856.1	6,502.5	11,277.1	15,598.1	35,498.0
2009/10	236.9	1,781.9	6,322.3	11,325.8	17,014.5	36,681.4
2011/12	228.5	1,856.1	6,544.2	11,821.5	18,798.8	39,249.1

（出典・『アルマナック 2006 要約版』p.4、『アルマナック 2007』p.23、『アルマナック 2009』p.50、『アルマナック 2010』p.27、『アルマナック 2012』p.20、『アルマナック 2014』p.16、をもとに作成）

3　ボランタリー組織の規模

　以上のとおり、一般チャリティは政府機関と公共サービス提供の委託契約を結び、そこから得る収入を額においても割合においても増加させている。そして「こうした変化に対応して多くの一般チャリティがより市場志向になっている」（『アルマナック2010』：p.46）と評される。しかし、こうした傾向に一般チャリティの規模による違いはないのであろうか。本節では、ボランタリー組織の規模に焦点をあわせてデータ分析を行い、ボランタリー・セクターの公共サービスに果たす役割について考察する。

　表2は組織規模ごとの収入の違いである（それぞれの年度の実額で示し、補正は行っていない）。先に表1で、大規模組織の数は増加しているが、小規模組織の数は減少していることを指摘した。収入についても、年間収入100万ポンド以上の大規模組織の総収入は増加し、1万ポンド以下の小規模組織の総収入は減少している。

　また、図8はその規模別収入を一般チャリティの総収入に占める割合で示した。大規模組織への集中が進行していることがわかる。2009/10年度では、その数において0.3％にすぎない年間収入1000万ポンド以上の大規模組織が、ボランタリー組織の総収入の46.4％を占めている（年間収入100万ポンド以上に広げると、その数は2.8％にすぎないが、収入は77.3％を占める）。この動向について『アルマナック2007』も、2004/05年度において全収入の70％以上（73.2％）が組織数にして全団体の2％（3,500団体）の年間収入100万ポンド以上の大規模組織によって占められており、とりわけ年間収入10億ポンド

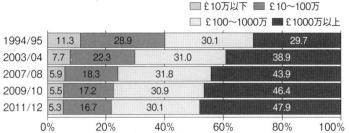

図8 一般チャリティの組織規模別収入

（出典・『アルマナック 2007』p.27、『アルマナック 2010』p.27、『アルマナック 2012』p.20、『アルマナック 2014』p.16 より作成）

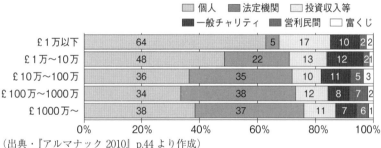

図9 一般チャリティの組織規模別収入のソース（2007/08年度）

（出典・『アルマナック 2010』p.44 より作成）

以上の著名な18の団体が全収入の1/8を占め、これらの大規模団体が政府と契約を結んで公共サービスを供給することにとりわけ成功している場合が多いと述べている（『アルマナック2007』：pp.26-27）。

次に、図9は、図3で示した一般チャリティの収入源を組織規模別に示した。大規模組織は個人からの収入と法定機関からの収入とをバランスよく得ている。大規模組織は政府との契約に有利であるばかりでなく、知名度が高いこともあって個人からの寄付も集めやすい。それに対し、小規模組織は政府機関からの収入の割合は低い。また、『アルマナック2012』は、2009/10年度において政府機関からの収入の81％を年収100万ポンド以上の大規模組織＝4,558が受け取っており、一方、年収10万ポンド以下の小規模組織＝139,000は3％しか受け取っていないと述べている（『アルマナック2012』：p.42）。さらに、『アルマナック2012』は政府からの資金を得ている組織の金額と割合を表3のとおり組織規模ごとに記している。大規模組織は多くの団体が政府から資金を受けており、その金額も多い。一方小規模組織は政府か

表3　政府機関から資金を得ている額と組織の割合（2009/10年度）

年間収入	£1万以下	£1万～10万	£10万～100万	£100万～1000万	£1000万以上	全体
金額（£100万）	11.9	375.2	2,202.7	4,330.1	6,964.5	13,884.3
割合（%）	8	38	56	69	76	25

（出典・『アルマナック2012』p.42より作成）

図10　政府機関を相手とした組織規模別販売収入の割合

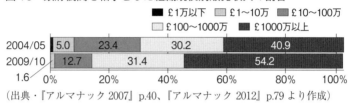

（出典・『アルマナック2007』p.40、『アルマナック2012』p.79より作成）

ら資金を受けている割合が低く、金額も少ない。ここからも小規模組織は政府からの委託契約収入が少ないことが予測される。逆にいえば、政府との委託契約を結び公共サービスを提供するボランタリー組織は大規模組織に集中する傾向にあることが推察できる。

　この傾向を明確に示すのが図10である。図10は政府機関を相手とした販売収入を組織規模の割合で示した。2004/05年度から2009/10年度へ大規模組織に集中していくことがわかる[7]（なお、1万ポンド以下の組織は2004/05で0.4％、2009/10で0.0％）。

　以上より、統計からみえるボランタリー・セクターの現実は次のとおりである。①ボランタリー組織が契約という形で公共サービスを益々提供するようになっている。②公共サービスの受託契約が大規模ボランタリー組織に集中する傾向にある。それでは、こうした趨勢によってボランタリー・セクターはどのような課題を抱くようになったであろうか。

2　統計からみえるボランタリー・セクターのジレンマ

■アルマナックの記述から

　まず、上記の二つの動向についてNCVOはどのように考えているのか。『アルマナック』に記されたいくつかの見解の要点を示す。

（1）オズボーン／S. P. Osborne, University of Edinburgh Business School
　▶多くの者はサードセクター組織が公共サービスの刷新に果たす可能性を主張する。しかし今日、公共サービスを刷新することがサードセクター組織の中心的な特徴となってはいない。1980年代と90年代においてサードセクター組織は保守党の提案に適応し、また近年では地方公共サービスの成果目標を達成する労働党政府の方針が、公共サービスの刷新を犠牲にしてボランタリー組織の優先的な施策となった。つまり、まず第一に、サードセクター組織は公共政策に影響を与える安定した状況にはない。現在の公共政策はサードセクター組織から影響を受けていると同じ程度にサードセクター組織の活動に多大な影響を与えている。第二に、政府からの資金提供は公共サービスの刷新を導く一方、サードセクター組織による公共サービスの刷新を危機に陥れる（『アルマナック2010』：p.32）。

（2）カーレイ／K. Curley, Chief Executive, NAVCA（National Association for Voluntary and Community Action）
　▶どの政党も政府からの補助金は維持するとしているが、実際には劇的に削減されている。これはコミュニティに根ざし、初期の予防的な介入を行う小さな組織には批判が多い。地方の補助金を守ろうとする私たちであるが、公共サービスの提供に契約を用いることに反対はしていない。契約は公共サービスを購入するために通常使用されるべきである。また、補助金はアカウンタビリティを減じ、依存を強めるという者もいる。資金提供者とサービス提供者との関係は、一緒に活動する際の主義やよいサービスを提供することへのこだわり、相互の理解、尊重といった要素に規定される。補助金は資金を提供する者と受ける者との信頼によって成り立つ。補助金と契約との適切な使用が資金提供者とサードセクターのサービス提供者間の効果的なパートナーシップを生みだす。そして、その結果コミュニティによりよい産物を提供する（『アルマナック2010』：p.48）。

(3) 2007年のアルマナック「収入」の章の結論(『アルマナック2007』Chapter 5 Income)

▶一般チャリティの収入の増加はセクターの健全な成長を示しているように思える。しかし、これは収入の規模の大きい団体が収入を増やしているのであり、そうでない団体の収入の減少を覆い隠している。もし、このことが改善されないのであれば、争ってファンドを獲得できない中・小規模の団体はその活動を縮小させることとなる(『アルマナック2007』: p.39)。

(4) 2006年のアルマナック「収入」の章の結論(『アルマナック2006』Chapter 7 Income)

▶販売収入が補助金・寄付収入をしのぐようになった。しかし、補助金・寄付収入は一般チャリティーを特徴付ける重要な収入であり続けている。また、こうした収入の動向は、補助金や寄付への依存を減らし、自身の収入を自身でかせぐ方法を見出すようになっていることを示している。そして、この動向は公共サービスの供給契約を入札する機会が増えたことと関連している。結果として、一般チャリティがビジネス志向となり、民間営利組織や公共組織と契約を争うようになってきている(『アルマナック2006』: p.72)。

他にも同章では、アンウィン J.Unwin (Independent Consultant) が、政府からのファンドの増加について、ボランタリー組織は今後自らのミッションに見合う形でビジネスモデルを開発していかなければならないことやボランタリー組織の独立性の問題を指摘している (『アルマナック2006』: p.63)。

以上のアルマナックの記述からは、次のような認識が読み取れる。まず第一に、ボランタリー組織が委託契約を通じて公共サービスを提供する機会が増えた結果、公共サービスの改善がなされたかというと、必ずしもそうではない。逆に、契約という形態や労働党政府における成果主義がボランタリー組織が持つ本来の特性を損ない、公共サービスの改善を阻んでいるという危惧がある。第二に、契約という形態はそれを獲得できない小規模ボランタリー組織の活動を縮小させている。ただ、このように保守党時代から始まった

第6章　労働党政権下におけるボランタリー・セクターの公共サービスに果たす役割　143

契約という制度についてその問題点を指摘してはいるものの、その制度をまったく否定しているわけではない。政府からの補助金は政府への依存を強め、逆に契約はボランタリー組織の自立を高めるという指摘もあり、契約制度について、NCVOのジレンマを読み取ることができる。

■ NCVO2006年の冊子より

さて、こうした公共サービスの提供の問題についてNCVOは次の二つの冊子、①Blackmore, A.（2006）『ボランタリー組織はいかに公共サービスを改革できるか』（*How Voluntary and Community Organisations can Help Transform Public Services*）、②NCVO（2009c）『国家とボランタリー・セクター：政府のファンディングと公共サービスの供給における最近の傾向』（*The State and the Voluntary Sector : Recent Trends in Government Funding and Public Service Delivery*）を発行している。以下にこの二つの冊子について検討する。

まず、2006年の冊子は次のとおり述べている。

> ボランタリー組織は個人やコミュニティのニーズに見合う公共サービスの供給に死活的な役割を果たしうる。……しかし、公共サービスの供給はボランタリー組織のミッションの供給に貢献しなければならず、組織の独立性や知識・経験に敬意を払いつつ行われなければならない（Blackmore, A. 2006：p.1）。

> それに対し現在の論議は、ボランタリー組織が公共サービスを供給するにあたっての障害をいかに取り除くか、公共サービスの提供をボランタリー組織に委託するその実践的なステップ、すなわち契約のプロセスの改善に注意が集中している。このことも必要ではある。しかし、……ボランタリー・セクターが公共サービスを提供するにあたってもたらす利益を、もし政府が理解できないとするならば、公共サービスの委託を正当に行うためのメカニズムを生みだすことはできない（Blackmore, A. 2006：p.2）。

以上のように、この冊子は冒頭で、公共サービスのボランタリー組織への

委託の基本的なあり方、すなわちボランタリー組織は公共サービスの提供をとおしてボランタリー組織のミッションや特性を公共サービスの改善に反映させることを確認し、それを成しとげることのできない委託のメカニズムを問題にしている。

そして、それを踏まえて現状の問題点を次のとおり述べている。今日の公共政策は、ユーザーの好みやニーズに合わせてサービスを創造するよりも、むしろ財政効率に重きをおいており、単に公共サービスを民間委託し競争や選択という市場メカニズムに基づいてより効率的にサービスを提供することだけが目的となっている。

> そのようなアプローチは小規模で特別なあるいは地域に根ざした組織を排除し、限られた大組織によってサービスが提供されがちとなる。このモデルはうまくいってもマジョリティのための継続的なサービスを提供するにすぎない。そしてこのモデルは特別な異なったサービスを求める傷つきやすいユーザーを犠牲にする。また、個々人の全体的なニーズに見合う統合的なサービスの提供に導きそうにはない（Blackmore, A. 2006：p.2）。

このように、本冊子は今日の市場主義的な公共サービスの民間委託を批判し、それは地域に根ざした小規模ボランタリー組織の特性を公共サービスに生かすことにならないと厳しく批判するのだが、一方で、そのようなモデルにおいてもボランタリー組織は契約に参加する。なぜならばボランタリー組織はそれでもマージナルな利益をユーザーやコミュニティに提供できるから、とも論じており、先に確認したとおり、契約という方法による公共サービスの民間委託そのものを否定する立場にはない。

次に冊子はボランタリー・セクターの特性を公共サービスに反映させ、公共サービスを改善するためにはどのようなアプローチが必要かについて四点述べた後[8]、公共サービスに反映されるべきボランタリー・セクターの特性について、次の点をあげている。

① 改革プロセスの核心に市民やコミュニティを置く——ボランタリー組

第6章　労働党政権下におけるボランタリー・セクターの公共サービスに果たす役割　145

織は特別な問題について直接の経験を持ち、地域に根ざした組織であるから、とりわけ困窮地域について法定組織よりもユーザーやコミュニティのニーズを理解している。
② 公共サービスに市民の声を反映し、あるいは市民が適切な選択を行えるよう市民をエンパワーする。
③ ジョインド・アップサービスの効果的な提供――ボランタリー組織は特別な分野に特化して活動するかもしれないが、ジョインド・アップな方法で特別なグループやコミュニティを支援する。その結果、政府の枠組みを超えてジョインド・アップなサービスを提供することができる。
④ 専門性とミッションの両方を兼ね備えている――したがって、ある面でビジネス志向になったとしても、あらゆる面で企業のようにはならない。ボランタリー組織と企業とでは果たす目的や責任は自ずと異なる。

以上のとおり、この冊子からは以下の認識を読み取ることができる。ボランタリー組織は私企業と異なる特性を生かして公共サービスを提供することにより、地域とりわけ困窮地域に根ざした、ジョインド・アップなサービスを提供することができる。そしてそうすることをとおして、市民やコミュニティを民主化しエンパワーする。それらの実現がボランタリー・セクターや政府に求められている。しかし、現実の契約に基づく民間委託の手法は小規模ボランタリー組織を公共サービスの提供から排除するような仕組みとなっており、ボランタリー組織の特性を公共サービスに生かすこととはなっていない。以上の認識を読み取ることができるわけだが、ここでも契約という仕組みそのものを否定してはいないことを確認することができる。

■ NCVO2009年の冊子より
続いて、2009年に発行された冊子について検討する。
2006年の冊子が小論文的なものであるのに対し、2009年の冊子はアルマナックに近く、これまで記してきたと同様の統計上のデータが比較的簡潔に記されている。だが、以下の記述が注目される。
本冊子3節では、労働党政権下2001/02年度から2006/07年度までの公共支出全体とボランタリー・セクターへの政府支出の変化を比較している。そ

れによると2001/02年度と比べ2006/07年度の政府支出は公共支出全体が129％増であるのに対し、ボランタリー・セクターへの支出は144％増に達している。つまり、公共支出全体の増加割合以上にボランタリー・セクターへの支出が増加している（NCVO 2009c：3節）。

このデータを『アルマナック2014』のデータと比較すると興味深い。『アルマナック2014』によると、連立政権は公共支出の削減を行ったが、その公共支出全体の削減割合をもとに2011/12年度のボランタリー・セクターへの政府からの収入を試算すると、134.5億ポンドになる。ところが、実際は127億ポンドしか支出されていない。つまり、連立政権は公共支出全体への削減割合以上に、ボランタリー・セクターへの支出を削減しているのである（『アルマナック2014』：p.46）。

以上の二つのデータを比較すると、労働党政権と連立政権とのボランタリー・セクターへの政策の違い、期待やシンパシーの違いが浮き彫りにされる。まずは、この点を確認しておかなければならないが、しかし一方で、この2009年の冊子でもこれまで指摘してきたボランタリー・セクターの課題も確認できる。例えば、「3節：公共支出」では次のとおりの記述がある。「契約を落札するに充分に大きな組織であり、特定市場分野の特別なサービスを提供するボランタリー組織は限られている。それゆえ、ボランタリー・セクターの将来的な役割は、政府と直接に契約を結ぶのではなく、私企業や大規模ボランタリー組織の下請けとなる可能性がある」（NCVO 2009c：3節）。この小規模ボランタリー組織の下請け化は、小規模ボランタリー組織の特性を公共サービスに反映させることをさらに困難にさせると考えられる。

それではこのようなボランタリー・セクターの課題を指摘した上で、この2009年の冊子はどのような対応策を述べているのか。「12節：独立と依存」では次のとおり述べている。

> 近年、政府からのファンディングが目立って増加し、その影響はボランタリー組織にとってより重要な課題となっている。その原則は明確である。ボランタリー組織はこのファンディングを自身のミッションに直接に貢献する場合にのみ求めるべきである。……政府組織もボランタリー組織の独立性を承認し、ボランタリー組織に法の許す範囲内で自由に

活動することを認め、公共支出の見返りを求めるべきではない（NCVO 2009c：12節）。

そして、具体的には、次のとおりコンパクトの尊重が主張される。「今日、ファンディングはボランタリー・セクターに不可欠である。しかし、公共支出全体のなかではほんの一部にすぎない。それが両者のパワーバランスを不平等にする」。このような環境のもとでさらに不景気の時代において、コンパクトがさらに重要となる（NCVO 2009c：序）。

■財務省及び内閣府の認識

さて、以上の認識がボランタリー・セクター側の認識であるのに対し、中央政府はどのような認識を持っているのだろうか。財務省及び内閣府が2007年に発行したレポート『社会と経済の再生におけるサードセクターの将来の役割：最終報告書』（*The Future Role of the Third Sector in Social and Economic Regeneration : Final Report*）から分析する。

報告書は冒頭で次のとおり述べている。

> サードセクターは公正で進取的な社会にとって死活的な構成物である。その社会では個人とコミュニティがエンパワーされ、変革を成しとげ、社会的・個人的ニーズを満たす。中央政府は、これまで顧みられることの少なかったグループの声を代表することにおいて、変革のキャンペーンにおいて、強く活動的で結束したコミュニティを創造することにおいて、社会的・環境的変革を促すことにおいて、公共サービスのデザインや供給を改革することにおいて、サードセクター組織の多様性の価値を認識する。サードセクターはいつも社会的・環境的変革の中心にあり、中央政府はサードセクター組織が成長し目的を成しとげられるよう条件を創造するために活動し続ける（HM Treasury & Cabinet Office 2007：p.5）。

以上のとおりサードセクターの社会における重要な役割を確認した後、サードセクターと中央政府の共通の目標として、次の４点をあげている。

① サードセクター組織をとおして市民の声を政策に反映させる。
② コミュニティを強化する。
③ 公共サービスを改良する。よりよい公共サービスを企画し供給することをとおしてサードセクター組織自身の目的を達成させる。また、サードセクターによる公共サービスの供給は、公共サービスに資金を適切に供給する中央政府の責任が放棄されたわけではなく、中央政府はボランタリー・セクターがサービスを提供するその環境を整備する。
④ 社会的企業の成長を促す。

続いて報告書はこれら4つの共通目標についてそれぞれ章をもうけ、詳述している。これらの共通目標はこれまで本書が述べてきたボランタリー・セクターの役割と同趣旨であり、本書の課題認識の核心でもあるので、もう少し詳しくこの報告書をみることにする。

まず、「サードセクター組織をとおして市民の声を政策に反映させる」ことについて。ここでは、サードセクターの比較的小さな周辺組織の政策形成への参加の意義が述べられていることが注目される（HM Treasury & Cabinet Office 2007：p.20）。また、そうした活動をサードセクター組織が行うための能力開発も主張されている（HM Treasury & Cabinet Office 2007：p.23）。

次に「コミュニティの強化」では次の記述が注目される。

　　市民社会の再生の核心にコミュニティに根ざしたサードセクター組織がある。そうした組織は個人のニーズを満たす場だけではなく、コミュニティの変革のために個人をエンパワメントする場を提供する。コミュニティ組織は、人々に発言の機会を提供し、民主的な関わりを確立することによって、個人と国家との架け橋ともなる。コミュニティセクター、それはほとんど資金を持たずにボランティアによって支えられる多様な目的を持つコミュニティの末端組織で構成されるが、コミュニティに根ざし、コミュニティの利益に導かれ、政府とりわけ地方政府のキーパートナーであり、強くて活気のある結束力の強いコミュニティを建設する（HM Treasury & Cabinet Office 2007：p.32）。

コミュニティ組織への参加はコミュニティ内の信頼や関係を構築し、……また、コミュニティ組織は個人の参加への自信を高め、より広いコミュニティやもっと公的な組織への参加を促し社会的ネットワークや連帯を形成する（HM Treasury & Cabinet Office 2007：p.34）。

最後に、公共サービスの変革について。まず、冒頭で次のように述べている。サードセクターは、歴史的に公共サービスの刷新に重要な役割を果たしてきた。サービスユーザーの複雑なニーズを把握し、ユーザーと協働して、ジョインド・アップなサービスを提供し、また、人々と公共サービスを結ぶ中間組織として社会の周辺部にいる市民の声を代弁してきた。そして、中央政府は、サードセクターが公共サービスの契約者として公共サービスの変革の核心に位置し続けることを保障する（HM Treasury & Cabinet Office 2007：p.49）。このように述べた後、サードセクターが公共サービスの改善に果たす潜在力について述べており、それらは次のとおりまとめられる（HM Treasury & Cabinet Office 2007：p.51）。

① サービスユーザーのニーズの把握
② そうした個人的なニーズや複雑な問題に対処する知識や経験
③ 柔軟でジョインド・アップなサービスの提供
④ ユーザーの信頼の獲得
⑤ 公共サービス刷新のための独立性
⑥ 地域の人々にコミュニティ意識を醸成する
⑦ ボランティアのスキルや経験を向上させる
⑧ 公共サービスの計画や供給にサービスユーザーの声を反映させる
⑨ サービスへのアクセスの改善、速やかな提供
⑩ コスト効率の改善

このように報告書は、社会におけるボランタリー・セクターの肯定的な役割、しかもコミュニティに根ざした小規模なボランタリー組織の役割について繰り返し肯定的に論じている。それでは、先にNCVOが指摘した今日の

委託契約の仕組みにおける、小規模組織が抱える問題点との関わりについてどのように述べているだろうか。まず、本報告書は「序」でサードセクターの一般的な成長を述べた後、「あらゆる組織が成長したわけではない」（HM Treasury & Cabinet Office 2007：p.10）とし、NCVOは大規模チャリティの急速な成長と中・小規模のチャリティの収入の減少を指摘している、とNCVOの見解を紹介している。

また、「コミュニティの強化」の章で、「周辺的な組織は中央政府のファンディングを獲得するのに障壁が高くなっていると感じている」（HM Treasury & Cabinet Office 2007：p.32）と指摘し、地方のサードセクターへの資金提供のあり様について次のとおり論じている。「多くの補助金を獲得する機会が提供されているけれども、そうした補助金を獲得する競争が強まる一方、多くの組織は多様な補助金に対応してそれらを獲得する能力に欠けている」（HM Treasury & Cabinet Office 2007：p.38）。そこで、ファンディング手続きの透明性を高めることや簡易に応募できるようにすること、地方組織への情報の提供、ファンディング獲得のための適切なアドバイスや支援、能力の育成などが必要であると論じている。

そして、コミュニティに根ざした組織のために、具体的に2007年度より4年間にわたって8,000万ポンドをコア（core）ファンディングとして提供すると述べている。ここでコアファンディングとは戦術的（strategic）ファンディングと対比されるもので、コアファンディングが組織の管理やマネージメントに使用されるものであるのに対し、戦術的ファンディングは資金提供者が求める成果との結びつきがより求められ、組織の管理・運営への支出については、その結びつきが明確な場合に可能とされる。つまり、ファンディングが、明確に成果と結びつけられ競争によって得られる資金として提供されるのではなく、比較的自由に使え、小規模組織の能力、体力をつける資金として提供される点に、この提案の意義がある。さらに、資金獲得のための援助だけではなく、新しいコミュニティ組織の形成、コミュニティのニーズの把握、相談や訓練等をコミュニティ組織に対して政府が行い、コミュニティ組織の成長を支援することも提案されている（HM Treasury & Cabinet Office 2007：p.48）。

さらに公共サービスの変革の章でも、経済的な効率性にばかりに注意を払

うことは公共サービスの改善に予期せぬ結果を引き起こすといった記述がある（HM Treasury & Cabinet Office 2007：p.50)[9]。

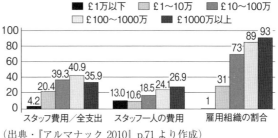

図11 スタッフの組織規模別雇用（2007/08年度）
（出典・『アルマナック2010』p.71 より作成）

以上のとおり、報告書はボランタリー・セクターの社会で果たす役割、すなわち①市民社会の民主化、②コミュニティの強化、③公共サービスの改善、を明確に認め、またそうした役割を果たすのにコミュニティに根ざした小規模組織が潜在的に持つ力に大きな期待をかけている。そして、そうした小規模組織がそのような役割を果たすためには、契約という制度を簡素化し小規模組織の事務を軽減するなど制度改革を求める一方、小規模組織に契約という制度に対応する力をつけることを求め、その育成のための資金の提供や相談など、小規模ボランタリー組織の能力開発も提案している。

ところで、図11は「一般チャリティ組織の全支出に占めるスタッフ費用の割合（％）」、「一人のスタッフを雇用するための費用（フルタイムに換算、£1000）」、「スタッフを雇用している組織の割合（％）」を一般チャリティの組織規模別に示した。大規模組織と比べ小規模組織はいかにスタッフを雇用している組織が少ないか、しかも、その給与が低いかその違いは歴然としている。そして、有給スタッフを擁する大規模組織とそうでない小規模組織との入札や契約に関わる事務処理能力の違いが容易に想像でき、その結果、公共サービスの受託契約が大規模組織に寡占化されることも理解できる。ところが、これまでも繰り返し述べられ、財務省及び内閣府の報告書でも述べられていたとおり、コミュニティに根ざし、人々の個々のニーズとりわけマイノリティの人々のニーズに適合したサービスを提供してきた組織は小規模組織に多い。契約という制度に適応するためにこうした小規模ボランタリー組織の特性が失われるのであれば、公共サービスをボランタリー組織に委託する意義も損なわれる。そうならないために、財務省及び内閣府の報告書はボランタリー組織の職能開発の必要性を論じているわけだが、次のとおり、こ

のような労働党政府の提案によって事態が改善されているとはいいがたい。

図11は2007/08年度のデータだが、2009/10年度においても「スタッフを雇用している組織の割合（％）」は、年収£100万〜1000万の組織では92％、£1000万以上では95％であるのに対し、£1万〜10万では27％、£1万以下は4％にすぎない（『アルマナック2012』：p.70)[10]。

3　ボランタリー・セクターによる公共サービス提供の展望

そもそも、競争入札や契約という制度とボランタリー組織の特性を公共サービスに反映させることとは果たして適合するのだろうか。この問いにボランタリー・セクター研究の第一人者ハリス（Harris, M.：Professor of Voluntary Sector Organisation at Aston University Business School）他は次のとおり述べている。

サッチャー政権時代、ボランタリー組織はこれまで公的な組織によって提供されていた公共サービスを福祉多元主義に基づいて担うようになり、その重要性は劇的に高められた。しかし、政府組織と他のセクターの組織との関係を市場が支配するようになった。「そこではボランタリー組織は、争って政府にサービスを売るプロバイダーや契約者となり、そこでのパフォーマンスはアグリーメントによって特定されるようになっていった」（Harris, M. et al. 2001：pp.3-4）。

一方、労働党政権は、公共政策の供給におけるボランタリー組織の役割を高く認識し、パートナーシップやコンパクト、「第三の道」といった「言語や政策のスタイルはソフトになり、ボランタリー・セクターに対し好意的となり、ボランタリー・セクターの特徴やそれが市民社会や新しいガバナンスに果たす貢献についても認識する」のだが、「ブレア政府はボランタリー・セクターに効率や効果を期待し、ボランタリー・セクターをしっかりとしたモニターや規制の下におくというサッチャー時代の伝統を引き継いでいる」（Harris, M. et al. 2001：p.4）。

以上のようにハリス他は指摘している。また、同じフィールドで活動する組織は同じ特性を持つようになる。政府や産業世界はパートナーシップに従事するためのボランタリー組織の条件として、ある基準に適合するよう要求

第6章　労働党政権下におけるボランタリー・セクターの公共サービスに果たす役割　153

する、といった見解も紹介している（Harris, M. et al. 2001：p.8）。

　さらに、同書の終章でもハリス（Harris, M. et al. 2001 2001）は次のとおり述べている。1996年のディーキン委員会以来、政府とボランタリー・セクターとの関係はすこぶる密接なものとなった。「それはパートナーシップやコンパクト、ジョインド・アップ政府といった概念で表現され、政策協議や契約、ベストバリューといった体制の中で実施された」（Harris, M. et al. 2001：p.214）。しかし、そこには問題も伴った。「政府は緊密で複雑な法や規制をボランタリー組織に課し、政府の要求に見合うサービスを提供するための能力開発を行うよう常に圧力をかけた」（Harris, M. et al. 2001：p.214）。こうした緊密な規制や能力開発への要求はボランタリー・セクターに標準化や形式化を求めた。「ファンディングと緊密な契約や詳細なモニターにより、公共セクターやビジネスセクターに組み込まれてしまったボランタリー組織もある」（Harris, M. et al. 2001：p.215）。そしてその結果、社会的なニーズに応えるというボランタリー組織の柔軟性は損なわれ、ユーザーの要求は法的な資金提供者が求める要求によって脇に追いやられた」（Harris, M. et al. 2001：p.215）。このように「政治家のレトリックと実際の関与とではギャップがある」（Harris, M. et al. 2001：p.215）。ボランタリー・セクターの価値を語りつつ、実際にはボランタリー・セクターを政府の社会政策を実施する道具にしてしまっている。

　こうした政府とボランタリー組織との関係を反映しているのがファンディングである。ファンディングはその額が増え、また、アグリーメントも複雑となった。「しかし、ファンディングの継続は不安定であり、また特別なプロジェクトに限定された」（Harris, M. et al. 2001：p.216）。その結果、ボランタリー組織が長期のプランを発展させることやミッションを維持することを困難にした。

　さらに、こうしたアカウンタビリティの求め、緊密な規制、能力開発、ファンディングの不確かさは一般的な動向であるが、それらの動向は小規模で地方に根ざしたボランタリー組織にとりわけ困難を強いている。「こうした組織は社会政策を実施するフロントラインである。しかし、一般的に人的資源にも経済的リソースにも乏しい。多様な規制やモニター、パフォーマンスの計測は大・中組織にとっては比較的たやすくとも、小規模組織にとっては

重荷となっている」(Harris, M. et al. 2001：p.216)。

　他にも同論文でハリスは次のとおり同様の趣旨を繰り返し述べている。「社会政策の動向に積極的に対応することと独立性を含めて自らの組織的な特徴を失うこととのトレードオフというジレンマ」(Harris, M. et al. 2001：p.217) にボランタリー・セクターは直面している。そうしたジレンマの一つがファンディングの問題であり、能力開発の問題である。とりわけ小規模組織はそれらを受け入れることによって柔軟性や個々人のニーズへの対応といった特徴が損なわれがちである。さらに、詳細な契約や規制、モニターは社会的なニーズに対応するボランタリー組織の能力を制限し、ミッションを見失わせ、資金提供者とは異なる見解を表明することを禁ずる。そもそも、争って資金を獲得することは、ボランタリー組織が本来持つ協働という価値と矛盾する。ハリスは以上のとおり論じ、もしサードセクターがその組織的特徴を失うのであれば、福祉の多元化にそれが含まれる合理性はどこにあるのか、と結論づけている[11]。

　さらに、筆者は2007年6月にロンドンでハリスと直接会う機会を得た。ハリスは筆者の質問に以下のとおり答えてくれた。

　　問　政府とボランタリー組織が協働するとき、ボランタリー組織はその構造、目的を変える。それによってボランタリー組織自体が変わってしまうのではないか。
　　ハリス　政府から資金を得るためには、ボランタリー組織は一定の条件やモニターを受け入れなければならない。それには問題がないという研究者もいるが、サードセクターの歴史をたどってみると、サードセクターは何かにこだわってモチベーションを保ってやってきたし、個々人が、また小さな組織が情熱を持って活動してきたのである。一方、政府は全体の平均的な福祉を求めてきた。ボランタリー組織の考えが政府の考えとは異なることは当然ある。それを政府がコントロールする、つまり政府が決定し、資金を与えるのは大変危険である。市民は政府に対して疑問を投げかけたり、新しい提案をする。よいアイデアは市民から生まれ、あとから政府の資金がつくものだった。にもかかわらす今日では、政府が資金を与え、情報を提供し、規制を行う。くわえてボランタリー組織

第6章　労働党政権下におけるボランタリー・セクターの公共サービスに果たす役割　155

のあり方、目的が変化してきている。ボランタリー組織はサービスの提供だけではなく、アドボガシーも行う。アドボガシーを強調し、仕事のあり様を変えるとファンドをカットされる。市民社会と政府、市場は本来別々なのであり、一体化、つまり全体主義は民主主義にとってよくない。

問　ボランタリー組織はサービスの提供をとおして、市民社会そのものを変えていく必要があるのではないか。

ハリス　様々なボランタリー組織がある。

(1) サービスの提供だけに関心があり、官僚的で比較的旧くて大きくて、バーナードなどのチャリティ組織。昔ながらのお金をあげて助けてあげよう型の組織。
(2) 市民のニーズを見出しサービスを提供する組織。地方の小さい組織に多い。
(3) 市民組織として、ミッションを伝えたがっている組織。

　政府はサービスの提供に関心があるのであり、アドボガシーを強調する組織とはパートナーシップを組みたがらない。

問　公共サービスを提供することによって、ボランタリー組織は規制を受け、ミッションは喪失せざるを得ないのか。

ハリス　例えば子どもはニーズを持っており、ボランタリー組織はそのニーズについてよく知っている。そのニーズを満たすために、サービスの提供を次々に行い、政府から資金を得る。しかし、そのような形で取り組んでいくと、資金と引き替えに政府はより一層力を持ち、対等でなくなる。政府とボランタリー組織は結婚するときは対等であるが、仕事を始めると、法律や規則をとおして政府は大きな力を持つようになる。このように、資金と規制により、現実にはパートナーシップは対等ではなくなる。しかし、資金を受けることが問題なのではなく、その条件が問題なのである。一方、「お金を提供するから好きなようにしてもいい」というのも危険である。なぜならば十分な能力を持ち合わせていないボランタリー組織も、現実にはあるからである[12]。

　以上のように、ボランタリー・セクターが公共サービスを提供するにあた

って、ボランタリー・セクターも労働党政府も、ボランタリー・セクターが社会で果たす役割、すなわち①市民社会の民主化、②コミュニティの強化、③公共サービスの改善を認識し、そうした役割を果たすのにコミュニティに根ざした小規模組織が潜在的に持つ力に大きな期待をかけている。また、福祉多元主義の原点に立ち返ったとき、ボランタリー組織が公共サービスを提供し、その財源を政府が保障するというのが原則である。

そこで、ボランタリー・セクターがこうした社会における役割を発揮することができるために、ここで問題とされるべきは、原則ではなく、その手法、運用のあり方であろう。つまり、どのような手法や運用がボランタリー・セクターのこうした役割を保証するのか。そこで、委託契約という手法をとった際にサービスの内容や質、達成目標を政府が決め、それに基づいて契約をし、評価をするのであれば、ボランタリー・セクターの特性が公共サービスに発揮される余地は乏しい。現実的には、そのような仕組みに適合できる能力を持ち、標準化されたサービスしか提供しない大規模組織が、この委託契約の仕組みのなかで生き残っていくことになろう。

このような仕組みでボランタリー・セクターが公共サービスを提供するのならば、それは他のセクターが提供するのとなんら変わらず、公共サービスにボランタリー組織の特性を反映させることにはならない。したがって、政府の財源保障のあり方、サービスの質保障、規制のあり方があらためて問われなければならない。そしてそれは、委託契約や事業評価という手法が、ボランタリー・セクターの特性を公共サービスに生かすことのできる制度として適合的なのかどうか、そういう制度として運用されうるのかどうか、あるいはボランタリー組織の特性を生かす財源保障のあり方として、契約という制度以外にふさわしい仕組みはないのかどうか、を問いなおすことではないのだろうか。

以上の点について、引き続き検討していく。

第Ⅲ部	EAZとECMにみるポスト福祉国家像

　序章では、英国新労働党の政治における「第三の道」として捉えられる政策特徴として、「三つの基盤方策」――(1)貧困や格差の是正、包括的社会をめざしてのコミュニティ重視、(2)それに基づくジョインド・アップ政府という制度構想、(3)そこでのボランタリー・セクターの活用、つまり、政府機関、営利、非営利の民間機関が協力して活動する多機関協働（Multi-Agency Working）を指摘した。第Ⅰ部では「第三の道」の二つの基本理念、「脱物質主義」と「民主主義の民主化」を析出し、加えて、制度理念は「福祉多元主義」にあると論じた。続いて、第Ⅱ部ではこの「三つの基盤方策」の中心的なアクターであるボランタリー組織について、福祉多元主義の文脈において論を進め、1998年に労働党政府はコンパクトと呼ばれるパートナーシップ協定をボランタリー・セクターと締結したこと、そのもとでボランタリー組織が多機関協働のアクターとして位置づけられたこと、そうすることによってボランタリー・セクターは公共サービスの刷新ばかりではなく、コミュニティの発展を含め民主主義の民主化に寄与することが期待されたことを論じた。さて、以上の議論をふまえて、第Ⅲ部では、英国新労働党を研究対象とした本書の研究仮説及び研究目標に迫る。具体的には、まずEAZについて、「第三の道」の政策特徴である「三つの基盤方策」がその政策を支えていることを確認した上で、ECMがこの「三つの基盤方策」を受け継いでいること、したがって労働党の教育政策はその政権終了まで「第三の道」の要素を強く持ち続けたという研究仮説を実証する。次に、ECMの政策展開の具体的な実像を明らかにし、その政策の成果と課題を検証する。

第7章
◆
ニューライト国家の展開

1 サッチャリズムとその政策

　ニューライト政治と「第三の道」の違いを理解するには、「第三の道」のアンチテーゼとして保守党前政権の政治を理解する必要がある。くわえて、これまで述べてきたとおり、労働党政権の政策イデオロギーや政策は保守党前政権のそれを引き継いでいるものも多く、労働党政権の政治の全体像を理解するためにも、保守党前政権の政治の理解は欠かせない。そこで、本章ではまず、サッチャリズムとその具体的な政策について整理しておく。

■サッチャリズム

　サッチャー（Margaret Hilda Thatcher）元首相の性格や個人的特質などの人物論までを広くサッチャリズムとして論じる場合があるが、ここでは、サッチャーの政治を説明する語として捉える。1980年代ケインズ主義的福祉国家に批判的なニューライトの政権が各国に誕生した。その代表的存在が英国のサッチャー政権（1979～90年）であった。サッチャリズムは、まず、ケインズ主義的福祉国家という共通の構想のもと、合意の形成を重んじた戦後英国の『合意の政治』を否定し、自ら正しいと信じる政策を断行する『確信の政治』へというその政治スタイルから説明される。次にその政治理念はニューライトの「小さな政府」（新自由主義）と「強い国家」（新保守主義）という二つの理念から説明できる。ケインズ主義的福祉国家の「大きな政府」に対し「規制緩和」、「民営

化」などにより政府の役割を小さくし、「市場原理」、「自由競争」、「自助努力」等をキイワードに個々の国民や企業の活動を重視する。一方、国内的には家族の連帯、法の強化、道徳や宗教の強調等による伝統的・権威的な社会秩序の維持、対外的には攻撃的な外交政策という『強い国家』が目指された（日本比較教育学会編『比較教育学事典』東信堂、2012年）。

　これは日本比較教育学会が2012年６月に刊行した『比較教育学事典』に筆者が執筆した「サッチャリズム（Thatcherism）」である。
　事典では字数の制限があり「サッチャリズム」について要点のみを記すこととなった。ここではもう少し補足しておく。これまで論じられてきたサッチャリズムはおおむね次の４つの側面にまとめられる[1]。①サッチャーの性格・価値観、②サッチャーの政治哲学・理念、③サッチャー首相の政治スタイル（「合意の政治」＝コンセンサスから「確信の政治」＝コンビクションへ）、④サッチャー首相が実施した政策。これらの側面はそれぞれに関係し合い影響し合っていることはいうまでもない。
　例えば、

● 女史は1925年、イングランド北部の田舎町グランサムで、雑貨屋を経営するメソジスト派を父親に生まれた。少女時代は店番に立ったこともある。サッチャリズムの根幹をなす、「働かざる者食うべからず」のシンプルな自助の哲学は、厳格で勤勉な家庭の中で培われた（1990年11月23日『読売新聞』朝刊）。
● ささやかな雑貨屋の娘に生まれた彼女は、父親を通じて、敬けんな宗教心と勤倹精神を、一生のモラルとして受け継いだ。そしてそれを国政の場で、実践したのである（1990年11月24日『朝日新聞』朝刊）。
● 私は貧しくもなく、豊かでもない家庭に育った。時たまの贅沢を楽しむためには、日々の生活を節約しなくてはならなかった。食料品店店主としての私の父の経歴が私の経済哲学の土台をなしていると時々引き合いに出される。たしかにそうだったし、いまでもそうだ（『サッチャー回顧録上』1993：22頁）。

こうした記述は、父親との生活やメソジスト派の教えをとおして少女時代から育まれたきびしい家庭での躾、自立心、質実、禁欲といったサッチャーの性格や価値観が、サッチャーの政治哲学や理念、政治スタイルに少なからず影響を及ぼしていることを推測させる。

　しかし、本書が問題としているのは「第三の道」としての教育政策であり、そのカウンターパートとしてのサッチャーの教育政策とそれを支える政治哲学・理念である。したがって、サッチャリズムとして本書が問題とすべきは、④サッチャー首相が実施した政策と、それらを支える②サッチャーの政治哲学・理念である。そして、このサッチャーの政治哲学・理念の根幹をなすのが、これまで繰り返し述べてきたニューライトの新自由主義と新保守主義であることはいうまでもない。そこで、次にこの新自由主義と新保守主義を色濃く反映させているサッチャー首相の政策（教育政策以外）についてまず概説しておく。

■新保守主義の政策
　サッチャーが実際に行ったすべての政策がこの二つの理念ですべて説明されるわけではないが、ここでは、典型的な政策をいくつか紹介しておく。まず、新保守主義の政策としては、フォークランド紛争があげられる。1982年4月、アルゼンチン軍が南大西洋のフォークランド諸島を占領しその領有権を宣言するや否や、石油が出るわけでもなく戦略的重要性もないといわれた遙か離れた島に、サッチャーは大艦隊を送り、短期間ではあったが激しい戦闘の末、アルゼンチン軍を撤退させる。こうして、サッチャーは「英国でも最も人気のない首相」から「国民的英雄」となり、83年の総選挙に大勝した。

　新保守主義の国内政策としては、まずサッチャーが政権獲得後速やかに実行した公約が軍人と警官の優遇という「法と秩序」の強化であった[2]。また、新保守主義と新自由主義の双方を示す政策として象徴的かつ衝撃的だったものは炭鉱争議への対応である。当時英国の労働組合は唯一のナショナル・センターである労働組合会議（Trades Union Congress）を中心に絶大な力を誇った。サッチャー政権誕生前夜の1978年末から1979年初頭にかけて行われ

た公共サービス労働者のストライキは、ゴミ収集人のストでゴミが山積みとなったり、トラック運転手のストで暖房用の灯油が配達されないなど、「不満の冬」とよばれ、歴史的な労働争議の一つであった。また、このような労働組合の力が英国経済に影を落とし、「英国病」といわれる活力を欠いた経済状況を生みだしていたともいわれる。そこで誕生したサッチャー政権は労働組合との強い対決姿勢をとった。

1979年に政権を獲得したサッチャーはまず最初に、歴代政府が大手労組、労働団体代表を首相官邸に招いて行っていた「政労懇談」を廃止した。そして戦後英国の労働運動にとって歴史的な闘いと位置づけられる全国炭鉱労組のストライキと対峙した。このストライキは、1984年、サッチャー政権が採算のとれない国内20カ所の炭鉱を閉鎖し、職員2万人を合理化すると発表したことに端を発する。当時、英国の石炭埋蔵量はまだまだ豊かであったが、その生産コストは高く、それが一般産業の生産コストを押し上げていた。それに対し、全国炭鉱労組の労働者は、「石炭がある限り掘り続ける」という姿勢をとり、自らの職と生活、そしてコミュニティ＝炭鉱村落共同体を守るために激しく戦った。このストライキは延べ363日間、第二次大戦後最長の大争議に発展したが、サッチャーは一歩も引くことなく、闘争は労働組合側の「ストライキ一方的終結宣言」＝全面敗北に終わった。こうしたサッチャーの労働組合への強硬な姿勢、炭鉱労組の敗北の影響を受け、ストは減少し、労組の穏健化が急速に進み、さらに1979年に55.4％であった組織率は1990年には38.1％にまで落ち込んだ。

以上のようなサッチャーの労働組合への姿勢は、権威的な強い国家を求める新保守主義の象徴でもあり、「サッチャーにとって、炭鉱争議は単に石炭産業だけの問題ではなかった。『利潤原理』を全産業の労働者に遵守させるのが、彼女の究極の目的」（森嶋通夫 1988：124頁）であったと述べられるとおり、労働者間の連帯ではなく競争、市場原理を旨とする新自由主義の象徴でもあった。

■新自由主義の政策

次に、新自由主義の典型的な政策の一つは、民営化である。政権を担当した11年余で、英国航空やガス、電話など民営化した国営企業は20を数えた。

この結果、1979年と1988年を比較すると、国有企業の労働者数が約200万人から100万人へ、国有企業の生産額の対国内総生産比は約10％から6％へ減少した。政府保有株も民間に放出し、「キャピタリストキャピタリズム」（資本家のための資本主義）から「ポピュラーキャピタリズム」（大衆参加の資本主義）に変容したと評される。

　また公営住宅の払い下げ政策は、新自由主義政策として象徴的であるだけでなく、選挙戦を戦う上でも実に効果的な政策であった。公営住宅政策は英国の福祉政策のなかでも特徴的な政策の一つであり、サッチャー政権発足時には、持ち家54％、公営住宅32％、民間賃貸住宅14％の割合であった。それが10年後には持ち家が63％にまで増加する。この変化は、公営住宅建設の縮小（1979年104,000戸から82年49,200戸へ、予算にして82年度は78年度の56.2％減）に加えて、公営住宅の払い下げ政策の影響が大きい。これは2年以上の公営住宅居住者には市場実勢価格より平均50％強の割引をして販売したものである。こうして、公営住宅に住んでいた100万世帯以上がマイホームを手に入れた。

　そして、この政策は単に「小さな政府」政策というばかりではなく、労働者階級の分断を生みだすものであった。すなわち、公営住宅の入居者は貧困層であり、たとえ購入価格が大幅に割引されたとしても、購入できない層と購入できる層に分かれる。これは新自由主義の観点からいうと、いつまでも政府に頼っている層とがんばって自立する層との分断を意味する。このような労働者の分断は選挙に現れ、総選挙直前の83年6月、BBCとギャロップの協同世論調査によると、公営住宅購入者の56％が保守党に投票し、労働党に投票するのは18％に過ぎなかった。さらに、公営住宅購入者で、前回79年の総選挙の際に労働党に投票したが、今回保守党よりも右よりの政党に投票する人は59％に達した。

　税制改革もドラスティックな新自由主義政策だった。所得税の最高税率を83％から40％まで引き下げ、逆に付加価値税（わが国の消費税に当たる、ただし基礎食品は非課税）の一般税率を8％から15％に引き上げた。そして最後は90年に行われた地方税制の改革であった。これは、土地や家屋の固定資産に課していた地方税を廃止し、18歳以上の住民一人ひとりに一律課税する人頭税に変更するものであった。これらの税制改革は一様に、頑張って稼

いだ成果が、税金として国家に吸い上げられ、福祉サービスの形で貧しい者へと再配分される福祉国家の税の仕組みを緩和し、人々に自助努力を促すものであり、（頑張った）裕福な者にはありがたく、（そうでない）貧しい者には辛い税制改革であった。しかし、この地方税制改革は国内に激しいデモと暴動を引き起こし、サッチャー退陣の直接的な原因の一つとなった[3]。

2　サッチャーの教育政策

こうしたサッチャリズムは教育改革にも強く反映された。戦後の英国の教育の基本的枠組みを示した法律に1944年教育法（Education Act 1944）がある。サッチャーは首相就任以来、いくつかの教育法を制定し教育改革を進めてきたが、1988年には、1988年教育改革法（Education Reform Act 1988）を制定し、1944年教育法以来の教育の大改革に着手した。その内容は多岐にわたるが、ここでは、新自由主義と新保守主義が色濃く反映されている代表的改革に絞って論じる。

1　ナショナル・カリキュラムとナショナル・テスト

わが国では、1947年に初めての学習指導要領が発行されて以来、概ね10年単位でその改訂がなされてきた。そして、1958年の改訂で文部省が学習指導要領の法的拘束力を主張して以降、学習指導要領は教育水準を全国的に保障するとともに、教育内容の国家的統制に根幹的な役割を果たしてきた。

それに対し英国では、1988年教育改革法によってナショナル・カリキュラムが導入されるまで、教育課程についての全国的な基準はなく、何を教えるかは個々の学校の自由に委ねられていた[4]。

導入当時のナショナル・カリキュラムは、英語、数学、科学の3つのコア教科と歴史、地理、技術、音楽、美術、体育、外国語（中等学校のみ）の7つの基礎教科からなり、これらの教科は、すべての公営学校で教えられねばならない。また、1988年教育改革法は、このナショナル・カリキュラムに基づいて、ナショナル・テストを行うことを規定した。7歳、11歳、14歳、16歳の学年末に行われるもので、子どもたちそれぞれの到達度が測定される。その後、ナショナル・カリキュラムは1995年に「情報」が、2002年か

ら中等教育に「シティズンシップ」が加わった。また、ナショナル・テストは1991年から実施され、全国の7、11、14歳を対象に英語、数学、科学について評価を行った。

さて、わが国の学習指導要領と比較し、ナショナル・カリキュラムは当初より各教科について厳密な時間数の縛りはなく、また各学校のカリキュラム全体を縛るものではなかった。教員の自由裁量の余地もわが国と比して大きいといわれる。教科書検定もなく、教科書は伝統的にそして今日でも各教員の自由裁量に委ねられている。しかし、これまで英国では教育課程についての全国的な基準がなかったことを考えると、ナショナル・カリキュラム及びナショナル・テストの導入は教育内容決定の中央集権化との評価は否めず、新保守主義の教育政策と評価できる。

さらに、保守党政府はメージャー政権になって1992年から中等学校、1996年から初等学校について学校別全国成績一覧（school performance table）を公表した。初等学校では11歳児童のナショナル・テストの結果、中等学校では終了段階で受験する中等教育修了一般資格試験（GCSE試験）や全国職業一般資格試験（GNVQ試験）の結果、加えて出欠状況等が学校ごとに示された。さらに、これらをもとに各メディアが学校順位番付（リーグ・テーブル）を作成した。こうした情報は、次に述べる学校選択のための資料となり、学校間競争をあおるものとなり、したがって、ナショナル・カリキュラム及び直接的にはナショナル・テストは新自由主義とも深くからみ合っている。

2 学校選択

わが国の場合、公立の小学校、中学校に進学する際、従来では、学校を選ぶことは基本的にはできなかった。しかし、1999年に地方分権推進一括法が成立し、就学校の指定が機関委任事務から自治事務へと変化し、教育委員会の裁量に委ねられるようになったこともあり、学校選択は、今日、わが国でも具体的な政策課題となっている。

英国の場合も、従来、どのような学区制度をとるかどうかは全国の各地方教育当局さらには同じ地方教育当局管内にあっても各地域によって異なっていた。窪田真二（1993）は1988年教育改革法導入以前の1983年から85年に

かけて、イングランドとウェールズの全104の地方教育当局を対象とした調査を行い、81地方教育当局の125地域から回答を得ている。その調査によると、通学区制度を持っている地域は71地域であった。しかし、通学区制度を敷かず制度的に学校選択が可能な地域でも、各学校の入学予定数はかなりタイトに設定され、また、学校の近くに住んでいる子どもが優先的に入学を許可され[5]、実質的には学校選択の余地は乏しかった。

　これに対し、1988年教育改革法は、地方教育当局による通学校指定制度を廃止し、さらに以下のとおり学校選択を実質的に促す仕組みを整えた[6]。まず、入学定員の拡大（open enrolment）があげられる。学校選択を可能にすると、人気のある学校では入学希望者が増加する。「入学定員の拡大」は各学校の入学定員を物理的に最大限に設定し、入学希望者をできるだけ多く受け容れられるようにし、逆に人気のない学校の入学者数をその分減じさせようとするものである。具体的には、学齢人口が減少しているにもかかわらず、学齢人口が最大であった1979年の定員を標準数とし、さらに、場合によっては標準数以上の入学定員も認めた。

　次に、学校を選択する機会が与えられたとしても、選択の対象となる学校がどれも同じような学校であるならば、実質的に選択の意味はない。つまり学校選択を実質的にするためには、学校は多様でなくてはならない。この特色ある学校を生みだすためのシステムがLMS（Local Management of Schools）である。わが国の場合、教育委員会によって若干異なるにしても、学校で自由に使える予算は大いに限られており、各学校では窓ガラス1枚の取り替えもままならない場合が多い。つまり、わが国では、特色ある学校を作ろうとしても、そのための財政的裏付けはかなり乏しい。それに対し、LMSは地方教育当局の学校経営権限、とりわけ財政権限を各学校の学校理事会に委譲するものである。各学校は配分された予算の枠内で教員の給与も含めて独自に予算を編成、執行する。しかも、各学校に配分される予算の額の80％は各学校の児童・生徒数を基本に算出された[7]。このように、LMSは、特色ある学校を作りだすための財政的な裏付けを行い、学校選択を実質的なものにしている。さらに、多くの児童・生徒を集めた人気のある学校は予算的にも裕福となり、学校改革のためのさらなる取り組みがより一層保障された。

　さて、学校選択が学校間の競争を促し、学校教育全体のレベルを引き上げ

るというのが、新自由主義的な立場からの学校選択擁護論であるが、学校選択にはこうした立場からの賛成論だけではない。次のような議論も主張される。学校選択を実質的なものとするためには、多様な学校の存在が必要であると前述したが、逆にいうと、これまでのように学校選択が認められず、住んでいる場所で通う学校が指定されるのであれば、どの学校でも同じ教育が提供されないと公平性に問題が生じる。したがって、画一的な学校、画一的な教育を打破し、個性に応じる多様な学校、多様な教育を生みだすという政策理念の実現のためには、学校選択制度は適合的な制度であると捉えられる。したがって、これまでのわが国のように国家が教育内容を決定し、教育委員会をとおして各学校の教育を一様に管理していく中央集権的な教育管理システムに対し、学校選択制度は各学校、各教員が自由に教育を創造し、多様な学校を創り上げていく制度として積極的に捉えることができる。

しかし一方で、学校を選択する側が、学校ごとのナショナル・テストの結果にこだわるならば、多様な学校を生みだすはずの学校選択が、ナショナル・テストの成績を重視する画一的な教育目的をもった画一的な学校を生みだす。さらに、児童・生徒数に基づき学校予算が配分されると、少数派の思想、信条を保障する少数派の教育に対し、市場原理による社会的排除がもたらされる[8]。

このように学校選択には賛否両論があり、その是非の判断はむずかしい。しかし、ともあれ、サッチャーの学校選択制度導入のねらいは明確であった。学校間競争を加熱させることにより、学校教育全体を活性化させ、学校教育全体の底上げをはかる。この観点からすれば、学校選択制度は典型的な新自由主義に基づく政策である[9]。

3 メージャーの教育政策——評価制度の確立

サッチャーとブレアという「ビッグネーム」にはさまれて、その間（1990年〜1997年）に政権を担ったメージャー首相（John Major）は、「Thatcher Backbencher」（後部座席から操縦する平議員サッチャーのことで、ちなみにbackbenchとは閣僚級幹部でない与野党平議員が座る下院の後方席、backbencherとは平議員が本来の意味である）と揶揄され見過ごされがちである。しかし、サッチ

ャー教育改革を定着させたのは、メージャーであったし、なによりもブレア労働党政権との継続性という観点からみたとき、メージャー政権による評価制度の確立を見過ごすことはできない。

　まず「定着」については、1988年教育改革法は成立したものの、その実施の道程は容易ではなかった。例えば、ナショナル・カリキュラムについて、あらゆる教科で何を教えるべきか激しい論争が研究者間で行われ、保守党内部においてもサッチャーと教育科学大臣ベーカー（K. Baker）との対立が生まれ、ベーカーの後任、マクレガー（J. MacGregor）とクラーク（K. Clarke）も前任者の方針をそのまま引き継いだわけではなく、ナショナル・カリキュラムとそのテストの導入は紆余曲折した。さらに、教師たちも伝統的な教育の自由を制限するものとして反発したことはいうに及ばない。そして、ナショナル・カリキュラム問題を実際に沈静化させ、制度化したのはメージャー政権下の1993年に設立された「学校カリキュラムと評価当局」(School Curriculum and Assessment Authority）とその議長のデアリング（Sir R. Dearing）であったとされる（大田直子 2010：66頁）。

　ナショナル・テストについては、7歳児テストは1991年、11歳児テストは1995年、14歳児テストは1993年になってからそれぞれ実施された。すべてメージャー政権に入ってからである。先に述べたとおり、テストの結果が公表されるようになったのもメージャー政権からである。

　さて、英国の学校査察制度としては、1839年以来、国王（女王）直属という勅任視学官制度（HMI）があり、政府から独立した組織として活動していた。メージャー政権は1992年教育法により任期5年未満とする勅任主席視学官（Her Majesty's Chief Inspector）を長とする教育水準局（Office for Standard in Education：OFSTED）を教育省の外部機関として設立し、その後労働党政権を通じて教育政策に重要な位置を占めるようになる査察制度を発足させた。しかし、多くの視学官がこの制度に反発して辞職したため、メージャー政権は登録視学官（registered inspector）をチームリーダーとした制度を導入した。そして、登録視学官はまったくの素人一人を含む視学官チームを結成し、1993年に中等学校、1994年に初等学校と特殊学校の視察を開始し、それぞれ4年後にすべての学校で1回目の視察を終了させ、その後6年ごとに実施される2回目の視察が進められた。視察後は報告書を作成し、当該学

校、当該地域の地方当局、文部大臣に報告し、今日ではインターネット上でも公表され、世界中の誰でもが容易にこの報告書をみることができる[10]。視察報告書を受けとった学校理事会は40日以内に「行動計画」(Action Plan)を作成する義務を負い、また、同計画をOFSTEDや保護者に示さねばならない。さらに、1993年教育法では、「危機にある学校」と評価された学校は、改善が認められない場合、学校理事会に代わる組織が教育大臣によって設立され、その決定は学校の存続にまで及んだ。

その後、こうした評価制度は公営義務教育機関だけではなく、その他の機関、組織にまで張りめぐらされ、OFSTEDの視察は、独立学校や幼児教育機関、ユースサービスや継続教育機関にも及んでいる。さらに、1994年教育法では教員養成コースの認定を行う教員養成局（Teacher Training Agency）が設置され、これによって、各大学は教員養成コースを勝手に立案できなくなったうえ、OFSTEDの視察も受けることとなった。ブレア政権に入ってからであるが、1997年教育法では地方教育当局もOFSTEDの視察を受けることとなり、すべての地方教育当局が2001年までに最低1回の視察を受けた。また、1997年、高等教育の教育部門を評価するために、品質保証局（Quality Assurance Agency for Higher Education）が設置されている。

なお、サッチャー政権時の1982年に、基本的には地方自治体の会計監査を行う独立機関、会計監査院（Audit Commission）が設置され、監査を行い結果を公表していた。さらに、1983年英国会計検査法（National Audit Act 1983）によって、国会に報告責任を負う公的組織への財政査察機関、英国会計検査院（National Audit Office：NAO）も設立された。NAOは会計監査院とは異なり地方当局への査察は行わない[11]。

こうして国家が目標を設定し、数値化し、査察機関が査察し、評価し、結果を公表するという仕組みが、サッチャー政権時より公共サービス全般に導入され、教育サービスにおいてもOFSTEDをはじめとして、メージャー政権から労働党政権を通じて、導入され確立されていった。こうして、これまで述べてきた「評価国家」、「契約国家」、「規制国家」の装置が整備された。

第8章
◆
「教育改善推進地域」(EAZ) にみる
ポスト福祉国家像

1 問題の所在

EAZ (Education Action Zones: 教育改善推進地域) は1998年教育法で法制化され、困窮地域を対象に1999年1月までに計25の第一期ゾーンが設定され、加えて2000年9月までに計48の第二期ゾーンが設定された。これらの計73のEAZは計1,444の学校を含み、おおよそ6%の学齢児童をカバーしていた (Hallgarten J. and Watling R. 2001 : p.144)。また、2001年9月より「都市の卓越性」(Excellence in Cities : EiC) 政策の一環として小規模EAZが79指定された。

EAZは約20の学校（内2～3の中等学校）で構成される。参加学校、親、幼児教育提供者、企業、地方教育当局、コミュニティ組織、TEC (Training and Enterprise Council : 政府支援職業訓練機関)、法定の機関（ユースサービス、保健衛生、警察）などにより構成されるフォーラム (Education Action Forum : EAF) がガバナンスにあたり、施策に責任を持つ。EAFで雇用するプロジェクト・ディレクターがアクション・プランや財政計画をたて、それらの執行にあたる。他の諸機関との協議・協働もプロジェクト・ディレクターの責任である。運営には国からの補助金及び民間からの寄付を得ることができる。ICTの利用、宿題センター、週末・放課後学習センター、家族を対象とするプログラムなどがその実施プログラムである[1]。

EAZの設置目的やその実施体制について、日英の研究者の記述は共通している。例えば宮腰英一 (2002) は次のとおり述べている。「この事業は労

働党政権が標榜する『第三の道』を具現する政策」（宮腰 2002：30頁）であり、「その実施体制は……公的セクター、民間セクター、ボランタリーセクターさらには親、コミュニティーなどが加わった新たなパートナーシップによる。指定地域は教育の水準・効果・環境に問題を抱える貧困地域や社会的に不利な条件にある地域」（宮腰 2002：30-31頁）であり、また、「社会的包括」（social inclusion）も改善目標の一つである。

ディクソンとパワー（Dickson, M. & Power, S. 2001）も次のとおり述べている。

　　新労働党は教育的にパフォーマンスの低い地域において水準を向上させ、社会的排除を減じる教育政策の旗印としてEAZを開始した。……教育大臣ブランケット（D. Blunkett）によると、EAZは教育サービスを供給するまったく新しい方法である。それは地方のコミュニティとパブリック、プライベート、ボランタリー・セクターのパートナーシップに基づく（Dickson, M. & Power, S. 2001：p.137）。

　　ブレア政府は「第三の道」政策の鍵としてEAZを論じた。EAZは「健康改善推進地域」（Health Action Zones）や「確かなスタート」（Sure Start）、「コミュニティのためのニューディール」などと共に社会的・経済的に不利な地域の複雑な問題に統合的あるいはjoined-upな解決を求める（Dickson, M. & Power, S. 2001：p.137）。

　　地域の人々を政策の発展や供給に巻き込み、コミュニティをエンパワーするというコミュニタリアンの要素を持つ（Dickson, M. & Power, S. 2001：p.137）。

このように、EAZは困窮地域を対象とした社会的包括をめざす政策であり、コミュニティ重視、ジョインド・アップ政府構想、多機関協働の「三つの基盤方策」を実施の理念や体制とする「第三の道」を代表する政策であるとする点において、小堀も含め日英の研究者に揺らぎはみられず、またそれへの期待も大きかった。

それでは、なぜ「三つの基盤方策」である必要があるのか、確認しておく。ニューライトは貧困や不平等を個人あるいは家族の問題として捉えたのに対し、ニューレイバーはそれを社会の問題として捉え、社会の力で解決しようとした。その一連の社会問題に介入する基盤となるサイトがEAZに指定された地域であり、そこにおけるコミュニティであった。また、貧困や社会的排除の問題は多様な問題が複合的に絡み合って生じており、したがってそれへの対応もコミュニティの多様な機関が協力して統合的に対応しなければならない。そして、それを行政制度的にみれば省庁の垣根を越えた統合的な取り組み（ジョインド・アップ）となる。

このようにEAZは教育分野における地域再生戦略であったともいえる。すなわち、地域課題の総合的な解決に向け、地方自治体、ボランタリー組織、民間企業等からなるローカル・パートナーシップ＝多機関協働を形成し、とりわけ困窮地域においてコミュニティの再生、活性化、エンパワメントに取り組む地域基盤戦略（Area Based Initiative）の一つとしてEAZは登場した[2]。

さて、それではEAZの実像、成果はどうであったか。以下本章では、まず最初に、労働党政府の政策文書からEAZの政策目的・理念及び実施体制を確認する。次に、OFSTED（Office for Standard in Education）とNAO（National Audit Office）の文書をもとにEAZへの査察機関の評価、さらに英国の研究者のEAZへの評価を検証し、EAZが「第三の道」たりえていたのか、EAZの実像を明らかにしていく。

2　EAZとは

労働党が政権をとった直後の1997年7月、教育雇用省（Department for Education and Employment）は教育白書『学校の卓越性』（*Excellence in Schools*）を発表した。この白書はEAZだけではなく労働党の教育政策全般を示した白書であったが、そのなかでEAZについての概要も示された。さらに、教育雇用省は同年12月に『教育改善推進地域：序説』（*Education Action Zones : an introduction.* 以下、『EAZ序説』と記す。〈http://web.archive.org/web/19991103180019/http://www.dfee.gov.uk/edaction/edaction.htm〉最終アクセス日：2012年3月28日）という小冊子を発表し、EAZについての構想を示した。そして、こ

れらで示された趣旨にそって、EAZは1998年の「学校と教育水準の枠組み法」（School Standards and Framework Act）で規定された。

　本節ではまず、この教育雇用省の1997年の冊子に加え、EAZの構想を教育雇用省がより詳細に示した『挑戦：教育改善推進地域』（*Meet the Challenge : Education Action Zones*, 1999. 以下、『挑戦EAZ』と記す。〈http://web.archive.oweb/20000622075639/http://www.dfee.gov.uk/mc_eaz/index.htm〉最終アクセス日：2012年3月28日）と、同じく教育雇用省がEAZの運用のあり方を示した『EAZハンドブック』（*EAZ Handbook*, 1998.〈http://web.archive.org/web/1999 1124954949/http://www.dfee.gov.uk/handbook/index.htm〉最終アクセス日：2012年3月27日）をもとに、教育雇用省が示したEAZの政策目的・理念及びその組織や運用について詳述する。

■ EAZの政策目的・理念及び組織

　まず、『EAZ序説』と『挑戦EAZ』は共にその冒頭で次のとおり教育雇用大臣のメッセージを載せている。「EAZはとりわけ難しい環境にある学校の水準を向上させるラディカルで重要な要素である。EAZは学校、LEA（Local Education Authority）、親、私企業、コミュニティ組織が学校の水準を上げるためにともに活動する新しくてエキサイティングな方法である」（『EAZ序説』1997）。「EAZは学校の水準を上げるために地方パートナーシップによって決定された活動を実施する政策である」（『EAZ序説』1997）。「EAZは親、私企業、LEA、コミュニティの他の組織が教育を改善するために学校群と共に活動する先進的なアプローチである」（『挑戦EAZ』1999：p.1）。さらに、『EAZ序説』は「なぜEAZか」という見出しで「教育水準を上げるためには学校、地方のコミュニティ、LEAによる永続的な地方のパートナーシップが活動する創造的な方法が必要である」（『EAZ序説』1997）と述べ、また、「EAZのプログラムは学校、ビジネス、その他のパートナーシップにのみ開かれている。LEAや学校単独、あるいはパートナーを持たない学校群には開かれていない」（『EAZ序説』1997）とも述べている。

　さらに、『EAZハンドブック』でも、「EAZはコミュニティの教育への姿勢を変える必要性を強調している。このことは、伝統的な雇用の機会が減少し、多くの若者が満足な資格を持たずに離学している地域ではとりわけ真実

である。……これらの改革は、コミュニティ全体が若者の達成水準を向上させるために努力を集中させる場合に成功する。学校、ビジネスセクター、地方当局、コミュニティ組織のパートナーシップがこれらの改革を行う主要な手段である」(『EAZハンドブック』1998：1章2節)、と述べている。これらの記述から、EAZはコミュニティに根ざした、コミュニティのなかの多様な組織が協働する取り組みとして、構想されていることは明らかである。

また、『EAZ序説』は次のとおり述べている。「EAZは教育水準の低い地域に設置される。……これらの地域では、教育水準を高めることが子どもたちのライフチャンスを高めるために他の地域より死活問題である」(『EAZ序説』1997)。この記述から、EAZは、困窮地域における格差の是正や社会的包括に取り組む組織であることが確認できる。このことは、『挑戦EAZ』の以下の記述からより明確に理解できる。「教育水準を高め、困窮を克服するために広くかつ凝集的な一連のイニシアティブが計画されている。EAZはこうした取り組みの最前線にある」(『挑戦EAZ』1999：p.5)。

そして、『挑戦EAZ』はEAZを設置する基準として、以下をあげている(『挑戦EAZ』1999：p.21)。社会的、経済的困窮のレベル、子どもたちの学力水準、子どもたちの出席率、退学率。さらに、『挑戦EAZ』は、EAZの目標には二つのタイプがあるとし、一つはGCSEなど子どもたちの成績の向上であり、もう一つは社会的排除への取り組みであると述べ、後者について次のような具体例を列挙している。①出席率の向上や退学への取り組み、②就学前教育へのアクセスの改善、③学校の通常時間外の教育機会の延長、④健康や教育のような地方サービスとの連携、⑤就労への準備、⑥若者の犯罪、ドラッグ、健康への取り組み、等(『挑戦EAZ』1999：p.8)。このようにEAZは困窮地域における格差の是正や社会的包括に取り組む組織である。

さらに、EAZはこうした目的を達成するために、以下のとおり教育サービスと他のサービスとの連携も強調する。『挑戦EAZ』は、「社会的排除に取り組むために教育と他のサービスを協働させる」という見出しを設け、次のように述べている。「EAZはコミュニティの利益のために地方サービスの協働を発展させる。……EAZは地方のソーシャルサービス、図書館、健康サービス、ハウジング、若者の犯罪防止機関、と共にワンストップショップを形成し、教育と生徒やその家族への助言や支援とを結びつける」(『挑戦

EAZ』1999：p.15)。また、こうした社会的排除に取り組む観点から、『挑戦EAZ』では、他の健康や雇用のゾーン、確かなスタート、就学前児童モデルセンター（early excellence centre）等、他のイニシアティブとの連携についても述べている。

さらに、こうした社会的排除に取り組む多機関による取り組みは、子どもだけではなくその家族をも対象としていることを確認しておきたい。『挑戦EAZ』では、「家族への支援」という見出しをもうけ、次のように述べている。

　　子どもたちの学びへの障壁は、その親が基本的なスキルに乏しく、不幸な学校時代を過ごしてきたことからも生じている。親が子どもの出席や非行に取り組むことを支援する必要がある。ゾーンはこれらの問題に取り組むため、例えば始業前や授業後のクラブ、週末クラスやホリデークラス、読書クラブや保育を提供するために、学校の開校時間や開校時期を延長させる。あるいは、リテラシーを改善する取り組みに家族を導いたり、学校の授業や学びを支援するよう親や祖父母をうながすといった取り組みを行っている（『挑戦EAZ』1999：p.16)。

■ EAZの施策

EAZの具体的な取り組みとしては、まず『EAZ序説』では次のような施策が提案された。①ゾーンの実情にあったナショナル・カリキュラムの適用、②優秀な校長や教員の採用、③コミュニティのセンターとしての学校の使用（例えば、宿題センターや学校の時間外使用、託児所としての活用）。また『挑戦EAZ』はEAZが取り組むことがらには次のような施策が含まれると記している。①リテラシー、ニューメラシー、GCSEなど成績の改善、②子どもたちの機会の改善、③継続教育に進む子どもたちの増加、④出席率の改善、⑤退学の減少、⑥より広い学校外活動の提供、⑦コミュニティが提供するサービスとの協働、⑧若者の犯罪の減少（『挑戦EAZ』1999：p.2)。

そして、『挑戦EAZ』は実際に行われる活動の例として以下のような施策を列挙している。①教員と非教員との協力、②教員養成・研修の改善、③優れた教員にインセンティブとしての報酬の提供、④コンピュータの活用、⑤

私企業や他のパートナーの経営やリーダーシップの知識・経験の活用、⑥学校サービスを供給するための私企業他のパートナーの活用、⑦労働に結びついた学びの機会の提供、⑧社会的排除に取り組むため教育と他のサービスとの連携、⑨健康や雇用のゾーンとEAZとの連携、⑩学校内で健康やソーシャルサービスなど他のサービスへのアクセスを提供、⑪怠学や退学の減少、⑫若者の犯罪の防止、⑬家庭への支援、⑭授業前や授業後のクラブ、週末クラスやホリデークラス、保育などが提供できるよう、学校の開校時間や年間開校日の変更、⑮家族のリテラシーの改善、⑯授業や学びを支援するために親の活用、⑰保育施策の改善、⑱初等教育から中等教育へのつなぎ、中等教育から継続教育、雇用へのつなぎの支援、⑲メンター、カウンセリング、職業ガイダンス、などの機会の提供（『挑戦EAZ』1999：p.2)。

また、『EAZ序説』は次のような教育雇用省の他のイニシアティブにも、EAZが率先して取り組むことを期待している。①スペシャリスト・スクール（政府が特に認定し、「技術」「外国語」「芸術」「スポーツ」の領域について重点的に指導する中等学校、ゾーン内に一つの設置を期待する)、②就学前児童モデルセンター（就学前の教育、保育、その他統合的なサービスを提供する施設)、③上級技能教師（advanced skills teacher）（教師の給与体系に新しく特別な等級を設ける。EAZに多くの上級技能教師が採用されることを期待する)、④リテラシー・サマースクール（初等教育から中等教育へのつなぎを改善する。ゾーン内に設置を期待する)、⑤家族リテラシー計画（小学校でのリーディングの改善のためには家族のリテラシーの改善が必要、ゾーン内に設立を期待する)、⑥授業時間外の活動（子どもの教育の改善に資するだけではなく、働く親のための保育施設の提供)、⑦労働に結びついた学習、⑧ICTの活用。

■ EAZの運営

EAZの期間は3年と明確に定められている。ただしその後2年間は延長が認められる。EAZの資金については、この3年ないし5年の間、年間国から50万ポンドを供与され、また企業や民間から25万ポンドの資金あるいは現物支給を受けることができ、さらにその金額に応じて国から補助金が上乗せされる。よってEAZは年間合計最大100万ポンドを国及び民間から得ることができる（『挑戦EAZ』1999：p.9)。

次に、EAZを運営する責任主体はEAFにある（『EAZハンドブック』1998）。『EAZ序説』では「だれがアクションゾーンを運営するか」という見出しで次のとおり述べている。「地方のパートナーはアクションフォーラムをとおしてアクションゾーンを運営する。そのメンバーは地方で選ばれ、学校、LEA、地方及び全国企業、TEC、宗教組織、ボランタリー・アンド・コミュニティ組織、及び地方政府機関によって構成される」[3]。「運営の方法、組織はゾーンによって異なるが、パートナーを組んで行われることに変わりはない。多くの場合、LEAがリーダーシップをとるであろうが、そのような場合でも、ビジネスやボランタリー・アンド・コミュニティ組織が中心的な役割を果たす」。また、『EAZハンドブック』は、「アクションフォーラムはコミュニティの改革を行うためのパートナーシップアプローチの重要性を強調している」（『EAZハンドブック』1998）と述べている。

このようにEAFもコミュニティの多様な組織により構成され、そのパートナーシップによって運営されることが強調されているが、「コミュニティの多様な組織のパートナーシップ」はEAFの構成だけを意味しているのはもちろんない。サービスの提供についても、EAZは伝統的にLEAによって提供されてきたサービスを他の組織と契約を結んで提供することもできる。『挑戦EAZ』ではとりわけ私企業との契約が強調されている（『挑戦EAZ』1999：pp.13-14）。

ゾーンの日常的な運営は以下に示すとおりプロジェクト・ディレクターによってなされる。「毎日のゾーンの経営は、フォーラムに雇用されるプロジェクト・ディレクターによって行われる。ディレクターは校長と共に、アクションプランを実施する。ディレクターはLEAや学校教職員、あるいは地方もしくは全国企業から選ばれる」（『EAZ序説』1997）。『挑戦EAZ』も、ゾーン執行のチーフはプロジェクト・ディレクターであるとし、ディレクターの仕事を次のとおり列挙している。①アクションフォーラムへのアドバイス、②アクションプランの実施、③あらゆるパートナーによる協働を保障、④フォーラムへの支援を含め、毎日のゾーンの経営・管理、⑤フォーラムの要望に応えて、教育雇用省や他の組織からリソースなどの情報を取得する（『挑戦EAZ』1999：p.8）。

フォーラムの基本的な仕事は、ゾーンの目的、戦術を記した3年あるいは

5年のアクションプランを作成し、実施することである。「フォーラムは明確で挑戦的な目標を設定し、年ごとの成果を示さねばならない」(『挑戦EAZ』1999：p.7)。ただし、アクションプランなどゾーンの重要な提案については、学校理事会の同意を必要とする(『EAZハンドブック』1998)。学校理事会はアクションプランの実施に責任があり、フォーラムは学校理事会に達成状況をレポートするよう求める(『EAZハンドブック』1998)。また、フォーラムは個々の学校理事会の権限の一部または全部を引き取ることもできる(『挑戦EAZ』1999：p.14)。

アクションプランは大臣の承認をえなければならない。また、アクションプランには少なくとも次の内容を含んでいなければならない。①EAZが設置された目的、②その目的を達成するための活動、スケジュール、③これらの活動が評価される基準(成果をはかる量的な基準を含む)、④スタッフの訓練計画、⑤年度ごとの予算やコスト、ファンディング、⑥それぞれの活動に責任をおう人物、⑦それぞれの活動のモニターや評価、レポートを行う頻度や相手(『EAZハンドブック』1998)。

最後に、EAZはカリキュラムの刷新が求められており、ナショナル・カリキュラムの適用も除外される場合がある。また、EAFは教員の労働条件を柔軟に変更することが可能であり、スタッフを直接に雇用することもできる(『EAZハンドブック』1998)。

3　EAZの評価

以上のとおり、EAZは困窮地域を対象とした社会的包括をめざす政策であり、コミュニティ重視、ジョインド・アップ政府構想、他機関協働の「三つの基盤方策」を実施の理念や体制とする「第三の道」を代表する政策である。それでは、その実像はどうなのか。次に示すとおりEAZへの評価は必ずしも良好ではない。

以下、EAZへの評価について、まず公的な査察機関であるNAOとOFSTEDの文書をもとに検討する。そしてその後に研究者の評価について論じる。

1　NAOによるEAZへの評価

　NAOは2001年1月に第1期25ゾーンについての査察報告書『教育改善推進地域：挑戦――第1期25ゾーンの会計監査からの教訓』(*Education Action Zones : Meeting the Challenge—the lessons identified from auditing the first 25 zones.*〈https ://www.nao.org.uk/wp-content/uploads/2001/01/0001130.pdf〉最終アクセス日：2016年4月16日）を発表している。報告書は、財政の費用対効果を調査するものであるから、提供されたサービスの内容、効果についても深く言及されており、その評価は以下のとおり手厳しいものとなっている。

　　EAZは当初からバリューフォーマネーに乏しく不適切な会計の危険性を持っていた。公金を取り扱った経験や公企業に関わった経験がほとんどないチャリティ組織に公金が委ねられた（NAO 2001：p.1）。

　　たった一人か二人の専任職員では教育雇用省の要求や期待に応えることが難しかった。その結果、健全な会計コントロールができるまでに多くの公金を使うこととなり、不適切な会計を生みだしたEAZもあった。……また、EAFのメンバーが自身の役割や責任を理解していない例もあった（NAO 2001：p.2）。

　　フォーラムのメンバーやプロジェクト・ディレクターがゾーンの財政を適切にコントロールできないというリスクはいつまでもつきまとう（NAO 2001：p.13）。

　　企業人を教育水準の改善プログラムに含めたことは潜在的に大きな利益を持つ。……しかし、利害に対する潜在的な対立もある。例えば企業人として自身の商品やサービスを売ろうとしたがる（NAO 2001：p.13）。

　　EAFはチャリティ委員会で定義されたチャリティの管財人としてのステイタスや責任を理解していない例もあった。その結果、数ヶ月の間、同意された手続きなしに財務運用された場合もあった（NAO 2001：p.14）。

以上のNAOの指摘は、EAZが財政的な専門性をもった適切な職員やプロジェクト・ディレクターを雇用できなかったという、EAZ設立当初の混乱に過ぎないとも考えられる。しかし、一方でより本質的に、コミュニティの様々な関係者が集まったEAFによってEAZを運営しコミュニティをエンパワメントするという新労働党のもくろみが、財政的専門性の観点から疑問視されているとも考えられる。

　また、このNAO報告書によると、企業からの寄付も予定されたほど集まらなかった。法ではそれぞれのEAZで年間25万ポンドの寄付が予定されていたが、1998/99会計年度で集まった寄付は1998年9月に設立された12のゾーンで平均£86,400、99年1月に設立された13のゾーンで平均£20,000に過ぎなかった。

2　OFSTEDによるEAZへの評価

　OFSTEDは2000年以来EAZについての19の報告書を発表してきたが、2003年に二つのまとまった報告書を発表している。『都市の卓越性と教育改善推進地域：経営と影響』(*Excellence in Cities and Education Action Zones : management and impact.* 〈http://dera.ioe.ac.uk/4739/1/Excellence_in_Cities_and_Education_Action_Zones_management_and_impact_（PDF_format）%5B1%5D.pdf〉最終アクセス日：2016年4月16日）と『教育改善推進地域：第2期ゾーンにおける困難な問題への取り組み』(*Education Action Zones : tackling difficult issues in round 2 zones.* 〈http://dera.ioe.ac.uk/4788/1/Education〉最終アクセス日：2016年4月16日）であり、前者は第1期の25ゾーンについての、後者は第2期の48ゾーンについての報告書である。

■第1期EAZへの評価

　まず、前者の報告書について検討する。この報告書は「主要な調査結果」(Main Findings) として冒頭に「EiCとEAZは困窮地域の学校の子どもたちに重要な変化を生みだした。広い機会を提供し、希望、自信、自尊心を高めた」(OFSTED 2003a：p.3)、と積極的な評価を行っている。しかし、EAZに限るとその評価は次のとおりかなり厳しいものもみられる。

第8章 「教育改善推進地域」(EAZ) にみるポスト福祉国家像　181

　　第1期のEAZのほとんどは限られた学校改善しかみられない。その
　理由は期待設定が高すぎるプログラム、そして、そのプログラムは学校
　が直面している課題に適合していなかったことにある。その後、改良は
　されたが（OFSTED 2003a：p.4）。

さらに、この報告書の全体を見ても、以下のような否定的な記述が目立つ。

　　1期のゾーンの計画はあまりにも望みが大きく、地域の学校が直面し
　ている困難に適合していない。効果的に運用し、モニターするにはプロ
　グラムが多すぎる。マネージャーはこれらのプログラムが何を獲得しよ
　うとしているのかよくわかっていない。目標は時々非現実的で目標に達
　する方法も特定されていない。第2期のゾーンは一般的にこの経験から
　学んだものの、それでもまだ計画は時々あいまいで、活動が多すぎる
　（OFSTED 2003a：p.14）。

　　モニターや評価は改善されつつあるが、さらなる改良が必要である。
　……教員は十分なガイダンスや訓練なしで評価しており、その見解は主
　観的である（OFSTED 2003a：p.14）。

また、この報告書は子どもの成績の改善について詳細に検証している。総
括的には「子どもの成績については中学校よりも小学校で改善された。ただ
しこれはEAZの影響だけではない。他の学校改善ストラテジー、少なくと
もリテラシーやニューメラシーについての国家ストラテジーは小学校の学力
水準の向上に重要な役割を果たした。中学校では成績の向上よりもインクル
ージョンに効果があった」（OFSTED 2003a：p.17）、と記されているのだが、
中学校へのEAZの影響については次のとおりすこぶる悪い評価がなされて
いる。

　　中学校への影響は小学校よりもはるかに低い。KS 3（11歳から14歳）
　の英語と数学のナショナル・テストの結果は国家平均よりもはるかに低
　いままである（OFSTED 2003a：p.62）。

1998年から2002年の4年間で、KS3の英語でレベル5（到達すべき水準）を獲得した子どものパーセンテージは国家平均で2％改善されたにもかかわらず、EAZでは2001年に最低レベルまで落ち、国家平均より25％以上低い。2002年に改善されたものの、それでも1998年から2002年の伸び率は国家平均より低い（OFSTED 2003a：p.62）。

　数学も同様であり、14歳で到達すべき水準に達しているEAZ内の生徒は国家平均より23％低い。この5年間で成績は上昇しているが、その伸び率は国家平均より低い（OFSTED 2003a：p.62）。

　このように具体的な数字を述べた後、結論的に次のとおり記している。「困窮地域の子どもたちとその他の地域の子どもたちとのKS3の成績の格差は、減じられるどころか、拡大さえされている」（OFSTED 2003a：p.62）。さらに、GCSE試験5科目でグレードA*からCをとった16歳の生徒の割合は、2002年までで改善されているものの国家平均の約半分であり、その伸び率は国家平均より低い、との指摘も行っている[4]。
　EAZの中学校の成績が上昇しない理由として、報告書は、学校は　インクルージョンなどを優先的な目標とし、KS3の成績の改善にはあまり重きを置いていないことを指摘している（OFSTED 2003a：p.62）。一方、報告書は、こうした中学校の成績の低迷は社会的包摂にも影響を与えているという。

　EAZの中学校の出席の伸び率は国家平均よりも高い。しかし、依然として深刻な問題であることに変わりはない。その出席率は88％に過ぎない。……そしてこの低い出席率は低い成績と強く相関している。子どもたちはうまく学べず成績が上がらないと感じると、意欲を失い学校に来なくなる（OFSTED 2003a：p.63）。

　そして、報告書の中学校に対する総合評価は次のとおりである。「EAZの取り組みは主に機会を拡大しモチベーションを高めた点で生徒の生活に好影響を与えた。個々の顕著な成功もあった。しかし、取り組みの効果は一般的

にゾーンの計画には適合しておらず、成績についてはささやかなものであった」(OFSTED 2003a：p.67)。

報告書は、最後に「結論と推奨」を述べている。抜粋すると次のとおりである（OFSTED 2003a：pp.68-72)。

① EiCとEAZは困窮地域の学校に積極的な効果を与えたが、包括的あるいは首尾一貫したものではなかった。
② 中等学校では、生徒のモチベーションや姿勢、自尊心によい影響を与えた。成績への影響については中等学校よりも小学校で大きかった。しかし、これもEAZ以外の取り組みの効果を勘案しなければいけない。
③ 出席率と成績は強く相関している。悪循環は明確である。
④ 中等学校の1/3しか出席率を改善させていない。多くの学校は90％以下の出席率と格闘している。小学校でも同様の問題がある。
⑤ EAZはEiCよりも二つの点でラディカルである。それは私企業も含め教育界内外の機関とのパートナーシップをすすめ、困窮地域の問題に刷新的な方法で取り組むこと、そして、自身で資金を集めることである。しかし、もともとLEAや教員のなかにはこれに懐疑的な者もいた。パートナーシップは運営が難しい。ディレクターはファンドの獲得に多くの時間とエネルギーを要し、チームをリクルートし維持するのに苦労した。初期の計画はリアリズムや方向性を欠いた。明確な獲得目標なしにあまりにも多くの計画が推進された。子どもが直面している問題とずれがあった。厳格な計画、評価、宣伝が行われなかった。
⑥ 学校、機関、他の地方サービス提供者間のつながりを強化しなければならない。

■第2期EAZへの評価

さて、続いて第2期EAZの報告書を検討する。この報告書は先の報告書と異なり、ケーススタディが中心であり、第2期EAZの全体的な傾向を捉えつつ（第2期のすべてのゾーンが2002年に調査された）、出席率や成績、小学校から中学校への移行などの10の項目ごとに一つのケースを取り上げ、検証している。

この報告書でもEAZへの全体的な評価は厳しい。まず、この報告書の冒頭「主要な調査結果」では次のような見解が述べられている（OFSTED 2003b：p.5）。

① ほとんどのゾーンで私企業も含む、地方パートナーといい関係を作っている。
② 成績の向上については中等学校で特にKS3で遅い。
③ ほとんどのゾーンで、転居や欠席、退学（exclusion）などで学習が妨げられた子どもの改善に取り組む学校を支援するにはうまくいかなかった。
④ 不十分なデータと不適切な評価方法のためプログラムを効果的に評価することができない。
⑤ ほとんどのゾーンで、学校のニーズの分析は必ずしも十分ではなく、ゾーンの計画とに大きな隔たりがある場合もあった。ほとんどのゾーンはあまりにも多くの取り組みを行い、特に中等学校において、それらの多くは特別な注意を必要とする問題と明確なつながりがない。

そして、最後の「結論」でも次のとおり述べている。OFSTEDが第1期のすべてのゾーンを査察したとき、効果のあるプログラムもあった。それらは地方の私企業や他の教育プロバイダーと有効なパートナーシップを結んでいた。一方以下の共通の弱さもあった。① 取り組みが多すぎ、多くは必要とされる改善と結びついていない、② リーダーシップの質、③ モニタリングや評価が未開発で、優先課題としても捉えられていない、④ 中等学校の成績の改善。これらの強さと弱さは第2期のゾーンにも引き継がれている。そして「一般的にEAZ以外の取り組みのほうが、水準を向上させインクルージョンをすすめた。ほんの少しのゾーンだけが、第1期のゾーンが抱えた課題を克服できた。ほとんどのゾーンは学校やコミュニティが抱える問題の核心に迫っていない」（OFSTED 2003b：p.40）。この他にも、とりわけ中学校でのスタッフの移動、子どもたちの転校という問題に十分に対処できていないこと、すばらしい取り組みもあるがそれらが普及していないことなど、手厳しい評価が繰り返されている。

第8章 「教育改善推進地域」(EAZ) にみるポスト福祉国家像　185

■「三つの基盤方策」からの評価

さて、以上の3つの報告書をみたときに、共通してEAZの評価が手厳しいことがわかる[5]。財政的な側面も含めEAFのガバナンスが未熟なこと。計画が多すぎ、また学校やコミュニティのニーズにも適合していないこと。モニターや評価の問題。とりわけ中学校において成績の改善がみられないこと。これは出席率の改善等にも悪影響、悪循環を及ぼしていること。十分な資金が私企業から集められなかったこと、等々。このようにEAZは様々な課題が指摘されている。

しかし、一方で「三つの基盤方策」に焦点をあてて検証したとき、次のとおりEAZは「三つの基盤方策」について忠実な取り組みを行ったことはまちがいない。

まず、多機関協働について、第1期のEAZに対するOFSTEDの評価文書では、次のとおり述べられている。

　　LEA、高等教育、ビジネス界、地方コミュニティとのパートナーシップは以前以上に生産的である（OFSTED 2003a：p.15）。

　　他のエージェンシーとのつながりの弱さがある。EAZは学校と他のエージェンシーとの協働を推し進めた。とりわけ健康サービスとの協働はうまくいき、また成人教育への関わりは親との協働を推し進めた。しかし、全体的には、ゾーンが期待したほどはうまくいかなかった（OFSTED 2003a：p.43）。

以上のとおりに、第1期EAZへの評価では、多機関協働の重要性が認識される一方、実際の取り組みの不十分さも指摘されている。それに対し第2期のEAZに対する評価文書では、次のとおり様々な多機関の協働が紹介され、積極的に評価されている。

出席についてのケーススタディに取り上げられたHamilton Oxford Schools Partnership EAZでは、補助金で教育ソーシャルワーカー、家庭/学校リンクワーカー、初日対応（first-day response）ワーカーが雇用されている。初

日対応ワーカーは毎日90分雇用され、欠席した子どもの親に連絡を取る。その結果必要に応じて学校／家庭リンクワーカーに報告する。同ワーカーは親をサポートする方法を決定し、必要に応じて教育ソーシャルワーカーに報告する。このように子どもと家庭を支えるシステムが補助金によって作られている。そして、報告書はこのシステムについて、次のように評している。「欠席した最初の日に親に電話をする取り組みは親の姿勢を変えるのにすこぶる積極的な効果があった。……教育ソーシャルワーカーや家庭／学校リンクワーカーは欠席が常態化した児童・生徒を学校に戻すのに役立っている」(OFSTED 2003b：p.11)。

　また、Hastings and St Leonards EAZでは包摂学習チューター (inclusive learning tutor) が雇用され、小学生やKS3の子どもやその家庭に働きかけている。5つの中学校では8人のパーソナル・アドバイザーがおかれ、50のエイジェンシーと協働しKS4 (14歳から16歳) の子どもたちを支えている。その結果、小学校では出席や行動が改善され、中学校では遅刻や成績が改善された。これらのスタッフは家庭や多くのエージェンシーとの連携に努めた。

　Downham and Bellingham EAZでは子どもの行動の改善に家庭を対象とした専門家、セラピスト、教育心理学者、カウンセラーなど外部のエージェンシーが活用された。

　以上の指摘は、子どもの出席や行動の改善のためには、家庭を含めた取り組みが必要なこと、それを行うには様々な機関が協働して子どもと家庭に関わらなければいけないことを示している。換言するならば多機関協働がプログラムの成否の鍵となることを示しているのである。

　一方、コミュニティの問題は複雑である。第2期EAZについてのケーススタディのなかには次のようなものがある。小学校から中学校への接続の問題について。ここで報告されていることは小学校の情報が中学校に伝えられないという単純な問題ではない。East Manchester EAZが取り組んだ問題は、EAZ内の小学校から中学校に進学する際、有能な子どもがEAZ外の中学校に進学するという問題であった。取り組みの結果、2001年に67％の有能な子どもがEAZ外に進学していたが、2002年には39％に減じられた。

　こうした事例は、EAZの取り組みが有能な子どもたちをコミュニティ内につなぎ止める役割を果たすことを示している[6]。それは、将来のコミュニ

ティのエンパワーメントに貢献すると考えられる。

　また、Hamilton Oxford Schools Partnership EAZのケーススタディで「ゾーンは出席率の改善に成功した。出席の重要性についての子ども、親、コミュニティの認識を高めた。低い出席率はコミュニティの文化に深く根ざしている。親も欠席に寛容である」（OFSTED 2003b：p.11）と述べている。このように、子どもの教育や生活の改善にはコミュニティの改善が必要である。ケーススタディで取り上げられたすべてのEAZで、多くの親が教育に十分な価値をおかないこと、失業が世代を超えて受け継がれることを、共通の特徴としていることが報告されている。こうしたコミュニティの問題を解決することは、やはりそうたやすいことではない。EAFがコミュニティをエンパワーメントするという当初の目的通りには、必ずしも機能しなかったことはNAOの報告書で指摘されたとおりである。

　しかし、結果はともあれ、EAZはコミュニティの改善を強く意識して実施されたプロジェクトであることは間違いがない。

3　研究者によるEAZへの評価

　上記のとおり、EAZへのNAO及びOFSTEDの報告書からは、EAZは「三つの基盤方策」に基づいた取り組みを行おうとしていること、しかしながら、その実績についての評価は懐疑的であることがわかる。それでは研究者の評価はどうであろうか。

　ディクソン他（Dickson, M. et al.）は第1期の25ゾーンへの調査に基づいて、EAFの「教育政治参加におけるキャパシティ」（Dickson, M. et al. 2001：p.170）に着目した論考を執筆している。そこでは次のとおり論じられている。少なくとも文書の上では、EAFに困窮地域における子どもやその家族のための新しい協働やそれによるコミュニティの改善が求められている。そして、「新労働党のコミュニタリアニズム、それは基本的に個人は家庭やコミュニティにおける他者との関係において創造されるという考えであり、瀕死の市民社会を再構成し再生するプロセスにおける決定的な要素として考えられている。EAZはそのコミュニタリアニズムを体現する。そして、この論議は一般的に新労働党の『第三の道』の重要な一部分である」（Dickson, M. et al. 2001：p.171）。このように、EAZの政策の起源はコミュニティの再生、「第

三の道」に位置づけられ、そこではEAFは人々やコミュニティをエンパワーするとされながら、その実態は以下のようなものであると、ディクソン他は批判する。

EAZは入札で決められるが、その際に提出された文書で、EAFが地方の民主主義の発展に果たす役割について明確に強調していたのは、二つのEAZだけだった。同様にそれらの文書では、多くのEAFはすでに決定されたことを監督したり、コメントしたりする役割しか与えられていなかった。そして、現実のEAFの状況も、実際の決定はEAFに先だって公式のEAZの会合の外側ですでになされており、EAFは情報を受け取るだけの組織であり、意思決定の組織にはなっていない。二つのゾーンへの事例研究でも新しい刷新的な市民参加の形を生みだしてはいなかった。そこではEAFは議論する場としてよりも報告を受ける場として主に作用していた。

EAFのメンバー構成も校長と私企業の代表（実際に参加しているかは別にして）が多くを占め、教員は比較的少なく、親とボランタリー組織の代表は非常に少ない。さらに、あるEAZでは、コミュニティの代表はその地域の特性を反映していない。その地域は貧しい住居に職のないエスニックの人々が多様に住む地域であるにもかかわらず、そのメンバーはホワイトで男性で専門職あるいは管理職の人々が多数を占めていた。また、EAFのミーティングへの参加はどんどん先細りになっている。あるEAFでは15％まで下がった。このような状況のなかで、事例となった二つのEAFを支配しているのはLEAであった。コミュニティの代表よりもよほど多くを占めている私企業の代表や校長でさえ、その影響力は小さかった。

以上のように、ディクソン他は、EAZは多機関の協働によるコミュニティの再生、民主主義の民主化を目指した「第三の道」の象徴的な政策として構想されていたにもかかわらず、現実には意思決定においてコミュニティに根ざしたステイクホルダーの意思はあまり反映されず、LEAが支配的であったとしている。

ホールガートンとワトリング（Hallgarten, J. & Watling, R.）はこのLEAの支配をもっと明確に述べている。この論考は民間営利企業のEAZへの影響を論じたものであるが、後半部分はEAZのガバナンスについて詳述し、そのなかで次のとおり述べている。EAZには、複雑に関係した貧困の要因に

第8章 「教育改善推進地域」（EAZ）にみるポスト福祉国家像　189

改善を加える計画とその実施を多様なステイクホルダーが行う、その方法についての新しいビジョンがあった。中央政府は、これまでのエリア・ベースド・イニシアティブほど、LEAはガバナンスの中心であるべきではないと示していた。「しかしほとんどのゾーンでは、その計画、発展、実行をかなりの程度LEAに依存した」。「EAFについてもLEAはイングランドのすべてのフォーラムに代表を送り、そのほとんどにおいて主導的な役割を果たしている」(Hallgarten, J. & Watling, R. 2000：p.151)。

　以上のとおり、ホールガートンとワトリングは、EAZのガバナンスにおけるLEAの主導的な役割を指摘する。そしてそれだけではなく、次のとおりEAZはほとんど刷新的なガバナンスを実行しなかったことを記している。EAZは教員の労働条件やナショナル・カリキュラムへの裁量権を法的には与えられたが、実際にはほとんど行使されず、前者を行ったのは一つのゾーンだけであったし、後者はそれよりは広く試みられたけれども、それらはラディカルな教育改革をもたらさなかった。学校理事会のEAFへの権限委譲も一つのゾーンで行われただけであった。

　さらにホールガートンとワトリングは続いて次のとおり述べる。EAZでも中央政府が国家的な教育の質を決定し、モニターするという決定的な役割を果たした。そこでは中央政府の教育政策の達成目標ははっきりしていて、ゾーンがラディカルな刷新に取り組んでも、その国家的基準に基づいて評価される。また中央政府は短い期間でその成果を示すことを求め、ゾーンに長期的な刷新への取り組みを躊躇させる[7]。このように、ホールガートンとワトリングは、規制国家的なガバナンスがゾーンの刷新的な取り組みを妨げていることを指摘している[8]。

　さて、NAOは素人集団で構成されたEAFが財務組織として機能しなかったことを指摘した。その結果ディクソン他が述べるとおり、LEAがEAFやEAZの運営を旧来のガバナンスと変わりなく行うようになったとしてもなんら不思議ではない。そうであるならば、EAZに求められていたボランタリー組織も含む地域の多様なステークホルダーによるガバナンス、それによるコミュニティの活性化、民主主義の民主化が達成されなかったと批判されるのも首肯される。また、ホールガートンとワトリングが、中央で目標を設定しそれに基づいて評価するという規制国家的な中央政府のあり方が、

EAZの取り組みを阻害しているという指摘にも注意を払っておきたい。ともあれ、EAZは「三つの基盤方策」に基づき「第三の道」を現実化する政策であるという前評判にもかかわらず、研究者のEAZへの評価も、NAOやOFSTEDと同様決して高くはなかった。

　ただ、確かに以上のような評価もEAZの打ち切りに影響したと考えられるが、もともとEAZは政策の「実験台」であり、5年という時限的なものであった。つまり、EAZの打ち切りは当初から予定されていたものであり、そのことが、労働党の「コミュニティからのシフト」を意味するとは考えない。なぜならば、「三つの基盤方策」は、この後に示すとおりEAZからECMへと政策の具体的な姿を変えて引き継がれたからである。

第9章
「すべての子どもを大切に」(ECM) にみるポスト福祉国家像・1
・・・・ ECMの発展とボランタリー・セクター

　これまで、「第三の道」として捉えられる政策特徴として、「三つの基盤方策」＝(1)貧困や格差の是正、包括的社会をめざしてのコミュニティ重視、(2)ジョインド・アップ政府という制度構想、(3)そこでのボランタリー・セクターの活用、つまり、政府機関、営利、非営利の民間機関が協力して活動する多機関協働（Multi-Agency Working）を指摘し、「三つの基盤方策」に基づく典型的な教育分野の政策であるEAZについて検証した。

　本章以降第12章までは、EAZ（Education Action Zones：教育改善推進地域）が廃止されて後、2004年から本格実施されるECM（Every Child Matters：「すべての子どもを大切に」）を取り上げ、まず、ECMがこの「三つの基盤方策」を受け継いでいること、したがって労働党の教育政策はその政権終了まで「第三の道」の要素を強く持ち続けたという研究仮説を実証する。その上で、ECMの政策展開の実像を数年にわたる現地調査もふまえて明らかにする。そしてECMへの評価、「第三の道」としての課題について検討する。

　なお、本書で行った現地調査の経緯は序章で述べたとおりである。

1　ECMとは

　ECMは、2003年9月議会に提出され、その後2010年5月の政権交代まで、英国の子どもやその家庭に関わる政策の基盤をなした政策文書（緑書）である。まず、ECMとはどのような政策文書なのか。

　ECMは第1章でECMの基本的な考え方を次のとおり述べる。まず第一

に、ECMは子どもの低い学力、子どもの不健康、10代の妊娠、虐待や非行といったことがらを問題とすることはいうまでもない。しかし、それらに対処するに事後的な対症療法的な取り組みよりもむしろ、あらゆる子どもたちが自己の潜在能力を十二分に成長させるための支援、幼年期からの予防的な支援、初期的な介入を重視する[1]。

　第二に、ECMは家庭環境が子どもの成長に与える影響を次のようなデータをもとに論じ、親や家族への取り組みを強調する。例（1）22ケ月の子どもの成長度合いを母親の社会・経済的なステイタス及び学位や資格の有無で三つに分類し、母親のステイタスが高く学位や資格を有しているほうが子どもの成長レベルが高い。例（2）無料給食（Free School Meals）を受けている子どもとそうでない子どもとの成績を7歳、11歳、14歳で比較し、無料給食を受けている子どものほうが成績が低い[2]。

　そして、第三に子どものウェルビーイング（全体的な幸せ）のために次の5つの目標を設定する。

① 健康であること
② 暴力や犯罪等から守られ安全であること
③ 学力や学校生活の改善
④ コミュニティや社会に貢献すること
⑤ 経済的な福祉を得ること

　第四に、こうした目標に取り組むに、家庭、コミュニティ、中央政府、公共サービス、ボランタリー組織、私企業、メディアその他の機関が情報を共有し、協力し、継続的に取り組む。また、そうした機関で働く人々のスキルや相互関係を改善する。

　続いて、2章では以下の7つの具体的な取り組みについて述べている。

① 子どもの貧困への取り組み
②「確かなスタート」(Sure Start) プログラムの発展
③ 初等・中等学校の教育水準の向上、16歳以降の学習の発展
④ 基本的なヘルスケアやスペシャリスト保健サービス[3]の発展

⑤ 犯罪や反社会的行為の減少
⑥ 強く活気に満ちたコミュニティの構築
⑦ 子どもの安全の確保[4]

　これらの政策提言の特徴は、前章で示された基本的な考え方からもわかるとおり、次のようにまとめることができる。第一に新生児から16歳以降の若者に関わる継ぎ目のない施策が提案されている。第二に教育だけではなく保育、保健や医療、ソーシャルワークなど子どもに関わる総合的な施策が提言されている。第三に貧困や特別支援、困窮地域など社会的な弱者への取り組みにとりわけ配慮している。第四にコミュニティに根ざしている。以上の政策特徴を典型的に示す政策が、次に示す子どもセンターの取り組みである。
　子どもセンターは「確かなスタート」プログラムのなかの施策である。このプログラムについて緑書は次のとおり述べている。

　　妊娠から小学校入学までの時期はその後の人生にとって死活的に重要な時期である。「確かなスタート」プログラムの理念を他のサービスにも普及させる。これらの理念は以下のことがらに基づく。親と子どもの協働、すべての者への柔軟で素早いサービスの供給、コミュニティに根ざしたサービス、多機関の協働、結果の重視（HM Treasury 2003：p.26）。

なかでも、

　　子どもセンターは困窮地域に設置され、教育や保育、保健サービス、家族や親への支援を統合的に提供する。これらは2006年3月までに20％最貧困地域に設置される。子どもセンターは危機にある人々を支援する（HM Treasury 2003：p.26）。

さらに子どもセンターは例えば年長の子どもたちのためのサービス等、他のサービスの方向性を示すものでもあり、親や子どもにとって学校や開業医とともにコミュニティにおける鍵となる役割を果たす、とも述べられている。
　先にも述べたとおり、緑書が幼年期からの予防的な支援、初期的な介入を重視していることもあって、子どもセンターはその後精力的に実施に移され

ていく。また、学齢期における子どもセンターと同様の取り組みが拡張学校である。拡張学校について緑書は次のとおり述べている。

　子どものニーズにそって教育と保健、ケアサービスを統合する。このためすべての学校を拡張学校とする。それは子どもとその家族、他のコミュニティのメンバーのためのサービスの中心として活動する。拡張学校は学校の核となる教育機能を超えて、保育、成人教育、保健やコミュニティ機能といった一連のサービスを児童・生徒やコミュニティに提供する（HM Treasury 2003：p.29）。

　第3章は親や保護者への支援が述べられている。最初の章で示されたとおり、親や家庭への取り組みの強調は緑書の政策特徴の一つである。ここでは、まず、一般的な親へのサービスとして、例えば次のようなサービスの発展を提起している。子育ての情報の提供・相談、子どもと親が一緒に学び活動するプログラム（こうしたプログラムは学校と親との垣根を壊す）、父親とりわけ別居の父親への支援、親と学校とのコミュニケーションの改善、保育・就学前教育・ソーシャルケア・学校と親との連携等。さらに以上の一般的な取り組みに加えて、特別なサポートを必要とする家庭への支援、わが子の反社会的行為に無関心な親への強制的な対応、里親や養子縁組サービス等の改善があげられている。

　第4章は初期の介入と予防的な取り組みが論じられている。具体的には次のような取り組みが述べられている。

① 機関や専門家間での情報の共有
② 多様なサービスに共通するアセスメント枠組みの確立
③ 個々の子どものサービスの協働に責任を持つ専門家の認定
④ 危機にある子どもとその家族に統合的なサービスを提供するチームの結成
⑤ 学校及び子どもセンター、保育施設の周辺にサービスを集中させる
⑥ あらゆる組織を含み込んだ効果的なこども保護手続き

以上の具体的な取り組みからもわかるとおり、この章では次のとおり多様な機関、専門家の協働が繰り返し述べられている。

> 共通のアセスメントや情報の共有は大きなステップであるがさらなる統合が必要とされる。子どもたちは、依然として、一人の信頼できる大人の継続的なサポートよりも、異なったマネージャーの異なったオフィスで異なった専門家と接している。機関間の紹介は誤解や遅れを導く。これまでとは異なった方法で活動する基本的な変革が必要である。サービス提供者に合わすのではなく子どものニーズに合わせて教育、ソーシャルケア、保健サービスを統合しなければならない。……ゴールは子どもや家族に容易にアクセスし協力して活動する専門家チームの形成である。そのチームではそれぞれの専門家が個々の専門家の特質を失うことなく協力して働く[5](HM Treasury 2003：p.60)。

第5章は中央及び地方の行政組織の統合が論じられる。その理由はいうまでもなく、子どもとその家族へのサービスを統合的に提供するための行政組織の構築である。そして、具体的には以下の提言がなされた。まず地方においては、地方当局内に子どもと若者のサービスを統合する体制＝子どもトラスト（Children's Trust）を構築する。子どもトラストの一部として、すべての地方当局内に地方教育当局と子どものソーシャルサービスに責任を持つディレクター（Director of Children's Services）のポストを新しく法制化する。このポストの設置によって現在の教育長（Chief Education Officer）とソーシャルサービスディレクター（Director of Social Services）は統合される。また、子どものサービス提供の責任の所在をはっきりさせるために、このディレクターは教育やソーシャルサービス以外の例えばハウジング等の責任を担ってもよいとされる。さらに、ほとんどの地方当局で子どもの部署が一つになることを要求はしないが期待するとも緑書は述べている（HM Treasury 2003：p.70）。また、子どもトラストはトラスト外の公的な組織例えば警察や保健、ハウジング担当部署さらに民間営利組織、ボランタリー組織ともしっかりと連携する。

同様に中央政府は地方当局が子どものサービスの改善のために公的組織、

営利組織、ボランタリー組織と密接に連携するよう法整備を行う、等が提言されている。さらに中央政府においては、地方で子どものサービスが統合されるならば、中央政府からの補助金も査察も統合的に行われる必要がある。そこで子どものサービスを単一的に提供しあるいは複数の中央省庁の政策をコーディネイトするため、教育技能省内に子ども・若者・家庭大臣を新たに任命することがすでに発表されている。この大臣は地方政府やボランタリー・セクターとも協力して活動する。また、子どもサービスの統合的な基準、査察枠組みを設けること、地方政府への支援と目標を達成できない地方政府への介入[6]、等が提言された。

　第6章は学校、ソーシャルケア、保健や警察などの子どもに関わる仕事の労働条件の改善、労働力の確保・維持、スキルの向上など労働力の改革について述べている。この章では多様なことがらが指摘されている[7]が、ここでは多機関の協働という観点から以下の指摘に注目する。

① 多様な異なる職種の労働者が協力して重要な役割をそれぞれ果たしているが、労働条件が異なっている。
② 多様な専門家が子どもとその家族に統合的に関わることが強調されているが、その場合、専門家のヒエラルヒーが持ち込まれるのではなく、専門家間の共通した新しい文化が創造される必要がある。
③ 子どもを保護するサービス機関＝警察、ソーシャルサービス、教育、NHS（National Health Service）が有効なコミュニケーションをとり協力して活動するための専門的な訓練を見直す。
④ 多様な労働者が協力して子どもに関わるには、それぞれの役割や責任を明確にする必要がある。誰が何をするのかはっきりとコミュニケーションをとらなければいけない。
⑤ 子どものサービスに従事する労働者に共通する国家的な職業基準、訓練、資格構造を発展させる。このことによって共通の核となるスキル、知識、能力を持つことができ、専門的な領域を超えて助け合え、統合的なサービスの提供をより効果的にする。
⑥ 開業医や教員、警察など専門的な役割を持つ人々も、積極的な専門的な関係の基盤として、共通の言語、子どものニーズの共通の理解を必要

とする。
⑦ ボランタリー・セクターは子どもサービスの働き手の確保やスキルの向上を協議するのに重要なパートナーである。

さて、最後に以上のECMの分析からECMの政策特徴を整理しておく。

① コミュニティに根ざし、とりわけ困窮地域を対象としている。
② 特別なニーズを持つ子ども、課題を抱えた子どもへの事後的な取り組みだけではなく、むしろすべての子どもたちへの幼年期からの予防的な支援、早期の介入を行う。
③ 子どものウェルビーイング（全体的な幸せ）を増進するために、多方面における明確な成果目標を持つ。
④ 子どもとその家庭を総合的に（holistic）継ぎ目なく（seamless）支援する。
⑤ 公的組織、民間営利組織、ボランタリー組織、また多様な専門家が協力する（多機関協働）。
⑥ こうした活動に対応して行政機関は中央でも地方でも協力して統合的にそれらの活動を管轄する（ジョインド・アップ政府）。

このようにECMはまさしく「三つの基盤方策」を具現化し、EAZを引き継ぐ政策である、といえる。このことは以下の記述からも確認できる。

ECMについて論じた著書の冒頭でサイモンとワード（Simon, C. & Ward, S.）は次のとおり述べている。

> ECMは戦後における最大の社会政策の一つである。それは、教育、社会サービス、健康といった子どもとその家庭の生活のあらゆる面に影響を与える。「ジョインド・アップサービス」というすべてをつなぐ概念のもと、それは健康、社会福祉、教育のためのあらゆる政策、取り組みを含み込む。その広がりや、視野には驚くべきものがある。それはほとんどの省庁とパブリック、プライベート、ボランタリー・セクターのあらゆる前線の専門家を含み込む（Simon, C. & Ward, S. 2010：p.i）。

こうした「ジョンインド・アップサービス」の取り組みが行われる理由は、子どものウェルビーイングのためには家庭とコミュニティを改善しなければならないこと、そのためには教育だけではなく、福祉や健康、労働など様々な組織による総合的な取り組みが必要なこと、そのなかにあってボランタリー組織はコミュニティに根ざした組織であってその信頼をえており、家庭へのサービスの提供にとってもコミュニティの改善にとっても欠くことのできない組織であることに他ならない。このようなコンセプト、「三つの基盤方策」＝コミュニティ重視、ジョインド・アップ政府構想、多機関協働（ボランタリー・セクターの活用）をECMはEAZから引き継いでいる。

2　ECMの発展過程

1　ビクトリア・クランビエ調査報告（2003年）

　ECMが策定される直接の発端となったのは、2003年1月に報告された『ビクトリア・クランビエ調査報告』（*The Report of the Victoria Climbie Inquiry*. 議長Lord Laming）である。これは大おば夫妻のもとで育てられたビクトリアの被虐待死（2000年8月、享年8歳）について調査（2001年4月設置）したものであり、分量も大部で内容も多岐にわたるが、ここで問題とされたことは、4カ所のソーシャルサービス機関、2つの病院、2カ所の警察子ども保護チーム、など11の機関がビクトリアに関わっており、ビクトリアの命を救う決定的な機会が少なくとも12回あったにもかかわらず、彼女の死を防げなかったことであった。そして、子どもと家族への総合的な支援が不可欠であること、その効果的な支援は単一の機関のみによっては成しとげられないこと等が提言された[8]。

　このビクトリアの調査報告を受けて、2003年6月DfES（Department for Education and Skills：教育技能省）内に「子ども・若者・家庭大臣」（Minister of State for Children, Young People and Families）が新設される。この大臣は子どもやその家庭に関わるサービスに統合的に責任を持つことを任務とし、児童福祉は保健省から、家族政策は内務省からDfESに移管され、スタッフも他の省庁から呼び集められ、この大臣のもとで管理職となった。そしてこの大臣の監修を受けて、2003年9月議会に提出されたのが、ECMである（Waterman, C. & Fowler, J. 2004、Frost, N. & Parton, N. 2009、等参照)。

　一方、ビクトリア・クランビエ調査報告について議論するため機関協働グループ（Inter-Agency Group）が2002年2月に結成された。これは教育長協会（Association of Chief Education Officers）、ソーシャルサービスディレクター協会（Association of Directors of Social Service）、地方政府協会（Local Government Association）などの地方政府組織、メトロポリタン警察、NHS協会（NHS Confederation）などの政府関連組織、バーナードやChildren's Societyなどのボランタリー組織など14の多様な分野の多様な機関が結成したグループで、調査報告で提起されている問題について議論し中央政府に発言し、また多様な大臣や官僚と頻繁に接触し、ECMの草案にも影響を与えた。

2　『すべての子どもを大切に：次の取組』（2004年）

　ECMの発表後も、ボランタリー組織などサービス提供者をはじめ多くの人々との協議が行われ、また、広くウェッブ上でも質問や意見が募集された。そして、その協議の内容、それらをふまえた政策提案を記した文書『すべての子どもを大切に：次の取組』（*Every Child Matters : Next Steps*）が2004年3月にDfESから発行された。

　この文書では、まず協議を経て、「すべての子どもと若者は自らの潜在能力を十二分に発揮する機会を保障され、どの子どももその網の目から抜け落ちることがあってはならない」（DfES 2004a：p.10）という緑書の目標はセクター共通して熱狂的に受け入れられたとし、そして以下について強いコンセンサスが得られたと記している。

① 予防と初期の介入に焦点をあてて、子どもと若者そしてその家族の周囲にシステムを構築するよう実践と文化を変革させる。
② そのプログラムでは公共機関、民間営利組織、ボランタリー組織が活動する。

続いて協議ではプログラムの次の点が強調されたと述べている。

① あらゆるサービスが法的、政策的な枠組みのなかに取り込まれなければならないが、とりわけヘルスサービス、警察、ボランタリー・セクタ

一の協力が必要である。
② 新しく地方に設けられる子どもサービスディレクター（Director of Children's Services）の役割は重要である。そこでは子どもと若者が第一に考えられ、組織の領域が取り払われ、リソースは子どもサービスに統合して投入される。
③ 地方で緑書を推進するために中央政府は新たな予算処置を行う。

　以上のとおり述べた後、第2章では政策の法的支柱となる「2004年子ども法」（Children Act 2004）の法案について述べ、第3章は協議によって影響を受けたことがらとプログラムの第一段階について述べ、第4章ではボランタリー・セクターや学校、保健機関等の組織やセクターの潜在的な役割と貢献について述べている。これらの章をとおして、次のとおり多機関の協働とりわけボランタリー・セクターの役割を強調していることが注目される。

　まず、第2章の冒頭では「この章は法案作成の経緯を振り返り、新しい子ども法に、協議で指摘された点がいかに含み込まれているかを説明する」（DfES 2004a：p.13）と述べている。そして、法案の核心の一つとして、公共機関、民間営利組織、ボランタリー組織のパートナーシップを指摘し、また情報の共有もあげている。具体的には以下のような記述が注目される。

① 「協議を受けた者は子どものサービスに従事するに共通の目標を設定することを強調した。そこで法案はパートナーシップ活動の目標として五つを設定した」（DfES 2004a：p.14）。
② 「協議を受けた者は、地方で地方当局と緊密に協力する公共セクター、民間営利セクター、ボランタリー・セクターの広いパートナーシップの必要性を強調した」（DfES 2004a：p.14）。そこで法案は例えば警察、保護サービス機関、コネクションズ（Connexions）関係機関[9]等のパートナーシップを確立するための義務を設定した。
③ パートナーシップを構築するために例えば次の法的な仕組みを整備する。子どもや若者のニーズ、状況、望みの把握。合意された目標の設定。これらの目標を達成するためにそれぞれの機関が行う貢献、情報の共有。

第4章は「パートナーシップ活動についての回答」と題され、まず冒頭で「法案はとりわけ保健サービス、学校、警察、そしてボランタリー・セクターの協働の枠組みを提供する」（DfES 2004a：p.37）と述べている。そしてそれぞれのアクターについての節を設け、真っ先にボランタリー・セクターについて次のとおり述べている。

　　　ボランタリー・セクターは子ども、若者、家庭へのサービスの主要な提供者である。ボランタリー・セクターはその意義ある経験と知識を活用し、ニーズを捉え、利用者と共に、とりわけ幅広くコミュニティに刷新的なサービスを提供する（DfES 2004a：p.37）。

　そして具体的にボランタリー・セクターの代表と議論された戦術として次をあげている。

① ニーズの査定、地方戦術の発展、サービスの供給手続きの吟味、等におけるボランタリー・セクターの役割
② ボランタリー組織の能力を高めるためのファンドの提供と支援
③ サービスの発展に伴って、子どもや若者、家族各々の声をもらさないように対応するというボランタリー・セクターの役割を保障する、等[10]。

　また、同章の「学校」の節では、学校での学力の向上とインクルージョンは共に成しとげなければならない。学校はケアを要する子ども、マイノリティ・エスニックグループのような常に学力の低いグループの学力向上に決定的な役割を果たさねばならない。そのために、あらゆる子どもへの個に応じた学習、ケア、支援を確保する必要がある。この目標を達成するために学校とコミュニティ、特別なサービスの新しい協働が必要である。これは教育とソーシャルケアと保健サービスをしっかりと統合させることである。この地方での役割を中心的に担うのが子どもサービスディレクターである。以上のように述べた後、拡張学校の発展について述べている[11]。

3 2004年子ども法

続いて、ECM及び『すべての子どもを大切に：次の取組』に基づき、「2004年子ども法」が制定された。ECMで提案されたことがらはこの法のパート2「イングランドにおける子どもサービス」(Children's Services in England) で法制化されている[12]。

ここでは、まず、公共機関、民間営利組織、ボランタリー組織はECMで述べられた五つの目標に基づいて子どもの福利のために協働しなければならないことが述べられ、続いて子どもトラストの法的基盤[13]、個々の子どもの情報データベースの作成とその管理・運用[14]、地方当局による子どもサービス計画の作成[15]、子どもサービスディレクターの任命、住民に対して説明責任を負う子どもサービス担当議員 (Lead Member for Children's Services) の任命[16]、地方当局による地方子ども保護会議 (Local Safeguarding Children Boards) の設立[17]、多様な査察官による子どもサービスの統合的な査察とその枠組みの作成、等が定められている。

尚、子どもサービスディレクターの任命によって地方当局はこれまで地方教育当局が担ってきた機能、子どもに関わるソーシャルサービス、保健サービスなどについての権限を一元的に子どもサービスディレクターに委ねることが可能となった[18]。また、子どもサービスの統合的な査察では、とりわけ多様なサービスがいかに協働したかが評価される[19] (Children Act 2004、Waterman, C. & Fowler, J. 2004、参照)。

4 『すべての子どもを大切に：子どものための改革』(2004年)

続いて、2004年11月に『すべての子どもを大切に：子どものための改革』(*Every Child Matters : Change for Children.* 〈http://www.everychildmatters.gov.uk〉最終アクセス日：2008年2月18日) と題した政策文書が、このサービスの協働に責任のある13省庁16大臣・政務次官クラス共同の前文をつけて発行され、その後、同名のタイトルを冠した政策文書が多様なテーマで数多く発表されている。まずは、以下、ECMにおけるジョインド・アップ政府の態様を示すものとして13省庁16大臣・政務次官のポストを紹介し、またその共同前文の一部を記しておく。

教育技能相（Secretary of State for Education and Skills）
保健相（Secretary of State for Health）
ランカスター公領相（Chancellor of the Duchy of Lancaster）
予算担当相（Chief Secretary to the Treasury）
雇用年金相（Secretary of State for Work and Pensions）
副首相府大臣（Minister of State Office of the Deputy Prime Minister）（2名）
環境・食糧・農村地域大臣（Minister of State Department for Environment, Food & Rural Affairs）
貿易産業大臣（Minister of State Department of Trade & Industry）
子ども・若者・家庭大臣（Minister for Children, Young People and Families）
国防政務次官（Parliamentary Under Secretary of State Ministry of Defence）
教育技能政務次官（Parliamentary Under Secretary of State Department for Education and Skills）
憲法事項政務次官（Parliamentary Under Secretary of State Department for Constitutional Affairs）
保健政務次官（Parliamentary Under Secretary of State Department of Health）
内務政務次官（Parliamentary Under Secretary of State Home Office）
文化政務次官（Parliamentary Under Secretary of State Department for Culture, Media and Sport）

　政府を横断して異なった権限を持つ私たちは、子どもや若者そしてその家族の生活を改善するためにともに働く。私たちは子どもや若者が潜在能力を十分に発揮し、また困難に直面した時には彼らを支援するため、サービスの質、受けやすさ、凝集性を改善していく（HM Government 2004：p.2）。

　私たちが必要とする変革は、地方のリーダーをとおして地方のコミュニティとの強いパートナーシップのなかで達成される（HM Government 2004：p.2）。

　このプログラムは中央政府を横断して、また国家及び地方のキーパー

トナーとしっかりと協働してきた結果発展してきたものであり、私たちはこの対話を続けていく（HM Government 2004：p.2）。

さて、2004年子ども法が法的な基盤を提供するものであるのに対し、この政策文書は「地方のプログラムが子どもや若者のニーズにそってサービスを提供するための国家的な枠組み」（HM Government 2004：p.2）を述べたものである。つまり次のようにECMで述べられた政策理念を実施していく仕組みや方法について述べている。その仕組みの第一がここに述べた多くの中央政府の省庁が関わるジョインド・アップ政府である。

第二は、次に記すとおり多様な政府機関、営利、非営利の民間機関が協力して活動する多機関協働についてである。

> （子どもサービスの改革は）公共セクター及びボランタリー・セクターが重大な役割を果たす。ボランタリー組織はサービスの主要な提供者であるばかりではなく、サービスの計画や方策の発展に大いに意義ある知識や経験を有する（HM Government 2004：p.7）。

> 協働は学校、開業医、文化・スポーツ・娯楽組織、ボランタリー・セクターをも含む必要がある。あらゆる組織は子どもや若者そしてその家族の多様な必要性に耳を傾け、責任を持つ必要がある（HM Government 2004：p.12）。

そして具体的には、子どもサービスの統合的な再編について次のとおり記している。「子どもサービスの再編は、個に応じた高い質を持った統合的で普遍的なサービス、そして効果的で目標を定めた専門家のサービスへの容易なアクセスを要求する。これらのサービスはスキルを持った有能な労働力によって提供される」（HM Government 2004：p.13）と述べ、個々には、幼年期の取り組みや拡張学校、19歳までの若者への取り組みといった普遍的なサービス、そして、身体的・精神的な特別なニーズを持った子どもへの取り組み、養子や里子への取り組み、犯罪を犯した若者への取り組み、といった特別なサービスについて述べている。

また、労働力については「より統合的なサービスを提供するには新しい働き方、これまで狭い専門性やサービス領域のなかで働いていたスタッフの文化の変容を必要とする」(HM Government 2004：p.17) と述べ、そうした労働力の協働について次のとおり記している。組織や専門性の領域を超えたコミュニケーションが基盤となること、子どもセンターや拡張学校のように一つの場所でともに働き、毎日接することが協働を強化すること、専門家や支援スタッフは柔軟な活動、適切な相互批判や監督、リーダーシップが必要であること、言語や問題を共通に理解すること、等[20]。

第三は次に記すとおり、明確な目標設定とそれに基づく評価である[21]。

> 機関協働の目標や福利の構成要素として、子どもや若者のための五つの指標は2004年子ども法によって法的拘束力を付与された (HM Government 2004：p.8)。

> 指標についての強調は、その専門的なバックグラウンドが何であれ、あらゆる関係者の助けとなった。……しかし、指標が本当に変革を生みだすためには、実際に行われるべきことを明確にし、またどのような発展が成し遂げられたかを計ることが重要である (HM Government 2004：p.8)。

政策文書はこのように述べた上で、ボランタリー・セクターとも協議の上、ECMで掲げられた五つの指標の具体的な項目をそれぞれに記している (HM Government 2004：p.9)。他にもその査定について「子どもサービスに含まれるあらゆる機関はパフォーマンスの点検、モニター、査察に応じなければならない」(HM Government 2004：p.26) と述べている。

第四は改革のためのファンドについてである。そして最後に以上の具体的な取り組みを実施するタイムスケジュール等が整理して添付されている。

*

以上のECMの発展過程をみると、以下の点に気づく。

まず第一に、子どもとその家庭に関わる多様な機関の協働が繰り返し強調され、その協働を行うために、それぞれの組織はその組織の従来の領域を超

えて柔軟に活動するよう求められている。

　第二に、そのためには情報の共有はいうに及ばず、問題意識や言語の共有、リーダーシップ、さらには組織の持つ文化の変革、等も必要とされている。

　第三に多機関協働においてとりわけボランタリー組織の役割が強調されており、サービスの供給だけではなく政策の協議についてもその初期段階から密に行われている。

　第四に中央政府のジョインド・アップ政府だけではなく、地方行政組織の統合的な再編がめざされ、そのために子どもサービスディレクターなどの具体的な組織が法制化され、地方行政組織の新たな仕組みが示されている。

　第五に子どもとその家庭の福利のために、明確な目標が設定され、その査察の仕組みも整えようとしている。

3　ECMの政策特徴の広がり

　以上の多機関協働やジョインド・アップ政府というECMの政策特徴は突然現れたものではない。EAZもそうであるが、労働党のチャイルド・ケア・サービス政策の展開をみて、フロストとパートン（Frost, N. & Parton, N.）は次のとおり指摘している。政権獲得初期の白書『ソーシャルサービスの現代化』（*Modernising Social Services.* 1998）では、「子どものためのソーシャルサービスは、地方当局やその他の機関によって提供されるより広い一連の子どもサービスから孤立しては存在しえない」（Frost, N. & Parton, N. 2009：p.35)、と述べている。そして、2001年の総選挙後この政策特徴はさらに明確となり、財務省 HM Treasury の2002年歳出見直し（Spending Review）は、子どもサービスの統合には多様な機関の協働が必要であり、そのために効果的なマネージメント改革に基づく中央及び地方政府の強いリーダーシップが要求されると述べた（Frost, N. & Parton, N. 2009：p.36)。

　そして、これらの政策特徴は2007年に誕生したブラウン政権も引き継いでいる。それを象徴的に示すのがブラウン政権誕生の際に行われた省庁の再編である。ブラウン首相は就任早々、従来の教育技能省（Department for Education and Skills）と通商産業省（Department of Trade and Industry）を解体し、ビジネス・企業・規制改革省（Department for Business, Enterprise and Regulatory Reform) とイノベーション・大学・技能省 (Department for Innovation, Universities and Skills)、そして、子ども・学校・家庭省 (Department for Children, Schools and Families) を創設した。これは従来の通商産業省の科学技術や技術革新等を担う部署と教育技能省の高等教育等を担う部署をそれぞれ切り離してイノベーション・大学・技能省を設置し、通商産業省と教育技能省の残りの部署をそれぞれビジネス・企業・規制改革省と子ども・学校・家庭省とが担当するものである[22]。そして、子ども・学校・家庭大臣のもとに二人の閣外大臣＝学校・学習者大臣 (Minister of State for Schools and Learners) と子ども・若者・家庭大臣が置かれた。この二つの大臣ポストは省庁再編によって新しく設けられたポストではなく、従来のポストをそのまま引き継いでいる。しかし、従来の省のネーミングが「教育」というサービスを基盤にしたものであったのに対し、新しい省のネーミングが「子ども」や「家庭」というサービスの対象に基づいてネーミングされ、子どもとその家庭にかかわるサービスを統合的に提供する、というECM以来の政策理念を象徴的に示すネーミングとなっているといえる[23]。

さらに、この省庁再編に際して、内閣府 (Cabinet Office) は2007年6月29日付けで「政府機構：省庁の構成」(Machinary of Government : Departmental Organisation) なる文書を発表し、新省庁について説明している。そのなかで、子ども・学校・家庭省について次のとおり述べている。まず、子どもとその家庭への総合的なしかも幼年期からの予防的な支援の必要性について。

　　新しい子ども・学校・家庭省は手始めに、子どもと若者に影響を与える政策をつなぎあわせ、秀でた教育やすべての子どもとその家庭、そしてコミュニティへの統合的な支援を提供する (Cabinet Office 2007：p.5)。

　　あらゆる子どもの向上は、単に教室にフォーカスしているだけでは成しとげられない。真に個に応じた教育は、学習の障害となっている教室の外側のファクターをみなければいけない。新しい省はより広いサービスや支援に従事し、子どもの学習の障害となるであろう問題に初期の段階から取り組む。学校は……特別な支援を提供できる他の機関とともに取り組む (Cabinet Office 2007：p.9)。

幼年期の質の良い施策は、彼らの学力だけではなく社会的・情緒的な発展を後押しする（Cabinet Office 2007：p.10）。

次に省庁の協力・連携＝ジョインド・アップ政府についても例えば次のとおり具体的に述べている。

　　子どもとその家庭に関わる省庁を横断するあらゆる問題への取り組みを強化する。そのために子ども・学校・家庭省は政策をコーディネートし管理し、予算を獲得して、省庁横断的な取り組みにリーダーシップを果たす。そして初期からの問題の認識や介入という予防的なアプローチに取り組む（Cabinet Office 2007：p.10）。

　　子ども・学校・家庭省は雇用年金省（Department of Work and Pensions）や財務省（HM Treasury）とともに、2020年までに子どもの貧困をなくす戦略に取り組む。……他の省庁の活動や予算、例えばコミュニティ・地方自治省（Department for Communities and Local Government）によって行われるハウジングの改善やホームレスへの取り組みについても、子どもの貧困の改善プログラムをとおして統合的に運営される（Cabinet Office 2007：p.11）。

　　子ども・学校・家庭省は子どもや若者の健康を推進するために保健省（Department of Health）とともに責任を担っている（Cabinet Office 2007：p.11）。

　　若者の犯罪を防止するために、子ども・学校・家庭省は法務省（Ministry of Justice）や内務省（Home office）と協力して活動する（Cabinet Office 2007：p.12）。

4　ECMにおけるボランタリー・セクターの位置づけ

　以上からもわかるとおり、ECMにおいてボランタリー・セクターは多機関協働の中心的なアクターとして位置づけられている。そこで本節では、そのボランタリー・セクターはECMにおいてどのような役割が求められているのか、DfES（2007年よりDepartment for Children, Schools and Families：DCSF／子ども・学校・家庭省）の文書より確認する。

■ DfES2004年の文書より
　まず、『すべての子どもを大切に：子どものための改革――子ども・若者のための改革をめざしたボランタリー組織との活動』（*Every Child Matters : Change for Children – Working with voluntary and community organisations to deliver change for children and young people.* 〈http://www.everychildmatters.gov.uk〉最終アクセス日：2007年6月25日）と名付けられた文書が2004年にDfESから発表された。この文書はECMにおけるボランタリー組織との協働について中央レベルと地方レベルに別けて記したものである。まずその前文で、子ども・若者・家庭大臣ホッジ（M. Hodge）は次のとおりボランタリー組織の活動に大きな期待を寄せている。

　　（ECMプログラムの推進において）ボランタリー組織が決定的な役割を果たすと信じている。……ボランタリー・セクターは子どもや若者、家庭へのサービスの主要な提供者であるだけではなく、これらのサービスの計画を立て戦略を発展させるのに重要な知識や経験を持っている。ボランタリー・セクターは今日主流となっている施策を産みだしてきた。……とりわけボランタリー・セクターはコミュニティに強く根ざし、最も傷つきやすい周辺化された子ども、若者、家庭と関わる。ボランタリー・セクターはサービス利用者に自らが受けるサービスについての発言権を保障する。コミュニティのメンバーは、ボランティアをとおしてサービスを提供し発展させることにより、市民社会の刷新に貢献する（DfES 2004c：p.1）。

この他にもホッジはボランタリー・セクターの独立性、柔軟性、ニーズへの即応性を強調し、ボランタリー組織は「サービスの狭間を埋めあるいはサービスを刷新する。独立したボランタリー組織は多機関協働において卓越した活動を行うことが多い」(DfES 2004c：p.1) と述べている。以上のとおり、ホッジはこれまでも本研究で述べてきたボランタリー・セクターの特性＝専門性、独立性、柔軟性、即応性、コミュニティへの密着等、を理解し、それらを活用したサービスの刷新や民主主義の民主化に期待を寄せていることがわかる。

　またホッジは「多くのボランタリー組織は予防的な取り組みにおける経験や技術を持っている」(DfES 2004c：p.1)、「『すべての子どもを大切に：子どものための改革』は、すでに危機にある子どもを保護する一方、予防的なサービスにも力を入れ、子どものニーズに即した変革を行う」(DfES 2004c：p.2)、と述べ「予防的な取り組み」に注意を向けていることも印象的である。

　さらにホッジは、中央政府とボランタリー・セクターとの関係においては、コンパクトにのっとって実際の取り組みを進めていくことや資金提供にふれ、また地方レベルでのボランタリー組織との関係については、2004年子ども法に基づくガイダンスを設定することを記している。

　そして本文では、まず序で「DfESはコンパクトに従って活動する」(DfES 2004c：p.5) と述べられ、続いて2章で国家レベルでの協働を3章で地方レベルでの協働について記している。2章ではまず、DfESは政策の形成についてボランタリー・セクターと協議することをあらためて記し (DfES 2004c：p.7)、続いて資金の提供についてほとんどの紙幅をさいている。まず、具体的な資金提供プログラムの名称や金額が記される。そして、こうした資金提供はECMで述べられた成果指標に貢献しているかという観点から点検されること、ボランタリー組織の新しいアイデアや特別なサービス創出への資金提供、資金プログラムの統合あるいは不必要な官僚制をなくすための合理化、手続きの簡素化、新しいモニターシステムや資金提供情報のポータルシステムの導入、ボランタリー組織の能力開発やインフラ整備のための資金提供、等が述べられている。

　ここで注目しておきたい記述は、第一に、ボランタリー組織の安定性や継続性を確保するため、より長期の資金提供が提案されていることである。第

二に伝統的なコア（core）ファンディングから戦術的（strategic）ファンディングへの移行をうたっていることである。コアファンディングが組織の管理やマネージメントに使用されるものであるのに対し、戦術的ファンディングは資金提供者が求める成果との結びつきがより求められ、組織の管理・運営への支出については、その結びつきが明確な場合に可能とされる（DfES 2004c：p.11）[24]。

第3章の中央政府とボランタリー・セクターとの地方レベルでの協働についての記述は、以下のとおり多様な内容にわたっている。

① ボランタリー組織の能力開発やインフラ整備等のための資金の提供
② 多機関協働を発展させるため2008年までにすべての地方当局が子どもトラストを設立すること
③ ローカルコンパクトや中央政府の資金提供ガイダンスにそって、地方当局はボランタリー・セクターとの協働を進めること、また、その際にはボランタリー組織の多様性が考慮されるべきこと
④ ボランタリー組織に従事する人々の労働条件の改善、訓練
⑤ 子どもセンターでの地方当局とボランタリー組織との協働
⑥ 拡張学校でのボランタリー組織との協働
⑦ 多機関協働のための統合的な査察枠組み（the Common Assessment Framewor）
⑧ 子ども・若者・家庭にサービスを提供する組織間の情報の共有[25]
⑨ 子どもトラストによる子ども・若者・家庭サービスの計画策定とコミッショニング[26]
⑩ サービスの供給や計画の策定、コミッショニングについての中央政府や地方当局とボランタリー・セクターとの協議
⑪ 2004年子ども法で法定された機関へのボランタリー・セクターの関わり
⑫ 多機関協働のあらゆる機関がその活動実績を共有し学びあう、等

■ DfES2007年の活動計画より
次に、DfESは2007年に『サードセクターの戦略と活動計画』（*Third Sec-*

tor Strategy and Action Plan）を、2009年にDCSFが『サードセクターの戦略と活動計画：アクションへの意図』（*Third Sector Strategy and Action Plan : intentions into action*）というボランタリー・セクターとの活動計画を刊行した。まず2007年の活動計画の章立てをみると、(1)声とキャンペーン：個人やグループの声を反映させる、(2)コミュニティを強化する、(3)公共サービスの改革、(4)社会的企業、(5)健全なサードセクターのための環境整備、となっており、DfESがボランタリー・セクターに求めている役割、①市民の声の反映やコミュニティの発展といった民主主義の民主化、②公共サービスの刷新、が確実に理解できる。

第1章はまずサードセクターの役割について次のとおり述べている。

① サードセクターは子ども、若者、親をエンパワーし、中央及び地方レベルのサービス形成に関わることを可能にする。「DfESはサードセクターがコミュニティやそのニーズを理解することにたけていることを知っている。DfESは傷つきやすい人々やその人達の認識されにくい声に接するというサードセクターのユニークな役割に期待している」（DfES 2007b：p.4）。
② 中央レベルではとりわけ、傷つきやすいグループやコミュニティについての政策の発展やサービスの供給にサードセクターの知識や経験が活用されることを望む。
③ 「地方レベルでは、例えば子どもトラストや拡張学校におけるサービスの供給、ECMに記された目標の達成において、地方当局や学校がサードセクター組織と協働することを奨励する」（DfES 2007b：p.4）。

このように述べた後、中央レベル及び地方レベルにおけるサードセクターの関わりについてそれぞれ具体的に記されている。ECMとの関係については次のような記述がみられる。

① サードセクターの組織は多様で、領域によっても関わり方が異なる。例えば子ども保護の領域では歴史的に大きな組織がその政策協議に関わってきたが、拡張学校のような領域は現在熱心に政策形成やサービス提

供についてのサードセクターとの協働が進められており、ECMはパートナーシップのよい例となっている（DfES 2007b：p.4）。

　第2章はコミュニティの強化の章であり、まず最初に、「中央政府は強い活動的な結束力の強いコミュニティの建設をめざしており、サードセクター組織とりわけ地方のコミュニティグループが鍵となる貢献を果たすと認識している」（DfES 2007b：p.10）と述べ、続いてDfESの見解としては次のように記している。

　　コミュニティは子どもセンターや学校、拡張学校、若者グループのような物理的な環境に基づいたものであったり、関心や活動、経験に基づくものであったりする。……サードセクター組織はそれ自身しばしば関心に基づくコミュニティであり、また社会関係資本の創出に車輪の中心として活動し、直接的に貢献することができる（DfES 2007b：p.10）。

　このように述べた後、① 地方コミュニティを基盤としたグループによるコミュニティの発展やコミュニティの結束の強化、② 阻害された若者や家庭を社会や政策形成に取り込むことに、サードセクター組織を活用する、③ ボランティアの数を増加させまたボランティアについての価値認識を高める、④ コミュニティに社会関係資本を創出する、という4つの観点からサードセクターの関わりを述べている。具体的には以下のような記述がある。

① 子どもセンターや拡張学校は重要なコミュニティのリソースを提供し、コミュニティ活動の車輪の中心となり得る。学校は拡張学校でどのようなサービスを提供するのかコミュニティと相談し、コミュニティ組織と協働する。
② 社会的排除の対策にサードセクターを活用する。例えばサードセクターは教育や訓練によって人々を社会に戻す重要な役割を果たす[27]。

　第3章は公共サービスの改革についての章であり、まず、「サードセクターは歴史的にユーザーのニーズに焦点をあわせて、公共サービスの提供に重

表1　DfESが関わるサービスの財源と供給主体

市　場	財　源	供　給
親への支援	主に私的負担、徐々に国家資金の増加	主にプライベートとサードセクター
保育	主に私的負担、国家による補助	主にプライベートとサードセクター、いくぶん地方当局
子どもセンター	主に地方当局	主に地方当局、サードセクターの関与
学校	主に国家	主に国家
特別支援サービス	主に国家(教育、ケア、健康)	多用な提供者
拡張学校	主に国家	未定
オルタナティブ・スクール	国家	主に国家、サードセクターの関与

(出典・DfES 2007b：p.18 より抜粋)

要な役割を果たしてきた」(DfES 2007b：p.17)。一連の政府のレポートは柔軟で刷新的なアプローチなどサードセクターに信頼を置いている、と述べ、「公共サービスを改革するためのDfESのビジョン」として例えば次のように記している。

● 親への支援、障がいを持つ子どもへの支援、幼年期におけるサービスや保育施策の発展といった新しい政策動向は、民間機関による公共サービスの提供に新しい可能性を申し出る。

そしてここでは、次のとおりサードセクターの特別な貢献を可能にする市場の形成について述べていることが注目される。

DfESは多様な市場のなかで活動している。例えば、高等教育に進む学生は自発的にそうしているのであり、それへの対価の支払いが期待される。これは義務教育から除外された子どもへの施策と対照的である。

このように述べ表1のような一覧表を示している。この表でまず気づくことは、潜在的であれ意図的であれ、サービス供給主体の多元化、供給と財源の分離という福祉多元主義が基盤にあることである。具体的にみていくと、「学校」は資金提供も供給も主に国家が行うのに対し、保護者支援や保育、子どもセンター、拡張学校といったECMで提起されている主要な施策はサードセクターのサービス提供に期待されていることがわかる。さらにこの

「活動計画」の説明では、学校でさえアカデミー[28]をはじめサードセクターとの関わりを進めており、また学校から排除されたあるいはその危機にある子どものための学校外の教育の提供にサードセクターが取り組んでいて、DfESはそうした取り組みをさらに進めると述べている。

第5章の「健全なサードセクターのための環境整備」では、冒頭で「新しい刷新的な方法でサービスを供給する多様なサービス提供者がより大きな競争を生みだす、そのような市場の開放を求めている」（DfES 2007b：p.28）と述べ、そしてこのような状況に貢献するサードセクターの環境整備をめざしていると述べている。内容的にはコンパクトの反映、とりわけ小規模ボランタリー組織の予算の安定、小規模サードセクター組織は契約上不利であること、契約における競争力を強化するためのサードセクターの能力育成、そのための資金の提供、労働力の育成（スキルや資格の向上）、等が述べられている。

なかでも、小規模サードセクター組織が契約上不利であることについての次の指摘が注目される。複雑な契約プロセス、多くの条項を持つ冗長な契約、同様のサービスであるにもかかわらず異なる契約手続き、それによるコスト高、こうした弊害に対して、契約や条項の標準化が求められている。標準化によって、ボランタリー組織の負担を減らし、公正で透明性のある市場が生みだされる。DfESはあらゆるセクターのサービス提供者と地方当局を含んで、標準化に取り組んでいる。ただ、一方でそのような標準化は量も少なく契約内容が個別化されるDfESのサービス領域では不適合である（DfES 2007b：p.30）。

このように第5章は、その冒頭の記述からわかるとおり、サッチャー以来の福祉サービスの民営化、競争原理の導入の色彩を色濃く残している。しかしその一方で、そのような契約文化においては小規模ボランタリー組織が契約上不利となること、DfESの供給するサービスがそのような契約文化に必ずしも適合しないことの指摘もあり、サードセクターによる公共サービスの提供において、アンビバレントな状況であることがわかる。

■ DCSF2009年の活動計画より

さて、次に2009年の活動計画について検討する。この活動計画は2007年

以来の成果を確認し、「サードセクターとのさらなる緊密な取り組みを提案する」（DCSF 2009：p.5）ものである。2007年の活動計画と比較すると、2007年の活動計画はECMで述べられている内容を含んではいるものの、ECMをとりたてて意識したものでは必ずしもなかったのに対し、2009年の活動計画はよりECMの枠組みを強く意識し、ECMで述べた目的やその活動に焦点を当てて、サードセクターの取り組みが記されている（DCSF 2009：p.5）。したがって、2007年からの2年間で、ECMがより浸透したことがわかる。

まず、第1章は活動計画の背景が述べられ、以下のことがらが記されている。

① サードセクターは非常に多様で果たす役割も多様だが、その大多数の組織は小さく、資金も乏しく、地方を基盤としている。
②「DCSFは包摂的で活気に満ちたコミュニティを生みだすサードセクターの役割を認識している。そのコミュニティで、子ども、若者、そしてその家族が支援され成長する。これはコミュニティをエンパワーし活動的な市民を生みだすという中央政府の目的に重要な貢献を果たす」（DCSF 2009：p.5）。
③「DCSFはサードセクター・オフィスや他の省庁と密接に連携し、パートナーシップの改善に努め、また、中央政府とサードセクターとの積極的な協働を確保する」（DCSF 2009：p.5）。また私たちはコンパクトに従って活動し、コンパクトの改善に努める。

そして、この活動計画が最も紙幅をさいているのが第4章であり[29]、ここではECMが示した5つの成果目標――①健康であること、②暴力や犯罪等から守られ安全であること、③学力や学校生活の改善、④コミュニティや社会に貢献すること、⑤経済的な福祉を得ること――のそれぞれに記述がなされている。そこで記されているボランタリー・セクターと協働する具体的な政策をあげると次のようなものがある。

① 健康――10代の妊娠戦略（Department's Teenage Pregnancy Strategy）、

学校でのメンタルヘルスへの取り組み（Targeted Mental Health in schools）、その他障がいを持つ子どもとその家族への取り組み
② 安全――いじめへの取り組み、ピア・メンタリング
③ 学力や学校生活の改善――家庭を考える計画（Think Family Projects, 親支援）、子どもセンターのネットワーク
④ コミュニティや社会への貢献――「今日の若者」（the Youth of Today, コミュニティの変革をリードするための若者への機会の提供）、社会的企業の活用
⑤ 経済的な福祉――NEETへの支援、子どもの貧困への取り組み[30]

このように、これまで繰り返し論じてきたとおり、DfESやDCSFもECMのもとでボランタリー組織の特性を認め、多機関協働の中心的なパートナーとしてボランタリー組織を位置づけ、①コミュニティの発展も含めた民主主義の民主化、②公共サービスの刷新をめざしていることがあらためて確認できる。一方、それを実行するための具体的な仕組みとして「契約」を位置づけていることも明らかであり、そこから生じる小規模ボランタリー組織に関わる問題を認識し、資金提供などその支援にあたろうという意図は確認できた。

さて、本研究の研究仮説は、ECMが「三つの基盤法則」を受け継いでいること、したがって、労働党の教育政策はその政権終了まで「第三の道」の要素を強く持ち続けたというものであった。本章は、2003年9月議会に提出されたECMの政策文書（緑書）の分析から始め、その政策形成・実施過程について労働党政権末期のブラウン政権まで論究し、この研究仮説を実証した。次に、ECMの政策展開の具体的な実像、その政策の成果と課題を検証する。

第10章
◆
ECMにみるポスト福祉国家像・2
・・・・ 子どもセンターについて

　就学前の子どもとその家庭に対するECM（Every Child Matters）の中心的な施策が子どもセンターであり、就学後のそれが拡張学校である[1]。本章では子どもセンターの政策展開を明らかにし、ECMが示すポスト福祉国家像を明らかにする。

1　英国の就学前教育・保育——子どもセンターの誕生まで

　英国では伝統的に、子育ては家庭で行われるべきものという考え方が強かった。戦後の福祉国家構想の基礎となったベバリッジ報告も、男性は労働、女性は家事という認識が強く、英国はこのモデルの基に福祉国家を構築していった[2]。サッチャーもヴィクトリア朝的な専業主婦のいる家庭像を理想とし、サッチャー政権時の1989年児童法も、子どもは家庭のなかでこそ健全に育つという理念に基づいていた。したがって、英国の公的な保育制度は労働党政権まで長らく未整備であった。公立の保育機関デイ・ナーサリーは困窮や障がいというニーズのある子どもを対象としており、共稼ぎで母親も就労している子どもについてはニーズがあるとはみなされず、公立デイ・ナーサリーは働く親のための保育を提供できるとはされたが、それを目的とした機関ではなかった。また、こうした親にとっては私立のデイ・ナーサリーがあったが、保育料は高額であり低所得者には手の届かぬものとなっていた。
　一方、公的な保育サービスの未整備は、親族や友人などによる保育、自宅で報酬を得て子どもの世話をするチャイルドマインダーと呼ばれる家庭保育

員、ナニー（ベビーシッター）などのインフォーマルな保育の成長を促してきた。1960年代以降ではプレイグループと呼ばれる親たちによって運営される保育組織も誕生し広がった。

また、就学前教育機関としては公立のナーサリースクール、小学校のなかにおかれる3〜5歳児対象のナーサリークラス、小学校に早期入学した子どもが最初に入るレセプション・クラスがある[3]。

このように1970年代頃から、就労する母親や離婚、ひとり親家庭の増大などを背景に、保育のニーズが高まってきたにもかかわらず、3〜4歳児に対し限定的な公的幼児教育は提供するが、就労する母親の保育については、インフォーマルな保育に頼るかあるいは高額な保育料を自ら負担するか、という保育政策の状況であった。

それに対し労働党政権の誕生は、それまでの就学前教育・保育政策を大きく変えることとなった。1998年5月、政権に就くやいなや教育雇用相は協議文書『子どもケアへの挑戦』(Meeting the Childcare Challenge)のなかで「全国子どもケア戦略」(National Childcare Strategy)を打ちだし、次の三つの施策を提起した。(1)ケアの質の向上、(2)児童手当の増額や課税控除の導入などにより、より多くの家庭にとって支払い可能なケアとする、(3)ケア対象の増大とよりよい情報の提供。また、幼児教育については、1998年9月からすべての4歳児に年間33週、週5日、一日2時間半の無料教育を提供し、長期的には3歳児にも同様な機会を提供するとした。

さらに2004年には、財務省（HM Treasury）、DfES、雇用年金省（Dep. for Work and Pensions）が予算編成報告として政策文書『両親の選択、子どものための最善の出発：子どもケアのための10年戦略』(Choice for Parents, the Best Start for Children : a Ten Year Strategy for Childcare)を刊行した。ここでは先の「全国子どもケア戦略」と比較し、仕事と家庭生活のバランスを改善するための保護者の選択が強調されている（choice and flexibility）一方、ケアの質の向上や定員の確保、すべての家族に負担可能なケアの方向性は変わらない。そして、2010年までにすべての3、4歳児に週15時間、年間38週の質の高い保育を無料で提供することがめざされている。幼児教育については、3、4歳児の無料教育の一層の拡大が盛り込まれた（HM Treasury et al.のリーフレット参照、〈http://www.plymouth.gov.uk/de/textonly /ten_year_str

ategy_leaflet.pdf〉最終アクセス日：2016年4月16日）。
　そして、この2004年の報告書は、2010年までに子どもセンターをあらゆるコミュニティに設置することも提言した。

2　子どもセンターの構想

■子どもセンターの前身

　子どもセンターの前身は、「就学前児童モデルセンター」（Early Excellence Centres. 1997年より設置）、「確かな出発の地域プログラム」（Sure Start Local Programmes. 1999年より実施）、「近隣ナーサリー先行施策」（Neighbourhood Nurseries Initiative. 2001年に計画発表）にある。2006年9月時点の1,000の子どもセンターの内、およそ500が「確かな出発の地域プログラム」、430が「近隣ナーサリー先行施策」、70が「就学前児童モデルセンター」を前身とするものであった（NAO 2006：p.7）。
　「就学前児童モデルセンター」は「全国子どもケア戦略」で提案された幼児教育と保育サービスを統合して提供する幼保一体型施設で、家族への支援、ニーズのある子どもへの早期介入、親のための教育・研修、成人教育等も担うワンストップセンターをめざした。1999年12月の時点で既に29のセンターが設置されており、2003年8月にはイングランドで107まで増えた。一般的には困窮地域に多く設置されている。
　「確かな出発の地域プログラム」は、4歳以下の子どもとその家族を支援するため次のようなサービスを一体的に提供する総合的な家族支援事業である。幼児教育・保育、母子保健サービス、特別なニーズを持つ家族への健康支援、特別なサービスへのアクセス支援、家庭訪問等。当初は困窮地域を対象としていたが、次第に全国的な事業に発展していった。また、「確かなスタート」（シュアスタート）とは、子どもが人生の確実なスタートを切ることができるように、幼児期の段階から政府が子どもとその家庭を積極的に支援していくという意味が込められている。
　「近隣ナーサリー先行施策」は、困窮地域におけるコミュニティ再生戦略の一環として、困窮地域とその他の地域の児童ケア施策のギャップを埋めるために導入された。特に一人親家庭のニーズに合うよう整備された幼児教

育・保育、家族支援サービス施設であった（以上、Cheminais, R. 2007、伊藤善典 2006、岩間大和子 2006、埋橋玲子 2007、山田敏 2007、等参照）。

ところで、「確かな出発の地域プログラム」誕生の経緯を山田敏（2007）は次のとおり述べている。1997年の総選挙の勝利を得て、新労働党政権はUK全体の「包括的支出見直し」（Comprehensive Spending Review）に取りかかり、1年後にその結果を発表した。その見直しのなかにはいくつかの省庁部局にまたがった見直しも6つあり、その一つが就学前の子どもへのサービスの見直しで、そこから誕生したのが「確かな出発の地域プログラム」であった。そして、この多省庁間にまたがるプロジェクトを統括するために、教育雇用省内に「確かな出発ユニット」（Sure Start Unit）が新しく設置された。なお、2003年には子どもサービスの統合化を進めるためにDfES内に新しく設けられた子ども大臣（Minister of Children）が、このユニットの責任を負うようになった（山田 2007：313-359頁）。このようにこのプログラムは、誕生の当初から省庁横断的で、ジョインド・アップ政府の特徴を有していることがわかる。

さらに、山田はこのSure StartとアメリカのHead Startとは共に「貧困の追放」を根本の目的としており、共通点として以下の三点をあげている。①就学前の子どもへの教育やケア、健康さらにその家族や地域社会へのサービスも行う「包括的な支援」である。②包括的なサービスを提供するためにいくつかの行政上の部局が連携している。③子どもを取り巻く親やサービスの提供者など、地域の多くの関係者や関係組織が協力体制を構築している（山田 2007：317-310頁）。この指摘から、「確かな出発の地域プログラム」も「三つの基盤方策」の特徴を有していたことがわかる。

■子どもセンターのプロジェクト

さて、以上の先行施策あるいは他の幼児教育施設をより総合的なセンターとして発展させたものが、「確かな出発」（Sure Start）の子どもセンターである。子どもセンターは2002年に発表され、2003年にまず困窮地域に導入された。そして、先の2004年予算編成報告書『両親の選択、子どものための最善の出発：子どもケアのための10年戦略』で重要戦略とされ、2008年までに2,500、2010年までにイングランドのすべてのコミュニティに一つ、

計3,500の設置がめざされることとなった。そして、2007年のDfESの文書（DfES 2007a,〈http.//www.wandsworth.gov.uk%2fdownload%2fdownloads%2fid%2f1619%2fgovernance_guidance_for_sure_start_children_centres_and_extended_schools〉最終アクセス日：2016年4月17日）によると、イングランドで1,250のセンターが設置されており、さらに2010年5月の政権交代直前の同年4月末日には、同じくイングランドで3,631のセンターが設置された（Local Authority Area and Government Office Region in England）。

子どもセンターは、困窮地域では次のサービスを提供することが求められている。

① 5歳未満児の教育と保育（最低一日10時間、週5日、年間48週）
② 出生前を含む子どもと家族への保健医療サービス
③ その他親や家庭への支援
④ チャイルドマインダーのネットワーク
⑤ スペシャル・ニーズを持った子どもや親へのサポート
⑥ 公共職業安定機関との連携

また、一般的な地域では、地方のニーズに応じて柔軟なサービスの提供が地方当局に求められている（DCSF 2007a,〈http.//www.dcsf.gov.uk/research〉）。

そして、これらのサービスは公共セクター、ボランタリー・セクター、民間営利セクターの、多様な機関が協力して提供される多機関協働であることはいうまでもない。さらに、これらの多機関協働サービスはとりわけ困窮地域においては通常子どもセンターのなかでワン・ストップで提供される。また、多機関協働のためには多機関共通のビジョン、共通の現実的なセンターの目標が求められる。同時にそれぞれの機関の役割や責任も明確にされなければならない（Cheminais, R. 2007：pp.14-16）。

また、DfESが2007年に発行した文書『子どもセンターと拡張学校のためのガバナンスガイド』（*Governance guidance for Sure Start Children's Centres and extended schools.* DfES 2007a）は、題名どおり子どもセンターと拡張学校のガバナンスについてのガイダンスである。ここでは子どもセンターのガバナンスについては次のとおり記されている。

学校には法律で定められた学校理事会という組織があるが、子どもセンターにはそのようなガバナンスの法的基盤がない。そこで、法的な権限を持つ組織ではないが子どもセンター助言委員会（Sure Start Children's Centre advisory board）が意思決定における重要な役割を果たし、親やコミュニティの知識や見解を反映させることを予定している（DfES 2007a：p.12）。

　多くの親はすでに学校理事会において重要な役割を果たしている。……子どもセンター助言委員会においても親は強い代表性を持つべきである（DfES 2007a：p.18）。

　このように、DfESのガイダンスは親が子どもセンターのガバナンスに加わることを強調している。そして、さらにここで注目すべきは以下の指摘である。「しかし、これだけでは充分ではない。できることが多くあるにもかかわらず公的なガバナンスに参加しようとしない多くの親がいる」（DfES 2007a：p.19）。私たちはすべての親が地方サービスに関わるよう努力しなければならない。このように述べ、具体的には次のようなことを提案している。子どもセンターと拡張学校は地方コミュニティのニーズ、とりわけ排除されるリスクを持つグループについて認識し、「異なった親は異なったニーズを持つということを理解し、こうしたグループへの入念なアプローチを行い、親との効果的な協働に取り組まねばならない」（DfES 2007a：p.20）。このように述べた後、具体的な施策として家庭訪問、父親の参加、ドロップ・インの相談会、多様な言語による調査を推奨している。さらに、家庭とのつながりを確立している地方のボランタリー組織があり、子どもセンターや拡張学校がこれらの家庭と接触する一助となる、とボランタリー組織の役割についてもふれている。
　4章では、子どもトラストや地方当局の役割について述べている。地方当局は子どもセンターや拡張学校の戦略的なリーダーシップをとり、予算、労働力、協働などの整備を行う役割を持つことが記されている。また、子どもセンターについての行政組織として、比較的大きな地方当局や田舎の地域で

は、エリアマネージャーをおき、ローカリティを基本とした行政をとっていることが記されている。そして、エリアマネージャーは民間営利セクター、ボランタリー・セクター、親や地方コミュニティ他一連の機関に支援され、地方の子どもや家庭により密着して活動することができるとしている。また、労働力については、子どもセンターが多機関と協働する場合、雇用、解雇、規律、管理、研修について確実に契約あるいは合意文書を締結すること、一般的にスタッフィングについて文書での確認が基本となっていることも記されている。多機関協働における共通の査察枠組み（Common Assessment Framework）の必要性も強調され、2008年までにすべての地方当局が整備するよう期待すること、多機関による情報の共有も強調され、そのための多機関スタッフ間の文書による合意、2008年末までにコンタクトポイント（Contact Point）をイングランドの全領域で導入予定であること等が記されている[4]。

　次の章ではあらためて子どもセンター助言委員会について述べている。まず、すべての子どもセンターが助言委員会を持つことを期待すること、助言委員会は、公的機関、民間営利機関、ボランタリー・セクター、親や地方コミュニティを含むあらゆるステークホルダーによって代表され、活発な意思決定への参加を促す組織であることが記されている。その権限はスタッフィングや計画、予算等、子どもセンターの全般にわたって助言をすることにある[5]。他には、1センターに1助言委員会をおくことが基本だが、子どもセンターのクラスターで共有してもかまわないこと、等も記されている。また、2002年子ども法（Education Act 2002）は学校理事会が子どもセンターを提供してもよいことを定めた。この場合、地方コミュニティや民間営利組織、ボランタリー組織などのサービス提供者を学校理事会のメンバーに追加することも推奨されている。さらに、この章では、子どもセンターのマネージャーについても記されている。ここでは、マネージャーは予算や計画の作成、自己評価等について助言委員会としっかり協議することがまずもって強調されているが、これに加え、①労働力の管理について、多機関からの労働者については元の機関と協力して管理にあたること、②多機関の境界を越えたマネージャーのリーダーシップが求められ、そのための訓練が必要なこと、が記されていることが注目される。

表1　家庭支援サービスの内容

(％)

	総計	提供 センターが提供	他機関が提供
親や保護者へのリテラシーや数量的能力プログラム	88	48	40
障がいを持つ子どもの親への支援	88	57	31
ひとり親家庭への支援	86	56	29
10代の親への支援	84	45	39
ドラッグやアルコール依存の家庭への支援	78	29	49
メンタル・ヘルス	74	30	45
特別なマイノリティ・エスニックグループへの支援	67	35	31
収監中あるいは犯罪者の親の家庭への支援	65	26	39

(出典・DCSF 2007a：p.17 より抜粋)

3　子どもセンターの実像――報告書より

■ DCSF2007年の報告書

それでは、子どもセンターでは実際にどのようなサービスが提供され、どのような全体像を示しているのであろうか。2007年のDCSFの報告書『2006年子どもセンター調査』(*2006 Childcare and Early Years Providers Surveys Children's Centres*, DCSF 2007a) から記しておく。まず、2006年3月現在、イングランドで823のセンターが設置され、その内79％のセンターが困窮地域にある。これらの子どもセンターの所有は、地方当局単独あるいは共同所有 (50％)、ボランタリー・セクター単独 (20％)、民間営利セクター (17％)、学校／カレッジ (8％)、その他 (6％) となっている。また、チャリティ組織として設立されたセンターは58％、営利組織として設立されたセンターは39％である。80％のセンターが年間50週以上オープンしている。

子どもセンターでは、96％のセンターが保育サービス[6]を、95％のセンターがなんらかの家庭支援サービスを提供している。家庭支援サービスの具体的な内容は表1のとおりであり、多様なサービスが提供されていることがわかる[7]。

次に、子どもセンターの利用者であるが、全日保育を受けている子どもの数は40,050人、その内ブラック・アンド・マイノリティエスニック (BME)

グループは24％である。2001年の人口調査によるとBMEグループの7歳以下人口の割合は15％であるから、他のグループと比較してBMEグループの子どもセンターの利用者の割合が高いことがわかる。

しばしば問題とされるのは子どもセンターで働くスタッフについてである。この報告書は終日保育に従事するスタッフを取り上げている。まず、スタッフの給与は平均時給£9.30[8)]であり、UKの全職種の時給平均£11.12（女性は£10.24）より低い。これはスタッフの性別、資格の問題とも関わっている。子どもセンターの保育サービスで働く有給スタッフの97％が女性である。資格については、学士を持つスタッフは13％にすぎない。センターの経営に責任を持つスタッフに限っても36％である。GCE‐Aレベルに匹敵する資格（職業資格も含む）を有するスタッフでさえ80％にすぎない。ただし、スタッフの訓練は行われている。訓練計画を有するセンターは85％あり、予算も87％のセンターが所有している。センターが提供する訓練内容は次のようなものである。救急（60％）、食品衛生（46％）、保育訓練（42％）、子ども保護（42％）、健康・安全（34％）、障がい理解（23％）等。

最後に終日保育に関わる財政関連について記されている。終日保育を受けるために利用者はまずデポジットあるいは登録費用を支払わなければいけない。その中央値は£25であるが、ロンドンになると平均£148にもなる。保育費用は子どもの年齢によって異なるが1時間平均£2.50であり、仮に一日8時間の保育だと£20、週5日で£100にもなる。ただし、利用者はこれらの費用を全額支払うものではなく、税額控除等を受けている。また子どもセンターはこうした保育料に加え、中央及び地方政府からの補助金、「確かな出発」や「近隣ナーサリー先行施策」等からの特定資金を受けて運営されている。

■保護者の満足度

次に、こうした子どもセンターを親はどのように利用し、受け止めているのであろうか。DfESは2007年に『2007年子どもセンター保護者満足度調査報告』(*Sure Start Children's Centres Parental Satisfaction Survey Report and An-nexes 2007*) という調査報告書を発行している。この調査はDfESの調査チームが2007年3月に、イングランドの39センター（ほとんどが困窮地域）を

表2 親が利用しているサービスの内容

(%)

フォーマルな教育・保育	65.7
インフォーマルな保育*	40.5
図書館	26.0
トイ・ライブラリー	18.9
ドロップ・イン・グループ	16.8
健康相談	15.4
産後支援	13.9
育児相談	12.3
カフェ	11.4
親教育	10.8
栄養相談	8.9
言語療法	8.1
妊娠中の相談	7.5
特別支援	3.3

注・*ドロップ・イン、クレッシェ（一時預かり）等。
(出典・DfES 2007c：p.9 より作成)

表3 親にとっての利益

(%)

他の親と出会う等の社会化	51.8
フレンドリーなスタッフや質の高いサービスという環境	45.9
家から外に出る	41.6
仕事や学び以外の時間の確保*	32.2
仕事や学びの時間の確保	30.2
必要なときに助言や支援を得る	27.8
親としてのスキルや自信の獲得	19.2
ワンストップサービス	16.6

注・*家事、他の子どもの育児、レジャーの時間等。
(出典・DfES 2007c：p.12 より作成)

表4 子どもにとっての利益

(%)

友だちが増える等の社会化	73.8
新しいスキルの学習	65.4
安全な環境の提供	61.2
遊びの機会の提供	48.3
行動の改善	22.7
健康その他特別なサービスの提供	15.4

(出典・DfES 2007c：pp.11-12 より作成)

利用する656の親に依頼し、519の親から回答を得た（回答率79％）ものである[9]。

まず、表2は親が利用しているサービスを示す。利用頻度は、毎日は34％、週に3〜4度は21％、週に1〜2度は36％、となっている。満足度は98.5％に到達している。

表3は親にとっての利益、表4は子どもにとっての利益についての回答を示している。共に「社会化」が第一位となっており、子どもセンターは、スキルの獲得等、親や子どもの個のニーズを満たすだけではなく、社会的包摂に重要な役割を果たしていることが理解できる。

4 子どもセンターへの訪問調査

2007年にイングランドの3つの子どもセンターを訪れる機会を得た。それ

ぞれの子どもセンターを紹介し、子どもセンターの実際を描く。

1　Hungerford Bridge/Goodinge Children's Centre

同子どもセンターはロンドンの北東部Islingtonカウンシルにある。2007年8月センターを訪問しセンター長からお話を伺った。イズリントンカウンシルには2006年3月に最初の子どもセンターが誕生し、筆者が訪問した2007年8月当時9のセンターが設置され、4つのセンターが建設中、2008年3月までにさらに3つのセンターが建設予定とされ、現在（2012年末）では計16のセンターがある。これはすべての人が歩いていける距離に子どもセンターがあるとされる（イズリントン発行のリーフレットより）。

センターが提供する核となるサービスは4カ月から5歳までの保育及び教育である。保育は、週5日、年間48週、一日10時間提供しており、大学で2年間の訓練を受けた資格（degreeではない）を持った教員（early year educator）が担当している。家族支援サービスには、親への出産前の助言やサポート、母乳での子育てや栄養についての情報・支援の提供、親の禁煙指導、10代の母親への支援、ジョブセンターとの連携、読み聞かせ、トイ・ライブラリー、音楽、スイミング、ホメオパシー、法律相談、セラピー、言語療法（speech and language therapy）、ドラッグや親が収監中の家庭の支援、子育て教室（子どもをたたかない、子どもとのコミュニケーションの取り方、子どもとの遊び方、子どもへのサポートの仕方、子どもとの関係のとり方、等）、英語教室、虐待を受けている子どものいる家庭への支援、父親へのサポート、DVや鬱病の家族の家族旅行、特別支援、学校や拡張学校との連携等、多岐にわたる。

これらのサービスを提供するのに親との関係を大切にしており、教育や保育にあたっては、親と教員が相談しながら行う、親もセンターにやってきて一緒に子どもと遊ぶといったことが行われている。他にも例えば、センターの1室でランチを提供して親同士のコミュニティを作り、さらにセンターにやってこない親たちにも輪を広げたり、母乳による子育てについても仲間支援グループを作る等の親同士の関係作りに取り組んでいる。

スタッフはすべて地方政府に雇用されており、そのポストと数は次のとおりである。

① Babies（4カ月から2歳）クラス：教員、4名（子どもの数12名）
② Toddlers（2歳から3歳）クラス：教員、5名（子どもの数20名）
③ Nursery（3歳から4歳）クラス：教員、4名（子どもの数32名）
④ Reception（4歳から5歳）クラス：教員、4名（子どもの数60名）
⑤ Receptionist（事務）、2名
⑥ Family Support Workers、2名（パートタイム）
⑦ クリニカル・サイコロジスト、1名（週に1日）
⑧ 言語療法士、1名（週に1日）
⑨ Community Link Workers、2名（パートタイム）／子どもセンターに来ない家庭に対し家庭訪問を行う。最初はインフォーマルな会話を行い、徐々にコミュニケーションをとっていく。
⑩ シニア・ソーシャル・ワーカー、1名（週に1日）
⑪ 副センター長（Deputy Head）、1名／カリキュラムや教育のヘッド
⑫ センター長補佐（Assistant Head）、1名／ファミリー・サポートその他の上記以外のヘッド、ただし、副センター長とセンター長補佐は協力して活動する。
⑬ センター長、1名

2 Bird in Bush Centre

バードインブッシュセンターはロンドン南部に位置し、ボランタリー組織カトリック・チルドレンズ・ソサイアティ（Cathoric Children's Society）が所有、運営する子どもセンターである。同ソサイアティは1889年に設立され、2006年度の収入は約470万ポンド、有給スタッフはパートタイマーも含め147名（フルタイムに換算すると100名）であり、歴史のある中堅のボランタリー組織である。子どもとその家庭を支援する取り組みを行い、拡張学校にもサービスを提供している。筆者は2007年8月に同組織のディレクターにインタビューし、同年9月にセンターを訪問しセンターマネージャーからお話を伺った。

バードインブッシュセンターは1986年に設立され、2000年までは11歳から16歳までの子どもを対象としたサービスも提供していたが、現在（2007

年9月）では就学前の子どものみを対象としている。サウスウォーク（Southwark）カウンシルと契約を結び、子どもセンターとしてのサービス提供を行っている。センターのサービスの核は保育であり、資格を持った保育者が、月曜日から金曜日までの午前8時から午後6時まで、年間49週のサービスを提供している。

そのほかに提供しているサービスは次のようなものである。

① 週2回90分、2～3歳児とその親に遊びながら子育て相談等の提供
② 特別支援
③ 英語教室
④ ミュージックセッション
⑤ 言語療法
⑥ 保健相談
⑦ 家庭訪問、等

このなかのユニークなサービスとしては、1989年子ども法（Children Act 1989）に基づき、カウンシルとの契約で行われているコンタクト・センターとしての取り組みがある。これは毎週土曜日に行われ、別居している親や叔父、叔母、祖父母などが子どもに会いに来る、そのアレンジをするサービスである。1週間あるいは2週間に一度、1回2時間のアレンジが基準とされている。

次に、ここで提供されているサービスを費用負担の点からみていくと、全日の保育サービスは保護者からセンターに料金が支払われ、保護者は収入に応じて最高75％の補助を中央政府から得ている。保健医療サービスや資本支出も中央政府から資金提供を得ている。一方、スペシャル・ニーズ・ワーカー（マイノリティの親子に英語を教える）や言語療法士（常駐）によるサービスなどは地方当局が資金を提供している。

また、以下の内容のサービスを提供するためにセンターは地方当局と1年契約を結び年間23,000ポンド（人件費£20,691、管理費£2,078、その他£232）の資金提供を得ている。

① 週2回、2～3歳児とその親に遊びながら子育て相談等の提供
② 特別支援
③ 土曜日のコンタクトセンター
④ 月1回のミュージックセッション、その他

契約は、ECMに基づいてサービス提供がなされること、とりわけ若い親、ひとり親、障がいを持つ子どもの親、マイノリティ・エスニック、DVやドラッグの問題を抱える家庭等を対象としてサービス提供を行うことを記し、他にも以下のようなことが規定されている。

① センターは地方当局から日常的なモニターを受ける他、年4回のモニターレポートを、年度末に評価レポートを提出しなければならない。そこでは、例えば4半期に4歳以下の子ども20名がコンタクトセンターに参加したかどうか等の具体的な数値目標がチェックされる。
② 他の公的組織、ボランタリー組織、子どもセンターと協力してサービスの提供にあたる。
③ 地方の会議に参加する。

この契約事例から、地方当局からボランタリー組織への資金提供のあり方をうかがい知ることができる。つまり、ボランタリー組織は地方当局と短期の契約を結び、サービス内容が決められ、それに基づく査察を受け、報告レポートもたびたび提出しなければならない。この状況について、ボランタリー組織のディレクターはファンドを受けているが、地方政府のモデルに組み込まれることは望まない。できれば地方当局から独立して子どもセンターを運営したい、と語っていた。

なお、このように政府や保護者からの収入はあるものの、センターの経費の多くは寄付等ソサイティ独自の資金でまかなわれている。

3 Birchwood Children's Centre

バークウッド子どもセンターはイングランド中東部にあるリンカーンシャー（Lincolnshire County）公立の子どもセンターである。2007年9月同センタ

ーを訪問しプログラムマネージャーからお話を伺った。リンカーンシャーは農場で働くポーランド人の移民が多くロンドンと同じようなマイノリティの問題を抱えているという。当時リンカーンシャーには13の子どもセンターがあり、今日（2012年12月）では48にまで増えている。

バークウッド子どもセンターは完全な公立公営の子どもセンターである。フルタイム、パートタイムを併せて約20人の有給スタッフが働いている。ヘルス・ビジターやファミリー・サポートワーカーはフルタイムであり、看護士は週2日勤務している。子どもセンターの理事会（The Sure Start Birchwood Children and Families Partnership Board）は20名で構成され、親の代表が10名、残りを地方当局やナースリー・スクール、教会、そして複数のボランタリー組織の代表などで構成されている。

提供されているサービスは、

① 保育[10]
② 育児相談
③ 育児グループ
④ ミュージックセッション
⑤ 職業訓練
⑥ 健康相談
⑦ 家庭訪問
⑧ 言語療法
⑨ スペシャル・ニーズを持った子どものためのプログラム（週2日）
⑩ イブニング・クラス（4時から6時、親のリクエストによって8時半まで）
⑪ 法律相談（月1回、無料）
⑫ クリニカル・サイコロジー（週1回、無料）

等である。

ここでは、他にも多様なグループが多様な活動を行っている。例えば、子どもセンターの1室で13歳から15歳のいじめなどによる不登校の子どものための取り組みを行っている（週2日）グループがある。また、ホーム・スタートというボランタリー組織が提供するサービスもその一つであり、これ

は5歳以下の子どもを持つ家庭を訪問したり、センターに訪れる親子のグループ活動を組織することによって、子育て支援やコミュニティづくりを行うセンターの中心的活動である。妊婦のグループ、母乳での子育てグループ、双子や三つ子の親のグループ、子どもの糖尿病の支援グループもある。

　こうした活動の多くは、一方的にサービスを提供するのではなく、親が子どもをつれて思い思いにセンターを訪れ、そこで様々な活動やミーティングを行うことによって親同士のつながりを作っていく、そして親が誘い合いそのつながりをコミュニティに広めていく、そのような活動が意識されている。

第11章

◆
ECMにみるポスト福祉国家像・3
‥‥拡張学校ついて

―――――――――

1 拡張学校の構想

■前身と理念

　ケミネイズ（Cheminais, R., 2007）によると、これまでも学校はカリキュラム以外の活動や付与的なサービスを提供してきている。拡張学校の先駆は1920年代ケンブリッジシャーでのコミュニティスクールにあり、1970年代及び80年代に入りコミュニティスクールは全国各地に広がり、とりわけ困窮地域を中心に発展したという。また、拡張学校のもう一つの先駆は学校外学習（out-of-school hours learning programme）にあり、これは1977年以降DfEE（Department for Education and Employment）他によって始められたプログラムで、EAZ（Education Action Zones）や困窮地域を対象にEducation Extra（その後 ContinYou）、Business in the Community、Kids Club Network（現在4 Children）といった今日でもECM（Every Children Matters）のもとで活躍しているボランタリー組織を含む多様な組織がパートナーシップを組み、朝食クラブ、宿題・学習支援クラブ、スポーツ・音楽等の芸術活動、ICT等多様な活動を展開した。

　また、ケミネイズは米国と比較し英国の拡張学校の特質を次のとおり述べている。(1)USAの拡張サービスが学習と福祉を総合的に提供しようとするのに対し、英国の拡張学校は学力が重視される[1]。(2)上記の先駆的な取り組みから、英国の拡張学校はコミュニティのニーズ、地理的な立地の違い、資金の違いによって実に多様である（Cheminais, R. 2007：p.5）。

さて、拡張学校の理念とその実施体制はDfES（2006）の次の文章がよく示している。

　拡張サービスを提供することは……学校の通常の仕事の一部分となってきている。しかし、これは単なる授業時間の延長ではない。これは、他の専門家によって提供されるさらなる支援や、教室の外に存在し、子どもたちの十分な学習への発達を妨げている障がいを取り除くサービスを子どもたちは必要としているということである（DfES 2006：p.2）。

　これは、学校だけがこれらの問題に取り組むということではない。……パートナーシップが鍵となる。子どもトラストを活用し、地方当局と健康関連のようなパートナーが学校と共に、コミュニティ全域にわたって特別なサービスを供給する計画をたてる。そして、こうしたサービスの発展にボランタリー・セクターや民間営利セクターと学校との協力が重要な役割を果たす（DfES 2006：p.2）。

■提供されるサービス
それでは拡張学校はどのようなサービスをどのように提供することをめざしているのか。DfESの拡張学校についての趣意書、『拡張学校：すべての者のための機会とサービスへのアクセス 趣意書』（*Extended schools : Access to opportunities and services for all : A prospectus,* 2005）は拡張学校の核となるサービスを次のとおり整理している。①午前8時から午後6時までのチャイルドケア、②朝や放課後の学習支援、宿題クラブ、スポーツや音楽、ドラマ、クラフト、チェス、博物館やギャラリーへの訪問、外国語、ボランティア、職業体験など多様な活動、③親への支援、④専門家への依頼、⑤生涯学習を含めICTやスポーツ、芸術施設などコミュニティへの学校開放（DfES 2005：p.8）。

補足しておくと、①について、保育の供給モデルとして次のものが示されている。(i) 学校が直接供給、(ii) ボランタリー・セクターや民間営利機関など第三者が供給、(iii) 学校群による供給。また、子どもセンターと同じ敷地に拡張学校を設けるなどして、子どもセンターとのつながりを強くする

ことが誕生の時から子どもとその家族を支援するのに効果的であること、また、保育が提供されるスペースが問題となるが、現存の学校施設を授業終了後に活用することがよくあること等も記されている。③について、小学校への入学や中学校への進学といったとりわけ節目となる時期における親への情報の提供、健康や性、アルコール、キャリアといった問題についてのセッション（これらのセッションはボランタリー組織のような特別な組織によって提供されることが効果的）、学校での行動や出席に課題のある子どもの親への支援、特別支援、親への教育、親と子どもが一緒に学ぶ学習などが含まれる。④については、言語療法やメンタル・ヘルス、行動支援（教育心理学者、教育福祉官、等による支援チームによる支援）、家族支援サービスなどのサービスがある。なお、2007年のDCSFの資料DCSF（2007b）では、専門家のサービスとして上記に加えて次のようなものが例示されている。ドラッグや薬物の誤用、SEN、ユースワーカーやメンター、ソーシャルケアワーカー、カウンセラーからの支援。

　以上のようなサービスが多機関の協働によって提供される。趣意書は次のとおり述べている。

> 　多くの学校は核となる拡張サービスを地方の民間営利セクターやボランタリー・セクターとのパートナーシップで、あるいは他の学校との学校群として活動することにより発展させるであろう。……特別支援学校とのパートナーシップからも多くを学ぶことができる。特別支援学校は健康やソーシャルケアの協働についてしばしばすばらしい経験や知識を持っている（DfES 2005：p.19）。

■期待される効果とそのための方法
　次に、趣意書は拡張サービスが提供される効果については次のとおり記している。①学力の向上、②子どもがより広い関心や新しいスキルを身につける喜びを得ることができる、③傷つきやすい子どもの支援、④子どもの学習への親の関与を促す、⑤学校の施設のコミュニティへの活用、⑥多機関のチームを活用し支援を得るなどによって、子どものより広いニーズに適合することができる、⑦保護者が仕事に復帰することにより子どもの貧困を緩和す

る、⑧健康への貢献、等（DfES 2005：p.16）。

　他にもこの趣意書では、次のようなことが述べられている。

① 費用負担については健康やソーシャルケアなどいくつかのサービスについては無料だが、チャイルドケアのようなサービスは有料となる。ただし、チャイルドケアの費用について低所得者は税控除が利用でき、80％まで軽減される。
② サービス提供者が学校を使用する場合、学校と地方当局のどちらかあるいは双方はアカウンタビリティ、責任、サービスの最低基準や質についてサービス提供者と文書での合意を交わさなければならない。
③ 教員には拡張サービスを提供する責任はないし、校長にもそれらをマネージメントする責任はない。「拡張学校は教員や校長の労働時間の延長ではない」（DfES 2005：p.23）。拡張学校のねらいは教授や学習を側面から支援することにあり、教員の負担を軽減することにある。子どもの福祉と学力は相乗的であり、拡張サービスの提供は学習への障害を軽減し、教員を教授に集中させ教員の負担を軽減する[2]。
④ OFSTEDは2005年秋から3年をサイクルとして、学校で提供される教育とチャイルドケア両方をできうる限りカバーする単一の査察を行う。
⑤ 初期費用など拡張学校のための中央政府からの資金提供。

■ボランタリー組織の活動

　最後に、この趣意書は拡張学校の詳細なガイダンスとして、多くのウェブサイトや電話番号を紹介しているが、ここから、拡張学校に多くのボランタリー組織が中心的な役割を果たしていることがわかり、興味深い。

　以下、ここで紹介されているボランタリー組織の活動を記しておく。

① ContinYou——拡張学校支援サービス（Extended Schools Support Service）を運営し、DfESとも協力して、学校や地方当局、拡張サービスの提供者に実践的なアドバイスを提供している。他にも ContinYou は DfESと共同で2000年にBuilding Learning Communities というツールキットを発行し、コミュニティにおける学校の役割について実践的な情

報を提供している。

② 4Children――すべての子どもとその家族が潜在能力を発揮することをめざし設立されたボランタリー組織で、拡張学校におけるチャイルドケアについての情報やガイダンス、刷新的な拡張サービスプログラム等を提供している。

③ National Childminding Association――チャイルドマインダーや家庭を基盤としたチャイルドケア、拡張学校についての情報を提供している。

④ National Day Nurseries Association――幼年期における教育や保育についての情報を提供している。

⑤ Daycare Trust――チャイルドケアについての情報を提供している。

⑥ Youth Sport Trust――体育やスポーツをとおして学校を支援する情報を提供している。

⑦ National Family and Parenting Institute――子育てを支援し、家庭の福利の増進をはかる情報を提供している。

⑧ Parentline Plus――親や家庭を支援。

⑨ Race Equality Unit――BMEのコミュニティを支援。

⑩ Barnardo's――子ども、若者、家庭の支援。

■ガバナンス

次に、拡張学校のガバナンスについて述べておく。

DfES (2007a)「子どもセンターと拡張学校のためのガバナンスガイド」は、拡張サービスが提供される場合、学校の立ち位置としてはコミュニティのニーズに応じて次のようなものがあるという。①学校理事会がサービスをアレンジし、第三者のサービス提供者にサービスの明細を示す。②学校理事会がサービスをアレンジするが、サービス提供者がサービスを管理する。③学校や学校群が直接スタッフを雇う。その場合、校長や拡張サービスマネージャーが管理する。④学校理事会が地方当局に代わって学校で提供されるサービスを許可するが、直接に提供を行ったりアレンジしたりはしない。⑤学校はサービスについての情報のみを提供する。それを提供したり主催したりはしない（DfES 2007a：p.50）。

また、同文書は学校理事会のあり方についても次のように記している。

① 拡張サービスを発展させるために、ソーシャルケアのスタッフやボランタリー組織の代表など学校理事会に新しいメンバーを追加してもよい。逆に、サービス提供に特別な利害関係のある組織は、その議論や決定から外れる必要がある。
② 2006年教育及び査察法（Education and Inspections Act 2006）に基づき、学校理事会は2007年9月より子どもの福祉を推進する義務、コミュニティの結束を発展させる義務を持つ。
③ 2002年教育法（Education Act 2002）に基づき、学校理事会は拡張学校を展開する前に地方当局、親、児童・生徒、コミュニティと広く協議しなければならない。
④ 学校理事会は拡張学校の効果を計るプロセスを確立する必要がある（DfES 2007a：pp.46-49）。

同報告書は他にも以下のようなことも記している。

⑤ 拡張サービスは学校群で提供することができ、その場合拡張学校コーディネーターを置くことができる。
⑥ 多機関協働チームは広い経験や知識を一つにし、プロフェション間の垣根を超える。学校は、他の公的サービスやボランタリー・セクターと、ニーズを持つ子どもの認知や介入のプロセス及び焦点を共有し、密接に協働する必要がある。各学校では多機関からのスタッフが注意深くコーディネートされ、それぞれのスタッフはだれに報告をするのか、だれに助言をするのかを知っておかねばならない。多機関協働チームはチームのアイデンティティを共有し、出身機関から監督や訓練を受けるにしても、一般的には校長や拡張学校マネージャーといったライン構造のなかで管理される（DfES 2007a：pp.50-53）。

さて、以上の趣旨のもとに中央政府は、2006年までにすべての困窮地域に少なくとも一つ、2008年までに小学校の半数、中等学校の1/3、2010年までにすべての学校で拡張学校が実施されることをめざした（Cheminais, R. 2007：pp.12-14）。

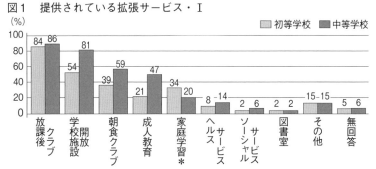

図1 提供されている拡張サービス・Ⅰ

注・＊リテラシーやニューメラシーなど親と子どもが一緒に学ぶ。
(出典・NFER 2006：p.2 より作成)

2 拡張学校の実像——報告書より

　第1節では拡張学校の構想を述べた。それでは、実際にどのような拡張サービスが提供されているのであろうか。本節では以下の二つのほぼ同時期の調査報告書から拡張学校の実施状況について記す。

(1)　NFER（2006）『拡張学校で何が実施されているか：2006年の教育動向調査』（*What is happening on extended schools? : annual survey of trends in education 2006.*〈http://www.nfer.ac.uk/publications/annual-survey-of-trends.cfm〉）

　▶教育、訓練、子どもサービスについての調査、評価、情報提供を行う独立機関であるNFER（National Foundation for Educational Research）が、2006年の夏期にイングランドの370の初等学校と1,155の中等学校に対して行った調査の報告書である。

(2)　BMRB（2006）『公営初等学校における拡張サービス2006』（*Extended Services in Maintained Primary Schools in 2006.*〈http://dera.ioe.ac.uk/6559/1/RR809.pdf〉最終アクセス日：2016年4月18日）

　▶BMRB Ltd（British Market Research Bureau Limited）が行った調査の報告書。2005年に初等学校、中等学校、幼稚園に対して予備調査が行われ、2006年6月から7月にかけて初等学校に対してインタビューで本調査が行われた。3,100校に依頼し2,174校から回答を得た（70％の回答率）。

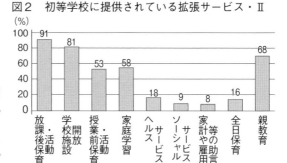

図2　初等学校に提供されている拡張サービス・Ⅱ

（出典・BMRB 2006：p.24, pp.44-49 より作成）

■提供されているサービス

図1は提供されている拡張サービスの種類・割合をNFERの調査に基づいて示している。まずは拡張学校がワンストップショップとして多様なサービスを提供していることがわかる。また、ほとんどの初等学校、中等学校で「放課後クラブ」を提供していることや総じて中等学校のほうが提供しているサービスが多く、初等学校がより多く提供しているサービスは家庭学習のみであること等がわかる。

図2は提供されている拡張サービスの種類・割合をBMRBの報告書に基づいて作成した。図1と数値は異なるが提供されている拡張サービスの種類やおおよその傾向は変わらない。ただ、全日保育（朝8時から夕方6時までのチャイルドケア）や親教育他の項目が付け加わっている。10章表2で示したとおり、子どもセンターで提供されている「フォーマルな教育・保育」が65.7％であったのに対し、初等学校での全日保育の提供は16％にすぎない。ちなみに先の『趣意書』では2008年までに半分の初等学校で2010年にはすべての初等学校で全日保育を提供することをうたっている（DfES 2005：p.9）。

また、これらの提供されるサービスと関わって、BMRB（2006）は拡張学校でどのような専門家が働いているのか、その割合を次のとおり示している。看護士は96％、健康についての専門家は86％、ソーシャルケアは84％、ユースワーカーは35％、親教育あるいは家庭支援は66％。

■地域差

さらに、NFER（2006）は、これらのサービスの提供を地域の特性から以下のように解説している。FSM（Free School Meal）の有資格者が多い初等学校、あるいは学力の低い初等学校では朝食クラブ、家庭学習、成人教育がより多く提供されている。同様にFSMの有資格者が多い中等学校、あるい

表1　拡張サービス提供の地域差　(%)

授業前保育・活動	初等学校全体	53
	FSMが25%以上の初等学校	73
	FSMが25%以下の初等学校	52
	30%困窮地域の初等学校	69
	30%困窮地域以外の初等学校	50
休日での保育・活動	初等学校全体	43
	FSMが25%以上の初等学校	46
	FSMが25%以下の初等学校	42
	30%困窮地域の初等学校	46
	30%困窮地域以外の初等学校	41

(出典・BMRB 2006：p.10, p.20 より作成)

は学力の低い中等学校では朝食クラブ、家庭学習、ヘルスサービスがより多く提供されている。EAL（English as an additional language）の生徒の割合が高い中等学校（EALの生徒が50%以上）では家庭学習の提供が多い[3]。

ここで、FSMやEALは困窮地域にある学校を示す指標として一般的に用いられるものである。このNFERの解説は結論だけしか示していないが、表1のとおり、BMRB（2006）は同様のことを数値で示している。つまり、NFERの指摘と重ね合わせて、困窮地域でとりわけ提供されている拡張サービスは授業前の保育・活動であることが確認できる。一方、困窮地域か否かに関わりなく提供されている拡張サービス[4]や、逆に学校施設のコミュニティへの開放は困窮地域では進んでいないとの指摘[5]もある。つまり、どの地域でも普遍的に普及している拡張サービスもあるが、提供される拡張サービスは地域の特性に応じて異なり、また困窮地域であらゆる拡張サービスが先進的に提供されているわけでもないことが理解できる。

■多機関協働

続いて、拡張学校における多機関の協働についてBMRB（2006）から確認する。図3は初等学校でのそれぞれの拡張サービスはどの組織のスタッフによって提供されているかを示している。多くの拡張サービスが学校外の機関が雇用するスタッフによって提供されていることがわかる。そしてその割合は2005年から2006年にかけて明らかに増加している。それでは、どのような学校外機関が拡張学校を提供しているのであろうか。図4で示したとおり民間営利組織が圧倒的に多いが、ボランタリー組織も約1/5の学校で拡張サービスを提供している。

ただし、図5と図6からは民間組織の課題が見え隠れする。二つの図は困

図3 スタッフの雇用機関

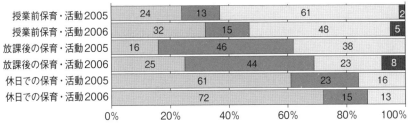

(出典・BMRB 2006：pp.11-12, pp.16-17, p.21 より作成)

窮地域と非困窮地域においてどのような機関が拡張サービスを提供しているかを示している。非困窮地域においては提供機関に大きな違いはみられないのだが、困窮地域においては、授業前保育・活動の提供について学校

図4 拡張学校を提供する学校外組織

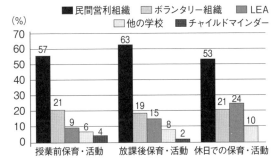

(出典・BMRB 2006：pp.12-13, p.18, p.21 より作成)

外スタッフの関わりが弱い。ここで学校外スタッフが営利組織なのか、ボランタリー組織なのか、その内訳は示されていないが、困窮地域における公的組織の役割が依然として重要であることは確認できる。

次に、2005年の『趣意書』では学校以外の機関が拡張学校を提供する場

図5 困窮地域における拡張サービス提供機関

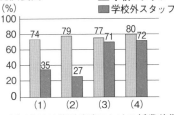

図6 非困窮地域における拡張サービス提供機関

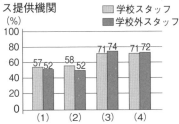

注・(1)は30％貧困地域における授業前保育・活動の提供。
　　(2)はFSMが25％以上の学校における授業前保育・活動の提供。
　　(3)は30％貧困地域における放課後保育・活動の提供。
　　(4)はFSMが25％以上の学校における放課後保育・活動の提供。
(出典・BMRB 2006：p.12, p.18 より作成)

合、文書で合意を交わすよう記されていた。BMRB（2006）はこの点を指摘し、次のとおり、どれほどの初等学校がこれを行っているかを拡張サービスごとに記している。授業前保育・活動は24％、放課後保育・活動は39％、休日での保育・活動は34％。おしなべて低い数字であり、課題を残す結果となっている。

■影　響

　さて、この二つの調査報告書は拡張学校が及ぼす影響についても記している。まず、NFER（2006）からみてみると、子どもにとっての拡張学校の意義として、カリキュラム外の多様な活動が提供されていることを指摘する回答が初等、中等学校共に1/3あった。その一方で、学校で多くの時を過ごすことによって子どもたちが親や家族、家庭で過ごす時間を失うことを次のとおり懸念している。初等学校で、学校で過ごす日の長さを懸念する回答は43％、親や家族、家庭で過ごす時間の減少への懸念は47％にのぼる（中等学校ではそれぞれ17％と15％）。

　親やコミュニティへの影響については評価する声が多く、学校外での子どもの監督（初等学校で46％）、学校がコミュニティで積極的なステイタスをしめるようになった（中等学校23％）、ワンストップショップ（初等学校、中等学校とも20％）があげられ、また、初等学校の1/3、中等学校の半数が親やコミュニティへの影響についてなんの否定的な見解を示さず、初等学校の11％、中等学校の18％が何の不満もないとはっきりと答えた。

　一方学校スタッフへの影響については厳しい回答が示され、初等学校の25％、中等学校の13％がスタッフへの拡張学校による好影響はほとんどあるいはまったくないと答えている。そして、拡張学校の悪影響として、仕事量の増加（初等学校の28％、中等学校の25％）及び労働時間の延長（初等学校27％、中等学校22％）をあげている。最後にNFERは結論的に「拡張学校は児童・生徒、親、コミュニティには利益があり、スタッフにとってはほとんどあるいは何の利益ももたらさないと回答者は感じている」（NFER 2006：p.6）と述べている。

　続いてBMRBの報告書は校長の見解について1章を設けている。これはインタビューの最後に校長に自由に発言を求めたもので、その内容は表2の

とおりまとめられている。
網かけが好評価の項目だが、批判的な見解も多い。補足しておくと、2については、とりわけより長期にわたる資金獲得に校長たちは悩んでいる。拡張サービスを提供するためにはアクセスの問題やセキュリティの問題も生じる。そのためには資金が必要である、といった指摘もされている。4については、授業時間外の

表2 拡張サービスに対する校長の見解 (%)

1	拡張サービスはすばらしいアイデアだ	19
2	財政的問題	16
3	場所、リソース、施設の不足	12
4	教員、校長の仕事量の増加	9
5	多機関協働への関心	9
6	子どもたちはもっと親と時間を過ごすべきだ	8
7	サービスの責任の所在がわからない	7
8	田舎の小規模な学校では提供が難しい	7
9	もし、適切に設置され運営され資金が提供されるならばいい考えだ	7
10	コミュニティと学校との統合を助ける	6
11	スタッフィングの問題	5

(出典・BMRB 2006：p.52 より作成)

活動をだれが監督するのか、校長なのか。サービスの質が貧しければだれが攻撃を受けるのか、といった訴えもあった。5については、拡張サービスを供給するために他機関の協働を行っていることやその必要性が述べられた。また7については、仕事量の問題や資金の問題とも関係する。校長は現在以上の責任や仕事を抱え込むことを嫌うが、拡張サービスを提供するためのスタッフを雇用する資金もないこと等を訴えている。

3　拡張学校におけるボランタリー組織の活動——現地調査より

これまでの記述から明らかなとおり、拡張学校は他機関の協働によって成り立っており、多くのボランタリー組織がサービスの提供に大きな役割を果たしている。こうしたボランタリー組織の拡張学校における活動について2007年8月から9月にかけて二つのボランタリー組織からお話をうかがった。

まず、10章で述べたロンドンで子どもセンターを運営するボランタリー組織（Cathoric Children's Society）も拡張学校において、次のようなサービスを提供していた。イングランド南部の初等・中等学校と契約し、スクール・カウンセラーを派遣している。約30人のカウンセラーが、一人1～3の学校を担当し、1つの学校で週2日あるいは1日のカウンセリングを行っている。契約は学校と直接行い、報酬は地方当局から受け取っている。この他

にも朝食クラブ、放課後のクラブ活動、学習支援、学童保育なども提供している。こうした活動の費用については親が一部受益者負担をするが、多くはボランタリー組織が負担している（Cathoric Children's Society ディレクターへのインタビュー）。

次にリンカーンシャーを拠点とするボランタリー組織（Children's Links）の活動についてふれておく。チルドレン・リンクスは1993年に設立され、子ども及び若者とその家庭の生活の質を改善することをミッションとし、保育や遊びのプログラム、親教育、子どもセンターでのサービスの提供、子どもに関わる職業教育等、子どもとその家庭に関わる多様なサービスを提供している。2007年当時フルタイム及びパートタイムをあわせ73名の有給スタッフを雇用していた。こうした費用の多くは地方当局との契約や様々なファンディングでまかなわれている。拡張学校としては、週1日あるいは2日、5歳から13歳の子どもを対象として、学校で特別な子ども、排除される境界線上にある子どもの面倒をみるプログラムに取り組んでいる。また、一定のスキルを持った指導者が、学校の昼休みや放課後に子どもと一緒に遊んだり、カウンセリングをしたり、また家庭訪問をすることもあるという（Children's Links サービスディレクターへのインタビュー）。

さて、以上の二つのボランタリー組織は地域においてサービスの提供に直接関わる組織であるが、次に取り上げるボランタリー組織 ContinYou は、すでに記したとおり1977年にEAZの前身となるプログラムが始められた際にも、そして2005年の拡張学校の趣意書でも紹介されていたとおり、中央省庁と共に拡張サービスの発展に指導的、統括的な働きをしてきた全国組織である。

ContinYouは困窮地域の子どもたち、性、民族、障がい、などの理由によって公的な教育や訓練の機会から遠ざけられている子どもたちに教育機会を提供し、不平等や社会的排除を妨げることをめざしており、そしてそのために家庭及びコミュニティを支援すること、他の組織や地域の実践家とパートナーシップを組んで取り組むことを強く意識している。具体的に取り組んでいるサービスとしては、拡張サービス、家庭学習、親への支援、健康への取り組み、補助的学校への支援、など教育や福祉に関わる多様なサービスに及んでいる。

その拡張学校における活動は直接的なサービスの提供にとどまらず、むしろ例えば他の組織が朝食クラブを提供する際の助言、資金を獲得するための助言など、拡張サービスを提供する組織への支援・指導・助言、学校やそのクラスター、地方当局への助言を担っている。また、こうした支援や助言のためにこれまでの取り組みの情報提供も行っている。さらには国家レベルの政策形成にも影響を与えることも目的の一つである。

　ContinYouの拡張学校への統括的な取り組みを示す文書の一つに、「拡張学校マニフェスト」（Extended Schools Manifesto : 4Children, ContinYou and National Remodelling.〈http:www.4 Children.org.uk/information/show/ref/551?print=true&ref=551〉最終アクセス日：2009年11月29日）がある。このマニフェストはContinYou、4 Children（ボランタリー組織）、National Remodelling Teamがそれぞれの専門的な経験、知識を生かし、パートナーシップを組んで全国的な拡張サービスの発展に寄与することをうたったものである。そこで求められているContinYouの特性、技術・知識は次のようなものである。DfESが行った2003年の拡張サービスの最初の取り組みにContinYouは技術的なサポートを行い先進的な仕事を行った。ContinYouは1980年以降の経験から拡張学校を発展させるための意義あるリソースを提供できる組織である。それらの経験や知識は、各学校への技術的なサポートだけではなく、保険や安全、基金等について地方当局や学校へのアドバイス、ボランタリー組織間のパートナーシップ、健康や社会サービスとの提携、学校間・地方当局間の連携等にも及んでいる[6]。

　以上のとおり、ContinYouは拡張学校の発展に重要な役割を果たしているボランタリー組織だが、2010年2月、ContinYouスタッフからお話を伺う機会を得た[7]。以下はそこから得られた知見である。

(1) クラスター（cluster）＝学校群について
① われわれは学校で直接子どもたちと関わっているのではなく、学校へ行き、学校職員と相談して拡張サービスとしてなにが必要かを決めている。国家が学校に拡張サービスを実施しようとしているので、われわれは国家から委託を受けてその構想を実施する立場にある。直接サービスを提供するのではない。

② 全国に22,000ある学校にアドバイスをするには校数が多すぎるので、近隣地区ごとにクラスターを作って行っている。学校ごとにばらばらではなく学校同士が協力し、スタッフやボランタリー組織を雇用するのに費用もシェアすることができる。われわれもクラスターごとにまとめて相談できる。地方当局にも助言する。クラスターごとに20～40人の拡張サービス担当の代表を集めて政策、方法などのアドバイスをする。

③ 地方当局、学校クラスターが拡張サービスのスタッフを雇っている。学校クラスターは法的な共同出資をするシステムを持っていないため、スタッフの給料を捻出するために各学校が分担金を拠出し、一つの学校を責任者として出費する形をとることになる。したがって学校間の信頼が重要となる。

④ 拡張学校の課題の一つは学校間の協力体制作りである。かつて、今もまだあるが、各学校は激しく競争しており、いかに子どもを獲得し、補助金をもらうかに力を注いでいた。しかし今は、学校群が地域としていかによい教育、学力、教育資源を提供し子どもを引き付けるかを考え、共同し努力している。

⑤ すべての学校がクラスターに入っているかというと、必ずしもそうではない。10～20マイルに一校しかないような地域においては、クラスターを作ることが困難である。また地域・学校のニーズの違いもある。

(2) 提供されるサービスについて

① 拡張学校はニーズに基づいている。子どもの世話やセラピーやいろいろあるが、ニーズのないものは提供しない。子ども、親、地域住民と話し合い、ニーズに合わせて不足しているサービスを決める。

② われわれは基本的に国の意向に基づき、学校と親との緊密な関係づくりの手立てをする。親との良好な関係がなければ教育は成功しない。そのために子どもたちが教室でできないプログラム、音楽や美術、演劇など非公式なプログラムを提供する。また特別な支援、学習支援の必要な子どもへのスペシャルプログラムの提供もある。多くの学校はそこに困難を抱えているので。

③ 拡張サービスは全体的に、悪条件の地域へのサービスを本領としてい

る。学力問題だけでなく、拡張サービスのコンセプトは子どもを全体としてみる（Whole Child）、という視点に立っているといえる。拡張サービスは子どもに関わるすべて、家族、家族をとりまく地域社会に対してサービスを提供することに取り組んで、子どもを全体としてみている。警察、ソーシャルサービスなどとも連携することによって成り立つと考えている。

④ ある英国の調査では、子どもは生活の15％を教室で過ごし、残りの85％はそれ以外、友達や家族、地域のなかで過ごしているとしている。それは、もしこの85％を無視すれば学校での15％の時間もうまくいかなくなるということである。子どもたちは休暇も含め生活の長い時間を学校、教室外で過ごすのだから、子どもにいいサポートをしたければ学校外時間の援助を考えなければならない。

⑤ 英国では6週間の夏休みがあるが、興味深いことに人々は休暇期間の短縮を求めている。それは子どもはこの間読み書きなどなにもしないからだ。とくに支援を必要とする子どもたちは学校で友達、先生などと関わり楽しく学んでいくが、長期休暇のあとは、子どもたちは後退していることが多い、休暇後始めからやり直さないといけない、と教師がぼやいている。休暇中も一貫してサポートする仕組みが重要である。

(3) 困窮家庭への支援について

① 年々、この国では親にサービスを提供することが重要になってきている。子どもは当然のことながら親からたくさん影響を受ける。例えば算数のできない親を指導して子どもの宿題を教えられるようにしたりする。これは好評で成功しているプログラムの一つである。しかしもっと深刻な問題は、アルコール中毒や家庭内暴力など、親が複雑な問題を抱えていてそれに直接対処することである。この場合、専門機関と連携したりする。拡張サービスは本来は子どもへのサービスを目的としているが、まず親を助けること、親が学校の提供するサービスに感謝すること、そして親の信頼をうることが大事になる。

② そもそも親が学校へ近づかない、また親自身が学生時代にあまりよくない経験をしたため学校を信頼しないことがある。学校はこういった親

をサポートするための補助金を持っており、国内でも多くの組織が親をサポートするプログラムを展開している。親の多数は学校を信頼しているし、サービスを受けることもできる。しかし、それ以外の学校離れした親に手を差し伸べることが重要なテーマになっている。学校に来てくれる親やその子どもは問題がない。そうでない、サービスがあることさえ伝えられない親にサービスがあることをいかにして伝えるか。気をつけなければならないのは条件のよい家庭にはサービスが届き、そうでない家庭は受けられないということである。

③ 悪い条件の、支援を要する困窮子ども家庭（disadvantaged children family）に対するため学校への特別な支援がある。学校はその補助金をそれ以外の目的に使うことができない。子どもや親にハンディがあることが認定されている家庭のみへの支援で、裕福な家庭へは使われない。

④ 親への具体的な支援として大事なことは、問題に対して直接に解決策を与えるのではなく、問題に取り組めるように親を励ますことである。問題が些細な場合は、お茶を飲みながら子どもの現状について、子どもにどう関わればよいかについて話し合うといったことをする。

⑤ 拡張サービスのプログラムにはいろいろあるが、われわれは、すべての拡張サービスはとりわけ悪い条件の子どもへの支援に力点がおかれるべきだと議論している。例えば休暇の活動を企画するのはやさしいが、80％の子どもは参加しニーズを示せる。しかし、参加しない20％の子どもたちにはなにが必要なのかを話し合わないといけない。つまり20％の参加しない子どもたち、もっとも悪い条件の子どもたちにサービスが届くように取り組むことが課題である。

⑥ われわれは年中、クリスマス休暇にも学校を開くところに出かけ、クリスマス休暇であってもサービスを提供する。本来だれもが休みであるクリスマスに、しばしば家族がばらばらであることがある。そんなときにサービスを提供し、学校はあなたを忘れていないよ、ということを示すのである。

⑦ 日本もそうだと思うが、英国でも貧富の差は拡大している。いろいろある拡張サービスのなかでも、もっとも悪い条件の者への基礎学習の支援、それが将来的に犯罪などを減らす要因になるのだが、そこを基本と

して取り組んでいる。

(4) 学校間、他機関の協働について
① かつて2003年ごろ拡張サービスを始めたころは、子どものケア、若者のケア、ソーシャルサービス、成人向けのケアなどでのセクターはみなそれぞれに仕事をしていて連携がなかった。そこで各セクターの代表が集まって話し合いを持ち、問題があれば専門のアドバイスをもらえるように活動を発展させていき、今では連携が大きく進歩している。学校も連携のなかで常に外部の他者との共同を進めている。もはや学校が単独で苦労することはなく、クラスター単位でパートナーシップを組めることは大変重要な進展である。そして大勢がばらばらの目標を持つ場合は達成が難しいが、共同の目標を持てる仲間と出会い一緒に活動できれば、単独では難しい目標の実現がかなり達成しやすくなる。

(5) 資金について
① われわれはDCSFから資金を受けている。親や子どもには無料でサービスを提供しているが、時として特別な費用を獲得して行うこともある。だが、出せる者からは取るべき、出せない者は無料にすべきだという議論がある。中学校を例にあげると、スポーツ、音楽、劇場などの施設が十分に整っている中学校で夜グランドを使ってサッカーを楽しむ場合、一時間20ポンドといった使用料を支払う。その使用料はその学校の悪い条件の生徒への支援のための資金として再投資される。国からの支援がない場合でもサービスが提供できるように運営をすることも、奨励している。
② 現在の制度の弱点は、ひとたび助成金がなくなると、サービスが続けられなくなることである。かつては助成金に大きく依存したプログラムが行われていて、経済状況の悪化で助成金がカットされてサービスが中断することを余儀なくされた。けれども皮肉にも、有料で提供していたところは持続的にサービスが続けられた。しかし経済的にゆとりがある者とそうでない者とで、サービスが受けられたり受けられなかったりすることが起こらないようにしなければならない。

(6) 拡張学校の今後
① 国は今年（2010年）のある時期までにはすべての学校で拡張サービスが提供されることをめざしており、現在公式には95％が提供している。私たちも達成できるようにベストをつくしているが、今年の9月までには達成したい。
② しかし全国の22,000校はそれぞれ異なっており、同じサービスを行うことはありえない。実質的な目標は、ベーシックな拡張サービスを全校に行きわたらせること、質の高い拡張サービスが行われることである。政府の予算も十分ではなくあと5年はかかるだろう。
③ 長く教員をやってきた高齢の校長は伝統的な教科学習に重きをおき、拡張学校には否定的である。なぜわれわれが提供しているサービスが必要なのか、わかってもらうのは難しい。ゆえに質の高いサービスは提供しにくい。したがって、あと5～10年でそのような古い校長が退職し、若い人たちに代替わりしたら、変化が起きると思う。
④ 学校でも国の様々な機関でもそうであるが、校長など一人の指導者が、大変強い力を持っている。そして皇帝のようにふるまっている。そういう学校では新たな展開は望みにくい。われわれのような組織ではスタッフがみなそれぞれの場所のリーダーなので、新たなことに取り組みやすいが、学校では校長が支配的で開かれた取り組みが許されにくい。したがって、やはりこのような古い教員が退場してからでないと拡張学校も進みにくいと思う。

(7) 学校に多様なスタッフが入ってくるなかでの教師の地位の変化
① 昔は学校に教師と校長と数人の他のスタッフしかいなかったが、今の学校には教師以外にたくさんのスタッフがいる。かつては33～34人の子どもに一人の教師だったが、今日とくに特別な支援が必要な子どものいるクラスには30人の子どもに5人のスタッフが配置されている。
② 学校には教養に富み尊敬されるべき教師がある程度いてもよいと思う。が、もはや必ずしも教師が尊敬される存在である必要がなくなってきている。かつては教師が権威を持ち、親からの信頼、尊敬をえていたが、

人々はその権威に懐疑的になり、今は親と学校、教師の信頼関係を築くこと自体が重要になっている。教師は高い教養、高い給料を得て尊敬されている国もあるが、今やこの国ではそうではなく、教師は長時間労働でも高い給与ではなく、教師になろうとする者は勉強を教えられなくてもよく、よい人間関係を築くことができるように、子どもに教えること、子どもの勉強を手伝うことが好きな者が教師をめざすのでいい、というようになっている。

③ 現在の最も大きな変化の一つは、教師が教えずとも手のひらにある携帯電話の画面で無限の知識を探すことができる技術があることである。そんな状況で知識の面で教師を尊敬しろというのが無意味なことである。教師が知識を教えるというより、むしろ、教師にはどう学ぶかを導くファシリテーターの力が求められるのである。学び手の行く道を手助けする役割である。だから、問いの答えを教え、解決し尊敬される存在ではもはやなく、子どもに問題解決の方法を示すのが教師の仕事になる。

(8) ボランタリー組織について

① ContinYouには70名の職員がおり、ロンドンだけではなく全国各地、学校のあるところに職員はいる。本部はコベントリーにある。
② 英国には大変多くの、約20万のチャリティ組織がある。従来のチャリティセクターは寄付で組織を成り立たせていたが、われわれの組織は政府と契約を結んで運営しており、伝統的な組織とは運営が異なっている。われわれも寄付を受けることがある。また景気の動向で政府がこの先どう予算を減らすか否かわからないので、寄付を増やすことも必要だと思う。

以上が、2010年2月、ContinYouスタッフへの聞き取り調査から得られた知見であるが、所見として以下の点を確認しておく。

① 他機関が協働して拡張サービスを提供していることがあらためて確認できる。そこで良質の拡張サービスを提供するためには、他機関の共通の目標を定めることが重要である。

② 拡張サービススタッフの雇用や財政など、学校単独ではなく学校群を単位として拡張学校のガバナンスがなされている場合が多い。これは、サッチャー政権以降の学校間競争の文化から、地域の学校が共通の目標を持ち協力して子どもを支援する文化へと学校を変容させるものである。このことは、学校間競争ばかりに焦点をあててきたこれまでの英国研究に見直しを迫るものである。

③ 困窮家庭及びその子どもを支援しインクルージョンすること、そして貧困や格差を解消することが強く意識されている。そしてそのためには、学校の外側での取り組み、学校の授業時間外、開校日外での取り組みが重視されている。

④ 困窮家庭、子どもを社会的にインクルージョンするためには、親への取り組み、なかでも親をエンパワーすることが重視されている。

⑤ 拡張サービスを発展させるためには、また他機関の協働を進めていくためには、あるいはインターネットの発展など今日の社会状況に対応するためには、学校や教員はその文化・エートス・意識を変化させる必要がある。

⑥ 政府からボランタリー組織への継続的な資金提供が望まれる。一方、ボランタリー組織も政府からの資金提供に頼らない自立的な組織経営のあり方も考えなければいけない。それが契約なのか、受益者負担なのか、伝統的な寄付なのか、そうした資金獲得のあり方が今日問われている。

4　ケンブリッジシャーにおける拡張学校の実像

1　調査の概要

2011年9月7日から9日まで[8]、ケンブリッジシャー（Cambridgeshire）で調査を行った。ここではこの調査をもとにケンブリッジシャーにおける拡張学校の実像に迫る。調査は二つの小学校とケンブリッジシャー地方当局を訪問し、次の方々にインタビューを行った。

① ケンブリッジシャーの二つの小学校の校長：A小学校のA校長とB小学校のB校長。A小学校は公費維持学校だがファウンデーション・スクール[9]であり、B小学校は通常の公費維持学校（コミュニティ・スクー

ル）である。
② ケンブリッジシャー地方当局の拡張学校担当代表Ｃ氏
③ 拡張学校の地域コーディネーターＤ氏
④ Ａ小学校の拡張学校の責任者Ｅ氏
⑤ ケンブリッジシャー地方当局の子どもサービスの副代表Ｆ氏

　ケンブリッジシャーはロンドンへの通勤圏に含まれ、ケンブリッジ大学があまりにも有名だが、市内中心地と農村地域との格差が大きい地域であり、農村地域の子どもたちにはケンブリッジ大学への親近感はほとんどないという。訪問した二つの学校はともに困窮地域にある。ただし、マイノリティ・エスニック・グループの地域ではなく、この後述べるOFSTEDの報告書でも問題にされているホワイト・ブリティッシュの困窮地域である。

2　地方当局の拡張学校についての行政システム

　ケンブリッジシャーは、2010年9月までにすべての学校に拡張学校を設置するという中央政府の目標を達成した。
　ケンブリッジシャーの子ども・若者施策についての一般的行政区域は大きく3つの地方（East Cambs and Fenland, Cambridge City and South Cambs, Huntingdonshire）に分けられ、さらに14の地域（locality）に分けられている。一方で、ケンブリッジシャーの拡張学校は現存する協働のための仕組み（joint working arrangemennt）を反映させて、22のクラスターにまとめられている。拡張学校の行政単位はむしろこのクラスターにあり、この範囲で他のエージェンシーやプロバイダーと提携している。また、それぞれのローカリティはマネージャー（Locality Managers）をおき、クラスターと連携し、多様なエージェンシーを活用して拡張学校を展開している。
　各クラスターは校長を中心に運営委員会を設けている。中央政府からの多様な補助金を受けた地方当局は、それらの補助金を各クラスターにおろし、クラスターの運営委員会が予算の配分を決める。拡張学校のプログラムは地方当局が示すガイダンスを考慮に入れつつ、各学校が決定する。クラスターで決める場合もある。
　このように、ケンブリッジシャーでは、拡張学校施策特有のクラスター制度を導入し、外部機関の活動に適合させ、多機関協働を効率的に行っている。

また、補助金の配分や拡張学校のプログラムの内容については、クラスター及び各学校の自由度がすこぶる高い。ただし、外部評価はなされている。

　他に注目すべきは、第一に拡張学校のコーディネーターの存在である。ほとんどのクラスターがコーディネーターを雇用しており、D氏は3つのクラスターの予算で雇用され、3つのクラスター、27の学校の統括コーディネーターである。D氏の活動は次のようなものである。

① ボランタリー組織やケンブリッジ大学、その他の組織とネットワークを構築し、プログラムを提供する。
② メンターと連携して学校の状況を把握し、学校への要望を聞き取り、クラスから外れ、行き場のない子どもたちを支援する。
③ 7名のカウンセラーとの連絡、手配。これらのカウンセラーは各学校における家庭内暴力、家族崩壊などの存在を調べ、手立てを模索している。7名の内、3名が地元ボランタリー組織から雇用されている。

　地方当局の拡張学校担当代表C氏は「D氏なしでは効果的なプログラムはあり得なかった」と語っていた。多機関協働のキーパーソンである。
　第二に、親支援アドバイザー（Parents Support Advisor）の雇用である。中央政府からの補助金により雇用され、ローカリティマネージャーのもとで活動し、Locality Teamsや学校、他のエージェンシーと協力し、家庭を訪問し、親としての行動について、また、様々な支援にアクセスする方法を助言する。こうして、子どもの問題を未然に防ぐ役割を果たしているという。

3　A小学校の拡張学校

　A小学校が位置する村は、ケンブリッジの郊外にあり、中世12世紀からの教会のある古い入植村で、穀物生産や酪農が中心となった農村である。かやぶきの家もたくさん現存するため建築規制がかかっており新規の家屋建設が難しい特殊な地域で、若い住民の増加しにくい状況にある。現在、保護者の職業は様々である。かつて全校210名を擁したこの学校だが、近くにできた新興住宅の集落、そこにできた新しい小学校に児童が流れていき、現在は約120名に落ち込んでいる小規模のファウンデーション・スクールである。

校区の子どもでも富裕層はケンブリッジ市内の私学に行く者もいる。全校生徒の内、FSM は 8 名、しかし実際には 25 名ほどの有資格者がいる。プライドがあるため申請しないという。また、10 年間で 8 名校長がかわり、5 年前から A 校長が赴任、拡張学校も活発に推進している。

　すでに述べたとおり一般的に拡張学校が提供するサービスは、①チャイルドケア、②授業前、放課後の多様な活動、③親への支援、④専門家への依頼、⑤学校開放、である。A 小学校でも、基本となるサービスは放課後 3 時 15 分から 6 時 15 分までの保育であり、決まってサービスを受けている子どもは 6 〜 7 名であるが、毎日 20 名くらいの参加がある。加えて、毎朝 7 時 45 分からの朝食クラブ、放課後のスポーツ（他の機関が実施）、映画鑑賞、クッキング、コンピューターゲーム、外遊びなど様々な活動が毎日日替わりで一つ提供されている。保護者は参加の度に毎回申込用紙を記入し、契約書として提出する。学校の休暇中にも様々な取り組みが行われ、このときは学校外の子どもも受け入れている。費用は有料であり、調査時現在、年間登録料 £30、放課後保育は £5 〜 15（保育時間の長さによる、18 時 15 分以降は 30 分ごとに £10。また、提供されるプログラムによって費用が変わることもある）、朝食クラブ £6.50、等である。また、医療・健康関係のサービスは無料で提供されている。活動場所は、キッチンやワイドスクリーンなど特別設備を加えた普通教室が拡張学校に利用されている。

　拡張学校の最終責任者は校長である。その下に拡張学校の責任者（administrator）がいる。拡張学校のスタッフは、通常の教員とは別に、プレイワーカーを子ども 15 名まで 2 名、それを超えると 1 名を公募で雇用している。プレイワーカーは有資格（3 段階）で、資格のない者はサポーターとして雇用される。その間地方当局が学費を出して訓練を行い、一番高い資格は 18 ヶ月から 2 年で取得できる。A 小学校の拡張学校の財政は、以前は独立採算制であったが、2008 年 10 月より学校の傘下にある。拡張学校に参加する子どもの数に応じて、学校に補助金が入るので、拡張学校は学校財政を支えている面もある。

　次に、B 小学校の拡張学校にも少しふれておくと、B 小学校は比較的都市部にあり、規模も比較的に大きな学校であるが、やはりホワイト・ブリティッシュの困窮地域に位置している。拡張学校用の建物が小学校に隣接して建

てられていたが、これはまれな例であるという。妊娠中の親へのサービスなども提供している。A小学校と同じく、費用は有料であるが、金額は若干異なっている。例えば朝食クラブは£3である。

4　若干の考察

　以上のケンブリッジシャーでの拡張学校の政策展開から、あらためて確認しておきたいことは、クラスター制度である。先のContinYouスタッフからの聞き取り調査からも指摘したとおり、ケンブリッジシャーでの調査からも拡張学校のガバナンスはクラスター単位で行われている。そして、そこで重要な役割を果たしているのがコーディネーターであった。しかし、クラスターにしてもコーディネーターにしても法的に位置づけられた存在ではない。

　最後に、拡張学校の課題について少し考えておきたい。聞き取り調査をしていて気になったことは、拡張学校が困窮家庭をどれほど引きつけているのかということであった。A小学校の校長は、困窮家庭はあまり拡張学校に来ないという。その理由をA校長は単純に説明していた。拡張学校のプログラムが有料であること、定時に運行されるスクール・バスは無料だが、放課後プログラムに参加した子どもたちを親が迎えにくるには、手間も費用もかかることである。また、B小学校の校長に困窮家庭は拡張学校にどれほど参加しているのかと質問したところ、「無料のプログラムは参加する」という実にわかりやすい答えであった。確かに地方ではトランスポーテーションの問題は常につきまとう[10]。また、税控除などもちろんこうした困窮家庭への財政的な援助はあるのだが、率直にいって、朝食に毎日£6.50も払うことのできる家庭はどれほどあるのだろうか[11]。

　次章では、ECMはどのように評価されているのかについて検討する。

第12章
◆
ECMの評価と「第三の道」としての課題

1　子どもセンター及び拡張学校への公的機関からの評価

1　NAOによる評価

　第8章におけるEAZ（Education Action Zones）への評価と同様、本章でもまずNAO（National Audit Office）とOFSTED（Office for Standard in Education）によるECM（Every Child Matters）への評価から検討する。

　NAOは2006年12月に『子どもセンター』(*Sure Start Children's Centre*)と題した報告書を発表した。監査は2005年12月から2006年7月の間に、27の地方当局、30の子どもセンターからの資料収集、インタビュー調査が行われた。

　まず、総括的には、例えば、報告書の「要約」のなかで「子どもの成長へのセンターのインパクトは数年では計ることができない。にもかかわらず、創造的なセンターではよい効果をあげている。そこではサービスが統合的に提供されている」（NAO 2006：p.8）と述べられているように、EAZへの報告書にみられた手厳しい評価は影を潜めている[1]。

　次に以下のとおり、いたる所で多機関協働の現実が述べられ、その重要性が強調されている。

① 子どもセンターの長はインタビューに答え、「他の組織やエージェンシーと共に働くことによりコミュニティのニーズに応じたサービスを提供することができる」（NAO 2006：p.10）、「家庭と密接に関わり、そうす

ることにより彼らをコミュニティに統合する」と述べている（NAO 2006：p.10）。
② 真に統合したサービスを子どもや家庭に提供するためには、パブリック、ボランタリー、プライベートそれぞれのセクターに多大な努力が求められる。これまで独立して活動してきた組織が情報やリソースを共有し、活動をコーディネートしなければいけない（NAO 2006：p.15）。
③ 子どもセンターはその前身の違いにより多様な形で統治されている。例えば、(主流である)「確かな出発の地域プログラム」(Sure Start Local Programme) を前身とするセンターは、パートナーシップ・ボードによって統治されているが、それはサービスを提供するすべてのエージェンシーを含んでいる（NAO 2006：p.16）。
④ DfESはコンソーシアム「子どもたちのために共に」(Together for Children) を指名した。これはセンターを計画したり、よい実践を普及させたり、多機関協働を進めたりして、地方当局を支援する組織である。また、そのコンソーシアムにはContinYouや4Childrenなどのボランタリー組織が含まれている（NAO 2006：p.16）。
⑤ 支援を優先的に必要とするグループを支援するには、エージェンシーが協力してそれらのグループの特徴を見出し、彼らが何を必要としているのかエージェンシー間で共通の理解をはかる必要がある。特別な子どもや家庭についてもデータやケースを共有することは困難にある子どもたちのリスクを減じる（NAO 2006：p.26）。
⑥ 2006年子ども法は、幼児サービスの計画をたて提供する際にボランタリー・セクターを含むよう地方当局に要求している。今回の調査では計画策定の際63％の地方当局がボランタリー・セクターを含んでいる（NAO 2006：p.26）。
⑦ 排除されたグループを支援する際に鍵となる要素はセンター長のリーダーシップである。彼らはコミュニティ組織と強くつながり、また、例えば健康にかかわる組織やコミュニティグループと協力して戦略をねる（NAO 2006：p.28）。
⑧ 最も困窮したグループの利益を最大限にするためには、そうしたグループに関わる地方のパブリック、プライベート、ボランタリーの強いパ

ートナーシップが必要である。経験を共有し効果的な方法を見出し、人々へのアプローチの在り方に合意し、重複を避け、隙間を埋める。また、人々は複数の見知らぬエージェンシーからの訪問をいやがるので、親しみのある組織と共に活動することが効果的である（NAO 2006：p.30）。
⑨ エージェンシーの協働を効果的にするために必要な要素は次のとおりである。リソースを獲得し、モニターを行うための地方当局の明確な方向性、良好な個人的な関係、チームの目的の明確さと安定、できればチームメンバーの安定（NAO 2006：p.32）。

ただし、以上のような肯定的な記述に加え、以下のとおり課題を指摘する記述がないわけではない。

① 健康サービスや職業安定所との協働がうまくいっていない（NAO 2006：p.7）。
② 異なった組織からの人々が統合的な方法で共に働くことが子どもセンターの基本的な特徴であり、偉大なる挑戦である。しかし、多くのセンターで多様なパートナーの期待と責任が明確にされていないがために、コラボレーションの混乱や幻滅を起こすリスクがある。これを防ぐためにはサービスが提供されるにあたって、もっとフォーマルなアグリーメントが必要である（NAO 2006：p.9）。
③ センター長は、エージェンシー間でのデータの共有はそう容易ではない、と述べている（NAO 2006：p.10）。
④ 地方の人々との関係を確立しているすべてのコミュニティ組織とパートナーシップを組めているわけではない。むしろ数少ない組織としかパートナーを組めていない（NAO 2006：p.30）。

ともあれ、このような否定的な記述もまた、この報告書が多機関協働に積極的な価値をおいていることの現れである。

2　OFSTEDによる評価

次に、OFSTEDの二つの報告書、OFSTED（2006）『学校と子どもセンターにおける拡張サービス』（*Extended Services in Schools and Children's Centres.*〈http://dera.ioe.ac.uk/6131/1/extended2609.pdf〉最終アクセス日：2016年4月19日）とOFSTED（2009）『子どもとその家庭への子どもセンターにおける統合的サービスのインパクト』（*The Impact of Integrated Services on Children and Their Families in Sure Start Children's Centres.*〈http://dera.ioe.ac.uk/340/1/The%20impact〉最終アクセス日：2016年4月19日）について分析する。

■ OFSTED2006年報告書

2006年の報告書は2005年4月から2006年3月まで、16の地方当局の13の拡張学校と7つの子どもセンターを調査したものである。この報告書でも、次のとおりECMの成果について、好意的な評価が多く記されている。まず、「鍵となる調査結果」（Key Finding）では次のとおり述べている。「子どもや若者、成人にとっての主要な利益は、自尊心の向上、関係性の改善、学習への意欲や姿勢の改善である」（OFSTED 2006：p.3）。「もっとも成功したサービス提供者はコミュニティのニーズを施策に反映させた。そして、他の機関との協働を望んだ」（OFSTED 2006：p.3）。続いて、報告書全体をとおしても、子どもや若者、家庭、コミュニティに対する多くの成果を記している。

以下「三つの基盤方策」と関わって分析を行う。なお報告書は、いくつかの課題を見出しに掲げ、それについて報告を行っている。ここでもそれにならって述べていく。

【子どもや若者への影響】
① 子どもたちは自分の学校への所有意識を高めた。自身の学校がコミュニティ活動の中心であることに誇りを持った。親も教育に価値をおくようになり、学校を誇りに思うようになった（OFSTED 2006：p.7）。

【コミュニティへの影響】
① 拡張学校や子どもセンターはコミュニティにサービスの利用を活発に

促し、その結果、学校やセンターが人々のハブ、出会いの場となった。特に母親は家に隣接した一つの場所で様々なサービスを得ることができたし、孤立感を持つ人は支援を得ることができた。学校やセンターはコミュニティの注目の場となり、そこに参加した人々は所有意識を高めた（OFSTED 2006：pp.8-9）。
② サービスを受けた人々はコミュニティを意識するようになり、ボランティアを始めたり学校理事となったり、また拡張サービスの提供者となった（OFSTED 2006：p.9）。

【パートナーシップのなかで働く】
① 最も効果的にサービスを提供する者は、他の機関と共に活動し、コミュニティが望むこと、必要とすることを提供した（OFSTED 2006：p.9）。
② 効果的なサービスのためには、機関間のコミュニケーション、共に活動するための規約に合意することが死活的に重要である（OFSTED 2006：p.9）。

【外部の機関やより広いコミュニティを巻き込む】
① 最も効果のあった施設では、機関はコーディネーターをとおしてしっかりとしたコミュニケーションをとった。そうすることにより、機関は協力をして計画し、行動した。また似通った活動を行う機関は、重複をさけることもできた（OFSTED 2006：p.13）。
② コミュニティの要望やニーズを把握することはたいへん重要である。ヘルスセンターの掲示板や図書館を利用するだけではなく、地方のコミュニティを回る出張サービスの際に情報とサービスの収集が行われた。センターや拡張学校の仕事と統合されたコミュニティ施策は、コミュニティの凝集性を高め、孤立を減らした。機関は地方を再生し、家庭を支援し、近所をつなぐことに勤めた。これらは人々の要望を把握することにもつながった（OFSTED 2006：p.13）。

【障壁を克服する】
① 機関が施設の説明責任を直接負っていない場合、サービスの質の確保

が困難な時がある。それゆえ、機関のアカウンタビリティや特に労働条件を明確にし、確実に管理しなければならない（OFSTED 2006：pp.16-17）。

【セクター間の協働】
① 健康、教育、ソーシャルサービスその他の機関間のよいチームワークが重要である。そうすることにより、機関は子どもの生活のあらゆる面において、その役割や責任について情報を共有することができ、凝集的なプログラムを作成でき、子ども、親、コミュニティを支援することができる（OFSTED 2006：p.18）。

以上の他にも、機関の協働は事務所の共同使用などによりコスト削減にもつながる等の指摘もされている。

■ OFSTED2009年報告書
次に、2009年の報告書は、2008年6月から8月まで20の子どもセンターを調査したものである。まず、冒頭の「要約」（Executive Summary）で次のとおり述べられている。

① 「比較的新しいセンターで、これまで専門家が領域を超えてサービスを協働した経験がほとんどないコミュニティでも多機関協働は良好にスタートした。教育と保育、健康とソーシャルケアとを統合的に提供する熱意を子どもセンターは持ち続けている」（OFSTED 2009：p.4）。
② 「サービスの統合は親や子どもの人生を変える。こうした成果は、以前の調査でも、今回の調査でもほとんどすべてのセンターで事例を提供している」（OFSTED 2009：p.4）。

もちろん課題が指摘されていないわけではない。サービスをどう評価するか、小学校との連携、職業安定所との連携、支援を求めない最も困難な家庭への支援、等の課題も述べられている。しかし、報告書の評価はここでもおおむね良好である。以下、「三つの基盤方策」に関わって、記述を拾い上げ

ていく。

① センターはマイノリティ・エスニックグループの親を励まし、動機づけるのに成功している。一方、センターは困窮コミュニティの白人家庭の信頼をえるにはあまり成功していない（OFSTED 2009：p.6）。
② 「共同訪問」（joint visit）が効果的である。家庭支援ワーカーが家庭を訪問する場合、健康の専門家、子どもセンターの教員、ボランタリー・セクターからの教員、専門的な訓練を受けたソーシャルワーカー等が一緒に訪問する（OFSTED 2009：p.15）。
③ ボランタリー組織や社会的企業は、困窮地域で長年の間活動し、存在感を示している。コミュニティに信頼され、「確かな出発の地域プログラム」が始まる際も自然とそのリーダーとなった（OFSTED 2009：p.17）。

以上のNAOとOFSTEDの二つの査察機関報告書による子どもセンターと拡張学校への評価から、コミュニティに根ざして、コミュニティやそこに暮らす人々のニーズを把握し、子どもとその家庭を総合的に支援する。そのためには多機関協働で取り組む。そうした取り組みが活発に展開されていることがわかる。そしてその効果についても、貧困家庭への影響だけにとどまらず、彼らをコミュニティに取り込み、コミュニティの一員としての意識を涵養し、さらにはコミュニティに貢献する存在に育てる、そのようにしてコミュニティをエンパワメントしていることがわかる。もちろん課題が指摘されていないわけではない[2]が、こうした三つの基盤方策に基づく取り組みの方向性に対する批判はほとんどなく、その方向性を支持し今後の展開に期待をかけていることが確認できる。

2 ECMへの政策展開にみる「第三の道」としての課題

以上のとおり、ECMはEAZから三つの基盤方策を引き継いでおり、公的な評価機関もその展開に大きな期待をかけていた。しかし、そこに課題がないわけではない。本節では、研究者の指摘も交え、EAZからECMへの政策展開にみられる「第三の道」としての課題について検討する。

1　機関間の価値観や文化の相違

　前節のNAOやOFSTEDによる評価もそうであったが、多くの研究が多機関協働を有効に働かせるための方法について述べている。そこでは、情報の共有、目的の明確化、責任や役割の明確化、タイムテーブルの合意、指導層及び最前線のスタッフの政策形成への関与、徹底した話し合い、共通の研修、等が論じられている。また、こうした指摘のなかには情報の共有などすでに制度化されていることがらもある[3]。

■価値観や文化の相違

　一方、多機関が協働する困難についても指摘がなされる。例えばキング（King, J. 2004）は次のように述べている。一般的に学校は多機関協働の経験が少ない。校長はスタッフを直接に雇用し管理している。多様な労働者を敷地内に雇用することはこれまであまり普通ではなかった。拡張学校の増加はこれに変化をもたらすかもしれない。しかし、言語一つをとってみても教育とソーシャル・ケアとでは必ずしも共通ではなく、「young person」や「family」という語も異なった意味で用いられる場合がある（King, J. 2004：p.19）。

　さらに、ウォーカー（Walker, G. 2008）の次の指摘は辛辣である。

> 　機関や個人を一つの場所に集めることが、彼らが以前に行っていた以上に効果的な活動となるのだろうか。例えば、それぞれの機関が持つ異なった価値、異なった核となる機能、異なった法制という歴史は多機関協働の構造的な障がいとなる。専門家が単に一つの建物に押し込められたからといって、それらは克服されそうにない。多機関協働のチームが異なった労働条件（例えば年休や昇進）を持ちつつ、ほとんど同じ仕事をする場合、しっかりとした協働よりも不和や不調和を導く潜在性を持つ（Walker, G. 2008：p.168）。

　この指摘に続けてウォーカーはさらに、これまで質の高い訓練を行ってきた専門職が多機関の協働により共通の並の訓練しか受けなくなることや、専

門職の特殊性が包括的な仕事のなかに埋没してしまう危険さえ指摘している。

　こうしたことがらの根底にある問題は多機関協働で活動する多様な機関の価値観や文化の相違であろう。多機関協働についての先行研究ではこの相違を指摘する研究が多い。スプラット他（Spratt, J. et al. 2007）は、ボランタリー組織がスコットランド[4]の学校でメンタル・ヘルスサービスを提供した三つの事例を基礎に次のとおり論じている。学校は大きな組織であり、教育の効率的な提供に関心がある。個人のニーズはややもすれば時間割やカリキュラム、規律やルールによって二の次にされる。それに対しボランタリー組織は個々の子どもの福祉に関心があり、クラスのパフォーマンスを優先させない。例えば、問題行動を起こす子どもに対し、ボランタリー組織はその子どもだけに関心を示すのに対し、学校はその子どもとその子どもが他の子どもに及ぼす影響に関心を持ち、子どもが学校のシステムになじむようになることを成果だと考える。そうしたことからボランタリー組織と学校の間に緊張が生みだされ、ボランタリー組織が学校に組み込まれていくようになると、ボランタリー組織は自らの価値システム内で仕事ができなくなり、独立性が失われていく。

　また、ボランタリー組織はメンタルヘルスや福祉についての教員の認識を高めることも目的としていた。しかし、学校のなかに新しい認識が広まったとはあまりいえない。学校は教育の周辺の仕事とみなされるサービスが提供される場合にパートナーシップをより歓迎するのである。ボランタリー組織は刷新的なサービスを提供したが、学校がそれらの仕事を支援するように変化したとはいえない。

　このようにボランタリー組織の価値観や文化が旧態依然とした学校の価値観や文化に取り込まれ、多機関協働においてボランタリー組織の特性が十分に発揮されないことをスプラット他は危惧している。具体的に考えてみても、例えば子どもはどのような家庭や地域で育っているのか、学校がそこまで視野を広めることができず、ボランタリー組織の学校の外での活動に敬意を払うことができなければ、多機関協働はうまくいかないであろう。一方ボランタリー組織も特定の個人だけに支援を行い、その子どもが学校のなかでどのように仲間関係を気づかっているのか（インクルージョンされているのか）という視点を失うのであれば、ボランタリー組織の努力も功を奏さない。

また、ロビンソン他 (Robinson, M. et al. 2005) は学校の多機関協働チームを対象とした研究から次のとおり述べている。教員が多機関協働チームの一員となったとき、そのチームのなかで育まれる信念や価値とそれまで教員が学校で育んできたそれらとの間に葛藤が生じる。例えば、チームが親教育に価値をおいたとしても、教員は子どもの学習成果や行動を優先させる。そうした葛藤を克服するためには、あらゆる専門家の経験や知識を尊重しながらチームの核となる共通の価値観を創造する必要がある。

■教育者としてのアイデンティティの共有

同様にパーシースミス (Percy-Smith, J.) は先行研究を検討して次のとおり述べている。「文献をとおしてビジョンの合意の重要性が強調される。ここでビジョンとは単にパートナーシップの目的 (scope and purpose) だけではなく、精神的な価値の共有に基づいたものである」(Percy-Smith, J. 2006：p.317)[5]。

また、サイモンとワードも、ECMにおいて多様なエージェンシーや職種の人々が集団的に子どもたちに関わるにあたって、「スペシャリストとしての知識と能力を維持しつつ、『教育者』としてのアイデンティティを共有すること」を論じる (Simon, C. & Ward, S. 2010：p.105)。ただし、ここで誤解のないように記しておかなければならないのは、サイモンとワードはECMにおいて多様な人々が協働することは従来の教育者としてのアイデンティティに挑戦することでもあると論じており、サイモンとワードはこれまでとは異なる「教育者としてのアイデンティティ」の共有を考えている。

以上のとおり、他機関協働を効果的に進めていくためには、この新たな「教育者」としてのアイデンティティを共有することが必要であると考えられるが、それは、そうたやすいことではない。そのためにはまず学校と教員がその必要性を認識し、学校と教員がまず変わらなければならない。しかるに、11章でContinYouも指摘していたとおり、そもそも英国においても、これまで学校における多機関協働の経験はほとんどなかった。学校敷地内で多様なスタッフが働くことは少なかった。拡張学校はこうした学校の状況を変化させ、学校や教員のあり方、その役割の変化を求めている。

サイモンとワードは次のようにも述べている。Department for Education

and Skills（DfES）が Department for Children, Schools and Families（DCFS）に改組され、教育という語が省名から抜け落ちたとき、「それはより広いもっと複雑ですべてを包み込む教育セクターを構成することを示した。そこでは学校は『教育』という営みの伝統的な理解以上に、意義のある異なった役割を演じることが期待された」(Simon, C. & Ward, S. 2010：p.99)。

それでは、まず多機関が共有すべき新たな「教育者」としてのアイデンティティとはどのようなものなのか。そして学校と教員はどのように変わる必要があるのか。ケミネイズは拡張学校が急速に進展することに対する校長や教員の不満を次のとおり紹介している（Cheminais, R. 2007：p.19）。

① 校長組合（National Association of Headteachers：NAHT）は、「夜明けから夕暮れまで」チャイルドケアを行うことは、子どものニーズが家庭の親によって満たされることがないために、家庭の価値を破壊するかもしれないと考えている。
② NAHTの執行部長は次のように考えている。政府は校長に学校のリーダーとしての仕事を犠牲にして「国家的な子守」をさせようとしている。それは学校の核となる目的を遂行するキャパシティを損なう。
③ 教員組合（National Union of Teachers：NUT）の書記長は次の見解を表明した。政府は、最も傷つきやすい子どもたちにサービスを提供するということから、働く親への総合的な施策へと目的を変更したようだ。この二つはまったく違う。

こうした見解を紹介した上で、ケミネイズは「教育の焦点は子どもたちのアカデミックな達成あるいは親の経済的な生産性の向上にあるという現存の教育の前提に、拡張学校は明確に疑問を投げかけ挑戦する」(Cheminais, R. 2007：p.20) と述べる。

以上のような校長や教員の不満は、拡張学校やECMへの誤解や無理解に基づくものもある。しかし同時に、校長や教員の不満は、拡張学校やECMが求める学校のあり方と校長や教員が求めるそれとの違いに基づくものもあると考えられる[6]。この点について引き続きケミネイズの著書を参照しながら考える。

ケミネイズは拡張学校が生みだす「神話」としてＱ＆Ａ形式で以下のようなものをあげている。例えば、「学校（教員）の仕事が増える」という神話を、ケミネイズは教員の仕事量は実際には減少する、健康やソーシャルケア、ボランタリー組織の働き手が子どもや若者の福祉を支援する、と反論している。この点については、拡張学校への誤解に基づく神話であろう。一方で、ケミネイズが示す以下の神話については、旧来の学校観や教育観と拡張学校の基盤となっているそれらとの違いによるところが大きいと考えられる。

① 外部の機関は彼らの居場所でサービスを提供すべきであり学校を利用すべきでない。
② 拡張学校は教授や学習という学校のコアの目的から離れる。
③ 学校はなぜ拡張学校をとおして親の仕事まで引き受けなければならないのか。
④ 学校のスタッフは、子どもたちが教育を受けている同じ場所で、コミュニティ内のメンタルヘルスや薬物濫用の問題を持つ者と関わりを持ってしまうかもしれない。

そして、これらの神話のそれぞれに対しケミネイズは次のとおり反論している。

① 子どもたちが直面する福祉の問題に学校だけでは対応することができない。学習への障害を減じ除去するためには健康やソーシャルケアサービスが必要である。
② 学力と福祉は相乗的である。福祉の介入は子どもの学習を補い貢献する。子どものニーズに適合するホリスティックなアプローチが必要である。
③ 学校はサービスのハブとして活動しコミュニティの核となる。学校という場所で親が一連のサービスに、より便利にアクセスすることにより、親は子どもの学習に対してより大きな関心と責任を持つようになる。
④ これらの問題はコミュニティの成員すべての問題である（Cheminais, R. 2007：pp.22-23）。

以上の記述から、ECMや拡張学校が学校や教員に求めている学校観や教育観が理解できる。それは以下のようなものであろう。社会は子どもの教育や福祉、子どもの成長を丸ごと (the development of the whole child) 保障する必要がある。また、子どもの成長は子どもの家庭やコミュニティのあり方と深く関わる。このような子どもの成長や、家庭やコミュニティへのアプローチは学校や教員だけで保障することはできない。多機関との協力が必要である。つまり、学校や教員の本務は教授であるにしても、学校や教員はコミュニティの一員として子どもの成長をそのまま保障するという理念を持ち、コミュニティの一員として多機関と協力し本務を果たしながら、子どもの成長に貢献しなければならない。さらに、学校はただ単に教授をする場ではなく、コミュニティのなかにあって上記のような子どもの成長の場を提供するところでもある。

　そして、こうした学校観や教育観を、協働する学校以外の組織、ボランタリー組織も共有する必要がある。つまり、多機関が共有すべき「教育者」としてのアイデンティティとはこのような認識なのではないか。そうすることによって多機関協働チームが取り組むべき課題の優先順位（例えば学力なのか10代の妊娠なのか）、それぞれの機関が取り組むべき課題や役割、学校の使用のあり方等について、話し合いをスタートさせることができるし、先にNAOが指摘していたような「フォーマルなアグリーメント」も可能となる[7]。

　ただし、ウォーカーが指摘していたとおり、協働するスタッフは本来持つ基本的な職務、その職務の歴史的な背景、養成制度、労働条件等、がそれぞれ異なり、それらスタッフが持つ学校観や教育観はそれらを基盤に生みだされている。したがって、共通した学校観や教育観を持つことはそうたやすいことではないであろうことも認識しつつ、それを乗り越えていく必要がある。

2　ボランタリー組織の葛藤
■先行研究の指摘
　次に、「第三の道」の核となるアクターであるボランタリー組織に焦点をあわせて、ECMにみる「第三の道」としての課題について考える。第5章

で、労働党のパートナーシップ文化のもとでボランタリー組織が一般的な公共サービスに関わる際の課題を四点に要約した。第一は議会制民主主義との関係であり、第二はボランタリー組織の規模による差異の問題、第三は労働党政府の中央集権的、規制国家的なメカニズムの問題、第四はコミュニティの適正規模の問題であった。さらに第6章では、労働党政権下におけるボランタリー組織の現状を把握し、ボランタリー組織が公共サービスを提供する際の課題、葛藤について論じた。その課題は上記の第二と第三の課題にあたるものだが、それらをあらためてまとめると次のとおりである。

　ボランタリー組織が公共サービスを供給する意義は、①ボランタリー組織をとおして、市民の声を政策に反映させる、②市民がボランタリー組織に参加することにより、市民に政策参加の力量をつけさせ、市民をエンパワーする、③コミュニティをエンパワーし、強化する、④公共サービスを改善する、にある。そして、ボランタリー組織が公共サービスを供給する際のその手法が、一つは多機関の協働であり、もう一つが契約である。ところが契約という手法は、ボランタリー組織の自立を促すという側面を持ちつつも、それに組織的に対応できない小規模ボランタリー組織を公共サービスの供給から排除する危険性を持ち、実際、ボランタリー組織の寡占化が進んでいる。ところが、ボランタリー組織が公共サービスを供給する意義をより発揮するのはコミュニティに根ざした小規模ボランタリー組織である。ここにボランタリー組織の葛藤がある。

　さらに、規制国家的手法が問題を深める。契約という手法は保守党政権から引き継がれたものであるのに対し、サービス内容や質、達成目標を政府が定め、それに基づいて契約し、評価する、という手法、つまり、中央政府が中心的にサービスの質を規制し保証していくという規制国家的手法は、労働党政権下で強化されている。つまり、保守党政権下では比較的単純な競争原理に基づく契約手法がまだとられたが、労働党政権下では中央政府が積極的に質保証に関わる規制国家的手法が強められ、この契約と規制という二重の手法があいまって、ボランタリー組織とりわけ小規模ボランタリー組織が公共サービスの供給に関わることを阻害し、ボランタリー組織の特性を公共サービスに発揮する機会を損なわせている。換言すれば、政府による成果目標の設定、競争入札、契約、査察・評価というビジネスモデルが、ボランタリ

ー組織の公共サービスを供給する意義を損なっている。そこにボランタリー組織の課題がある。

　以上の課題は、子どもとその家庭に関わる多機関協働のフィールドにおいても同様である。この点について研究者は次のとおり論じている。まず、ミルボーン他（Milbourne, L. et al. 2003）は多機関協働について論じた論文のなかで次のとおり述べている。「中央政府の社会的排除をなくす新しい施策の多くは、中央で目標と実践のメカニズムが過度に処方され、それは刷新的な取り組みを制限しかねない、と批判された。……同時に、成果の測定は、それが活動を形成するだけではなく、簡単に計れるものに価値をおくようになる。幾分であれ、事業の発展性を制限した」（Milbourne, L. et al. 2003：p.28）。つまり、多機関協働における規制国家的プロセスや成果へのこだわりは、ボランタリー組織の活動を型にはめ、刷新的なサービスの提供を制限しかねない、という指摘である。

　さらに、このような規制国家的プロセスや成果の重視は、教育サービスへの子どもや保護者、市民の意思の反映を阻んでいるとも指摘される。ハドソン（Hudson, B. 2006）は次のとおり述べている。成果重視のアプローチによって、「中央からのガイダンスが必要以上に発行された。そこでは地方の組織構造が示され、新しいポストが産みだされた」。地方機関はそうした様々な新しいシステムへの対応に追われ「ユーザーの参加を後回しにした」（Hudson, B. 2006：p.233）。

　そしてこうした問題にとりわけ影響を受けるのが、やはり小規模ボランタリー組織である。先にも紹介したスプラット他は次のとおり述べる。公共サービスの供給において、国家がボランタリー組織に資金を提供する一方、目標の設定やパフォーマンスの指標の提供などの官僚的プロセスをボランタリー・セクターに強いるようになった。この公的な宣言がコンパクトである。するとボランタリー組織が二つに分かれてきた。一つはコンパクトに友好的な大規模組織であり、もう一つは社会的排除に取り組む地域に根ざした小規模組織である。前者は「受け身」なユーザーにサービスを提供し、後者は地方やクライアントのニーズに柔軟に対応し、市民社会を蘇らせる。教育サービスにおいても、大規模ボランタリー組織は学校の官僚的な手続きや仕組みに適合したマネージメント構造や実施要領をもって活動する。例えば、成果

を示すため継続的なモニターや報告書の作成が行われ、そして、そうした活動が次の資金獲得に有効となる。しかし、小さなボランタリー組織にとって、そうした活動に費やされる時間はサービス供給のための時間を圧縮する。

　また、キング（King, J. 2004）は、子ども・若者・家庭へのサービスについてとりわけECMにおけるボランタリー・セクターの役割に注目した論文のなかで次のように述べている。「『コミュニティセクター』（community sector）という用語が地域と密接につながっている比較的小さな組織について使用される。それらの組織の多くは有給のスタッフをもたず（あるいはほとんど持たず）、他の機関とネットワークするあるいは複雑なモニターや評価レポートを作成する財政的・人的リソースを持たないかもしれない。しかし、とにかく地域の人々と伴に活動する組織である。ブラック・アンド・マイノリティ・エスニックグループをメンバーとする組織はそのコミュニティのメンバーにうまくアクセスすることができる」（King, J. 2004：p.8）。このようにキングは小規模組織の存在意義を評価する。しかし、その課題を例えば具体的に次のように述べている。過度に複雑で要求の厳しい契約条件は、小規模組織に契約への参加を思いとどまらせる。例えば、年間2,000ポンドの資金のために50頁の契約書を用意しなければならない場合もある（King, J. 2004：p.16）。このように契約を結び資金を得るためには、申請や報告その他面倒な書類の作成が必要となるが、得られる金額と不釣り合いに煩雑な作業が必要な場合さえある。

　以上のとおり、これらの研究者が一様に指摘していることは、子どもとその家庭に関わる多機関協働においても、契約という手法と成果の実証や官僚的プロセス等の規制国家的手法があいまって、ボランタリー組織とりわけ小規模のボランタリー組織の活動を制限し、民主主義の民主化や、個人や地域のニーズに応じた多様で柔軟なサービスの提供というボランタリー組織の特性のサービスへの反映を阻害する要因となっているということである。そこであるため、こうした契約という手法及び中央集権的、規制国家的手法は、ボランタリー・セクターの特性を子どもやその家庭へのサービスに発揮させるに適合的な仕組みなのかどうかが問われるのである。

■聞き取り調査より

これらの点について、2007年5月、ロンドン大学ミルボーン（Dr. Linda Milbourne, Birkbeck College, University of London）から話を聞く機会を得た。ミルボーンは筆者に次のとおり話してくれた。

　　労働党中央政府はマイノリティを救いたい、パートナーシップを尊重したいという思いがある。しかし、それを保障するために制度化をすればするほど、中央政府がパフォーマンスのターゲットを設定するようになる。それが、中央政府→地方政府→ボランタリー組織と伝わり、ボランタリー・セクターの自由を奪い、ボランタリー・セクターの可能性を狭めてしまうという矛盾がある。
　　中央政府が例えばナショナル・カリキュラムに基づきターゲットを設定し、そのターゲットが地方政府→ボランタリー組織と伝わる。それに基づき契約が結ばれ、従わなければ契約解除。ペナルティ。例えば、子どもたちが学校にどれくらい出席するのか数値目標が契約で設定される。子どもたちが学校に来なくなると、スタッフは父母に電話をかけたり、マネージメントなどに追われる。そこではボランタリー組織はミッションとのバランスが求められ、ミッションを変えなければいけないときもある。
　　地方政府とボランタリー組織との関係においても地方政府とボランタリー・セクターは平等なパートナーシップを形成できていない。なぜならば、地方政府が権限や知識、情報を持つからである。そこでは契約が詳細に決められ、それに基づく規制がなされる。例えば、従来ならば、一人ひとりのボランティアは一人ひとりの子どもたちに自由に関わることができた。ところが、今日ではボランタリー組織は、まずナショナル・カリキュラムに縛られ、詳細な契約に縛られる。例えば、子どもたちの過去の犯罪チェックなども契約のなかに入れられる。そうなると、スタッフ・トレーニングなど費用がかかるようになり、小さい組織にはきつくなる。中央・地方政府はこれらのリソースを提供すべきである。そのことを政府は認識しているが不十分である。
　　そして、このような状況のなかでボランタリー組織はファンディング

に敏感になっている。大きなボランタリー組織ではファンディングの申請のためのプロを抱えている。ところが、小さい組織はそれができず、共通の専門家に依頼するというような対策もとっている。また、一般的な契約は3年であり、そこで評価がなされる。評価がよければ契約の期間が長くなったりする。ところが、小さな組織は地道な活動をしていても成果を提示しにくい。大きな組織が成果を提示し、成功しやすい。

以上のミルボーンの指摘に鑑みても、契約という手法及び中央集権的、規制国家的手法は、ボランタリー・セクターの特性を子どもやその家庭のサービスに発揮させるに適合的な仕組みなのかどうかがあらためて問われるのである。そこで、これまでの議論をもう一度振り返ってこの点を考えてみると、本書では序章でブレア労働党政権とそれまでの保守党政権との連続性・非連続性についての小堀の議論について検討した。そこでは、小堀眞裕は非連続的なものとしてコミュニティ重視を理念とした「三つの基盤方策」を指摘しながら、「コミュニティー重視に対する規制国家の優越」を結論とした。この小堀の議論では、コミュニティ重視を理念とした「三つの基盤方策」という政策と規制国家という政策が葛藤的、対立的に捉えられている。そして本書でも、契約という手法と成果の実証や官僚的プロセス等の規制国家的手法があいまって、ボランタリー組織とりわけ小規模のボランタリー組織の活動を制限し、民主主義の民主化や個人及び地域のニーズに応じた多様で柔軟なサービスの提供というボランタリー組織の特性の公共サービスへの反映を阻害する要因となっていると論じた。すなわち、契約や規制国家的政策手法と「三つの基盤方策」との緊張関係、葛藤を論じた。こうした葛藤しうる政策手法をともに労働党は持っていたことは間違いのないことである。

ただし、従来の福祉国家やニューライト国家と新労働党の国家とのちがいを際だたせるものは、コミュニティ重視を理念とした「三つの基盤方策」であることはこれまで論じてきたとおりであり、そこで、「三つの基盤方策」と契約や規制国家的手法が対立し、後者が前者を損なうのであれば、前者の政策理念を忠実に実行する契約等の在り方が構想されるべきである。

終　章
◆
「第三の道」、その意味と展望

1　英国労働党教育政策にみる「第三の道」とは

　第Ⅲ部では、ECM（Every Child Matters）がEAZ（Education Action Zones）の「三つの基盤方策」を受け継いでいること、したがって労働党の教育政策はその政権終了まで「第三の道」の要素を強く持ち続けたことを確認し、その上で、ECMの実像を明らかにした。本節では、EAZからECMへの発展形態に着目しつつ、英国労働党政府が作り上げてきた教育政策はどのような意味において「第三の道」なのかについて、本書第Ⅰ部で「第三の道」の理念的な二つの柱として析出した「脱物質主義」と「民主主義の民主化」の観点から論じ、本書の結論としたい。

1　脱物質主義と「第三の道」：ニューレイバーにおける複数の政策理念
(1) 労働党政治における複数の政策理念の存在
　「三つの基盤方策」は「第三の道」の核となる要素であり、EAZやECMがこの「三つの基盤方策」をもとに形成・実施された英国労働党の「第三の道」の象徴的な政策であることに間違いはない。しかし、だからといって労働党の政治全体がこの要素で貫かれているかというと決してそうではない。序章で述べた小堀眞裕も論じていたように、経済政策としての教育政策、規制国家的政策手法も労働党の政治だし、民営化・市場化の政策、契約という手法もサッチャー政権から引き継いでいる。前章でも、「三つの基盤方策」と契約や規制国家的政策手法との間には緊張関係、葛藤があり、こうした葛

藤しうる政策手法をともに労働党は持っていたことを論じた。このように労働党の政治や政策を牽引しているのは「三つの基盤方策」だけではなく、複数の政策理念や政治手法が存在し、労働党の政治の全体を作りだしている。

労働党が複数の政策理念を持っていたことについて、フロストとパートン（Frost, N. & Parton, N.）も子どものソーシャル・ケアサービスと社会的排除を考える論考において次のとおり論じている（Frost, N. & Parton, N. 2009：pp.22-34）。

まず、フロストとパートンは、社会的排除を生みだす基盤的要因に市場経済のグローバル化をおく。つまり、市場経済のグローバル化が国民国家の影響力を縮小させ、そして、従来のケインズ主義的福祉国家を機能不全に陥れた。また、同様に労働者階級の伝統的なコミュニティや文化、価値を崩壊させた。このような旧来のインクルージョンを行う装置が衰退し、新自由主義の嵐が吹き荒れるなか、社会的排除が進行した。そこでニューレイバーが着目したのが機会の増加とコミュニティの強化、すなわち自由主義的個人主義（liberal individualism）と保守的コミュニタリアニズム（conservative communitarianism）の結合であった。そこではコミュニティは一連の社会問題に介入する基盤となるサイトとして捉えられ、個人をコミュニティに結びつける戦略がとられる一方、コミュニティに貢献する個人の責任が強調された。

また、社会的排除は雇用やスキル、収入、ハウジング、犯罪、健康、家庭崩壊など様々な問題と複合的に絡み合っている。したがって、それへの対応も総合的な連携した取り組みであることを必要とする。すなわち、行政組織としてはジョインド・アップ政府の形態を取ることとなる。しかし、ここにおいては同時にニューパブリックマネージメントの影響も指摘される。子どもたちのソーシャル・ケアの分野においても明確なターゲットが設定され、査察、評価が行われた。

フロストとパートンは以上のように論じた後、結論として次のとおり述べる。ニューレイバーの最も顕著な特徴は自由主義的個人主義と保守的コミュニタリアニズムを結びつける試み、すなわちリベラル・コミュニタリズム政策にある。

このフロストとパートンの論考から、以下の点が確認できる。第一に経済のグローバル化のなかで旧来のケインズ主義的福祉国家の国家機能は縮小し、

社会的排除との闘いにおいて再分配機能は有効に作用しないこと。第二に、そこで、社会的排除との闘いのためにニューレイバーが重点をおいたのがコミュニティの再生であること（これをフロストとパートンは保守的コミュニタリアニズムとよんでいる）、すなわち、ニューレイバーの「第三の道」の根幹にはコミュニティ重視があることが確認できる。しかし、一方で、第三にニューレイバーはサッチャー以来の選択や競争、個人の責任といった政策理念（フロストとパートンは自由主義的個人主義とよんでいる）も受け継いでいること。第四にこの二つの政策理念の集合が「第三の道」であり、この二つの理念が作用し合って新労働党の政治を生みだしていること、である。

このように、フロストとパートンも労働党の政治には複数の政治理念が存在していたことを指摘している。しかし、ここで、序章で論じた小堀の議論とこのフロストとパートンの議論に次のような違いがあることにも気づく。労働党政府は規制国家を強化させ、コミュニティ重視に優越させた、この「コミュニティからのシフト」が小堀の結論であった。フロストとパートンはこうした労働党の変容について、明確な議論は展開していない。それに対し本書は、EAZの政策基盤であった「三つの基盤方策」は、ECMに引き継がれていることを実証し、コミュニティからのシフトを否定した。このことは、次のとおり脱物質主義を考える上で決定的に重要である。

第Ⅰ部で析出した「脱物質主義」とは次のような理念であった。ニューライトの政治は「経済的な意味での『差異化と豊かさ』への欲求に依拠する」（丸山仁 2000b：12-13頁）利益政治であり、経済発展を中心とする物質主義に基づく政治であった。また、レギュラシオン学派の経済学者は、ケインズ主義的福祉国家も「すべての人が商品の消費の増加をとおして幸福を追求する」（リピエッツ 1990：26頁）生活様式を追い求める「物質主義」という単一の価値観に基づいて政治が行われる経済中心性の政治であった、と論じた。それに対し、「脱物質主義」の政治とは、物質的・経済的価値を政治や社会のなかから捨て去ることではなく、物質的・経済的価値も含め、多様な価値、多様な問題を同等に尊重し、解決していく政治であった。換言すれば、「脱物質主義」の政治とは、物質主義という画一的な価値に基づく経済中心性の政治から、多様な価値、多様な争点を物質的・経済的価値と同等に尊重する、経済的争点が相対化された政治である。

したがって、労働党がグローバル経済における英国経済の繁栄にこだわっていたとしても、それ以外の価値を同等に尊重し解決しようとしているのならば、新労働党の政治全体は「脱物質主義」であり、それを「第三の道」とよぶことができる。それに対し、以下で詳述するが、新労働党の政治が複数の政治理念を持っていたとしても、小堀が結論するように、コミュニティ重視を後陣に退かせてしまえば、多様な価値、多様な争点を物質的・経済的価値と同等に尊重していることとはならない。

　こう考えてくると、フロストとパートンの議論にも物足りなさを感じる。それは、多様な政策理念が存在することは指摘されても、また「コミュニティからのシフト」までは論じていないにしても、多様な政策理念の存在が同等に尊重されているのか、多様な政策理念を構造的に把握するには至っていないからである。

　労働党の政治全体は複数の政策理念で展開されている。こうした労働党政治の全体を脱物質主義の観点から「第三の道」と呼べるのか。それを明らかにするためには、フロストとパートンの議論以上に複数の政策理念の構造的把握が必要である。本節では引き続きこの点について論を進める。

(2) 複数の政策理念の構造

　英国新労働党は複数の理念をどのような構造において併存させているのであろうか。この点を論じるにあたって次のリドルとテットの議論（Riddell, S. & Tett, L. 2001）が参考になる。リドルとテットは次のとおり述べている。

　　社会的排除を概念化する際に、労働党政府は物質的な剥奪からより広い社会的・文化的要素に認識の重点を移した。そこでは、貧困は社会的な孤立を生みだすと認識されるのだが、個人やコミュニティを信頼と相互関係に基づく社会的ネットワークのなかに引き込む方法を見出しえないならば、物質的な不利を緩和するために費やされた資金は無駄になるとも認識された。……そして、社会関係資本は、ますます顕著に新労働党の思考の特徴となった。このように社会関係資本の概念が尊重されるのは「第三の道」との適合性からである。……また、社会関係資本への投資は社会的正義を生みだすだけではなく、人的資本と経済成長の再生

産に必須でもある。さらに、政府、私企業、ボランタリー組織、個々のサービスユーザー、コミュニティのパートナーシップは社会関係資本を生みだす方法と考えられ、最近の教育イニシアティブの核心である。……社会関係資本の発展は古い省庁の境界を打ち壊すことに基づくだけではなく、サービスユーザーや専門職の新しい役割の発展にも依存している（Riddell, S. & Tett, L. 2001：p.5）。

　以上のリドルとテットの議論に注目するのは、これまで論じてきた「三つの基盤方策——コミュニティ重視、多機関協働、ジョインド・アップ政府——が「社会関係資本」（social capital）の理念と結びつけられて論じられているからであり、そのことによって複数の政策理念の構造的な把握が可能となるからである。

　これらをふまえて次のとおり論じることができる。第一に、貧困や格差を是正するために費やされた資金は、それがいくら貧しい人の手に渡ったとしても、人々が個々の経済的利益を追求するだけであれば、必ずしも社会的包摂は達成されず、あらたな格差を生みだしかねない。貧困や格差を是正するために費やされた資金が社会的包摂を達成するためには、それらがコミュニティ内の社会関係資本を生みだすものでなければならない。第二に、政府、私企業、ボランタリー組織、その他の多機関の協働がこのコミュニティ内の社会関係資本を生みだす方法である。第三に、このようにして多機関の協働をすすめ、またコミュニティ内の社会関係資本を生みだすためには、省庁の古い垣根をこわし、ジョインド・アップしなければならない。

　また、サイモンとワード（Simon, C. & Ward, S. 2010）は、ECMをテーマとした著書のなかで社会関係資本と教育との関係を次のとおり論じている。

　ニューレイバーは教育や健康、福祉にも市場や私的投資を開放するサッチャーのニューライト政府を継承した。この政策を牽引したものはグローバル経済における競争力の維持という目的であった。そこでは高度なスキルと教育を受けた労働力を必要とした。そこで労働党政府は人的資本（human capital）への投資を行った。こうして20世紀末に人的資本論が復活した（Simon, C. & Ward, S. 2010：pp.4-6）。

　このように、サイモンとワードはグローバル経済の発展という文脈から労

働党政府における人的資本論の復活を論じるのであるが、ここで興味を引かれるのは、この人的資本論としての教育への投資を社会関係資本やインクルージョンとも結びつけて捉えていることである。ここで社会関係資本とは「人々が社会及びコミュニティのネットワークの一員であると感じる程度」であり、「人々が共通の目的を効果的に遂行することを可能にする社会生活の特徴、ネットワーク、規範、信頼関係と捉えられる」。そして、「とりわけ社会的経済的な困窮地域で政府が社会関係資本に投資することは、個人が能力を獲得するだけではなく、そうでなければアクセスできなかった機会にアクセスすることを可能にする」(Simon, C. & Ward, S. 2010：p.7)。

この社会関係資本への投資の一つとして教育への投資も理解される。「中産階級の親は社会的なネットワークのなかにあるリソースにアクセスし活用することができるかもしれないが、労働者階級の親はそのようなリソースを手に入れることが少なく、手に入れたとしてもそれらを活用する能力に乏しい」。そのような貧困のサイクルを断ち切るため、教育に投資される。「社会関係資本への投資の一つの方法は教育への投資である。また、生涯学習は困窮地域のコミュニティでの機会を改善する。このようにして、教育や生涯学習はコミュニティ内で最も傷つきやすい子どもや若い成人のライフチャンスを改善する」(Simon, C. & Ward, S. 2010：p.7)。つまり社会関係資本への投資としての教育への投資は、子どもたちの能力を高め、「社会的つながりをとおしてアクセスすることのできる」(Simon, C. & Ward, S. 2010：p.7) 機会を改善し、社会への参加を可能とし、家族やその子どもたちを貧困から脱出させ、インクルージョンする、と捉えられた。

このサイモンとワードの議論から把握できることは、第一に社会関係資本への投資としての教育への投資が社会的包摂を生みだすことであるが、それだけではなく、第二に、インクルージョンを促すための社会関係資本への投資としての教育への投資は、同時にグローバル経済における競争力維持のための人的資本への投資という経済的側面を持つことである。このことは、EAZやECMとて同様である。EAZやECMは前者の側面、つまり、社会関係資本への投資やインクルージョンの側面が強調されるが、個々の子どもや家族にとってみれば、競争社会を生き抜くための力をつけるという人的資本への投資の側面も持つ。つまり、EAZやECMも社会関係資本への投資であ

終　章　「第三の道」、その意味と展望　283

ると同時に人的資本への投資でもある。

　さて、以上の議論より、英国新労働党「第三の道」の政治全体を、次のとおり構造的に捉えることができる。

① 新労働党の政治全体は複数の政策理念で構成されている。ここで葛藤を生みだす根幹となる政策理念は、グローバル経済における英国の経済の繁栄という理念と社会的包摂という理念である。
② 前者の理念に親和的な政策理念・手法が民営化・市場化の政策であり、契約や規制国家的手法である。そして、後者の理念が「三つの基盤方策」を生みだしている。
③ 「三つの基盤方策」はコミュニティ内に社会関係資本を生みだす方法として捉えられる。
④ 教育への投資も、前者の理念からは人的資本への投資として捉えられ、同時に後者の理念からは社会関係資本への投資として捉えられる[1]。
⑤ こうして、教育政策を推進するにあたって、二つの政策理念・手法は必ずしも排他的ではなく、現実にも共に活用され、共存している。

　そして、以上を教育政策について「脱物質主義」の観点から捉えると次のとおり結論づけられる。労働党の教育政策には複数の政策理念が存在する。そこでは、教育への投資は、人的資本を育て、グローバル経済における英国の経済の繁栄に貢献すると同時に、社会関係資本を生みだし、社会的包摂にも貢献する、と捉えられている。そして、この社会関係資本を生みだす仕組みが「三つの基盤方策」である。このようにして英国新労働党の教育政策は、経済の繁栄という理念と社会的包摂という理念を共に尊重し、共存させようとしている[2]。このような構造で、労働党の教育政策では複数の政策理念が尊重され、共存しているということは、労働党の教育政策は物質主義という単一の価値に基づく経済中心性の政治ではなく、多様な価値、多様な争点を同等に尊重する「脱物質主義」の政治であることを意味する。その意味において英国労働党の教育政策は「第三の道」として捉えられる。

　さて、ここで、序章で論じたことを思い起こしたい。ヨーロッパで「第三の道」が登場した共通の背景に経済のグローバル化があった。つまり、ヨー

ロッパ各国とも、グローバリゼーションという共通の条件のもとで、従来のケインズ主義的福祉国家の見直しを迫られていたわけで、グローバル経済における英国の経済の繁栄という理念と社会的包摂という理念を両立させることは、そもそも「第三の道」の命題であったといえる。

ただし、次の点は留意しておかなければならない。第2章でラディカル・デモクラシー論による「第三の道」批判を取り上げ、次のとおり論じた。ラディカル・デモクラシー論の中心的な論者ムフは、「第三の道」はグローバリゼーションを無批判に受け入れており、「新しいヘゲモニーを構築しようとするのではなく、新自由主義のヘゲモニーに降伏しているにすぎない」と厳しく批判した。それに対し本書では次のとおり論じた。ラディカル・デモクラシー論の特徴は、ある歴史的、文化的、地理的な文脈における、暫定的なヘゲモニーへの一時的な帰結（合意）を強調する点にある。一方で、「第三の道」が全ヨーロッパ的に展開された要因には、ヨーロッパ各国がおかれたグローバリゼーションという共通の背景がある。つまり、英国新労働党の「第三の道」が求めたものは、グローバリゼーションという文脈での一時的な帰結（合意）と捉えることができる。

ここであらためて確認しておきたいことは、この一時的な帰結（合意）という認識は持ち続けなければならないということである。すなわち、「第三の道」はグローバリゼーションという歴史的文脈のなかでの一時的な帰結（合意）を求めたが、将来において、グローバリゼーションが生みだす権力や権威の構造、支配の諸関係をも政治の舞台に登場させ、問い直す必要があると考える。そしてそれは、「脱物質主義」の問題であるよりも、次の「民主主義の民主化」から求められることがらである。

次に「第三の道」のもう一つの理念的な柱、「民主主義の民主化」について考える。

2 「民主主義の民主化」と「第三の道」：自立した個人がコミュニティ単位でつながりあって生きていく社会

(1) コミュニティについての認識の変化

ECMはEAZの「三つの基盤方策」を単純に引き継いでいるだけであろうか[3]。本節では、この点を視野に入れつつ、「脱物質主義」と並んで「第三

の道」の理念的な柱であった「市民社会の政治化・民主化＝民主主義の民主化」の観点から、新労働党の政治をコミュニティに関わって論じる。

　第8章でEAZは約20の学校（内2～3の中等学校）で構成されると述べた。宮腰英一らの資料（宮腰英一研究代表 2001）によると、詳細には9校から32校で構成された。そしてこれらの学校は単体の学校としてではなく学校群として捉えられている。このことは、保守党政権において強調され労働党政権にも引き継がれたニューライトの典型的な教育政策、学校を単体の個々の学校として捉え、LMS（Local Management of Schools）[4]などにより個々の学校の独立的な経営を保障し、学校選択を導入し、学校間競争を促す政策での学校の捉え方とはまったく異なる。例えば、EAZのガバナンスは個々の学校理事会ではなく、多様な機関、複数の学校で構成されるEAF（Education Action Forum）が行う。EAFは個々の学校理事会の権限の一部または全部を引き取ることもできた。すなわち、EAZのなかにある学校では、学校は学校間競争ではなく学校間の協力、パートナーシップが求められている。

　それではECMではどうか。拡張学校は保育の供給をはじめ学校群として拡張サービスを提供することも想定され、実際にも学校が分担金を出し合いスタッフを雇用するなどの取り組みも行われている。ボランタリー組織ContinYouは学校群を単位として拡張学校の支援にあたっており、学校間の協力体制作りを強調している。ケンブリッジシャーの事例でも、拡張学校の行政単位はクラスター＝学校群であり、そこでは運営委員会が設けられ、予算の配分などを行い、またクラスターに雇用されるコーディネーターが多機関協働の重要な役割を果たしていた。

　子どもセンターについても同様である。第10章でロンドンのイズリントンカウンシルの子どもセンターを事例にあげたが、イズリントンには2012年5月現在16の子どもセンターがあり、それらは6つのクラスターにまとめられている。カウンシル発行のリーフレットによると「これらのクラスターはそれぞれ2ないし3のセンターで構成されており、共同でサービスを計画したりコーディネートしたりしている」と記されている[5]。

　学校選択は学区コミュニティを崩壊させると論じられる。それに対し以上のとおりEAZもECMも、地域の学校やセンターが「群」としてコミュニティの一つの単位を構成し、共通の目標を持ち協力して活動する。このように、

学校選択とEAZやECMでは学校とコミュニティとの関係性が大きく変化している。このことをまず確認しておかなければいけない。

次に、これまでも述べてきたとおりEAZとECMは共に、コミュニティを重視し、コミュニティをエンパワメントすることを目的としている点、そこではボランタリー組織が重要な役割を果たしている点において変わりはない。コミュニティとボランタリー組織との関わりについてあらためて確認しておくと、個々の市民がボランタリー組織に参加することによって、個々の市民はコミュニティ内・外の政策形成に参加し、政策形成に関わる力を身につけ、支配の諸関係を問い直すことを可能にした。さらに、ボランタリー組織への市民の参加は、コミュニティへの所属意識やビジョンの共有、人々の信頼関係を高め、人々のつながりを強めた。EAZとECMは共にこのようなコミュニティとの関わりを持ち、市民社会を政治化し民主化する。しかし一方で、コミュニティとの関係についてEAZとECMでは次に記すとおりいくぶん変化をみることもできる。

第8章でEAZの政策の系譜は地域再生戦略にあることを指摘した。すなわち、地域課題の総合的な解決に向け、地方自治体、ボランタリー組織、民間企業等からなるローカル・パートナーシップ＝多機関協働を形成し、とりわけ困窮地域においてコミュニティの再生、活性化、エンパワメントに取り組む地域基盤戦略（Area Based Initiative）の一つとしてEAZは登場した。まずはこの点についてここでもう少し詳述しておく。

1980年代サッチャー政権下において取り組まれた地域再生政策は、民営化、民間企業と市場原理の活用によるハードを中心とした大規模な経済的な都市開発に焦点をあてる方法をとった。しかし、1990年代に入ると1992年のシティ・チャレンジ（City Challenge）や1994年の単一再生予算（Single Regeneration Fund）によって、地域課題の総合的な解決に向け、地方自治体、ボランタリー組織、民間企業等からなるローカル・パートナーシップを形成するようになった。そして、それに本格的に取り組んだのが1997年からの労働党政権であった。こうして労働党政権は、80年代の市場原理（競争原理）に基づく経済開発から、ボランタリー組織や住民とのパートナーシップ、住民参加により、社会的問題を含め社会・経済的課題の解決に総合的に取り組む社会政策へとコミュニティ政策の理念の重点を移した、と評される（西

村万里子 2007、等参照)。そしてこの「'地域'を対象とした分野横断的な施策展開をめざす、地域基盤戦略エリア・ベースド・イニシアティブ (Area Based Initiative：ABI)」(今井良広 2005b：159頁)の教育分野での取り組みがEAZであった[6]。そして、その後2000年代に入り、「ABI間の連絡・調整をはかるとともに、コミュニティ戦略の推進母体となる」(今井 2005b：180頁)ことを予定して、第5章でふれた地域戦略パートナーシップ (Local Strategic Partnership)が推進される。

　それに対しECMはどうか。第10章で述べたとおり、子どもセンターには先行する三つのプロジェクトがあった。このなかの中心的プロジェクトであった「確かな出発の地域プログラム」(Sure Start Local Programme：SSLP)について、「三つの基盤方策」を先取りした政策であったことはすでに指摘したが、ここでは、SSLPの地域基盤戦略としての側面に焦点をあてる。ベルスキーら (Belsky, J. & Melhaish, E. 2007)の著書はSSLPを論じたものであるが、例えば「SSLPは、不利益地域の4歳以下児の人生の機会を拡大することを通じて、貧困、学業不振と社会的排除の世代間連鎖を断ち切ることを意図していた。さらに重要なことは、……『地域基盤』(area-based)の性格をもつということであり、設定された不利益地域で暮らす『すべて』の4歳以下児とその家庭を介入の『目標』(targets)として、サービスが提供された」(Belsky, J. & Melhuish, E. 2007：p.133／ベルスキー、他 2013：144頁)と述べているとおり、この著書はSSLPが「地域基盤」のプログラムであったことを繰り返し強調している。そして、SSLPの地域を特定するための境界設定の方法、地域特性に基づくSSLPのサブグループ化(他民族性地域、インド系／大家族地域、貧困度の高い高不利益地域など)、EAZなど他の地域基盤戦略との重複、等地域を意識した記述も多い。

　そして、「SSLP事業そのものの期間は短かったにもかかわらず、また2005年以来、そのプログラムの子どもセンターへの編入の中にあっても、コミュニティ基盤 (community-based settings)で子どもと家庭に良きサービスを計画し提供するという仕事への関わりは続けられている」(Tunstill, J. & Allnock, D. 2007：p.80／タンスティル、他 2013：91頁)と述べられているとおり、地域基盤のプロジェクトであるという性格は、ECMにも引き継がれている[7]。

しかし、2000年初頭までに積極展開されたEAZやSSLPとその後に積極展開されるECMとでは、コミュニティや地域の位置づけがいくぶん変化していることも否めない。ECMは地域基盤戦略の系譜を持ちつつも、すでに述べたとおり虐待という子どもと家庭の「個」の問題を直接の契機として出発している。そして子どもとその家庭のニーズにあわせてサービスを提供することを目的としている。

しかしながら、①困窮地域における社会的排除の問題はその地域における雇用やスキル、収入、ハウジング、犯罪、健康、家庭崩壊、人間関係など様々な問題と複合的に絡み合っていること、②課題を抱えた子どもへの事後的な取り組みだけではなく、むしろコミュニティ内のすべての子どもたちへの幼年期からの予防的な支援、早期の介入を行うほうが効果的かつ経済的であること、等の理由から、ECMの取り組みはすべてのセクターの多様な組織が協力して、コミュニティのあらゆるリソースを動員し、様々な方面から、すべての子どもとその家庭を支援する。つまり、ECMは個人ベースなニーズを見失うことなく、地域基盤（area-based）で取り組まれている政策であるといえる。ただし、その根底には、家族の「個」の問題を、家族の自己責任の問題として個々の家族にその解決を押しつけてしまう「家族主義」ではなく、家族の「個」の問題を社会の問題として捉え、子どもとその家庭をあくまでも社会が支えようとする認識があることはいうまでもない。

以上のとおり、EAZもECMも、とりわけ困窮地域を対象とし、コミュニティ全体の改善、エンパワメントをめざした地域基盤の取り組みであり、同時にとりわけ困窮家庭を対象とし、それらの子どもや家族を包摂するための個人を対象とした個人ベースドな取り組みでもあり、この二つの側面を共に持ち合わせているのだが、ECMは個人のニーズへの意識がより強く、逆にいえば、コミュニティのエンパワメントを直接のターゲットとする意識はEAZに比べると弱いように思える。そして、ECMのこの政策特徴、つまり、個人のニーズを見失うことなく（個人ベースド）、コミュニティのリソースを結集して地域基盤で取り組むという政策特徴は、以下のとおり「第三の道」の政策原理として、個人とコミュニティに関わる政策のあり方を示していると考える。

(2) 自立した個人による民主主義の民主化

ところで、序章で、「第三の道」が全ヨーロッパ的に展開された共通の背景として「グローバリズム」を指摘したが、もう一つ「第三の道」における福祉国家の見直しのための共通した方策は「積極的福祉」である、と述べた。繰り返すが、クーペルスによると「ブレア＝シュレーダー共同声明」において「狙いとするところは、グローバリゼーションという新しい文脈のなかで競争力を持つ積極的福祉国家のヨーロッパ社会民主主義モデルをつくることにあ」（クーペルス 2001：84頁）った。ここで、積極的福祉国家とは、伝統的な福祉国家のなかにある福祉受給の受動的補償、依存文化から脱皮し、教育や職業訓練などによって労働市場へのアクセスに必要な条件を整備する等、困窮者に自助の機会を与える社会的投資国家として捉えられた。このように、積極的福祉国家では、国家に依存する個人ではなく、自立した個人が描かれている。例えば、失業給付を受けるためには、職業訓練を受けるなど、能動的な求職者であることが求められる。

さて、ここでこの「自立した個人」という言葉を「民主主義の民主化」の観点から考えたい。旧来の福祉国家では、弱者は国家の福祉政策に依存し、ややもすれば自覚的に社会の構成員となる意識に乏しかった。このような依存文化が支配する状況は、国家に過度な財政負担を強いるだけではなく、市民社会を市民自らの意思によって自己統治するという市民社会の民主的な発展＝民主主義の民主化を阻む要因ともなり得る。したがって依存文化からの脱却は、「民主主義の民主化」の観点から「第三の道」の重要な要素となる。すなわち「第三の道」では国家に必要以上に依存することのない自立した個人が描かれることとなる。

ここで大切なことは「第三の道」の文脈から述べる「自立した個人」とは次のような個人を意味することである。それは、単に人々を経済的に自立させ、福祉国家の経済的な負担を軽減するための存在ではなく、むしろ人々を政治的に自立させ、コミュニティにおける支配の諸関係を政治化し、コミュニティを自己統治し、民主主義の民主化の担い手となる自立した個人である。そして、ここでの国家・社会の取り組みは、失業や非行への対応といった事後的な対応よりもむしろ、自立した個人を育てる事前の早期の対応が重視され、さらに事後的な対応も個人に自立を促す対応である。一方でこの自立し

た個人になることは、個人の自己責任に委ねられるのではなく、あくまでも国家・社会の責任である。そのために国家は投資し、コミュニティはコミュニティのリソースを駆使して、ボランタリー組織をはじめとして多様な機関が協力して、このような自立した個人を育てていかなければならない。個人ベースドなニーズを見失うことなく、地域基盤で取り組むというECMの政策特徴は、自立した個人をコミュニティが育て、国家がそれを支援する。そしてその個人がさらにコミュニティを政治化・民主化するという以上の文脈で捉えることができる[8]。

　以上よりECMを象徴とする労働党の教育政策は、「民主主義の民主化」の観点から、以下の意味において「第三の道」の教育政策として理解できる。「第三の道」の国家・社会とは、自立した個人がコミュニティ単位で自己統治を行い、つながりあって生きていく社会であり、このようにして「民主主義の民主化」が進められる社会である[9]。そして、ECMを象徴とする労働党の教育政策は、こうした「第三の道」の国家・社会の構築をめざし、国家の支援を受けたコミュニティを基盤として、コミュニティを自己統治し、民主主義を民主化する責任をまっとうできる個人を育てる。

　さて、先に述べたとおり、今日、わが国でも英国でもグローバル経済の外側で生きていくことは現実的ではない。したがって、そのなかで経済的に自立して生きていく術を子どもたちに教える必要は認めざるを得ない。それが英国での人的資本論の復活を促した。しかし、もう一つここで確認しておかなければいけないことは、人的資本として投資を受けた個人は、すなわち教育や福祉を受けた個人は、その自らの人的資本を、グローバル経済の発展のために活用したり、自らの私的利益に活用することもできるが、一方で、能力を高め、機会を改善し、社会やコミュニティとのつながりを確保すること、つまり自らへの投資を社会関係資本のために活用することもできることである。否、それ以上に、コミュニティを舞台として市民社会を政治化・民主化するために、個々の個人は自らへの投資を経済的な私的利益にのみ活用するだけではなく、社会関係資本の育成に活用し、コミュニティを自己統治し、つながりあって生きていく個人であらねばならない。

　換言すれば、「第三の道」における個人は、グローバル経済のなかで経済的に自立するだけではなく、コミュニティを自己統治する政治的に自立した

個人であらねばならない。そして、そのためには、「第三の道」の政治や社会の総体が、物質的・経済的価値と同等に他の価値も尊重することが求められているように、それらを推進し構成する個々の個人にも経済的価値の相対化が求められている。「第三の道」における教育は、そのような「脱物質主義」であり「民主主義の民主化」を担う個人を育成せねばならない。

ブレアは「『第三の道』：新しい世紀の新しい政治」（*The Third Way : New Politics for the New Century*, 1998）で、「包摂的な社会というものは、社会全体に対してと同様、個人と親たちにも義務を課す。個人と親たちがそれぞれの責任を果たせるよう、国家と市民社会がこれをよりよい形で支援していくことは、……現在の重要な課題である」（Blair, T. 1998：p.12／ブレア 2000：18頁）と宣言した。ここでブレアが求めている個人の責任、そしてそれを支援する国家や市民社会の責任とは、上記の個人とコミュニティ、国家の関係性として現実的に理解できる。つまり、個人は経済的かつ政治的に自立し、コミュニティを政治化・民主化し自己統治する責任を担う。コミュニティはこのような自立した個人を育てていく責任を担う。国家はそのコミュニティに投資する責任がある。そして、「第三の道」の教育はこの責任をまっとうできる個人を育てねばならない。新労働党の教育政策は、このようにして「市民社会の政治化・民主化＝民主主義の民主化」をすすめ、「第三の道」としての国家・社会の構築をめざすものとして理解できる。

2　本書の総括

1　本書のまとめ

本書はポスト福祉国家におけるニューライトのオルタナティブ＝「第三の道」として、国家・社会のグランド・デザインを描くことから出発し、その一領域を担う教育政策のあり様について、英国を主要な研究対象として論じることを基本的な課題とした。

そして、先行研究の検討から具体的な研究仮説及び研究目標を次のとおり設定した。まず、英国労働党の「第三の道」として捉えられる政策特徴として、「三つの基盤方策」、①貧困や格差の是正、包括的社会をめざしてのコミュニティ重視、②それに基づくジョインド・アップ政府という制度構想、③

そこでのボランタリー・セクターの活用、つまり、政府機関、営利、非営利の民間機関が協力して活動する多機関協働を指摘した。そして具体的な研究対象として「教育改善推進地域」(EAZ) と「すべての子どもを大切に」(ECM) を取り上げ、まずEAZについて「第三の道」の政策特徴である「三つの基盤方策」がその政策を支えていることを確認し、ECMがこの「三つの基盤方策」を受け継いでいること、したがって労働党の教育政策はその政権終了まで「第三の道」の要素を強く持ち続けたという研究仮説を設定した。そして、次に、ECMの政策展開の具体的な実像、その成果と課題を検証し、これらの検討を通じて、英国労働党政府が作り上げてきた教育政策はどのような点において「第三の道」なのかについて、「第三の道」の基本的な理念を分析軸として明確にすることを本書の具体的な研究目標とした。

　本書は三部構成をとった。第Ⅰ部では、ケインズ主義的福祉国家とニューライト国家はどこに問題があったのかという問いかけを出発点として、経済学や政治学、社会福祉学を基盤に、「第三の道」としての国家・社会のグランド・デザインについて理論的な枠組みを検討した。そして、「第三の道」の基本理念として二つの理念、「脱物質主義」と「市民社会の政治化・民主化＝民主主義の民主化」を析出し、福祉サービスの制度理念は「福祉多元主義」にあるとした。

　第一の理念「脱物質主義」については、ケインズ主義的福祉国家は（そしてニューライト国家も）「物質主義」という単一の価値観に基づいて構成される国家・社会であり、それに対し「第三の道」は、経済・階級中心性を相対化し、多様な価値、多様な問題を同等に尊重し解決していく政治、国家・社会であるとした。第二の理念「市民社会の政治化・民主化＝民主主義の民主化」については、ニューライトと「第三の道」との差異を検討し、両者はともに国家の縮小を指向するが、これまで国家が担ってきた機能をニューライトは市場と伝統的規範に委ね、「第三の道」では政治化された市民社会に委ねる、と論じた。そして、政治化された市民社会とは、抑圧的な権力関係から解き放たれた自律的個人が自己決定や集団的な政治的決定を行う公共空間であり、そのような市民社会を生みだし「民主主義を民主化する」民主主義論として、熟議民主主義論、アソシエーティブ・デモクラシー論、ラディカル・デモクラシー論について論究した。次に「第三の道」における福祉サー

ビスの制度理念は「福祉多元主義」にあるとし、そこでは、福祉サービスが多元的な部門によって供給され、なかでもボランタリー・セクターによる供給が重視されることを論じた。

　そして、第Ⅱ部では「第三の道」の理論的な枠組みすべてにおいてキーアクターとなるボランタリー・セクターに焦点を合わせて論じた。具体的には、まず、ボランタリー組織の一般的な定義、特性等をまとめた。次に、英国におけるボランタリー組織について、その伝統を述べた上で、福祉多元主義の文脈における今日の状況について次のとおり論を進めた。1998年に労働党政府はコンパクトと呼ばれるパートナーシップ協定をボランタリー・セクターと締結したこと、そのもとでボランタリー組織が多機関協働のアクターとして位置づけられたこと、そうすることによってボランタリー・セクターは公共サービスの刷新ばかりでなく、コミュニティの発展を含め民主主義の民主化に寄与することが期待されたことを論じた。次に、ボランタリー・セクターの全国組織であるNCVOの統計をもとに、労働党政権下において、①ボランタリー組織が契約という形で公共サービスを益々提供するようになっている、②公共サービスの受託契約が大規模ボランタリー組織に集中する傾向にある、という現実を明らかにし、そこにおけるボランタリー・セクターのジレンマについて論じた。

　次に、第Ⅲ部では「第三の道」を象徴する二つの具体的な教育政策EAZとECMを取り上げ分析し、以下の知見を得た。まずEAZが「三つの基盤方策」を実施の理念や体制とする「第三の道」を代表する政策であることを、労働党の政策文書から確認した。続いて、その実際を、NAO（National Audit Office）、OFSTED（Office for Standard in Education）という公的機関の評価、研究者による評価に基づき明らかにした。次に、ECMについて、2003年に議会に提出された基本文書（緑書）をはじめ、その政策形成・実施過程を検討し、ECMの政策特徴を明らかにし、ECMが「三つの基盤方策」を受け継いでおり、労働党の教育政策はその政権終了まで「第三の道」の要素を強く持ち続けたという研究仮説を実証した。また、ECMにおいてボランタリー組織が中心的なアクターとして位置づけられていることも確認した。

　次にECMの中心政策である子どもセンターと拡張学校の実像について、就学前教育の歴史、子どもセンターや拡張学校の前身・発展過程等もふまえ、

政府の趣意書やガイドライン、政府の調査文書、評価機関の文書、先行研究や足かけ10年に近い現地調査（子どもセンター及び拡張学校への訪問調査、行政機関や研究者、ボランタリー組織への聞き取り調査）によって詳らかにした。

　以上の検討を経て、EAZからECMへの政策展開にみられる「第三の道」としての課題を次のとおり二点指摘した。第一は、多機関協働における機関間の価値観や文化の相違である。これを克服するためには、新たな学校観や教育観を創造し、多機関が共有する必要があると論じた。第二は、「ボランタリー組織の葛藤」についてである。この葛藤とは次のとおりである。ボランタリー組織が子どもへのサービスを含めた公共サービスを提供する際に、その意義を強く発揮するのは小規模ボランタリー組織である。しかし、労働党政府が公共サービスを提供する際に用いてきた手法は、「契約」と「規制国家的手法」であり、これらの手法は小規模ボランタリー組織を公共サービスの供給から排除する危険性を持ち、実際の統計上もそれを裏付けている。

　最後に、「第三の道」の基本理念として析出した二つの理念、「脱物質主義」と「市民社会の政治化・民主化＝民主主義の民主化」の観点から、英国労働党政府が作り上げてきた教育政策を分析し、以下の点において「第三の道」として理解できると論じた。第一に「脱物質主義」の観点から。労働党の教育政策には複数の政策理念が存在する。そこでは、教育への投資は、人的資本を育て、グローバル経済における英国の経済の繁栄に貢献すると同時に、社会関係資本を生みだし、社会的包摂にも貢献する、と捉えられている。そして、この社会関係資本を生みだす仕組みが「三つの基盤方策」である。このようにして英国労働党の教育政策は、経済の繁栄という理念と社会的包摂という理念を共に尊重し、共存させようとしている。このような構造で、労働党の教育政策では複数の政策理念が尊重され、共存しているということは、労働党の教育政策は物質主義という単一の価値に基づく経済中心性の政治ではなく、多様な価値、多様な争点を同等に尊重する「脱物質主義」の政治であることを意味する。その意味において英国労働党の教育政策は「第三の道」として捉えられる。

　第二に、「市民社会の政治化・民主化＝民主主義の民主化」の観点から。ECMは、個人のニーズを見失うことなく（個人基盤）、コミュニティのリソースを結集して地域基盤で取り組むという政策特徴を持つ。そこでは、コミ

終　章　「第三の道」、その意味と展望　295

ュニティにおける支配の諸関係を政治化し、コミュニティを自己統治し、民主主義の民主化の担い手となる自立した個人が描かれている。一方で、この自立した個人になることは、個人の自己責任に委ねられるのではなく、あくまでも国家・社会の責任である。そのために国家は投資し、コミュニティはコミュニティのリソースを駆使して、ボランタリー組織をはじめとして多様な機関が協力して、このような自立した個人を育てていかなければならない。

　以上のとおり「第三の道」の国家・社会とは自立した個人がコミュニティ単位で自己統治を行い、つながりあって生きていく社会であり、このようにして「民主主義の民主化」が進められる社会である。ECMを象徴とする労働党の教育政策は、こうした「第三の道」の国家・社会の構築をめざし、国家の支援を受けたコミュニティを基盤として、コミュニティを自己統治し、民主主義を民主化する個人を育てる。このような意味において「第三の道」の教育政策として理解できる。

2　本研究の位置づけと今後の課題

　以上のとおり「第三の道」の基本的な二つの理念、「脱物資主義」の観点からも「民主主義の民主化」の観点からも、英国労働党の政治は「第三の道」として捉えられる。その労働党政権は2010年5月に退陣し、もう6年の時が過ぎた。代わって総選挙で第一党となった保守党は第三党の自由民主党と連立をくみ、キャメロン（D. Cameron）政権を誕生させた。さらに、2015年5月の総選挙では保守党が圧勝し、単独政権となり、今日（2016年4月）に至っている。その新連立政権は政権を取るやいなや、2010年5月に「大きな社会を建設する」（Building the Big Society. 〈https://www.gov.uk/government/uploads/system/uploads/attachment_data/file/78979/building-big-society_0.pdf〉最終アクセス日：2016年4月14日）という政策文書を発表し、連立政権が展望する国家・社会像を示した。そこでは、コミュニティやボランタリー組織に大きな権限を付与する国家・社会像を描いている[10]。ここに本書の意義が再確認でき、また今後の課題をみてとれる。

　つまりコミュニティ重視やボランタリー・セクターの活用という「三つの基盤方策」の要素は、政権が代われば顧みられない政策理念ではなく、英国政治において今日でもその価値が認められる理念となっている。そして本書

はその政策理念を明確にし、ニューライトのオルタナティブとなるもう一つのポスト福祉国家像＝「第三の道」として理論づけた。そこに本書の今日にも通じる意義を確認できる。

そして、本書の今後の課題も浮かび上がる。新連立政権が、「三つの基盤方策」を労働党と同様に引き継いでいるとは思えない。新連立政権が成立するやいなや、労働党時代の子ども・学校・家庭省は教育省（Department for Education）に変更された。このことが象徴的に示すとおり新連立政権のもとで「ジョインド・アップ政府」は影が薄い。コミュニティやボランタリー・セクターに関しても、「ビッグ・ソサイティ」はレトリックにすぎず、そこに現れるコミュニティやボランタリー・セクターの活用は、労働党時代のものと理念も実態も異なるように思う[11]。現実のコミュニティやボランタリー・セクターの活動はどのように変容しているのか。具体的には、新連立政権以後、子ども・家庭福祉分野では、政権とボランタリー・セクターは、どのようなシステムでどのような関係を結んでいるのか、また、ボランタリー組織はコミュニティのメンバー＝「チーム地域」としてどのように活動し、そしてそれらをとおしてコミュニティ及び市民社会がいかにエンパワメントされ民主化され、どのような国家・社会が生みだされていくのか、それは「第三の道」の視点からどのように評価されるものなのか、引き続き英国での調査・研究を進めていきたい。

さらに、本研究の今後の課題は以上だけではない。最後に、英国についての本研究をわが国の教育に照射し、わが国の教育への示唆と研究課題を考えたい。

3　わが国の教育及び研究への示唆

序章で「教育改善のために隣接分野を一体的に把握する必要性」について論じた。本書の意義は、「第三の道」における教育政策のあり様を明らかにすることだけではない。教育とその隣接分野を一体的に把握し、教育改善に貢献することももう一つの意義である。このアプローチから考えたとき、今日わが国で「教育と福祉の連携」に関わる注目すべき政策に、スクールソーシャルワーカーと要保護児童対策地域協議会があげられる。そこでこの二つ

の政策を例示的に取り上げ、本研究がわが国の教育改善に与える示唆を次に記す。まずはこれら二つの政策の実施状況から確認する。

■スクールソーシャルワーカー

最初にスクールソーシャルワーカー政策であるが、1998年3月、文部省の「児童・生徒の問題行動等に関する調査研究者会議」は、「学校の『抱え込み』から開かれた『連携』へ：問題行動への新たな対応」と題した報告書をまとめた。このタイトルにも示されているとおり、戦後わが国の学校や教師は子どもの学校での学力保障だけではなく、子どもの生活にも深く関わって教育活動に取り組んできた（例えば「生活綴り方」）。このように子どもの生活、家族、地域、に意識を持ち、それらに働きかけることは、学校教育活動において尊重されるべきであり、必須でさえある。しかし、教師や学校だけが子どもとその生活を丸ごと抱え込み、「24時間体制」で活動することは、教師の心身を疲弊させるばかりか、その効果にも限界があり、結果的には子どもの教育も福祉も不満足な保障しか果たせない。

また、このような教師の抱え込み意識の背景には、様々な生活に困難を抱える子どもたちを目の前にしたとき、教師は学校以外の頼ることのできる機関や制度をみつけることができず、一人頑張らなければならなかったという政策的、制度的な不備があったことも忘れてはならない。すなわち、今日の学校教育活動は児童相談所等の福祉機関、その他警察等との連携、協働が欠かせないにもかかわらず、政策的、制度的にその仕組みが整備されているとはいえない。

そのような状況にあって、注目される政策がスクールソーシャルワーカーの導入である。門田光司は、学校でのソーシャルワーク実践を展開する国々は世界的にも増加してきており、世界で共通する学校でのソーシャルワーク実践の価値、目標、実践活動について以下のように述べている。

①援助目標は子どもたちが学校で自分たちの潜在能力を達成することにあり、②潜在能力を充分に達成するために、その妨げとなる要因、例えば貧困、障害、学校や家族の問題によるストレス等に介入する。③その介入方法は、家庭－学校間のコミュニケーションの促進、子どもへの直接カウンセリング、子どもへのアドボカシー、教師へのコンサルテーション、コミュニティ機関

との協働、が世界的に共通した主要機能である（門田 2010：91頁）。

　スクールソーシャルワークは、1906年にニューヨーク市のセツルメント・ハウスでの活動に起を有するとされる。わが国では、1980年代に始まる埼玉県所沢市での活動がスクールソーシャルワークと認識される最初の活動と考えられている。そして、やや時を経た2000年に兵庫県赤穂市、2002年に茨城県結城市の教育委員会が「スクールソーシャルワーカー事業」を開始し、都道府県レベルでは2001年に香川県教育委員会がスクールソーシャルワーカーを雇用した。その後、2005年に大阪府で2006年には兵庫県、滋賀県で先行的な取り組みが始められた（文部科学省 2006、等参照）。

　文部科学省の取り組みとしては、2008年度に「スクールソーシャルワーカー活用事業」15億3,800万円が初めて予算化された[12]。また、2009年3月に示された「スクールソーシャルワーカー活用事業実施要領」は次のように記している。

　　事業の趣旨：いじめ、不登校、暴力行為、児童虐待など生徒指導上の課題に対応するため、教育分野に関する知識に加えて、社会福祉等の専門的な知識・技術を用いて、児童生徒の置かれた様々な環境に働き掛けて支援を行う、スクールソーシャルワーカーを配置し、教育相談体制を整備する。
　　遂行される職務：①問題を抱える児童生徒が置かれた環境への働きかけ、②関係機関等とのネットワークの構築、連携・調整、③学校内におけるチーム体制の構築、支援、④保護者、教職員等に対する支援・相談・情報提供、⑤教職員等への研修活動。

　ところが、文部科学省は2009年度になって、この「スクールソーシャルワーカー活用事業」を「学校・家庭・地域の連携協力推進事業」の一部として再編し、予算も2008年度の全額国庫負担から1/3補助へと減額した。そして実施主体も国から都道府県、政令指定都市へと変更されたことで、スクールソーシャルワーカーの配置数縮減もしくは事業そのものを廃止する自治体が現れた。具体的には2008年度には46都道府県で配置されていたが、2009年度には38都道府県となり、公立小中学校への配置人数も944人から560人

へと減少した（村上満他 2011、参照）。ただし、文部科学省予算における配置見込み数は2009年度1,040人であり、同様に2010年度1,056人、2011年度1,096人、2012年度1,113人、2013年度1,355人、2014年度1,466人、2015年度2,247人、2016年度3,047人の予算化を行っており、文部科学省は「スクールソーシャルワーカー活用事業」を縮小する意図があるわけではなく、むしろ積極的に取り組んでいる。

　以上のとおり、スクールソーシャルワーク政策は2008年度より文部科学省が予算化し、まだまだ不十分ではあるものの今日全国的に展開されている[13]。こうしたスクールソーシャルワーク政策の展開からも、義務教育段階においても、学校教育活動を健全に遂行するためには、学校の外側にあってその発展を阻害している環境要因に働きかける必要があり、そのためには学校や教師だけの活動だけではまったく不十分であり、教育機関と福祉機関等が連携して活動する、つまり教育と福祉の一体的な取り組みが必要であることが、あらためて確認できる。

■要保護児童対策地域協議会

　次に、要保護児童対策地域協議会であるが、その前身は2000年の厚生労働省の通知「子どもの心の健康づくり対策事業について」によって市町村に設置された「児童虐待防止市町村ネットワーク」にある。それが2004年の児童福祉法改正によって法定化され、今日では養育支援がとくに必要である児童やその保護者、さらには特定妊婦を対象とし、虐待だけではなく、非行、不登校、障がいなどの児童の課題さらには親自身の課題にも取り組む組織である[14]。設置は努力義務とされている（児童福祉法25条の2第1項）が、2015年4月現在ほとんど（99.4％）の市区町村が設置済みである。この協議会には、児童福祉主管課、児童相談所、警察署、教育委員会、保健所、保育所、小学校、中学校、民生児童委員協議会などの機関が参加し、こうした関係機関の情報の共有、連携によって、要保護児童とその家庭の早期発見、支援に取り組んでいる。

　このように、要保護児童対策地域協議会は子どもの幼年期さらには妊婦の段階から、教育及び福祉機関その他が連携して、総合的に子どもとその家庭を支援する組織であり、今後の定着、発展が大いに期待される注目すべき組

織である。

■ わが国への示唆

次に、このわが国の二つの事業を中心に、わが国の教育政策及びその研究動向とこれまで述べてきた英国の教育政策とを比較し、本書がわが国の研究及び教育改善に与える示唆、そして今後の課題を記す。

序章で、わが国における教育と福祉の一体的な把握についての研究動向を論じた。そのなかで、岩田美香は、「家族主義」を乗り越え、学校の教員やカウンセラー、児童相談所や児童福祉施設のソーシャルワーカーなど様々な機関や関係者が協力して、子どもの幼児期から子どもと家族の生活を総合的に支える制度の構築を主張していた。また、中嶋哲彦は日本教育行政学会の課題研究を総括し、「現代社会における教育機会の格差の解消または是正のためには、(1) 公教育・社会福祉・労働政策を含む総合的・体系的な施策・制度の整備が必要であること、(2) 教育行政や教育制度の社会的包摂機能を向上させることが重要であること」を論じた。

これまで述べてきた英国の教育政策は、まさしくここで指摘されている協働的な施策の実践的な取り組みである。そして、英国のこれらの取り組みと比較したとき、わが国の政策動向あるいは研究動向の全体的な弱さは否めない。そしてそれは本書で論じてきた「三つの基盤方策」の脆弱さであるといえる。

まず第一にボランタリー・セクターへの着目の弱さである。多機関協働は論じられても、ボランタリー・セクターの特性が尊重され、基幹となるパートナーとして位置づけられていない。例えば岩田が「様々な機関や関係者の協力」をいうとき、ボランタリー組織はどれほど念頭におかれているであろうか。また、文部省「児童・生徒の問題行動等に関する調査研究者会議」報告書＝「学校の『抱え込み』から開かれた『連携』へ：問題行動への新たな対応」(1998) も多機関の協働を強く論じてはいるが、ボランタリー・セクターへの認識はすこぶる弱かった[15]。その後、そうした認識が改善されたとは言い難い。英国の拡張学校ではボランタリー組織がしっかりと位置づけられていたが、わが国のスクールソーシャルワーカーがその活動を実施する際にボランタリー組織とどれほど連携しているであろうか。また、ボランタ

リー組織が参加している要保護児童対策地域協議会は少ない。厚生労働省のHP（〈www.mhlw.go.jp/file/06-Seisakujouhou-11900000-Koyoukintoujidoukateikyoku/10_1.pdf〉）によると2015年4月段階でNPO法人の参加は12.3％に過ぎない。「現在は、地域協議会の構成員は、行政機関と専門機関だけで構成されているものが多いが、実際に課題を抱える子どもやその親の多くは地域で生活していること、また、早期発見、早期対応の観点から考えると、専門職だけではなく地域住民の見守りやボランティアのかかわりも重要なものとなってくることが予想され、こうしたボランティアやNPOの地域協議会への参画の推進が求められる」（秋貞由美子 2013：203頁）と指摘されていることを特筆しておく。

　第二はコミュニティへの洞察の弱さである。スクールソーシャルワーク事業では、学校を中心に多機関の連携が構想されており、学校が地域の一員としてコミュニティのエンパワメントに貢献するという発想は弱い。また、「子供の貧困対策に関する大綱」（2014年閣議決定）で強調された「学校を子供の貧困対策のプラットフォームと位置づけ」るという発想も、学校を連携のハブとする発想が根強く、学校をあくまでも地域の一機関として地域全体の機関が連携し、コミュニティをエンパワメントするという地域作りの発想は弱い[16]。

　第三に、ジョインド・アップ政府への認識の浅さも同様に指摘できる。スクールソーシャルワークや要保護児童対策地域協議会を行政的に支えるジョインド・アップ政府の体制がどれほど構築されているであろうか。また、かつて民主党は「子ども家庭省」（仮称）の創設を提言し（民主党 2006：34頁）、2009年のマニフェストにも記載し、2012年の「子ども・子育て支援法」では、当初「子ども家庭省」（仮称）の創設を提案したが、三党合意のもとで最終的には見送られている。

　ここであらためて確認しておきたいことは、英国でもそしてわが国でも、ケインズ主義的福祉国家が限界を露呈し、その後ニューライト国家が席巻し、今日そのオルタナティブが求められている歴史的な状況は変わりがないということである。ただ、英国の取り組みはわが国に先んじている。例えば、本研究では、英国のボランタリー・セクターが公共サービスを提供する際のジレンマについて論じたが、わが国ではボランタリー組織が、公共サービスを

提供すること自体が根付いていない。もちろん、わが国と英国ではボランタリー・セクターの伝統が大きく異なり、同列には語れない。それならば、わが国では英国とは異なる「第三の道」が求められるのか。そのようなことも視野に入れつつ、今後、本研究で得られた知見を参考にしてわが国における「第三の道」についての研究も進めていきたい。具体的には、スクールソーシャルワーカーや要保護児童対策地域協議会の活動に着目しつつ、学校、児童相談所、警察、保育所、養護施設、そしてボランタリー組織等が連携した「チームとしての地域」のあり様、さらに、地域のエンパワメントのあり様について研究を進めたい。

註

● 序　章　本書の課題──ポスト福祉国家レジームと教育改善

(1) 国立社会保障・人口問題研究所のデータによると、この特徴は今日でも変わらない。2009年度における社会支出の対国内総生産費は日本が22.58％であるのに対し、アメリカ19.45％、イギリス24.91％、ドイツ29.00％、フランス32.41％、スウェーデン30.24％である（〈http://www.ipss.go.jp/ss-cost/j/fsss-h23/fsss_h23.asp〉最終アクセス日：2015年12月24日）。また、わが国の企業内福祉については、谷川至孝（1998）、藤田至孝・塩野谷祐一編（1997）参照。

(2) 内閣発足時2001年5月の内閣支持率はNHK政治意識月例調査によると81％に達した（〈http://www.nhk.or.jp/bunken/yoron/political/2001.html〉最終アクセス日：2015年11月19日）。

(3) ニューライトのグランド・デザインに代わる有力なポスト福祉国家像がわが国で提起されてこなかったことについても、広田は例えば、次のとおり述べている。なぜ、新自由主義の教育改革が浸透しているのか、その理由の一つは、「抵抗する側にチャーミングな未来社会が描けていないということがあるのではないか」（広田 2009：126頁）、「教育については『子どもを中心に据えた改革』『地域の人と一緒に考えるよりよい学校』といったスローガンはあるわけですが、しかし、どういう社会を作ればいいのか、どういう経済や政治が必要なのかという具体像は描けていない」（広田 2009：126頁）。「未来からの演繹によるマクロな教育のデザインが、新自由主義（neo-liberalism）の社会像によって独占される事態を招いてしまっている」（広田 2004：10頁）。

(4) ネオ・コーポラティズムとは、「重要な経済政策・社会政策に関しては、政府、総労働、総資本のそれぞれの代表者が一堂に会して協議を重ね、これによって政・労・使のあいだの利害を調整し合意形成をはかる、という意思決定の方法を意味する」（武川 1999：91頁）。労働組合との間で「社会契約」を交わした英

国のウィルソン＝キャラハン労働党政府（1974年〜1979年）もこのネオ・コーポラティズム体制をめざしたものと言える。

(5) サスーン（D. Sassoon 2000）によると、政権の形態は、単一政党政府（ギリシャ、イギリス）、右派との連立（ベルギー、オランダ、ルクセンブルク）、左派との連立（ドイツ、イタリア、フランス、デンマーク、スウェーデン）、幅広い保革連立（フィンランド、オーストリア）である。なお、このサスーン論文は、英国のフェビアン協会（Febian Society）が1999年11月に出版した *The New European Left* の第1章である。

(6) 『朝日新聞』は1997年の4月より8カ月にわたって「成熟社会の素顔 欧州編」と題し、ヨーロッパの福祉国家の動向を伝える記事を連載した。1997年12月3日付の同紙ではそのエピローグとして記者座談会を行い、次のとおり述べている。冷戦が終結し、市場経済が勝利し、地球規模の経済競争時代を迎えている。そこで勝ち抜くためにヨーロッパの福祉国家は修正を迫られ、通貨統合という手段を生みだした。通貨統合には財政赤字幅が国内総生産の3％以下という参加基準が設定され、公共支出の削減、福祉予算のカットが国際的な至上命題となった。なるほど、フランスの総選挙で左翼連合は「社民的な欧州」を掲げ、競争社会を批判し総選挙に勝利した。しかし、「では実際に何ができるのかとなると、あまり違わない。福祉国家を手直しし、財政赤字を削減させざるを得ない。その大枠は同じだ」。ヨーロッパの「一番左よりの政党でも、福祉見直しに反対したら支持者からそっぽを向かれる、という事態になっている」。「基本的には『自由な欧州』に振り子が揺れていて、それが行き過ぎないように、『社民的な欧州』が調整弁の役割を果たしているという構図だろう」。朝日新聞は以上のとおり述べているが、本書は1990年代のヨーロッパの動向をこのように過小評価する立場をとるものではない。「多様な『第三の道』」があったとしても、それらそれぞれを、ポスト福祉国家におけるニューライトのオルタナティブとして積極的に分析・評価することから、少なくとも出発しようとしている。

(7) OECDは50％、EUは60％を用いている。

(8) 「子どもの貧困率」とは貧困ライン以下の世帯に属する子どもの割合をいう。

(9) 子どもの相対的貧困率の推移は〈図1〉のとおりであり、増加し続けている。

(10) その後2008年は「子どもの貧困元年」といわれる年となった。『週刊東洋経済』が2008年5月17日号で「子ども格差」と題する特集を組み、『週刊ダイヤモンド』も2008年8月30日号で「格差世襲」と題して特集し、その他2008年後半に多くの「子どもの貧困」をテーマとする書籍が発刊された。「年越し派遣村」（NPO等が日比谷公園で開設した生活支援）が登場したのもこの年の暮れである。また、2009年にはNHKが「NHKスペシャル」や「クローズアップ現代」などの番組で「子どもの貧困」を取り上げ、人々の関心を高めた（阿部彩 2008、阿部彩 2014、等参照）。

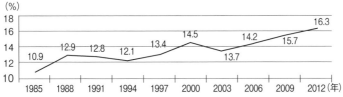

図1　子どもの貧困率の年次推移

（出典・「平成25年国民生活基礎調査」厚生労働省.〈http://www.mhlw.go.jp/toukei/saikin/hw/k-tyosa/k-tyosa13/dl/03.pdf〉をもとに作成。最終アクセス日：2016年4月7日）

(11) 「子どもと貧困」についての代表的な著作をいくつか記しておく。岩川直樹・伊田広行（2007）『貧困と学力』（明石書店）、浅井春男・松本伊智朗・湯浅直美編著（2008）『子どもの貧困――子ども時代のしあわせ平等のために』（明石書店）、山野良一（2008）『子どもの最貧国・日本――学力・心身・社会におよぶ諸影響』（光文社新書）、阿部彩（2008）『子どもの貧困――日本の不平等を考える』（岩波新書）。

(12) 「家族主義」はわが国での旧来の介護の在り方を想定すると理解しやすい。家族内で介護を行うことが「当たり前」とされ美化され、介護が家族に押しつけられていく。そこでは、それぞれの家族が持つ財力をはじめとした資源の不平等は顧みられることなく、したがって、国家や社会が家族を支えるという発想は乏しくなる。

(13) 各年度のテーマ及び発表者は次のとおりである。

【2008年度】テーマ「格差社会における教育機会と教育行政の課題」発表者：新井秀明「アメリカにおける教育機会格差と教育行政課題：No Child Left Behind法の実施状況とかかわって」、岩川直樹「貧困・社会的排除と『学力テスト』システム：地方教育政策共同体の再吟味」、小松郁夫「イギリスの教育改革と教育格差対策」、〈まとめ〉横井敏郎「格差社会における教育機会と教育行政の課題」

【2009年度】テーマ「子育て・教育条件整備の課題と教育行政の課題」発表者：岩橋法雄「イギリスの貧困対策からの教訓：Workfareへの実質的responseとしてのr-word施策」、後藤道夫「日本型雇用解体と子育て世帯の貧困拡大が学校教育に課したもの」、渡部昭男「貧困・能力・必要：特別ニーズへの対応と教育行政学の課題」、〈まとめ〉中嶋哲彦「子育て・教育条件整備の課題と教育行政学」

【2010年度】テーマ「子ども・若者の貧困と教育行政の課題」発表者：青木紀「貧困の世代的再生産と日本の子どもの位置：教育行政学への期待」、中嶋哲彦「総合的な子ども法制と教育行政：イギリス子ども貧困法に学びつつ」、横井敏郎「日本における若者の教育からの排除と包括的支援行政」、〈まとめ〉渡部昭男「子ども・若者の貧困と教育行政の課題」

図2 子どもがいる世帯の相対的貧困率

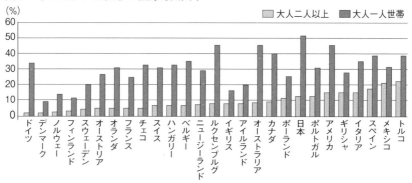

(出典・内閣府『平成26年版子ども・若者白書（全体版）』（〈http://www8.cao.go.jp/youth/whitepaper/h26honpen/index.html〉）。最終アクセス日：2016年4月23日、より作成。原典はOECD 2014：Family database "Child Poverty"）

(14) この二つの認識は課題研究が始まった当初から確認されている。横井敏郎は一年目の研究の〈まとめ〉で次のとおり述べている。「教育行政と他分野行政を包括する政策のグランド・デザインのあり方が問われている」（横井 2009：252頁）。「教育行政あるいは学校の限界という認識をもった上で、なお学校自体がもつ社会的包摂機能に注目した教育政策・行政論を開拓していく必要がある」（横井 2009：253頁）。渡部昭男も三年間の研究の〈まとめ〉で中嶋と同旨の認識を確認している（渡部 2011：201頁）。

(15) この3年間の課題研究の報告から、本著と関わって、印象的な記述を紹介しておく。「ひとりの子どもの〈からだ〉が傷ついているとすれば、それは家庭や教室といったその子どもが生きる〈場〉が傷ついているからであり、さらに言えば、複数の場をつらぬいて私たちが織りなす〈社会関係の織物〉そのものが傷ついているからである。経済的要因とともに生まれるような〈からだ・場・社会関係の織物〉の傷つきとしての貧困・社会的排除の問題。そこに現代日本の教育の諸問題の深層構造を見出すことができる」（岩川 2009：243頁）。岩川直樹は、この文章で2009年の報告書を書き始めている。そして、「『学力テスト』の結果の高低は、それぞれの学校の教育実践の質的差異ではなく、むしろ、それぞれの地域間の生活基盤の格差を反映するものなのだ」（岩川 2009：243頁）とまでいいきる。このように子どもたちの〈からだ〉が背負う「学力」、非行、怠学といった様々な教育問題とその子どもたちの学校や家庭という〈場〉、そして子どもたちが生きるコミュニティなどの社会関係資本は一体的に捉える必要がある。また、青木紀は、「子どもは親の責任」といった「家族主義」を論じ、「これまで、市場主義批判はつねにあっても、家族主義にはほとんど疑問が持たれないままであった」（青木 2011：190頁）と述べている。「自助努力」や「自

己責任」論は新自由主義の重要な要素であるが、わが国の「家族主義」は新自由主義から派生しているだけではなく、もっと根強い伝統的なものとして認識する必要がある。なお、横井敏郎は2011年の報告で、本書の研究対象の中心である英国の「multi-agencyアプローチ」を批判しているが、英国の二つの研究論文を参照しただけで、認識不足といわざるを得ない。

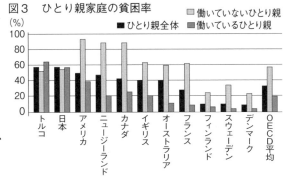

(出典・山野良一 2008、40頁より作成。原典は OECD 2005: Society at Glance)

(16) 詳しくは谷川至孝（2015b）参照。
(17) 〈図2〉は「大人二人以上」と「大人一人世帯」の相対的貧困率の国際比較である。
(18) 〈図3〉はOECDの主要な11カ国（トルコを含む）及び24カ国平均の「ひとり親家庭全体」、「ひとり親家庭のうち親が働いている世帯」、「同働いていない世帯」の相対的貧困率を示している。
(19) 〈図4〉はOECD26カ国における家族関連社会支出の対GDPの割合であり、〈図5〉はより近年のデータである。わが国における家族関連社会支出の低さがわかる。さらにわが国の家族関連社会支出の低さ以上に、〈図6〉は衝撃的でさえある。〈図6〉は2009年の『文部科学白書』にも掲載されているOECD19カ国における、17歳以下の子どもの貧困率である。当然のことながら所得再分配によりいずれの国も相対的貧困率は低下しているのだが、わが国だけが、再分配後の値が再分配前の値を上回っている。すなわち、わが国の場合、17歳以下を対象とした再分配はまったく機能していないのである。

ちなみに、『大震災と子どもの貧困白書』(2012) は、内閣府男女共同参画会議 (2011) の〈表1〉のデータを記している。このデータは、再分配前と再分配後で20歳未満の相対的貧困率が上昇するという現象からは脱していることを示している。しかし、依然としてその削減はすこぶる限定的であり、また、他の年代の削減と比べ、圧倒的に小さい。
(20) 相談対応件数の推移は〈図7〉のとおりである。この児童虐待の相談対応件数の増加について、広井多鶴子（2012）は、「これらの数値によって虐待の増加を裏付けることはできない」(41頁) と次のような論を展開している。①虐待の被害にあった子どもは1999年の124人から2011年の398人へと大幅に増えてい

図4 家族関連社会支出の対GDPの割合（1）

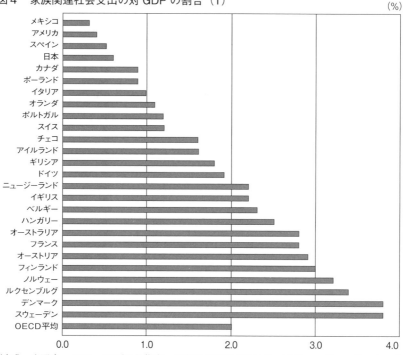

（出典・山野良一 2008、49頁より作成。原典は OECD 2004：Social Expenditure Database）

図5 家族関連社会支出の対GDPの割合（2）

（出典・内閣府『平成26年版　少子化社会対策白書』。日本は2011年度、アメリカ、ドイツは2010年度、イギリス、フランス、スウェーデンは2009年度。〈http://www8.cao.go.jp/shoushi/shoushika/whitepepar/measures/w-2014/26webhonpen/html/b1_s1-1-5.html〉最終アクセス日：2016年11月13日）

るが、これは、警察が親の暴力行為を虐待として積極的に検挙するようになった結果であると考えられ、実際は、親による殺害や傷害致死等で死亡した児童数は増えていない。②相談対応件数は実際に虐待を行っている件数ではなく、そこには虐待と認められないケースも含まれる。③70年代と比較し、虐待の概念や捉え方が変化・拡大している。このように、広井は虐待の増加を否定する。

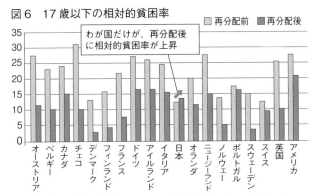

図6 17歳以下の相対的貧困率

（出典・『文部科学白書』2009：11頁。原典はOECD 2008：Growing Unequal?）

表1 年齢階層別にみる再分配前・再分配後の貧困率

	2010			2007		
	再分配前	再分配後	削除	再分配前	再分配後	削除
65歳以上（女）	64.43	22.79	41.64	61.21	24.46	36.75
65歳以上（男）	63.83	15.07	48.76	61.65	17.99	43.66
20～64歳（女）	21.21	14.56	6.64	19.68	14.03	5.65
20～64歳（男）	17.65	13.72	3.94	15.82	12.45	3.37
20歳未満（女）	16.29	15.81	0.48	14.78	15.32	-0.53
20歳未満（男）	18.19	16.74	1.45	12.92	13.70	-0.77

（出典・『大震災と子どもの貧困白書』2012、303頁。出所は、内閣府男女共同参画会議 2011）

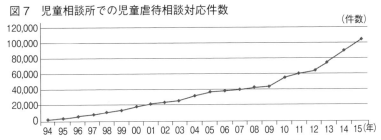

図7 児童相談所での児童虐待相談対応件数

注1・2010年の数値は東日本大震災の影響により福島県は含まれていない。
注2・2015年度は速報値。
（出典・厚生労働省〈http://www.mhlw.go.jp/stf/houdou/0000132381.html〉最終アクセス日2016年11月13日）

確かに、〈図8〉に示したとおり虐待による死亡人数が極端に増加しているとはいえない。一方、広井の見解には虐待の予防や虐待する親に対する国家の行政権力の行使について過度に警戒的である点など、違和感を覚える部分もある。

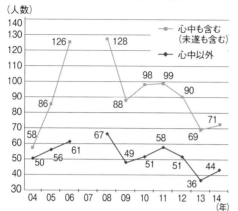

図8 虐待による子どもの死亡人数

注・2004年から2006年までは1月1日から12月31日まで、2008年から2014年までは4月1日から翌3月31日までの数値。2007年については2007年1月1日から2008年3月31日までの数値なのでグラフから除いた。
(出典・厚生労働省『子ども虐待による死亡事例等の検証結果等について』第2次報告「2004年～第12次報告」2016年より作成)

ただ、ここで確認しておきたいことは、広井の論文の底流にある認識は、虐待を親個人にその原因を求めたり家族関係の病理とみなすよりも、むしろ社会的要因を重視し「社会病理」として捉える点である。したがって、虐待への対策は生活環境や経済状態の改善が重要であることを強調しており、この点については山野良一（2010）の認識と共通している。

(21) 虐待と貧困や社会との関係を問う著書には他にも、松本伊智朗編（2010）『子ども虐待と貧困――「忘れられた子ども」のいない社会をめざして』（明石書店）、上野加代子編（2006）『児童虐待のポリティクス――「こころ」の問題から「社会」の問題へ』（明石書店）等、がある。

(22) 1963年には文部省初等中等局長と厚生省児童局長の連名で通知「幼稚園と保育所の関係について」がだされた。そのなかで幼稚園は「学校教育を施すこと」を目的とし、保育所は「『保育に欠ける児童』の保育」を行うことが明記され、両者の設置目的や機能の違い、制度上の違いが強調された（村野敬一郎 2011：26頁）。

(23) こうした一元化にかかる議論について東弘子は、「1960年代前半の保育関係団体を中心とした議論、1970年代の中央教育審議会のいわゆる『46答申』をめぐっての幼保関係団体や審議会、労働組合、政党をも巻き込んだ議論、1980年代の臨時行政調査会の答申等を踏まえた財政効率優先の議論、21世紀初頭の規制緩和政策の下での議論と、終戦直後も含め、大きく分けて5度にわたる一元化に関する議論があった」（東 2012：3頁）と述べている。また、伊藤良高も同様に5つに区分している（伊藤 2008：67頁）。

(24) 保護者の希望に応じて、4時間を標準とする幼稚園の教育時間（保育所は8時間を原則）の前後や土曜・日曜・長期休業期間中に、幼稚園において教育活動を行うもの。2010年度実績では預かり保育を実施している幼稚園は全体の75.4％にのぼる。

(25) 秋川陽一は「1963年の文部省・厚生省共同通知『幼稚園と保育所の関係につ

いて』で、教育内容面における幼保の統一化が提示されて以来、幼保が併行する満三歳以上の教育・保育の内容について、幼稚園教育要領と保育所保育指針は、毎回、その共通化を意図しつつ改定されてきている」（秋川 2005：36頁）と述べている。

(26) ただ、この間の幼保一元化の政策動向については、次のように必ずしも好意的な評価が与えられているわけではない。地方分権推進委員会の第一次勧告（1996年12月）を受けて、文部省と厚生省は1997年4月に「幼稚園と保育所の在り方に関する検討会」を発足させ、1998年3月に「幼稚園と保育所の施設の共用化等に関する指針」を策定している。（もっとも、後に「認定こども園」が誕生する2006年段階で、幼保共用化施設の数は全幼稚園・保育園数の2〜3％にとどまった。）そして、2002年10月の地方分権改革推進会議最終報告「事務・事業の在り方に関する意見」でも、「幼保一元化」が取り上げられ、さらに、2003年2月には総合規制改革会議が「規制改革推進のためのアクションプラン・12重点検討事項に関する答申」のなかの一つの重点事項として「幼保一元化」を取り上げた。そのなかで総合施設の新設が提言されたが、その「規制の水準を、現行の幼稚園と保育所に関する規制のどちらか緩い方の水準以下とすべきである」とした。この一文が典型的に示すとおり、こうした幼保一元化の動向について、規制緩和の手法を用い、財政削減・経済的効率化重視と国の保育・教育責任の軽視が貫かれているという批判が強い。またこの両会議の提言に文部科学省、厚生労働省はともに反対の立場をとった（秋川 2005、村野 2011、等参照）。

(27) 2003年6月、小泉内閣は「就学前の教育・保育を一体として捉えた一貫した総合施設の創設プラン」を閣議決定した。そして、「規制改革・民間開放推進3カ年計画」（2004年3月閣議決定）の提案に基づき、2005年4月から「総合施設モデル事業」が展開された。また、文部科学省及び厚生労働省でもそれぞれ中央教育審議会と社会保障審議会児童部会が合同で、2004年12月に「就学前の教育・保育を一体として捉えた一貫した総合施設について（審議のまとめ）」を公表した。

(28) 認定こども園については、①幼稚園、保育所の存続を前提としているので、幼保の三元化を生みだしている、②認定こども園への補助金も幼保それぞれの管轄する省から別個に支給されている、③職員配置や調理室の有無などの施設設備に関する基準を引き下げて、既存施設からの転換を推し進めようとしている、等の批判も根強かった。

(29) 法成立の経緯は次のとおりである。民主党政権のもと少子化社会対策会議は2012年3月2日「子ども・子育て新システムに関する基本制度」（基本制度構想）を発表し、これに基づいて、内閣府、文部科学省、厚生労働省は連名で、同年3月30日、①子ども・子育て支援法案、②総合こども園法案、③関係法律の関係

整備法案の3法案を国会に提出した。この「基本制度構想」は、冒頭で「事業ごとに所管や制度、財源が様々に分かれている現在の子ども・子育て支援対策を再編成し、幼保一体化を含め、制度・財源・給付について、包括的・一元的な制度を構築する」(3頁)と述べ、また、「幼保一体化」の「基本的考え方」では、「(1) 質の高い学校教育・保育の一体的提供 (2) 保育の量的拡大 (3) 家庭における養育支援の充実」の「三点を目的とする幼保一体化を推進する」(8-9頁)と記されている。

そして法案では、(1)「総合こども園、幼稚園、保育所、それ以外の客観的基準を満たした施設」を指定して「こども園」を創設し、そこに給付を行うことにより給付システムを一体化し、財政措置に関する行政を一元化すること、(2) 認定こども園に代わり「総合こども園」を創設し、満三歳以上の幼児を対象とする保育所については、一定期間後すべて総合こども園に移行させ、また、財政措置の一体化等により、満三歳未満児を受け入れる保育所を含め、幼稚園及び保育所等の総合こども園への移行を促進すること、(3)「子ども・子育て支援法」及び「総合こども園法」の所管は内閣府とし、今後省庁再編の際に「子ども家庭省（仮称）」が創設された際には同省に移行する、また、内閣府に「子ども・子育て会議」をおく、といった施設、財政、所管等多様な面から幼保の一元化が提案された。また、地域子ども・子育て支援事業の総合的な推進など子育て家庭への支援にも目配りされている。しかし、本法案は恒久財源として消費税の引き上げを前提としており、同年6月の「社会保障・税一体改革」についての自民党、公明党との折衝・三党合意の中で変容し（「社会保障・税一体改革に関する確認書」等参照）、同年8月に「子ども・子育て支援法」「認定こども園法一部改正法」「関係法律の整備等に関する法律」として成立した。

これら成立した法律では、①「総合こども園」の創設は見送られ、認定こども園の拡充にとどまったこと、②既存の幼稚園及び保育所からの認定こども園への移行は義務づけられなかったこと、③認可の有無にかかわらず、質の確保のための客観的な基準を満たす施設を給付の対象とする「指定制度」の導入を断念し、現行の認可制度の拡充としたこと、④総合こども園の設置者は株式会社・NPO等の法人も含んでいたが、新たな幼保連携型認定こども園（かねてより認定こども園は次の4つの類型に分類される。「幼保連携型」「幼稚園型」「保育所型」「地方裁量型」）の設置者は国、地方公共団体、学校法人、社会福祉法人に限られたこと等の点で当初の政府案とは異なっている。一方、①認定こども園、幼稚園、保育所を通じた共通の給付（「施設型給付」）が創設され、財政措置の一元化に前進したこと、②当初の政府案で提案された地域型保育給付（「地域型保育」とは、家庭的保育：利用定員5人以下、小規模保育：利用定員6人以上19人以下、居宅訪問型保育及び事業所内保育をいう）が創設され、待機児童の解消（都市部）、地域の子育て支援機能の拡充（大都市部以外の地域）が

はかられたこと、③内閣府に「子ども・子育て本部」が設置される等、内閣府を中心とした一元的推進体制が整備されたこと、等、一定の発展もみられる。これら三法は2015年4月より本格実施されている。ただし、1兆円超程度の追加財源が必要とされ、その内消費税が10％になった際の増収分から、毎年7,000億円程度が新制度に充てられることになっており、その点で、不透明な部分は残されている。また、幼保連携認定こども園に待機児童の約8割を占める満三歳未満児の受け入れを義務づけていないことから、待機児童の解消についても懸念されている。以上、少子化社会対策会議「子ども・子育て新システムの基本制度について」（2012年3月。〈http://www8.cao.go.jp/shoushi/shoushika/meeting/measures/kettei12/s1-b1.pdf〉最終アクセス日：2016年4月7日）、内閣府・文部科学省・厚生労働省「子ども・子育て新システム関連3法案について」（2012年3月。〈http://www.cao.go.jp/houan/doc/180-5gaiyou.pdf〉最終アクセス日：2016年4月7日）、民主党・自由民主党・公明党「社会保障・税一体改革に関する確認書（社会保障部分）」（2012年6月。〈http://www8.cao.go.jp/shoushi/ shinseido/law/kodomo3houan/pdf/s-kakuninsyo.pdf〉最終アクセス日：2016年4月7日）、小林孝明（2012）「新たな子ども・子育て支援制度の創設――子ども・子育て関連3法案」（『立法と調査』333号）、内閣府・文部科学省・厚生労働省「子ども・子育て関連3法について」（2013年4月。〈http://www8.cao.go.jp/shoushi/shinseido/law/kodomo3houan/pdf/s-about.pdf〉最終アクセス日2016年4月7日）、内閣府・文部科学省・厚生労働省「子ども・子育て支援新制度ハンドブック（施設・事業者向け）（改訂版）」（2015年7月。〈http://www8.cao.go.jp/shoushi/shinseido/faq/pdf/jigyousya/handbook.pdf〉最終アクセス日：2016年4月7日）等参照。

(30) 今日でもそれは変わらない。内閣府 子ども・子育て本部（〈http://www.youho.go.jp/gaiyo.html〉最終アクセス日：2015年11月29日）参照。

(31) そこでは、○利用者支援、○地域子育て支援拠点事業、○一時預かり、○乳児家庭全戸訪問事業等、○養育支援訪問事業その他要支援児童、要保護児童等の支援に資する事業、○ファミリー・サポート・センター事業、○子育て短期支援事業、○延長保育事業、○病児・病後児保育事業、○放課後児童クラブ、○妊婦検診、○実費徴収に係る補足給付を行う事業、○多様な主体が本制度に参入することを促進するための事業、と記されている。

(32) 「道筋」についていえば、市町村が実施主体とされ、これら事業の費用負担割合は国・都道府県・市町村それぞれ1/3とされており、ここからは国の教育・保育責任の軽視は否めないのではないか。

(33) 認定こども園の四つの類型の内、幼保連携型認定こども園の認可基準は「幼稚園又は保育所の高い水準を引き継ぐ」とされている。内閣府・文部科学省・厚生労働省「子ども・子育て支援新制度ハンドブック（施設・事業者向け）（改

訂版）」（2015年7月）。

(34) この「ウェルビーイング」という語について、清水隆則は、Belsky,J., Barnes,J. & Melhuish,E. (eds.) (2007)の「監訳者あとがき」(2013)で「問題別で保護的な『福祉』から、児童の全体性や主体性に着目した『ウェルビーイング』（well-being）」（223頁）と述べている。

(35) 『日本教育行政学会年報』34号（2008）に掲載されている論文は次のとおりである。塚原修一「教育行政と他行政の連携と競合：産業・科学技術行政を素材に」、荻原克男「現代教育行政の分化と統合」、宮腰英一「英国の教育行政の今日的変容：英国モデルの示唆」、伊藤良高「幼稚園・保育所の『一体化』『一元化』と幼児教育・保育行政の連携：認定こども園制度を中心に」、山下晃一「米国における少年非行対策の展開と教育行政：総合的地域児童政策の視点から」。

(36) 日本教育学会の『教育学研究』78巻2号（2011年6月）も、「教育・福祉・労働：ボーダーレス化の中での教育学の役割」という特集を組んでいるので、ふれておく。冒頭に、この特集を組む理由が次のとおり述べられている。まずは「教育の場の多様化」、これは家庭や学校にとどまらない地域や企業等、教育の空間的な場の多様化と生涯学習の理念の普及による時間的な場の多様化が述べられている。次に、学校教育におけるキャリア教育の進展、子育て支援、特別支援教育、生徒の問題行動における教育と福祉との連携が語られる。さらに、新自由主義的な考え方に基づく、教育、福祉、労働の私的サービスへの委譲と、それに対して、学校や行政機関、NPO等との「協働」「ネットワーキング」についても述べられ、「これは、教育・福祉・労働のボーダーレス化をむしろ人間らしい生活や自治能力の回復につなげようとする試み」（1頁）であると評される。

　こうした状況認識や評価は本研究の基本認識と重なる。しかしながら、これまで述べてきたように、教育、福祉、労働等を一体的に捉える取り組みや研究は、子どものおかれた現実の問題や社会状況を認識し、子どもに最善の利益を提供するための切羽詰まった現実から出発してきた。したがって、『教育学研究』の特集で論じられることを求められたことがらは、以上のような現実の要請に基づいて取り組まれてきた様々な教育関連学会の研究を、集合的に論じる理論の構築ではなかったのか。その意味で、『教育学研究』の論考は物足りなさを感じる。子どもやそれを取り巻く大人たちの現実に投げ返すものとはなり得ていないように思える。換言すれば、子どもとその家庭に関わって、教育、福祉、労働等を一体的に提供する、そうした取り組みと研究がいくつかの教育関連学会で緒に就いている。そのような状況をふまえて、この特集で求められた研究は、それら様々な関連学会での現実の取り組みや研究を教育学全体として集合的に把握し、現実に根ざし、現実に寄与する制度や理論を構築することではなかったか。本書は、そのような制度と理論の構築の一端を担うことをめざしている。

(37) 廣井良典については、例えば、『持続可能な福祉社会——「もうひとつの日本」の構想』（ちくま新書、2006年）参照。この著は教育政策と社会保障を統合して「人生前半の社会保障」という概念を提起した上で、「持続可能な福祉社会」というポスト福祉国家像を論じ、コミュニティにも考察を及ぼしている。その他廣井には多くの著書があり、ポスト福祉国家像を考える際に多くの示唆を与えてくれる。

(38) 2009年の『文部科学白書』も、家庭の経済的状況と学力や進路の格差、公財政教育支出や教育費の公私負担割合の国際比較など、本報告書と同様の資料を示している。先に述べたとおり、なかでも、17歳以下の子どもの相対的貧困率の国際比較は衝撃的である（序章註19）。

(39) 岩橋のこの論文についてもう少し丁寧に論じておく。岩橋はまず次のとおり述べる。「ブレアは前政権の二者から継承している点が実に多いが、筆者の分析によると、相違点を総括的に象徴する点が二点存在する」（岩橋 2007：8頁）。第一点は、「恵まれない状況にある人」に「援助の手をさしのべることがアピールされていること」であり、第二点は「人々の人間的な紐帯の再構築を目指して、メイジャー以上に地域社会（コミュニティ）を強調したということである」（岩橋 2007：8頁）。そして、福祉的施策と結合してこうした違いを具現する教育施策が教育改善推進地域（Education Action Zone：EAZ）であるという。しかし岩橋は、こうした違いを「第三の道」として捉えているかというと、以下のとおり必ずしもそうではない。

「ブレア（ニュー・レイバー）の政策理念は、あくまでもグローバル化する経済システムの中で国際競争力を伸ばし、社会的富を拡大しなければ福祉的施策も後退せざるを得ないという立場である。ゆえに、『教育、教育、教育』というプライオリティは、パイを拡大するために『有能』者を福祉ネットの中から引き出し、結果的に賃金格差構造の問題をとりあえずとし、まず労働市場へアタッチメントさせることによってメインの労働社会へ包摂することにある。そのための教育支援であり福祉支援である」（岩橋 2007：10-11頁）。「ブレアのコミュニティ強化は、労働市場へのアタッチメント、それへの準備過程としての学校をはじめとする様々な教育機関（ジョブ・センターを含む）への選択的目的的な援助と、それにもかかわらずメインの社会へ包摂され得ない人たちに対する地域社会ぐるみの秩序維持、監視体制の強化……ここに見られるのは、犯罪防止の力の側面でのコミュニティの結束強化である」（岩橋 2007：11頁）。つまり、岩橋によると、ブレアの「恵まれない状況にある人への援助」はあくまでも経済的な国際競争力を伸ばすための「有能」者への選択的な援助である。また、コミュニティの結束強化は、そのような援助を施したにもかかわらず社会に包摂され得ない人々への犯罪防止のためのものでしかない。

このような岩橋の手厳しい評価はEAZにも及ぶ。岩橋もこの後に述べる小堀

と同様、EAZが廃止され「都市におけるエクセレンス」(Excellence in Cities)というプログラムに解消されたことはブレア政権のなかでの重要な政策転換であるとする。そして、廃止された理由として、岩橋は直接的には企業からの寄付が得られなかったことを指摘する。しかし、より本質的には次のとおり述べる。「プログラムの変わったことによる決定的な違いは、ますます『私』個人的に貧困状態を『解決』しようとする『有能』者に対する『選択的』個人支援への偏重である。つまり、コミュニティ全体としての『豊かさ』……は後景に退いている」(岩橋 2007：20頁)。つまり、EAZを受け継いだプログラムは、確かに「弱者への援助としての能力向上施策の強力な遂行」という点では「変わらない」(岩橋 2007：21頁)が、「富の再分配支援というよりは、富を自分で勝ち取らせるための支援の推進」(岩橋 2007：21頁)プログラムへと変化しており、「『支援』を通じて自助を費用効果において組織しようとするものであり、……結果における公正を追求するものでは決してない」(岩橋 2007：21頁)と論じる。それでは、岩橋がこのような手厳しい評価を繰り返す評価基盤はどこにあるのか。それは「ブレア労働党政権下での教育制度改革は、……経済成長政策を前提とした市場原理を基調としたものである」(岩橋 2007：30頁)という岩橋の基本認識にある。そして、この政治的立脚点が放棄されない限り「サッチャーからの『旅立ち』に映ったブレアの被剥奪者への配慮の思いは、そのレトリックとは裏腹に、教育アクション・ゾーンの廃止に象徴されるように、被剥奪者の内の『有能』者を能力主義的価値観の社会に『包摂』する(『動員』する)側面にますます転化し始める」(岩橋 2007：25頁)。こうして「ニュー・レイバーのレトリックは相変わらず被剥奪者援助を言い、差別なき市民権の行使が可能な社会的包摂を主唱するが……実質的な格差・貧困は再生産されている」(岩橋 2007：30頁)。これが岩橋の結論である。つまり、岩橋によると、ニューレイバーが市場原理主義を抱き続ける限り、社会的包摂やコミュニティという「第三の道」的要素は、格差・貧困を再生産させるものへと変質させられる、という。

　この点につきもう一つ岩橋の議論を指摘しておく。この後論じる大田や小堀も保守党政権と新労働党政権の共通した政策特徴の一つとして、中央政府によるターゲットの設定、それに基づく査察、評価を論じている。岩橋もこの共通点を指摘しつつ、その違いについて、次のような興味ある論を展開している。「イギリスの国際経済における競争力向上という点での経済政策としての教育政策志向では基軸を同じくしていても、前2政権の焦点が競争する中間層の形成拡大にあったが、ブレアは貧困層の引き上げによる、いわゆる『すべての人』を対象とするものであった。それゆえ、前2政権のように市場に任せるのでは不十分であり、ターゲットを決めて達成推進・達成度を協力に管理する政府介入を必要とした。……こうして、ターゲットの設定や達成度の検証で信賞必罰

の管理主義が、そしてコミュニティでの治安対策が強化された」(岩橋 2007：26-27頁)。労働党政府は、貧困層の教育向上をはかるため、市場に任せるだけではなく、ターゲットの達成に強く介入したことは、この後述べる大田もそして小堀も論じていることである。しかし、岩橋によるとこのことも、貧困層の「有能」者を選択的に援助し、競争力をつけさせ、労働社会へ包摂することにより、競争する者を拡大し、経済的国際競争力を強化するためであると評価されることになる。このように岩橋の論では、ターゲットの設定も政府の介入も「社会的包摂」も「コミュニティ」も何もかもが市場原理主義の枠組みから評価される。このように岩橋の論を整理すると、岩橋の連続性・非連続性議論は、市場原理主義の連続性をともかく絶対視するものである、といえる。

　確かに、ブレアは学校選択制度やナショナル・カリキュラムとナショナル・テストの体制、評価制度を前保守党政権より引き継ぎ、むしろ精緻にしている。しかし、「第三の道」のキャッチフレーズである「社会的包摂」も「コミュニティ」もそのような市場原理主義の体制を精緻にするものとしてしか存在していなかったのか。このような「第三の道」の要素と新自由主義や新保守主義の要素とは一方が他方を取り込み変質させるのではなく、微妙なバランス関係のなかで、あるいは少なくとも葛藤的な状況のなかで、併存してはいなかったのか。「社会的包摂」や「コミュニティ」という要素をそうした視点からもう少し丁寧に検証する必要がある。

(40) 2002年に発表された大田の論文は他に「イギリスの教育改革」『アソシエ』2002年2月号、御茶の水書房、がある。この論文は、1988年教育改革法を論じ、「品質保証国家」を説明してはいるが、労働党の教育政策にはあまりふれておらず、2002年の前者の論文に、内容的に似通っている。まったく同じ記述となっている部分も多い。

(41) 大田の論文には他に「評価の政策史——イギリスの経験」(2003)がある。この論文は「品質保証国家のメカニズムの一部として」(33頁)、保守党時代における評価制度の整備を丁寧に記している。そして、「品質保証国家の体制は、1997年に誕生した新労働党政権によってさらに精緻化され、強力に推し進められている」(31頁)と、やはり「品質保証国家」の連続性を主張している。さらに、「当初は『保守的現代化』と呼ばれた品質保証国家への道筋は、その後『第三の道』の提唱によって、社会民主主義と新労働党によっても正統性が与えられる」(33頁)と述べている。つまり、「第三の道」という言葉は「品質保証国家」の体制を正統化し、権威化する用語としてしか意味づけられていない。

(42) さらに大田は第四の違いとして新労働党政権下における「生涯学習社会の創出」を強調している。

(43) サッチャー時代に制定されたもので、地方当局が同性愛を助長することを禁じた条項。公費維持学校でも適用された。

(44) ただし、小堀は「多機関協働（Multi-Agency Working）」という言葉を使用しているわけではない。
(45) なお、小堀は「ブレアの言説における『コミュニティー』とは、たびたび『社会』という言葉との間で、相互互換的に使われる」（小堀 2010：642頁）と指摘している。
(46) なお、2012年の論文で小堀は英国の中等教育政策について次のとおり述べている。「大きな流れとしては、保守党政権下で進行した市場化が労働党政権で受け継がれつつも、水準向上という成果を出すためにターゲットによる規制化が同時進行し、その行き過ぎにより、ブレア政権末期からキャメロン政権にかけて自由化の揺り戻しがあったということができる」（小堀 2012：42頁）。

●第1章　脱物質主義
──ケインズ主義的福祉国家とニューライト国家の限界

(1) この二点の他に、大衆政党、労働組合、宗教団体などをとおした政治参加よりも、直接民主主義的な政治参加を志向すること、等が指摘されている。
(2) 「新しい社会運動」については次節参照。
(3) 山田は蓄積体制を次のとおり説明している。「蓄積体制とは、特定の資本主義社会が、あるいはさらに資本主義世界が、その矛盾や歪みを吸収し解消し回路づけつつ、相当程度の長期間にわたってその再生産＝蓄積を規則的に遂行してゆくありかたの総体を指すといえよう」（山田 1994：67頁）。
(4) 山田はテーラー主義を「構想（生産管理部）と実行（現場労働）を分離し、実行労働をさらに細目的諸課業へと分類し、それぞれの課業に作業ノルムを設定して労働を強化し、こうして生産性を向上させるという労働編成様式」（山田 1994：110-111頁）と説明している。
(5) 山田は「ある蓄積体制はそれに適合的な調整様式に媒介され操縦されることによってはじめて、その安定的かつ恒常的な再生産が保証されていく」（山田 1994：71頁）と述べている。
(6) 山田鋭夫は、「フォーディズム的労使妥協」を「フォーディズムの核心的な調整様式」（山田 1993：123頁）と述べ、「制度諸形態」の「総体がフォーディズムの調整様式をなす」（山田 1993：124頁）と述べている。したがって、リピエッツのいう「労働編成モデル」と山田のいう「制度諸形態」が「調整様式」の総体をなし、その核心に「フォーディズム的労使妥協」があると捉えるとわかりやすい。
(7) 山田は「レギュラシオニストの間で一枚岩の歴史認識があるわけではないので、正確を期すことはできない」（山田 1994：78頁）とし、時期区分は一つのガイドラインであり、「問われるべきは時期区分の日付ではなく、歴史認識の枠

組であり構図である」(山田 1994：78頁) と述べている。その上でこの「大危機」の時期について、19世紀末、1930年代恐慌、20世紀末不況とし、20世紀末不況を1973年ないし1960年代末以来としている。そして、フォーディズムの時期を1945年から20世紀末不況の間に設定している。
(8) ちなみにレギュラシオンとはこの調整を意味する語である。
(9) 武川正吾 (1999) によると、この生産のフレキシビリティ化要求は、情報化によって部分的に解決されるが、この問題解決は、労働力の編成という新たな問題を生む。とりわけ、労働集約的なサービス業においては、生産のフレキシビリティ化は、人間的要因によって達成される度合いの方が、機械的要因によって達成される度合いよりも大きい。つまり、労働編成のフレキシビリティ化要求が強くなる。こうした労働編成のフレキシビリティ化要求に対し、福祉国家による最低賃金制度などの労働力の脱商品化政策は労働編成のインフレキシビリティをもたらす。この状況に対し福祉国家がとった適応戦略は、まず第一にパート労働や外国人労働などの二次的な労働市場の放置、強化である。しかし、この二重労働市場化戦略は、社会統合の問題 (社会の分裂) をもたらすか、1次市場と2次市場への労働力の配分が、ジェンダーやエスニシティの基準によって固定されるという問題を生みだす。第二の適応戦略は、労働市場の規制緩和によって、労働市場のインフレキシビリティをうち砕く戦略＝労働力の再商品化戦略である。英米モデルが採用する戦略である。さらには、第三の戦略も考えられる。徹底的な労働力の脱商品化戦略である。労働時間の短縮されたフルタイム労働により短時間単位で働く労働者の数を増加させる戦略である。ワークシェアリングがイメージできる。なお、消費行動のフレキシビリティ化については第4章3節でも論じているので参照されたい。
(10) 本書は、経済中心性の政治から経済的争点が相対化された政治、脱物質主義を基本的な理念としつつ、経済的争点と深く関わる貧困や格差の問題をも中心的なテーマとして論じている。この点について広田照幸の議論を紹介しておきたい。広田は、「新自由主義－経済成長モデルを選ばない選択」、「脱・物質的価値観のライフスタイルを重視した社会に転換すること」は、「経済成長よりも財や機会の分配の仕方にウエイトをおく社会を作ること」(広田 2004：88頁) が基盤になるという。すなわち「経済的な豊かさとは別の基準をさがそうとしている人たちが、結果的に割をくってしまうことにならない社会の構築の仕方」(広田 2004：88頁) が必要であり、「そうでなければ、誰もが結局、経済市場主義から抜け出せないことになってしまう。経済生活での失意や不安は、人々に経済的価値への執着を余儀なくさせるから、必要なのは財や機会の分配における格差の小ささと、そのシステムの安定性である」(広田 2004：88-89頁)。広田はさらに次のようにも述べている。「勝者／敗者の格差が広がらないような社会が形成されていけば、人は経済生活への不安から自由になって生きられるか

ら、経済外の価値を多様に追求しうる」(広田 2004：90頁)。以上のとおり、広田は、貧困や格差の解消は脱物質主義的価値＝経済外の多様な価値を追求するための前提として捉えている。本書もこの広田の考えに首肯する。

(11) また、テーラー原理を放棄ないし緩和する戦略をとった国は他に旧西ドイツと日本がある。しかし、スウェーデンの労使交渉は全国レベルで行われて、労働者間の格差が小さいのに対し、ドイツでは部門別、日本では企業別である。後者がトヨティズムとよばれるが、これは大企業と中小企業、正社員と臨時社員、男性と女性との間に格差を生みだす。換言すれば、大企業の男性正社員の雇用関係がある程度までカルマリズム的であるのに対し、そうでない労働者の雇用関係はかなりの程度までネオ・テーラー主義的である（若森章孝1996：118頁）。④のハイブリッド・モデルとは、これら①、②、③のモデルの諸特徴を組み合わせたモデルである。

●第2章　市民社会の政治化・民主化について

(1) 他の特徴についての記述も示唆に富んでいる。例えば、「ヘーゲル＝マルクス主義的系譜からの離脱」について、ヘーゲル＝マルクス主義的系譜のなかで、市民社会は「ブルジョア社会」と等置されてきたが、「新しい市民社会」論では、これとは明確に区別され、場合によっては対立するという。また、「二元論から三元論へ、そして五項モデルへ」についても、新しい市民社会論では、市民社会は国家権力だけではなく、市場原理をも射程に入れコントロールすることを課題に据えているという。

(2) ただし、山口によると「ハーストは、アソシエーションと政府諸機関との関係はローカルもしくはリージョナルなレベルに限定されるべきであって、ナショナルなレベルでは（可能ならば）存在すべきでない」(山口定 2004：248頁)と述べている。

(3) 以下の記述については、形野清貴 (1999) 及びHirst, P. (1994)：pp.15-43、参照。

(4) 熟議民主主義への批判の一つに、次のとおり意思決定を行う単位の問題が指摘される。「このメカニズムは基本的にはface-to-faceの関係において適用可能なのであって、大規模な集団内における意思決定に当たっては、このメカニズムの趣旨をどのように生かすかが問題となろう」(山口定 2004：234頁)。しかし、こうした単位の問題についても、小規模なアソシエーションを単位とする限り、その批判は免れる。

(5) この「第三の道」の議論については、Hirst, P. & and Bader, V. (eds.) (2001), *Associative Democracy : The Real Third Way*, Frank Cass. 参照。

(6) ここで、経済的自由主義と政治的自由主義の区別をしておかなければならな

い。ニューライトの新自由主義は経済的自由主義を意味するが、これから問題とするのは政治的自由主義である。
(7) 石戸教嗣は『教育学研究』69巻2号（2002年6月）でラディカル・デモクラシーを「楽天的」と批判している。しかし、本章で示すとおり、本書ではそのような評価をとらない。
(8) ムフによると熟議民主主義論には大きく分けて二つの学派があるという。一つはジョン・ロールズ（J. Rawls）のものであり、第二はユルゲン・ハーバーマス（J. Habermas）の大きな影響を受けたものである（Mouffe, C. 2000：p.84／ムフ 2006：130-131頁）。
(9) ムフは「民主主義政治は、権力と排除の軌跡を消去しようとするのではなく、それらを前面へと引きだし、可視化することによって、意義申し立ての地勢へと入ることが可能になる。そしてこれが永続するプロセスとして描かれねばならないという事実は、絶望の理由ではないのである。なぜなら最終目的地に到着する欲望こそが、政治的なものの消去と民主主義の破壊へと至らしめるからである」（Mouffe, C. 2000：pp.33-34／ムフ 2006：52-53頁）と述べている。
(10) ただし、このムフの著書ではこうしたハーストの議論を「協同組合的社会主義」（associational socialism）として論じている。
(11) 他の二つは、①労働時間の削減、給与・労働者間の再分配、②ベーシック・インカムの支給、である（Mouffe 2000：p.126／ムフ 2006：190-191頁）。
(12) ムフの主要な著書に、ラクラウ（Ernesto Laclau）との共著 *Hegemony and Socialist Strategy : Towards a Radical Democratic Politics*, Verso, 1985.（山崎カヲル、石澤武訳『ポスト・マルクス主義と政治——根源的民主主義のために』大村書店、1992）がある。また、ラディカル・デモクラシー論では、「経済中心性の政治」の否定と深く関わって、「階級概念」の絶対性、特権性が拒否される。本研究で「経済・階級中心性」といった用語を使用しているのも、この点に含みを持たせているからである。こうした点も含めてラディカル・デモクラシーについて、引用した文献の他に以下の文献等を参照。向山恭一（1994）、後房雄（1994）、加藤哲郎（1996）、斉藤日出治（1997）

● 第3章 「第三の道」における福祉サービスの制度構想——福祉多元主義

(1) 次の指針である。①「労働における人と人との関係を変革」すること、②労働時間の短縮、③生態系と調和する科学技術の選択、④「賃労働関係以外の社会諸関係を、ヒエラルキーを後退させる方向に、何よりも、女性解放と人種差別撤廃の方向に変えること」、⑤「国民国家の内部の連帯の形態を、もっぱら貨幣による配分から、自主的に運営される活動体や交渉にもとづく社会的に有用な事業にたいする補助金に変えること」、⑥「下からの民主主義」（代表に権限

図9 ボランタリーセクターの概念図

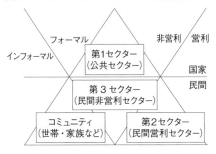

（出典・富沢賢治 1999a：21頁）

を委譲することが少ない民主主義)、⑦「国民国家間の不平等な関係を見直し、もっと国内市場にもとづく共同体間の相互利益になるような関係に作り変えること」（リピエッツ 1990：101-102頁）。
(2) 福祉国家の税の負担者が、福祉サービスに「甘えて暮らす」受給者を快く思わないことは時折指摘されることである。例えば、Pierson, C. 1991：p.67／ピアソン 1996：130頁。
(3) 同様の図表は他の文献にもみられる（例えば、武智秀之 1997：220頁）。第3章表1はこうした図表を参照して作成した。
(4) わが国の職域福祉については藤田至孝他（1997）、谷川至孝（1998）参照。
(5) ここで「混合経済」とあるが、ジョンソンは、「福祉の混合経済」と「福祉多元主義」とは同じ意味であると説明している（Johnson, N. 1999：p.22／ジョンソン 2002：22頁）。

● 第4章 「第三の道」におけるボランタリー組織

(1) わが国の「特定非営利活動促進法」に基づく法人化された団体には、アメリカと同様に協同組合などの非営利事業体は含まれていない（佐藤慶幸 2002：7頁）。
(2) この第三のセクターがどういう分野なのかを説明するに、富沢は三つのセクターの関連を表す〈図9〉を示し説明している。それは、組織が①フォーマルかインフォーマルか、②国家か民間か、③営利か非営利かで区別し、ボランタリー組織をフォーマルで民間で非営利組織として説明するものである。
(3) 佐藤慶幸は次のとおり述べている。「市場と国家を中心に経済社会システムを論じてきた研究者や政治家たちは、とりわけ日本の場合には、これらの市場と国家から自立したボランタリーなアソシエーション個体群の社会的、文化的、政治的、そして経済的な活動を無視するか、あるいは無視しないまでも、それらは市場と国家にとっては従属的な補助的なものと見なしてきたか、あるいは国家に対しては批判的なものとして忌避してきたのである」（佐藤 2002：4-5頁）。
(4) この「自発性」について佐藤慶幸は、「自らの意思によって自分の責任で行う」と曖昧な理解がなされる場合が多いが、そのような理解ではなく「市場と

国家の論理から自由であること」と定義している（佐藤 2002：156頁）。示唆に富む定義である。
(5) 貧しい消費者が「買わない」という退出行為で民間営利企業の商品にその意思を反映させるためには、連帯して消費者団体というボランタリー組織を作る必要がある。
(6) 「成長問題」について、武川は①高齢化と②地球環境問題を検討している。さらに、武川はもう一つの成長問題として、雇用の問題も検討している。
(7) この生産システムのフレキシビリティ化要求と福祉国家の対応については第1章註9参照。
(8) 藤村正之は、ボランタリー組織への事業委託の場合、「福祉サービスの受給の権利性と公的責任の関係が、決定・実施・調整の各場面に関して『別動隊』たる組織においてどのように担保されるのかという問題もあがる。行政であれば、その根拠を法的に争うことができるのだが、民間団体の場合、その根拠の追求がどの程度可能なのか」（藤村 1999：167頁）と述べ、ボランタリー組織に事業委託された場合の公的責任の問題も指摘している。
(9) わが国でも、NPO法人が一定の要件を備えると国税庁から認定を受け、この認定NPO法人に寄付した場合、寄付者は税の優遇措置を受けることができる制度が、2001年10月から施行されている。しかし、認定NPO法人になるには、厳しい要件をクリアせねばならず、認定された数はすこぶる限られている。この点については、第5章であらためて論じる。

● 第5章　英国市民社会におけるボランタリー・セクター

(1) ボランタリー組織が特定非営利活動法人として認証されると、毎事業年度終了後、事業報告書等を所轄庁に提出する等の義務を負う。特定非営利活動法人制度は、自主的な法人運営を尊重するとともに、情報開示を通じた市民の選択、監視を前提とした制度となっている。
(2) 法人が寄付をした場合でも、一般寄付金の損金参入限度額とは別に、別枠の損金算入限度額が設けられており、法人も優遇処置を得られる。また、相続税についても優遇処置がある。
(3) 『特定非営利活動法人制度のしくみ』（内閣府大臣官房市民活動促進課、2012年2月。〈https://www.npo-homepage.go.jp/uploads/201204_leaflet.pdf〉最終アクセス日：2016年4月10日）等参照。
(4) 歴史的に、英国では死後自分の土地を教会に寄進する習慣があったが、封建領主にとっては、教会に土地が寄進されると地代や税金が取れなくなるため、これを禁止する法律も制定されていた。そこで、土地を教会に直接寄進しないで、第三者に譲渡し、譲渡を受けた人がその土地からあがる収益を教会に寄進

するという方法が生まれ、これを「ユース」とよんだ。一方、領主にとってはユースの利用が収入の減少につながるため、1535年、ヘンリー8世はユース条例を制定し、これを禁止した。1601年の「公益ユース法」は一定の条件を満たすユースを法律で定めて認めたものである（文部科学省 2007.〈http://www.mext.go.jp/a_menu/shougai/houshi/07101511.htm〉最終アクセス日：2016年4月10日、岡田章宏 2003、等参照）。

(5) 2006年の改正点は次のとおりである。①公益性の再定義、②チャリティ委員会の見直し（コミッショナーの増員等）、③登録制度の見直し（登録不要の小規模チャリティの条件が年収£1,000から£5,000に拡大、一方これまで登録義務から除外されていた一部の宗教チャリティ等について登録の対象とする）、④チャリティ委員会の登録不認証に対する不服裁判所の新設、⑤公益を目的とする法人（Charitable Incorporated Organisation）の新設（雨宮孝子 2004、中島智人 2007、等参照）。

(6) 2006年のチャリティ法の改正まで、登録審査における公益目的の有無の判断は、1601年の公益ユース法の前文に書かれている公益性の例示やその後の判例法に基づいていた。2006年の法改正はチャリティとして認められる目的を13項目に分けて法定化し、審査基準を明確にしようとした。

(7) その他、被相続人の遺言により行ったチャリティに対する遺産の寄付についても、基礎控除と別枠で相続税の課税相続財産から控除できる。また、寄付相当額の課税所得控除が認められる等、株式による寄付についても税制上の優遇処置が認められている。

(8) Office of the Third Sector：サードセクターの社会や経済に果たす重要性を認識し、サードセクターによる公共サービスの供給、社会的企業の推進、コミュニティの強化等を目的として2006年5月に内閣府内に設置された。サードセクターへの資金の提供も行っており2008-9年度には5億1,500万ポンドを提供した。2010年の連立政権誕生後、Office for Civil Societyと改名されている。

(9) 第4章参照

(10) 同様の定義は2006年の年鑑『アルマナック2006』（pp.53-54）や2010年の年鑑『アルマナック2010』（p.23, p.89）でも確認できる。

(11) 英国の場合、親が高齢になっても子どもと同居することはほとんどない。パートナーが死亡後、自分で身の回りのことができる間は自宅で独り暮らしをし、それが困難になれば病院や入所施設に入居することとなる。英国の高齢者ケアは次のような制度で成り立っている。大きくは独立して生活する施設と共同で生活する施設に分類できる。前者はシェルタードハウジング（sheltered housing）とケア付き住宅に大きく分かれる。共に高齢者向け集合住宅であるが、シェルタードハウジングは、独立して生活したいが、いざというときの安全を確保しておきたいという高齢者が住む。共同で生活する施設には病院と入所施設

（ケアホーム）がある。ケアホームも看護師によるケアがあるかどうかによりレジデンシャルホームとナーシングホームに分かれる（伊藤善典 2006、参照）。
(12) 例えば、ケアホームの場合、自治体と施設との間で委託契約が締結され、自治体は当該施設に委託費を払う。なお、介護サービスについては全額自己負担が原則である。利用者に負担能力がない場合、自治体が補助を行う。
(13) また、そこにおける地方政府の大きな特徴は、福祉多元主義が供給と財源と規制を分離するものであったように、地方政府の現業部門とサービス購入部門が組織上分離され、供給と購入が分離される。
(14) フューチャービルダーとは、ボランタリー組織に対する政府の投資プログラムである。一定の公共サービスを提供するボランタリー組織に投資される。
(15) 本文の「序」も、ボランタリー組織が公共サービスの発展に重要な役割を果たすことから書き始めている。
(16) 1996年のディーキン委員会報告以降2008年までのコンパクトに関わる経緯については、The History of the Compact 1998 to 2008 : the first 10 years（Compact Voice）、等参照。
(17) しかし、その基本的な構成はほぼ共通しており、共有原則（shared principle）、資金（funding）、協議（consultation）、実施（implementation）、といった項目から構成されている（今井良広 2005a：141-145頁、参照）。
(18) 1980年代サッチャー政権下の地域再生政策は、民営化、民間企業と市場原理の活用によるハードを中心とした大規模な経済的な都市開発に焦点をあてる方法をとっており、地域戦略パートナーシップとは政策理念・手法が異なる。詳しくは終章参照。
(19) この点につき、金川幸司はさらに次のとおり論じている。「イギリスのパートナーシップ政策は、社会的包摂政策や、衰退地域の再生といった国家戦略を推進するためにパートナーシップを活用するという側面」と「ボランタリーセクターの基盤整備のための各種支援といった、ソーシャルキャピタルを増大させ、コミュニティの自律を促進するガバナンス構造追求の両方の側面を持っている。このため、国家および自治体が舵を取り、一定部分は評価や監視を通して関与しつつ、市民およびコミュニティの独自性を高めていくといった折衷的な関係性の構造にならざるを得ないのではないかと思われる」（金川 2007：56頁）。

● 第6章　労働党政権下におけるボランタリー・セクターの公共サービスに果たす役割

(1) この統合について、『アルマナック2014』は、2007年にチャリティ委員会がチャリティの管理方法を改定したためであり、経済状況とは無関係であるとして

図10 規模別一般チャリティの収入のタイプ（2007/08年度）

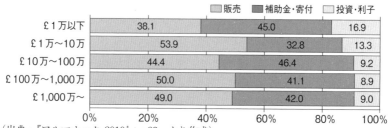

（出典・『アルマナック2010』：p.83、より作成）

いる（『アルマナック2014』：p.25）。
(2) NCVOの2009年の冊子によると2006/07年度において、それぞれの政府機関からの収入の割合は次のとおりである。地方政府：50.0％、中央政府（NHSを含む）：44.7％、ヨーロッパ及び国際機関：5.3％（NCVO 2009c：6節）。
(3) なお、第6章図1で示した2007/08年度から2008/09年度におけるボランタリー・セクターの収入の減少は、政府機関からの収入の減少よりもむしろ、個人からの収入減や資産価値の低下等による。また、第6章図9で示すとおり、比較的「投資収入等」の占める割合が高い小規模組織にとって、この資産価値の低下はより痛手となっていると考えられる。
(4) 2006年のアルマナックは一般チャリティの収入のソースを「個人」、「公共セクター」、「投資収入等」、「一般チャリティ」、「営利民間」に分類している。
(5) なお、『アルマナック2006』によると、1995年度の収入は、「販売」33％、「補助金・寄付」47％、「投資・利子」20％であり、かつては「補助金・寄付」収入が一番多く、「投資・利子」収入の割合も比較的大きかった（『アルマナック2006』：p.65）。
(6) ボランタリー組織のすべての分野で「販売」収入が大きな割合を占めているわけではない。例えば、「国際」分野では、「販売」28％、「補助金・寄付」70％、「投資・利子」1％である。なお、「教育」分野ボランタリー組織の全収入に占める政府機関からの収入の割合は2006/07年度52％である（NCVO 2009c：12節）。
(7) だからといって、大規模組織の収入が販売収入に偏っているわけではない。〈図10〉は2007/2008年度の収入のタイプを一般チャリティの組織規模別に示したが、大規模組織は「補助金・寄付」収入の割合と「販売」収入の割合とをバランスよく獲得していることがわかる。一方このことは、「補助金・寄付」収入も著名で全国的な大規模団体に集中する傾向にあることを示している。2007/08年度において「補助金・寄付」収入の74.9％が年間収入100万ポンド以上の一般チャリティが受け取っており、年間収入10万ポンド以下の団体が受領した額は4.9％に過ぎない（『アルマナック2010』：p.83）。

(8) 次の4点をあげている。ここでは、そのなかの一つとして、「統合的な（holistic）アプローチ、ジョインド・アップサービスの提供の必要性を認識すること」（Blackmore, A. 2006：p.4）があげられていることやコミュニティへの視座をとりわけ確認しておきたい。①公共サービスの改善プロセスの核心に、個々の消費者だけではなく市民やコミュニティを置く。（公共サービスは個々の消費者の私的利益だけではなく公共のために提供される。また、公共サービスはコミュニティのマジョリティのニーズに適合するだけでは不十分である。）②公共サービスは市場の選択に基づいてのみ提供されるのではなく、市民やコミュニティの声を反映させねばならない。③「統合的な（holistic）アプローチ、ジョインド・アップサービスの提供の必要性を認識すること」（Blackmore, A. 2006：p.4）。④コストの削減のみに重きをおくのではなく、効率についてもっと柔軟な理解を行う（短期に結果を判断しない）。

(9) 他に注目される点として、本報告書はサードセクターの活動に継続性をもたらすため、資金提供の基準を3年間とすることなど、より長期に資金を提供することを、例えば次のとおり繰り返し述べている。「短期の資金提供（典型的には1年間）は入札をとおして多様に資金を提供しうる。しかし、それは組織の中長期的な取り組みを妨げる」（HM Treasury & Cabinet Office 2007：p.85）。「サードセクターへの短期の資金提供は長期で継続的な計画の作成を妨げる……3年間の資金提供が例外ではなく基準とされるべきである」（HM Treasury & Cabinet Office 2007：p.91）。

(10) なお、連立政権成立後2011/12年度の「スタッフを雇用している組織の割合（％）」は、年収£100万～1,000万の組織：86％、£1,000万以上：86％、£1万～10万：5％、£1万以下：1％であり、その割合は低下している（『アルマナック2014』：p.78）。

(11) ボランタリー組織がこうした政府の提供する仕組みに抵抗する効果についても、政府とボランタリー組織との権限の非対称性や、ボランタリー組織の財政的、人的リソースの欠如等から、ハリスは懐疑的である（Harris, M. 2001：p.220）。

(12) ハリスは資金を得ることによってミッションを喪失してしまうわかりやすい二つの例を、以下のとおり話してくれた。①カトリック・チャーチのボランタリー組織は資金を政府から得て、たいへんすばらしい養子縁組サービスを提供していた。しかし、政府は新しい規制を作った。それは、片親家庭やゲイカップルにも平等にサービスを提供する、というものであった。これはカトリック・チャーチのミッションに反した。ボランタリー組織はこの規制を拒否したので政府からの資金提供を受けることができなくなった。②障がい児を持つ親が郊外にコミュニティを作る計画を立て、政府に補助金を申請する。ところが、政府はノーマライゼーションの方針だから郊外のコミュニティではなく、町の

地域社会に障がい児を引き入れようとする。

● 第7章　ニューライト国家の展開

(1) 宇都宮深志編（1990）、岡山勇一、戸澤健次（2001）、豊永郁子（1998）、等参照。
(2) 首相就任直後、軍人の給与を32％、警察官の給与を20％上げた。
(3) 以上のサッチャリズムの政策について、内田勝敏編（1989）、宇都宮深志編（1990）、栗田健編（1985）、黒岩徹（1989）、高畑昭男（1989）、三橋規宏（1989）、森嶋通夫（1988）、等参照。
(4) 唯一国家が統制した教育分野は宗教教育であった。
(5) 窪田の調査によると、入学希望者が定員を超えた場合のよくとられる選考基準は以下のとおりである。医療的条件、通学区内居住、兄姉が在籍中か過去に在籍、学校までの距離（窪田 1993：199頁）
(6) 1988年教育改革法に先立つ1980年教育法によって、通学区制度をとっていても保護者は学校選択に関する希望を表明することができた。
(7) なお、各学校に配分される予算の、学校経営にかかる経費全体に占める割合＝予算配分率は1998年度で全国平均79.2％であった。さらに、1998年労働党により制度改正が行われ予算配分率はアップし、1999年度は全国平均82.4％となった。ただし、学校予算のうちの大部分は教職員の給与で占められ、その給与額は国の定める給与表に準じる。
(8) わが国の文脈からみても、私立の高校を思い浮かべると、学校選択により生徒集めが加熱すれば、各学校が打ちだす方策は、「進学に強い」とか「スポーツが強い」とかが多くを占めるようになり、学校は画一化され、少数派の思想・信条、価値観は学校教育から排除される。こうした点以外にも学校選択には、受験競争を低年齢化させる、学校を中心とした地域共同体、地域のつながりを壊す、等の批判も多い。
(9) サッチャー政権下の教育政策で、もう一つ「学校理事会」（School Governing Body）改革も見過ごせない大きな政策であった。英国では、1944年教育法によって、公営の学校では学校理事会をおかなければならないとされ、人事、財政、カリキュラムにわたって、学校理事会は学校経営上で重要な役割を果たすことが予定されていた。ところが実際には、地方教育当局の代表が多くの理事を占める等、その予定された役割を果たさないできた。こうした状況に対し、1977年、労働党政府が設置したテイラー委員会が『学校のための新しいパートナーシップ』（*A New Partnership for Our Schools*）を報告し、学校理事会の改革が現実的な政策課題となる。そして、サッチャー時代にはいると、1980年教育法で、学校種別に応じて1〜2名の親理事、学校規模に応じて1〜2名の教員理事

をすべての学校理事会におく、等の規定が設けられ、さらに1986年（第二）教育法が制定され、学校理事会の構成は大きな変化をとげる。1986年（第二）教育法で規定された学校理事会の構成は〈表2〉のとおりである。親の代表は当該校の生徒

表2　学校理事会の構成

学校規模	親代表	地方教育当局代表	教員代表(含校長)	他	計
600人以上	5	5	3	6	19
300～599人	4	4	3	5	16
100～299人	3	3	2	4	12
100人未満	2	2	2	3	9

注・「他」には親、地方教育当局、校長、教員の各理事が協議して選出する理事。地域の代表などがここに含まれる。
(出典・窪田眞二 1993：p.181)

の親により選出される。ここで、親の代表と地方教育当局の代表が同数含まれることが注目される。続いて1988年教育改革法のLMSにより、学校理事会は財政上の大きな権限を獲得した。こうして、学校理事会の権限は、ナショナル・カリキュラムに基づく教育課程の編成、校長やその他教職員の任免、学校予算についての最終的な責任等、教育課程、人事、財政にわたって多大な権限を有するようになった。つまり、学校理事会が最終的な学校経営における権限を持つようになったといえる。ただし、ナショナル・カリキュラムや学校選択はニューライトの教育政策として明確に位置づけられるのに対し、学校理事会をこの枠組みにあてはめるには少々無理がある。

(10) HMIは学校ごとの報告書を作成はしたが、非公開が原則であった。
(11) 以上の評価制度にかかわる記述については、高妻紳二郎（1996）、沖清豪（2003）、大田直子（2003）、等参照。

● 第8章　「教育改善推進地域」（EAZ）にみるポスト福祉国家像

(1) EAFやEAZのプログラムについては次節で詳説する。
(2) 地域基盤戦略については終章で詳論する。
(3) アクションフォーラムの構成について、『挑戦EAZ』1999（p.7）でも同様の記述が確認できる。
(4) 一方、初等学校の成績への影響については次のとおり好意的である。「KS1（5歳から7歳）の成績の向上は国家平均よりもいくぶん早い。1998年から2002年の間にリーディング、ライティング、算数のナショナル・テストの結果はそれぞれ5％、6％、7％向上した。これは国家平均の上昇率よりもそれぞれ1％高い。KS2（7歳から11歳）の成績は国家平均よりもまだ低いものの、その上昇率はとりわけ算数において国家平均と比較してすこぶる高い。しかもこれは、子どもたちの移動やスタッフの採用の困難さを抱えての成績の向上である」（OFSTED 2003a：p.39）。「親との協力が成績の向上に特に効果的である」（OFSTED 20

03a：p.39)。

(5) 他のOfSTEDの報告書も手厳しい。例えばOFSTED（2001），*Education Action Zones : commentary on the first six zone inspections*（〈http://dera.ioe.ac.uk/4518/1/Education〉最終アクセス日：2016年4月16日）。

(6) Leigh Park Archive Schools EAZも同様の問題を抱えていた。ここではKS 1 からKS 4までの成績が国家平均と大きな格差があった。ここでも有能な小学生がEAZ外の中学校に進学していた。ここではEAZが特別なプログラムに取り組んだわけではなく、中学校に直接補助金が委ねられた結果、成績が向上し、中学校はコミュニティの信頼を獲得することとなった。

(7) こうした短期の達成を中央政府が求めた理由として、ホールガートンとワトリングは、中央政府にとってEAZは試験台であり、次期選挙にその成果を示す必要があった、と述べている（Hallgarten, J. & Watling, R. 2001：p.152)。

(8) さらにホールガートンとワトリングの言及はこの文脈において次のとおりOFSTEDにも及ぶ。2000年9月からOFSTEDがEAZを査察するようになった。OFSTEDは自身の基準でEAZを査察することができたが、「学校ガバナンスの刷新、長期のあるいは広い視野でのEAZの教育再生計画を査察する能力と意思をOFSTEDが有していたかどうかは定かでない。それによりゾーンがシステムの刷新よりも結果にこだわったとしても驚きではない」（Hallgarten, J. & Watling, R. 2001：p.153)。このOFSTEDについての指摘が正当ならば、規制国家的な中央政府の成果主義にとらわれ、OFSTEDのEAZへの評価基準が学校の成績とりわけナショナルテストやGCSE等の可視的で測ることのできる成果、しかも短期の成果にとらわれていることとなる。そうであるならば、EAZのねらい、それはまさしく「第三の道」としてのねらいであるのだが、困窮地域の子どもとその家庭をトータルに支援し、インクルージョンするという子どもの成績だけでは測れないねらいをOFSTEDは正当に評価できていないこととなる。ただ、先に検討したOFSTEDの評価文書からは、確かに子どもの成績に偏重しているきらいがないわけでもないが、多機関協働やコミュニティの問題にも目配せしていることも読み取れる。ともあれ、このホールガートンとワトリングによるOFSTEDの評価基準についての指摘は興味が引かれる。

● 第9章　「すべての子どもを大切に」（ECM）にみるポスト福祉国家像・
　1──ECMの発展とボランタリー・セクター

(1) そのような予防的な取り組みが国家財政的にも節約になるという。例えば、10歳で問題であった子どもは28歳までに7万ポンドの負担を国家財政に担わせ、その額はそうでない子どもの10倍に上るという（HM Treasury 2003：p.14)。また、このような予防的な支援にとって、就学前の取り組みと中等教育初期の

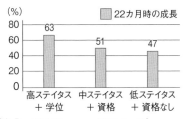

図11 母親の社会・経済的なステイタス及び資格と22カ月の子どもの成長

（出典・HM Treasury 2003：p.18）

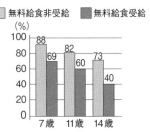

図12 無料給食（Free School Meals）受給と子どもの成績

（出典・HM Treasury 2003：p.20）

取り組みが大切であるとしている（HM Treasury 2003：p.20）。
(2) この二つの例について〈図11〉、〈図12〉が示されている。
(3) 特別な保健サービスとしては言語療法speech and language therapy、メンタル・ヘルスサービス、薬物濫用への対応などがあげられている。
(4) ここには、いじめへの取り組みや子どもを犯罪から守ること、ホームレスの家族をなくすこと、等の取り組みが含まれる。
(5) そのような専門家チームには例えば次のような専門家が含まれるという。ヘルスビジター、一般医、ソーシャルワーカー、教育サイコジスト、メンタルヘルス、言語療法士speech and language therapist、ラーニングメンター、学校スタッフ、学校ナース、ボランティア、薬物依存専門家。
(6) 地方政府への介入には地方サービスの競争入札や民営化も含まれる（HM Treasury 2003：p.78）。
(7) 例えば、ソーシャルワーカーの労働力不足（定数より11％不足）や児童養護施設（children's home）の労働者の有資格者不足等が指摘されている。
(8) ビクトリア・クランビエ調査報告については、Lord Laming（2003）、Waterman, C. & Fowler, J.（2004）、櫻谷眞理子（2009）を参照。
(9) コネクションズ・サービスとは16歳以降の若者のNEET（not in education, employment or training）問題を背景に、2000年学習技能法（Learning and Skills Act 2000）を根拠法として導入されたものである。13歳から19歳までのすべての若者に就労や学習、健康、住居など様々な分野のサービスについての情報や助言、指導を総合的に提供する。
(10) この節では他にも、「緑書ではボランタリー・セクターの役割が充分に認識されなかったというボランタリー・セクターの認識に鑑み、ボランタリー・セクターとの関係をさらに発展させる」（DfES 2004a：p.37）として、ファンドの充実等について述べている。
(11) 第4章では最後に中央政府についても言及し、新しい子ども・若者・家庭大臣のリーダーシップによる子どもサービスの統合について論じている。

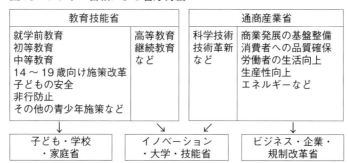

図13　ブラウン首相による省庁再編

(12) ウェールズにおける同様の施策はパート3で定められた。
(13) 子どもサービスにかかわる地方組織からのファンドのプールやスタッフ、施設の提供などが定められている。
(14) データベースに含まれる内容（住所、名前、受けてきた教育やメディカルサービスなど）、データベースに情報の公開を求められる人や機関、データベースにアクセスできる人や機関、データベースのセキュリティなどが定められている。
(15) 計画が含まなければいけない内容や作成期限等が定められている。
(16) 英国の自治体の多くは議員内閣制を採用しており、自治体の各部門の責任者には議員が就いている。
(17) 委員は次の代表で構成される。地方当局、警察、保護観察サービス、NHS関連機関、コネクションサービス等。また学校やボランタリー組織の代表は担当大臣が推薦する委員として選ばれる可能性を持つ。会議はそこに代表する組織の協働や効果に責任を負う。
(18) ただし、子どもサービスディレクターに委ねる権限については、DfESが示すガイダンスに従わなければならない。
(19) 査察の枠組みは他の査察機関と協議の上OFSTEDが作成する。
(20) 多機関協働について他にも、①共通の査察枠組みCommon Assessment Frameworkの発展について、②情報の共有について、③子どもや若者のニーズの把握について、等を記している。
(21) ニーズの把握から計画の作成、評価といった改革のサイクルについても述べられている。
(22) 内閣府政策統括官（2009）はこの省庁再編のイメージを〈図13〉のとおり示している（内閣府政策統括官2009：36頁）。
(23) この点について内閣府政策統括官（2009）は次のとおり述べている。「子ども省の創設に関して言えば、従来は『教育』など提供するサービスを中心に編成されていた機関が、『子ども』『学校』『家庭』というサービスあるいは事業の

対象者に着目して編成されているという点で、一種の『パラダイム転換』と捉えることができる」（内閣府政策統括官 2009：36頁）。

(24) ただし、ボランタリー組織は管理コストの資金を確保することが困難であることに鑑み、プロジェクトを実施するための資金にコアコストの要素を含めてもいいようにするとも述べられている（DfES 2004c：p.11）。なお、すでに6章で述べたとおり、2007年のHM Treasury&Cabinet officeの文書はボランタリー組織へのコアファンディングの提供を述べている。

(25) 情報提供の本人同意を得る方法と同意なしで情報が共有される条件についても指摘されている。

(26) コミッショニング（commissioning）とは、資金提供のための以下のプロセスをいう。ニーズの査定、獲得できるリソースの特定、サービス提供のアレンジメント、サービスの見直し、ニーズの再査定。National Council of Voluntary Child Care Organisations (n.d.). 参照。

(27) 他にも例えば、虐待等、特別な子どもの保護におけるボランタリー組織との協働、犯罪を犯した若者への教育、訓練、雇用におけるボランタリー・セクターのメンターの活用、社会関係資本の創出に中・小規模のサードセクター組織を活用すること等が述べられている。

(28) アカデミーとは、教育困難地域の教育水準向上を目的に、3年間著しく成績の低い公営中等学校を廃校して、校舎を新築し開校される中等学校で、2003年3月に立法化された。アカデミーを創設するには、個人や団体が発起人となって設立資金（施設設備費）の2割を拠出しなければならない。残りは教育技能省が出し、設立後の経費も全額教育技能省が負担する。カリキュラムや授業時間数、教師の給料など地方当局のコントロールからある程度独立した運営を認められている。学費は無料である。発起人は、理事会を任命でき、教育内容にも影響を及ぼすことができる。労働党は当初24,000校ある中等学校のうち400校程度をアカデミーにするよう計画していたが、実際には200校程度しか導入できなかった。しかし、連立政権になってアカデミー化はさらに進められている（小堀眞宏 2012、等参照）。

(29) 第2章は、「サードセクターとの協働のための展望と主義」と題され、サードセクター組織が子どもと若者そしてその家族の生活の向上に貢献すること、DCSFとサードセクターの協働等について簡単に記され、第3章は「私たちの誓い」と題して、サードセクターとの協働において官僚制を減じること等が簡潔に記されている。

(30) 第5章では、子どもトラスト、サードセクター組織を含むコミュニティへの学校施設の開放、初期の介入、サードセクターのインフラ整備、労働力の育成、等について述べている。

● 第10章　ECMにみるポスト福祉国家像・2────子どもセンターについて

(1) ケミネイズは次のとおり述べている。「子どもセンターは就学前の教育、健康、家庭支援を統合し、水準を向上させる政府の戦略の核となる部分である。……拡張学校と子どもセンターはコミュニティのサービスのハブとして活動し、ECMの成果目標を達成するのに大きな貢献を果たす」(Cheminais, R. 2007：p.1)。
(2) 乳児期に母親からの分離を経験することの危険性を主張するボウルビーの母子愛着理論の影響が大きかったとされる（埋橋玲子 2007：80頁）。
(3) 以上の記述は、埋橋玲子 (2007)、伊藤善典 (2006)、山田敏 (2007)、岩間大和子 (2006)、等参照。
(4) 予算については、地方当局は子どもセンターのクラスターに予算を提供する場合があること、2006年以来、子どもセンターへのコアファンディングは地方当局ではなく地域の子どもセンター予算の分配に責任のある者に中央政府から直接提供されること、等が記されている。なお、コンタクトポイントについては第12章註3参照。
(5) ただし、助言委員会は地方当局や子どもトラストによって示された枠組みのもとで活動し、その権限は子どもセンターのマネージャーとの協議に基づき地方当局が決定すること、助言委員会は法的なステイタスを持たないので、予算や契約などの権限はあくまでも地方当局にあることも記されている。
(6) 保育サービスの提供主体は、子どもセンター単独での提供 (52％)、他の組織への委託 (28％)、両方 (15％)、不明 (4％) となっている。
(7) 就学前教育については、2006年現在、3・4歳児に週12.5時間、年間38週の教育が無料で提供されているが、週15時間の就学前教育の提供が子どもセンターで可能かどうかを問うた質問では、83％のセンターが可能と回答している。
(8) ロンドンのセンターは時給£12.00、地方当局が経営するセンターは時給£10.50である。
(9) この調査のサンプリングの問題点として、報告書自ら次の三点をあげている。①子どもセンターを利用していない人は対象となっていない。②子どもセンターの利用者を代表するサンプルでは必ずしもない。③サンプル数が少ないため、男女やエスニックグループなど、利用者の属性による比較ができない。
(10) YMCA（登録チャリティ団体）がセンターと一体をなした活動として、センターに隣接した場所で32名を定員としたチャイルド・ケア・サービスを提供している。

註 335

● 第11章　ECMにみるポスト福祉国家像・3——拡張学校について

(1) とはいえ、ケミネイズも英国の拡張学校において社会的に不利な状況にある子どもやその家族が抱える学校外の困難に対し、拡張サービスを提供することの意義を強く強調している。
(2) 趣意書は学校理事会が拡張学校の発展に鍵となる役割を果たすとも記している（DfES 2005：p.23）。
(3) 他に、EALの児童の割合が高い初等学校では成人教育の提供が多いが、逆にEALの生徒の多い中等学校は成人教育の提供が少ない、とも述べられている。
(4) BMRBによると放課後の保育・活動については〈表3〉のとおりであり、BMRBは放課後の保育・活動については困窮に関わる地域差はほとんどないと指摘している。

表3　拡張サービス提供の地域差
(％)

放課後の保育・活動	初等学校全体	91
	FSMが25％以上の初等学校	93
	FSMが25％以下の初等学校	91
	30％困窮地域の初等学校	93
	30％困窮地域以外の初等学校	91

(出典・BMRB 2006：p.15、より作成)

(5) BMRB 2006：p.47.
(6) 4 Children も ContinYou とともに、拡張サービスの発展に取り組んできたボランタリー組織である。学校内外でのチャイルドケアの充実に取り組んできた歴史から、子どもや保護者のニーズに基づくチャイルドケアについての技術的アドバイス、実践的サポート、モデルやプログラムの提供を拡張サービス実践者や地方当局に行ってきた。その他、学校のコミュニティへの開放など拡張サービス全般の充実に取り組んでいる。National Remodelling Team は拡張サービスの発展のために、Training and Development Agency for Schools（法定組織）のもとに2003年に編成された組織であり、教員やその他スタッフの育成や労働条件の改善に取り組んでいる。
(7) 本聞き取り調査は筆者がアレンジし、吉原美那子氏（高崎経済大学）と共に行った。
(8) 2010年5月の政権交代後の調査であることを断っておかねばならない。
(9) ファウンデーション・スクールとは、保守党政権時代に制度化された国庫補助学校（Grant-Maintained Schools）を、労働党は政権獲得後直後に廃止し、その受け皿として制度化したもの。地方教育当局が運営主体ではあるが、学校が職員を雇用するなど、一定の自主性を有する。
(10) 2009年のOFSTED報告書では、親は子どもセンターで必要なサービスがすべて提供されることを強く望んでいる。しかし、とりわけ地方の場合、困窮地域からセンターに行くことが困難な場合が多い。そういった場合、家庭訪問を行ったり、サテライトを設けたりしていることが報告されている（OFSTED

2009：p.13）。

(11) ケンブリッジ大学が中心となって2009年10月に発行された*Cambridge Primary Review*の最終レポートを紹介する。冊子には次のような記述があった。裕福な地域の人々には可能だが、困窮地域の人々にはクラブや活動に支払う余裕がないという批判が拡張学校には常にある（*Introducing The Cambridge Primary Review,* p.38）。

● 第12章　ECMの評価と「第三の道」としての課題

(1) その一因にはEAZとは異なり、第10章で述べたとおり子どもセンターは先行する三つのプロジェクトを引き継いで設立されたので、設立当初の混乱が少なかったことが推測される。ただ、本報告書でも「地方当局にインタビューしたところ、彼らのエネルギーがセンターの設置に集中し、パフォーマンスや財政へのモニター、ガバナンスへの意識が弱い」（NAO 2006：p.24）という負の評価がないわけではない。

(2) 例えば、2009年のOFSTEDの報告書には次のような記述もある。新設のセンターの長の最優先の仕事は、センターを地域に認知させることであった。地域の人々はセンターの目的や提供しているものを知らない。特に困窮地域の白人コミュニティではセンターが彼らのためにサービスを提供しているということを受け入れるには時間がかかった。センターの利用はスティグマを付与されるとも考える親もいた。こうしたコミュニティは何世代も続く困窮地域であった。あるセンターでは、新しい取り組みはほとんど成功せず、それによりコミュニティの人々はセンターの取り組みにさらに懐疑的になった（OFSTED 2009：p.20）。

(3) 2004年子ども法（Children Act 2004）に基づいて、情報の共有制度であるコンタクトポイントContact Pointが法制化された。これにより、18歳以下のあらゆる子どもの住所、名前、性別、生年月日、保護者名をはじめ、教育歴、メディカルサービスを提供した人々の名前、その詳細等の情報がデータベースとして集められ、地方当局が認めたソーシャルサービスや保健サービスの専門家、教育関係者等が、そこにアクセスすることができた。しかし、一方で個人情報の保護など市民の自由の観点からの批判も根強く、2010年に誕生した連合政権によって、2010年8月6日正午をもってコンタクトポイントは廃止されている。

(4) この論考はスコットランドをフィールドとしているが、その考察はUK全体を対象とし、スコットランドに特化した論考ではない。

(5) 多機関協働における文化の共有について、他にもリドルとテット（Riddell, S. & Tett, L. 2001：pp.8-9）参照。

(6) 例えば、ECMの基本理念である「子どもとその家庭をホリスティックに支援

する」ことは子どもの学力の向上にも欠かせないことであり、始業前・授業後の保育もこれにあたる。NAHT執行部長の見解はこのことへの無理解ともいえるし、また、始業前・授業後の保育を学校の役割として考えない、学校観の違いともいえる。

(7) さらにケミネイズは学校スタッフとその他の機関のスタッフとのビジョンの共有、信頼の確立について次のとおり述べている。「他の組織からの専門職は子どもたちの福祉を改善することができ、その結果、教員のコアの役割である教授に教員は焦点をあわせて取り組むことができるということを教員が認識し、受け入れる時に信頼へのプロセスは進展する」(Cheminais, R.：2007, p.69)。続いてここにおいて学校教員に期待することとして次のような点をあげている。他のサービスの仲間が子どもの福祉や成長に貢献することを認識し尊重する。他のサービスの仲間とチームとして伴に働き積極的に協働する。子どもの保護や特別なニーズＳＥＮなどに責任を持つような仲間に頼るべき時があることを知る。また外部の機関の情報や助言、支援を活用する。このようにケミネイズは、多機関協働のためには、教員がまず他の専門職を尊重することの重要性を指摘している。

●終　章　「第三の道」、その意味と展望

(1) ハルパーン（Halpern, D. 2005）は『社会関係資本』(*Social Capital*) と題した著書のなかで「教育」という章を設けている。そこでは、子どもや親、コミュニティが所有する社会関係資本が子どもの教育に影響を与える側面と、教育が社会関係資本を作りだす側面の、双方向から検討を行っている。前者については、例えば、継親の子どもは学校のドロップアウト率が高い。それは、継親の家庭は転居をすることが多く、限られた社会関係資本しか持たないからだという。また、エスニック・マイノリティの持つ社会関係資本と子どもたちの成績との関係、学校の持つ社会関係資本、例えば教員間のつながりと子どもたちの成績との関係、コミュニティの持つ社会関係資本と子どもたちの成績との関係、とりわけ乏しい社会関係資本しか持たない家族が乏しい社会関係資本しか持たない貧困コミュニティに住む場合の二重の危機、等が論じられている。後者については、より高い教育を受けた者は、市民的・ボランタリー的活動や多様な社会的ネットワークにより参加し、他者とより高い信頼関係すなわち社会関係資本を作りだすという。また、教育で得られたリーディングやライティングなどの一般的スキルが、これらのつながりを可能にし、また、そうすることが彼ら自身の利益になることを教育をとおして理解している、とも説明される（Halpern, D. 2005：pp.142-169）。

(2) いうまでもないことだが、この文脈で考えると、小堀のいう「コミュニティ

からのシフト」は、多様な価値、多様な争点を物質的・経済的価値と同等には尊重しなくなったことを意味する。
(3) EAZとECMの違いとして、以下で述べる外にもECMはEAZほど資金を民間営利組織に求める政策ではなかったことが指摘できる。
(4) 第7章参照。
(5) これらのクラスター内のセンターがどのような連携をとっているのか、残念ながら調査はできていない。ただ、物理的な距離で言うと、実際に歩いてみてわかったことだが、クラスター内のセンターは徒歩で30分もかからない近距離にある。
(6) 多くの研究がこの点を指摘している。例えば、ディクソン他（Dickson, M. et al. 2002）は次のとおり述べている。「Employment Zones、Health Action Zones、New Deal for Communities 等、多くのニューレーバーの政策と同様、EAZは社会的な困窮地域内の複合的な社会問題に統合的な解決を求める地域基盤戦略（area-based initiatives）である」（Dickson, M. et al. 2002：p.183）。
(7) 「確かな出発の地域プログラム」の系譜から子どもセンターをたどる研究に、清水隆則のものがある。清水（2006）、清水（2009）、清水（2013）、清水（2014）参照。
(8) 齋藤純一（2001）は「第三の道」についての論考で、「第三の道」とネオリベラリズムとの差異及び「第三の道」と既存の福祉国家との差異を論じている。そしてギデンズの「積極的福祉」をとりあげ、ギデンズは次の点で既存の福祉国家との差異化をはかろうとしていると論じる。第一はボランタリー組織をはじめ「市民社会」の多様なアクターの力を積極的に活用し、「コミュニティ」を活性化しようとしていること、第二に、「福祉国家のもとで形成されてきた『依存文化』を脱却する」（齋藤 2001：145頁）こと、第三に「福祉国家に代わるべき国家は、『人的資本』を育成すべき『投資国家』である」（齋藤 2001：145頁）こと、具体的には教育及び職業訓練が重視されることである。このように「第三の道」の要素として齋藤も積極的福祉やコミュニティの活性化、多機関協働に言及している。さらに齋藤は、「『第三の道』は、市民社会の次元における個人やコミュニティの自己統治＝自治（self-government）を促進することを求める」（齋藤 2001：146頁）と、コミュニティの自己統治にまで言及している。このように、齋藤の議論から示唆を受けるところは多いのだが、続いて齋藤は「第三の道」への次のような批判を展開する。こうした「第三の道」においては、労働市場への参入・復帰を繰り返し挑戦しても失敗する人々は、社会の「余計者」とみなされる。そして、それは個人の責任に帰され、そのような集団は福祉から治安への対象とされ、社会全体の分断化・階層化を招く。また、セキュリティが個人化、「コミュニティ」化する。そのような状況でのコミュニティの活性化は、社会全体の分断化・階層化と両立し、「社会的排除」との戦いに貢献

するとは限らない。

　以上の批判については、第2章で述べた斉藤の共同体論批判を思い起こさせるが、就労支援サービスによる社会的包摂について、もう少し丁寧に論じるべきであるし（この点については、宮本太郎 2013、参照）、何より、本書で述べるような、個人とコミュニティと国家との関係性についての言及ははなはだ不十分である。

(9) さらに付け加えるならば、ケインズ主義的福祉国家では再分配機能などの機能を国家単位で国家が担ってきた。しかし、経済のグローバル化やそこに登場したニューライト政策によって生みだされた貧困、格差などの社会的排除という状況下において、旧来の国家はその機能を果たすことができず、そこで新労働党は、国家に代わってコミュニティにインクルージョン＝社会統合の役割を求めた。こう考えると「コミュニティ重視」は、従来の国家の機能の一部を市民社会が担い、それによって市民社会が拡大することである。そして、そのようにして拡大された市民社会において、自立した個人がコミュニティを自己統治し、市民社会の政治化・民主化を担う。

(10) この「大きな社会を建設する」で述べられている項目は次のとおりである。(1)コミュニティにもっと大きな権限を与える。(2)コミュニティで活発な役割を果たすよう人々に促す。(3)中央政府から地方政府への権限委譲。(4)協同組合、共済組織、チャリティ、社会的企業を支援する。(5)政府データを公開する。

(11) ストット（Stott, M. ed.）らは『大きな社会の挑戦』（*The Big Society Challenge*）と題した著書を2011年に出版し、そのなかでストットが「大きな社会」についての論考をレビューしている。そこでは「大きな社会」についての賛否両論が論じられているのだが、そのなかには次のような厳しい批判も紹介されている。

　「『大きな社会』は公共支出の削減のための煙幕に過ぎない。そこではコミュニティ自身にサービスを任せる do it yourself という選択肢しか残されていない。さらに、いったん公共支出が削減されると、『大きな社会』を実現するはずのコミュニティ、社会的企業、チャリティの能力が失われてしまう」（Stott, M. 2011：p.9）。

(12) これに先だって、2006年の文部科学省「学校等における児童虐待防止に向けた取組に関する調査研究会議」の報告書に「スクールソーシャルワークの活用」が取り上げられている。

(13) さらに中央教育審議会答申（2015年12月）「チームとして学校の在り方と今後の改善方策について」では、スクールソーシャルワーカーを法令に位置づけ、教職員定数として算定し、国庫負担の対象とすることを論じている。

(14) 児童福祉法25条の2第2項で「協議会は、要保護児童若しくは要支援児童及びその保護者又は特定妊婦（以下、「要保護児童等」という。）に関する情報そ

の他要保護児童の適切な保護又は要支援児童若しくは特定妊婦への適切な支援を図るために必要な情報の交換を行うとともに、要保護児童等に対する支援の内容に関する協議を行うものとする」と規定されている。

(15)「児童生徒の健全育成の一環としての多様な体験活動や集団活動の機会に関しては、民間の個人や団体が実施する活動も大きな意識を持っており、関係機関との連携のほか、これらの事業の周知や連携についても、教育委員会として積極的に取り組んでいく必要がある」と述べられている程度である。

(16) それは、序章で述べたとおり認定こども園についても同様である。認定こども園の機能として文部科学省や厚生労働省は、①就学前の子どもに幼児教育・保育を提供する機能、だけではなく、②地域における子育て支援を行う機能、の二つを常に論じてはいる。しかし、認定子ども園が地域をエンパワメントし地域コミュニティを活性化する、そして民主主義を民主化するというような議論には到達していないし、そこへの研究者の意識も弱い。

資料・参考文献

● 政府関連機関資料

Cabinet Office (2007), *Machinary of Government : Departmental Organisation.*
Cabinet Office (2010), *Building the Big Society.*
Compact Voice, *The History of the Compact 1998 to 2008 : the First 10 Years.*
Department for Children, Schools and Families (2007a), *2006 Childcare and Early Years Providers Surveys Children's Centres.*
Department for Children, Schools and Families (2007b), *Extended Schools Building on Experience.*
Department for Children, Schools and Families (2009), *Third Sector Strategy and Action Plan : Intentions into Action.*
Department for Education & Employment (1997), *Education Action Zones : an Introduction.*
Department for Education & Employment (1998), *Handbook for Education Action Zones.*
Department for Education & Employment (1999), *Meet the Challenge : Education Action Zone.*
Department for Education & Skills (2004a), *Every Child Matters : Next Steps.*
Department for Education & Skills (2004b), *Every Child Matters : Change for Children : Working with Voluntary and Community Organisations to Deliver Change for Children and Young People.*
Department for Education & Skills (2004c), *Every Child Matters : Change for Children in Schools.*
Department for Education & Skills (2005), *Extended Schools : Access to Opportunities and Services for All — A Prospectus.*

Department for Education & Skills (2006), *Extended Services : Supporting School Improvement.*
Department for Education & Skills (2007a), *Governance Guidance for Sure Start Children's Centres and Extended Schools.*
Department for Education & Skills (2007b), *Third Sector Strategy and Action Plan.*
Department for Education & Skills (2007c), *Sure Start Children's Centres Parental Satisfaction Survey Report and Annexes 2007.*
Department of Health (1998), *Modernising Social Services : Promoting Independence, Improving Protection, Raising Standards.*
HM Government (2004), *Every Child Matters : Change for Children.*
HM Treasury (2002), The Role of the Voluntary and Community Sector in Service Delivery : A Cross Cutting Review.
HM Treasury (2003), *Every Child Matters.*
HM Treasury & Cabinet Office (2007), *The Future Role of the Third Sector in Social and Economic Regeneration : Final Report.*
HM Treasury, Department for Education and Skills, & Department for Work and Pensions (2004), *Choice for Parents, the Best Start for Children : a Ten Year Strategy for Childcare*（リーフレット）.
Home Department (1998), *Compact.*
Lord Laming (2003), *The Victoria Climbié Inquiry : Summary and Recommendations.*
NAO (2001), *Education Action Zones : Meeting the Challenge : the Lessons Identified from Auditing the First 25 Zones.*
NAO (2006), *Sure Start Children's Centre.*
OFSTED (2001), *Education Action Zones : Commentary on the First Six Zone Inspections.*
OFSTED (2003a), *Excellence in Cities and Education Action Zones : Management and Impact.*
OFSTED (2003b), *Education Action Zones : Tackling Difficult Issues in Round 2 Zones.*
OFSTED (2006), *Extended Services in Schools and Children's Centres.*
OFSTED (2009), *The Impact of Integrated Services on Children and Their Families in Sure Start Children's Centres.*

*

閣議決定（2014）「子供の貧困対策に関する大綱」。
「学校等における児童虐待防止に向けた取組に関する調査研究会議報告書」（2006）

（文部科学省）。

教育安心社会の実現に関する懇談会（2009）「教育安心社会の実現に関する懇談会報告——教育費の在り方を考える」（文部科学省）。

児童・生徒の問題行動等に関する調査研究者会議（1998）「学校の『抱え込み』から開かれた『連携』へ——問題行動への新たな対応」（文部省）。

少子化社会対策会議（2012）「子ども・子育て新システムの基本制度について」。

中央教育審議会（2015）「チームとしての学校の在り方と今後の改善方策について」。

内閣府政策統括官（2009）『英国の青少年育成施策の推進体制等に関する調査報告書』。

内閣府大臣官房市民活動促進課（2012）『特定非営利活動法人制度のしくみ』。

内閣府・文部科学省・厚生労働省（2012）「子ども・子育て新システムの関連3法案について」。

内閣府・文部科学省・厚生労働省（2013）「子ども・子育て関連3法について」。

内閣府・文部科学省・厚生労働省（2015）「子ども・子育て支援新制度ハンドブック（施設・事業者向け）（改訂版）」。

民主党（2006）『「育ち育む"応援"プラン』。

民主党・自由民主党・公明党（2012）「社会保障・税一体改革に関する確認書（社会保障部分）」。

文部省（2000）『諸外国の教育の動き1999』。

文部科学省（2006）『学校等における児童虐待防止に向けた取組について』。

文部科学省（2007）『諸外国におけるボランティア活動に関する調査研究報告書』。

文部科学省（2008）『スクールソーシャルワーカー実践活動事例集』。

文部科学省（2010）『文部科学白書2009』。

● 参考文献

Achterberg, W. (2001), Association and Deliberation in Risk Society : Two Faces of Ecological Democracy in Hirst, P. and Bader, V. (eds.), *Associative Democracy : The Real Third Way*, Frank Cass.

Bader, V. (2001), Problems and Prospects of Associative Democracy : Cohen and Rogers Revisited in Hirst, P. and Bader, V. (eds.), *Associative Democracy : The Real Third Way*, Frank Cass.

Ball,S. J. (2007), *Education plc : Understanding Private Sector Participation in Public Sector Education*, Routledge.

Belsky, J. & Melhuish,E. (2007), Impact of Sure Start Local Programmes on Children and Families in Belsky, J., Barnes, J. & Melhuish, E. (eds.), *The

National Evaluation of Sure Start : Does Area-based Early Intervention Work?, Policy Press.〈J. ベルスキー、J. バーンズ、E. メルシュ編、清水隆則監訳（2013）『英国の貧困児童家庭の福祉政策——"Sure Start"の実践と評価』明石書店〉

Blackmore, A. (2006), *How Voluntary and Community Organisations can Help Transform Public Services*, NCVO.

Blair, T. (1998), *The Third Way : New Politics for the New Century*, Febian Society.〈T. ブレア（2000）「『第三の道』——新しい世紀の新しい政治」『生活経済政策』編集部編『ヨーロッパ社会民主主義「第三の道」論集』生活経済政策研究所〉

Blair, T. & Schröeder, G. (1998), Europe : The Third Way/Die Neue Mitte.〈T. ブレア、G. シュレーダー（2000）「ヨーロッパ——第三の道・新中道」『生活経済政策』編集部編『ヨーロッパ社会民主主義「第三の道」論集』生活経済政策研究所〉

BMRB (2006), *Extended Services in Maintained Primary Schools in 2006*.

Cheminais, R. (2006), *Every Child Matters : A Pratical Guide for Teachers*, David Fulton.

Cheminais, R. (2007), *Extended Schools & Children's Centres : A Pratical Guide*, Routledge.

Children England & TUC (2014), Declaration of Interdependence.

Dickson, M., Gewirtz, S. Halpin, D., Power, S. & Whitty, G. (2002), Education Action Zones in Glendinning, C., Powell, M. & Rummery, K. (eds.), *Partnerships, New Labour and the Governance of Welfare*, The Policy Press.

Dickson, M., Halpin, D., Power, S., Telford, D., Whitty, G. & Gewirtz, S. (2001), Education Action Zones and Democratic Participation in *School Leadership & Management*, Vol.21, No.2.

Dickson, M. & Power, S. (2001), Education Action Zones : a New Way of Governing Education? Forward in *School Leadership & Management*, Vol.21, No.2.

Frost, N. & Parton, N. (2009), *Understanding Children's Social Care : Politics, Policy, and Practice*, SAGE.

Giddens, A. (1994), *Beyond Left and Right : the Future of Radical Politics*, Polity Press.〈アンソニー・ギデンズ、松尾精文・立松隆介訳（2002）『左派右派を超えて——ラディカルな政治の未来像』而立書房〉

Giddens, A. (1998), *The Third Way : The Renewal of Social Democracy*, Polity Press.〈アンソニー・ギデンズ、佐和隆光訳（1999）『第三の道——効率と公正の新たな同盟』日本経済新聞社〉

Giddens, A. (1999), *Runaway World : How Globalization is Reshaping Our Lives*, Profile Books.〈アンソニー・ギデンズ、佐和隆光訳（2001）『暴走する世界：グローバリゼーションは何をどう変えるのか』ダイヤモンド社〉

Giddens, A. (2000), *The Third Way and Its Critics*, Polity Press.〈アンソニー・ギデンズ、今枝法之・干川剛史訳（2003）『第三の道とその批判』晃洋書房〉

Gould, A. (1993), *Capitalist Welfare Systems : A Comparison of Japan, Britain & Sweden*, Longman.〈アーサー・グールド、高島進他訳（1997）『福祉国家はどこへいくのか――日本・イギリス・スウェーデン』ミネルヴァ書房〉

Hallgarten, J. & Watling, R. (2001), Buying Power : the Role of the Private Sector in Education Action Zones (1) in *School Leadership & Management*, Vol.21, No.2.

Halpern, D. (2005), *Social Capital*, Polity Press.

Harris, M., Rochester, C. & Halfpenny, P. (2001), Voluntary Organisations and Social Policy : Twenty Years of Change, in Harris, M. & Rochester, C. (eds.), *Voluntary Organisations and Social Policy in Britain : Perspectives on Change and Choice*, Palgrave.

Hirst, P. (1994), *Associative Democracy : New Forms of Economic and Social Governance*, Polity Press.

Hirst, P. (2001), Can Associationalism Come Back in Hirst, P. and Bader, V. (eds.), *Associative Democracy : The Real Third Way*, Frank Cass.

Hudson, B. (2006), User Outcomes and Children's Services Reform : Ambiguity and Conflict in the Policy Implementation Process, in *Social Policy & Society*, Vol.5, No.2.

Inglehart, R. (1977), *The Silent Revolution : Changing Values and Political Styles Among Western Publics*, Princeton University Press.〈R．イングルハート、三宅一郎・金丸輝男・富沢克訳（1978）『静かなる革命――政治意識と行動様式の変化』東洋経済新報社〉

Johnson, N. (1987), *The Welfare State in Transition : the Theory and Practice of Welfare Pluralism*, Wheatsheaf.〈ノーマン・ジョンソン、青木郁夫・山本隆訳（1993）『福祉国家のゆくえ――福祉多元主義の諸問題』法律文化社〉

Johnson, N. (1999), *Mixed Economies of Welfare : a Comparative Perspective*, Prentice Hall Europe.〈ノーマン・ジョンソン、青木郁夫・山本隆監訳（2002）『グローバリゼーションと福祉国家の変容――国際比較の視点』法律文化社〉

King, J. (2004), *Commissioning Children's Services and the Role of the Voluntary and Community Sector*.

Laclau, E. & Mouffe, C. (1985), *Hegemony and Socialist Strategy : Towards a Radical Democratic Politics*, Verso.〈エルネスト・ラクラウ、シャンタル・ム

フ、山崎カヲル・石澤武訳（1992）『ポスト・マルクス主義と政治——根源的民主主義のために』大村書店〉
Milbourne, L. (2005), Children, Families and Inter-agency Work : Experiences of Partnership Work in Primary Education Settings in *British Education Research Journal* Vol.31 No.6.
Milbourne, L., Macrae, S. & Maguire, M. (2003), Collaborative Solutions or New Policy Problems : Exploring Multi-agency Partnerships in Education and Health Work in *Journal of Educational Policy*, Vol.18, No.1.
Mouffe, C. (1993), *The Return of the Political*, Verso.〈シャンタル・ムフ、千葉眞他訳（1998）『政治的なるものの再興』日本経済新聞社〉
Mouffe, C. (2000), *Democratic Paradox*, Verso.〈シャンタル・ムフ、葛西弘隆訳（2006）『民主主義の逆説』以文社〉
National Council for Voluntary Organisations (2006), *The UK Voluntary Sector Almanac 2006*.
National Council for Voluntary Organisations (2007), *The UK Voluntary Sector Almanac 2007*.
National Council for Voluntary Organisations (2009a), *The UK Civil Society Almanac 2009*.
National Council for Voluntary Organisations (2009b), *The UK Civil Society Almanac 2009 : Executive Summary*.
National Council for Voluntary Organisations (2009c), *The State and the Voluntary Sector : Recent Trends in Government Funding and Public Service Delivery*.
National Council for Voluntary Organisations (2010), *The UK Civil Society Almanac 2010*.
National Council for Voluntary Organisations (2012), *The UK Civil Society Almanac 2012*.
National Council for Voluntary Organisations (2014), *The UK Civil Society Almanac 2014*.
National Council of Voluntary Child Care Organisations (n.d.), *Glossary : Every Child Matters Change for Children Agenda*.
NFER (2006), *What is Happening on Extended Schools? : Annual Survey of Trends in Education 2006*.
Parson, C. & Hailes, J. (2004), Voluntary Organizations and the Contribution to Social Justice in Schools : Learning from a Case Study in *Journal of Education Policy* Vol.19 No.4.
Percy-Smith, J. (2006), What Works in Strategic Partnerships for Children : a

Research Review, in *Children & Society*, Vol.20.
Perczynsky, P. (2001), Associo-Deliberative Democracy and Qualitative Participation in Hirst, P. and Bader, V. (eds.), *Associative Democracy : The Real Third Way*, Frank Cass.
Pierson, C. (1991), *Beyond the Welfare State? : The New Political Economy of Welfare*, Polity Press.〈クリストファー・ピアソン、田中浩・神谷直樹訳（1996）『曲がり角にきた福祉国家──福祉の新政治経済学』未來社〉
Powell, M. and Dowling, B. (2006), New Labour's Partnerships : Comparing Conceptual Models with Existing Forms in *Social Policy and Society*, Vol.5.
Power, S. (2001), 'Joined-up Thinking'? Inter-agency Partnerships in Education Action Zones in Ridell, S. & Tett, L. (eds.), *Education, Social Justice and Inter-agency Working*, Routledge.
Ridell, S. & Tett, L. (2001), Education, Social Justice and Inter-agency Working : Joined-up or Fractured Policy? in Ridell, S. & Tett, L (eds.), *Education, Social Justice and Inter-agency Working*, Routledge.
Robinson, M., Anning, A. & Frost, N. (2005), When is a Teacher not a Teacher?' : Knowledge Creation and the Professional Identity of Teachers within Multi-agency Teams in *Studies in Continuing Education*, Vol.27 No.2.
Simon, C. & Ward, S. (2010), *Does Every Child Matter? : Understanding New Labour's Social Reforms*, Routledge.
Sloper, P. (2004), Facilitators and Barriers for Co-ordinated Multi-agency Services, in *Child : Care, Health & Development*, Vol.30, No.6.
Spratt, J., Shucksmith, J., Philip, K. & Watson, C. (2007), Embedded yet Separate : Tensions in Voluntary Sector Working to Support Mental Health in State-run Schools, in *Journal of Education Policy*, Vol.22, No.4.
Stott,M. (2011), Introduction : Big Society in Context in Stott, M. (ed.), *The Big Society Challenge*, Keystone Development Trust Publications
Taylor, M. (2006), Communities in Partnership : Developing a Strategic Voice in *Social Policy and Society* 5 : 2.
Tunstill, J. & Allnock, D. (2007), Sure Start Local Programmes : an Overviews of the Implementation Task in Belsky, J., Barnes, J. & Melhuish, E. (eds.), *The National Evaluation of Sure Start : Does area-based early intervention work?*, Policy Press.〈J. ベルスキー、J. バーンズ、E. メルシュ編、清水隆則監訳（2007）『英国の貧困児童家庭の福祉政策──"Sure Start" の実践と評価』明石書店〉
Vyas, D. (2006), *How Voluntary and Community Organisations can Help Transform the Local Relationship*, NCVO.

Walker G. (2008), *Working Together for Children : A Critical Introduction to Multi-Agency Working*, Continuum.

Warin J. (2007), Joined-up Services for Young Children and Their Families : Papering Over the Cracks or Re-Constructing the Foundations? in *Children & Society* Vol.21.

Waterman, C. & Fowler, J. (2004) *Plain Guide to the Children Act 2004*, NFER．

*

青木紀（2007）「『貧困と家族』研究の動向と課題」『家族研究年報』32号。

青木紀（2011）「貧困の世代的再生産と日本の子どもの位置──教育行政学への期待」『日本教育行政学会年報』37号。

秋川陽一（2005）「子どもの人権保障を目指す幼保一元化の改革課題」日本教育制度学会編『教育改革への提言集』第4集、東信堂。

秋貞由美子（2013）「多職種連携・ネットワーキングの実際」芝野松次郎、高橋重宏、松原康雄編『児童や家庭に対する支援と子ども家庭福祉制度』第2版、ミネルヴァ書房。

浅井春男・松本伊智朗・湯浅直美編（2008）『子どもの貧困──子ども時代のしあわせ平等のために』明石書店。

東弘子（2012）「幼保一体化をめぐる議論」『調査と情報』745号。

安宅仁人「英国『子ども法2004』の制定に見る子ども行政の一元化の理念と動向──『社会投資国家』論の批判的検討を土台として」『日本教育行政学会年報』34号。

阿部彩（2008）『子どもの貧困──日本の不平等を考える』岩波新書。

阿部彩（2014）『子どもの貧困Ⅱ──解決策を考える』岩波新書。

雨宮孝子（2004）「非営利法人制度の国際比較」塚本一郎、古川俊一、雨宮孝子『NPOと新しい社会デザイン』同分館出版。

荒木傳（2001）『社会民主主義と現代政治』明石書店。

池田祥子（2012）「『幼保一元化』への模索──『子ども・子育て新システム』の理論課題」『日本教育政策学会年報』19号。

石戸教嗣（2002）「公共圏としての学校のシステム論的再編──アレントの『見捨てられた境遇』からルーマンの『尊厳』へ」日本教育学会『教育学研究』69巻2号。

伊藤良高（2008）「幼稚園・保育所の『一体化』『一元化』と幼児教育・保育行政の連携──認定こども園制度を中心に」『日本教育行政学会年報』34号。

伊藤善典（2006）『ブレア政権の医療福祉改革──市場機能の活用と社会的排除への取組み』ミネルヴァ書房。

今井良広（2005a）「イングランドにおけるローカル・コンパクトの展開──協働のプラットフォームとしての機能と役割」吉田忠彦編『地域とNPOのマネジ

メント』晃洋書房。
今井良広（2005b）「イギリスの地域再生とエリア・ベースド・イニシアティブ——ローカル・パートナーシップの展開」吉田忠彦編『地域とNPOのマネジメント』晃洋書房。
今井良広（2006）「イングランドにおけるローカル・パートナーシップの展開」立岡浩編『公民パートナーシップの政策とマネジメント』ひつじ書房。
岩川直樹（2009）「貧困・社会的排除と『学力テスト』システム——地方教育政策共同体の再吟味」『日本教育行政学会年報』35号。
岩川直樹、伊田広行（2007）『貧困と学力』明石書店。
岩田美香（2007）「貧困家庭と子育て支援」『社会保障研究』43巻3号。
岩橋法雄（2007）「英国ニュー・レイバーの教育政策——サッチャー教育改革との継続性と断絶について」『人間科学』20号。
岩間大和子（2006）「英国ブレア政権の保育政策の展開——統合化、普遍化、質の確保へ」『レファレンス』2006年4月号。
上野加代子編（2006）『児童虐待のポリティクス——「こころ」の問題から「社会」の問題へ』明石書店。
後房雄（1994）「左翼は『民主主義ゲーム』に入りうるか——グラムシを超えて、グラムシと共に」『政権交代のある民主主義』窓社。
埋橋玲子（2007）『チャイルドケア・チャレンジ——イギリスからの教訓』法律文化社。
内田勝敏編（1989）『イギリス経済——サッチャー革命の軌跡』世界思想社。
宇都宮深志編（1990）『サッチャー改革の理念と実践』三嶺書房。
大嶽秀夫（1994）『自由主義的改革の時代——1980年代前期の日本政治』中央公論社。
大田直子（1992）「サッチャー政権下の教育改革」『教育学年報』1、世織書房。
大田直子（1998）「サッチャリズムの教育改革——イギリス」佐伯胖他編『世界の教育改革』岩波書店。
大田直子（2002a）「イギリスの教育改革——『福祉国家』から『品質保証国家』へ」『現代思想』2002年4月号。
大田直子（2002b）「イギリス労働党の教育政策——装置としての『品質保証国家』」『教育学年報』9、世織書房。
大田直子（2002c）「イギリスの教育改革」御茶ノ水書房『アソシエ』2002年2月号。
大田直子（2003）「評価の政策史——イギリスの経験」『教育社会学研究』72集。
大田直子（2004）「国家の教育責任の新たなる在り方——イギリス『品質保証国家』の教育政策」『教育学研究』71巻1号。
大田直子（2010）『現代イギリス「品質保証国家」の教育改革』世織書房。

大村和正（2005）「教育アクション・ゾーン（EAZs）政策にみるブレア政権の理念と現実――教育の準市場化・社会的公正・パートナーシップ」神戸大学国際文化学会『国際文化学』13号。

岡田章宏（2003）「イギリスにおける『市民的公共圏』の現代的変容――『契約文化』とボランタリー・セクター」森英樹編『市民的公共圏形成の可能性――比較憲法的研究をふまえて』日本評論社。

岡本徹（2006）「イギリス新労働党の教育政策（1）――1997年～2001年」『広島修大論集』47巻1号。

岡山勇一、戸澤健次（2001）『サッチャーの遺産：1990年代の英国に何が起こっていたのか』晃洋書房。

小川正浩（2001）「訳者あとがき」R. クーペルス、K. ダフェク、J. カンデル編『ヨーロッパ社会民主主義「第三の道」論集（Ⅱ）――多様な「第三の道」』生活経済政策研究所。

沖清豪（2003）「OFSTEDによるインスペクション（監察）とそのアカウンタビリティー」『早稲田大学大学院文学研究科紀要』第1分冊49。

荻原克男（2008）「現代教育行政の分化と統合」『日本教育行政学会年報』34号。

小野一（1999）「教学としての「新しい社会運動」論（上）（中）」『工学院大学研究紀要』37-1、37-2。

形野清貴（1999）「P・ハーストのアソシエイティブ・デモクラシー論」『唯物論研究』68号。

加藤哲郎（1996）「ポスト・マルクス主義とリベラリズム」『現代日本のリズムとストレス』花伝社。

門田光司（2010）『学校ソーシャルワーク実践――国際動向とわが国での展開』ミネルヴァ書房。

金川幸司（2003）「自治体とNPOとのパートナーシップについて――イギリスのコンパクトモデルを中心に」『社会・経済システム』24号。

金川幸司（2005）「イギリスの地域戦略パートナーシップの意義と課題」『日本都市学会年報』38号。

金川幸司（2006）「イギリスにおける行政・NPOの協働枠組みの意義と課題――コンパクトとコンパクトプラスをめぐって」岡山理科大学社会分析研究会『社会科学系研究』4号。

金川幸司（2006）「自治体とNPOの協働とその評価」立岡浩編『公民パートナーシップの政策とマネジメント』ひつじ書房。

金川幸司（2007）「イギリスにおけるパートナーシップ政策の意義と課題――ボランタリーセクターとの関係性を中心に」『社会・経済システム』28号。

川口清史（1999）「非営利協同組織の日本の文脈からの定義と概念化」川口清史、富沢賢治編『福祉社会と非営利協同セクター――ヨーロッパの挑戦と日本の

課題』日本経済評論社。
川口清史、富沢賢治編（1999）『福祉社会と非営利・協同セクター——ヨーロッパの挑戦と日本の課題』日本経済評論社。
企業税制研究所（2007）「イギリスにおける非営利事業体税制」。
R. クーペルス（2001）「新しい世界と社会民主主義の回答」R. クーペルス、K. ダフェク、J. カンデル編『ヨーロッパ社会民主主義「第三の道」論集（II）——多様な「第三の道」』生活経済政策研究所。
窪田真二（1993）『父母の教育権研究——イギリスの父母の学校選択と学校参加』亜紀書房。
倉石一郎（2011）「学校を基盤とする福祉的サーヴィスとその制度化をめぐって——米国における visiting teacher の経験を中心に」日本教育学会『教育学研究』78巻2号。
栗田健編（1985）『現代イギリスの経済と労働』御茶ノ水書房。
黒岩徹（1989）『闘うリーダーシップ——マーガレット・サッチャー』文藝春秋。
小池裕子（2008）「ローカルコンパクト（Local Compact）」自治体国際化協会。
高妻紳二郎（1996）「イギリス教育行政における新学校査察システム導入の影響と課題——1992年教育法制定以降の今日的動向をめぐって」『宮崎女子短期大学紀要』22号。
小林孝明（2012）「新たな子ども・子育て支援制度の創設——子ども・子育て関連3法案」『立法と調査』333号。
小堀眞裕（2005）『サッチャリズムとブレア政治』晃洋書房。
小堀眞裕（2010）「イギリス教育政策における『社会的排除との闘い』の問題状況——コンセンサス化する『社会自由主義』」『立命館法学』5・6号。
小堀眞裕（2012）「ブレア・ブラウン労働党政権における中等教育政策の変遷について」日英教育学会『日英教育研究フォーラム』16号。
小松郁夫（2009）「イギリスの教育改革と教育格差対策」『日本教育行政学会年報』35号。
近藤康史（1998）「新しい社会運動と『ヘゲモニーの政治』——『新しい政治』とポスト・マルクス主義」（1）（2）『名古屋大学法政論集』174、175。
近藤康史（1999）「現代イギリスにおける左派言説の変容——『新しい政治』の政治戦略へ向けて」（1）（2）『名古屋大学法政論集』177、178。
近藤康史（2001）『左派の挑戦——理論的刷新からニュー・レイバーへ』木鐸社。
齋藤純一（1996）「民主主義と複数性」『思想』867号。
齋藤純一（2001）「『第三の道』と社会の変容——社会民主主義の『思想』的危機をめぐって」『年報政治学』。
斉藤日出治（1991）「レギュラシオンの民主主義的創出に向かって」山田鋭夫、須藤修編『ポストフォーディズム——レギュラシオン・アプローチと日本』大

村書店。
斉藤日出治（1997）「市民社会とヘゲモニー——グラムシとポスト・マルクス主義」『状況』1997年7月号。
斉藤日出治（1998）「20世紀民主主義を越えて」フォーラム90ｓ研究委員会『20世紀の政治思想と社会変動』社会評論社。
斉藤満智子（2002）「英国におけるボランタリーセクター——自治体との新たな連携へ向けて」自治体国際化協会。
向山恭一（1994）「ポスト・マルクス主義と『根源的民主主義』の可能性」『慶応大学法学研究』67巻5号。
櫻谷眞理子（2009）「イギリスの児童保護の現状と課題——ビクトリア・クリンビエ、ベービーＰ事件を基に」『立命館産業社会論集』45巻1号。
捧堅二（2003）「国家とアソシエーション」田畑稔他編『アソシエーション革命へ——理論・構想・実践』社会評論社。
Ｄ．サスーン（2000）「はじめに——ヨーロッパ左翼の収斂、連続性、変化」生活経済政策』編集部編『ヨーロッパ社会民主主義「第三の道」論集』生活経済政策研究所。
マーガレット・サッチャー、石塚雅彦訳（1993）『サッチャー回顧録上・下』日本経済新聞社。
佐藤慶幸（2002）『NPOと市民社会——アソシエーション論の可能性』有斐閣。
佐貫浩、世取山洋介編（2008）『新自由主義教育改革——その理論・実態と対抗軸』大月書店。
篠田武司（2003）「ガバナンスと『市民社会の公共化』——Ｐ．ハーストのアソシエーティブ・デモクラシー論をめぐって」山口定他編『新しい公共性——そのフロンティア』有斐閣。
篠原一（2004）『市民の政治学——討議デモクラシーとは何か』岩波新書。
清水隆則（2006）「英国の子育て支援政策の動向——Sure Start の意義とその理論的背景」『龍谷大学社会学部紀要』28号。
清水隆則（2009）「英国の児童家庭福祉における地域福祉的アプローチ——Children's Centres の役割と実践」『龍谷大学社会学部紀要』34号。
清水隆則（2013）「英国の貧困児童家庭政策の評価——Sure Start地域プログラムの児童・家庭、地域への影響」『龍谷大学社会学部紀要』42号。
清水隆則（2014）「英国の地域貧困児童家庭支援政策（シュアスタート）の示唆するもの——児童の発達・生活支援と地方自治体」『都市とガバナンス』Vol.21。
Ｆ．Ｗ．シャルプ（2001）「オープン・エコノミー下の雇用と福祉国家」Ｒ．クーペルス、Ｋ．ダフェク、Ｊ．カンデル編『ヨーロッパ社会民主主義「第三の道」論集（Ⅱ）——多様な「第三の道」』生活経済政策研究所。
白石裕（2000）『分権・生涯学習時代の教育財政——価値相対主義を超えた教育資

源配分システム』京都大学学術出版会。
白水浩信（2011）「教育・福祉・統治性——能力言説から養生へ」『教育学研究』78巻2号。
清田夏代（2005）『現代イギリスの教育行政改革』勁草書房。
高畑昭男（1989）『サッチャー革命——英国はよみがえるか』築地書館。
武川正吾（1999）『社会政策のなかの現代——福祉国家と福祉社会』東京大学出版会。
武重雅文（1986）「脱物質主義的価値と政治変動」西川知一編『比較政治の分析枠組』ミネルヴァ書房。
武智秀之（1997）「分権化とNPO」岡沢憲芙、宮本太郎編『比較福祉国家論——揺らぎとオルタナティブ』法律文化社。
立岡浩（2006）「公民パートナーシップの台頭とそのモデル変化」立岡浩編『公民パートナーシップの政策とマネジメント』ひつじ書房。
谷川至孝（1998）「生涯教育としての企業内福祉と企業内教育について——とりわけ福祉多元主義に着目して」追手門学院大学教職課程『教職課程年報』6号。
谷川至孝（2002）「ニュー・ポリティクスの中の教育政策——そのグランド・セオリーと社会教育NPOへの言及」関西教育行政学会『教育行財政研究』29号。
谷川至孝（2003a）「ニュー・ポリティクスの中の教育政策（2）——社会統合及び市民社会の政治化について」『佛教大学教育学部論集』14号。
谷川至孝（2003b）「『福祉国家の危機』後の福祉サービスのありようについて——供給形態の多元化における非営利・協同組織の役割を中心に」『日英教育研究フォーラム』7号。
谷川至孝（2005）「教育サービスにおける非営利・協同セクターと公的セクターとの関係について——『『福祉国家の危機』をみすえて』」『佛教大学教育学部論集』16号。
谷川至孝（2007）「非営利・協同組織と学校との連携がもたらす影響——民主主義論を視野に入れて」『佛教大学教育学部学会紀要』6号。
谷川至孝（2008）「福祉多元主義のもとでの英国教育政策の展開——ボランタリー・アンド・コミュニティ・セクターの活動」『日本教育行政学会年報』34号。
谷川至孝（2011）「英国労働党『第三の道』における行政の統合化の位置——『すべての子どもを大切に』を中心に」宮腰英一研究代表『「子ども・青少年」行政の統合化と専門家養成に関する国際比較研究』（平成21～23年度科学研究費補助金中間報告書）。
谷川至孝（2012a）「英国労働党教育政策にみるポスト福祉国家レジーム（1）——先行研究の整理と研究枠組みの設定」『佛教大学教育学部学会紀要』11号。
谷川至孝（2012b）「英国労働党『第三の道』における行政の統合化の位置（2）——EAZからECMへの実施展開」宮腰英一研究代表『「子ども・青少年」行

政の統合化と専門家養成に関する国際比較研究』(平成21〜23年度科学研究費補助金最終報告書)。

谷川至孝 (2015a)「英国ボランタリー・セクターの趨勢」宮腰英一研究代表『子ども・青少年育成活動における自治体行政とNPOの協働に関する日英比較研究』(平成24〜26年度科学研究費補助金研究成果報告書)。

谷川至孝 (2015b)「『子どもの貧困』対策から『子どもの社会的包摂』へ──家族主義＝自己責任論を乗り越える」『佛教大学総合研究所共同研究成果報告論文集』。

田畑稔、大藪龍介、白川真澄、松田博編 (2003)『アソシエーション革命へ──理論構想・実践』社会評論社。

椨瑞希子 (2014)「イギリスの保育制度改革──チルドレンズ・センター事業を中心に」『幼児教育史研究』9号。

千葉眞 (1995)『ラディカル・デモクラシーの地平──自由・差異・共通善』新評論。

塚原修一 (2008)「教育行政と他行政の連携と競合──産業科学技術行政を素材に」『日本教育行政学会年報』34号。

塚本一郎 (2002)「公共政策の変化とNPO・政府のパートナーシップ──イギリスのボランタリー組織を中心に (上)」明治大学経営研究所『経営論集』50巻1号。

塚本一郎 (2005)「公共政策の変化とNPO・政府のパートナーシップ──イギリスのボランタリー組織を中心に (下)」明治大学経営研究所『経営論集』52巻3・4号。

塚本一郎 (2006)「イギリスにおけるNPOと政府のパートナーシップ」『リーガルエイド研究』12号。

塚本一郎 (2007)「福祉国家再編と労働党政権のパートナーシップ政策──多元主義と制度化のジレンマ」塚本一郎、柳澤敏勝、山岸秀雄編『イギリス非営利セクターの挑戦──NPO・政府の戦略的パートナーシップ』ミネルヴァ書房。

富沢賢治 (1997)「新しい社会経済システムを求めて」富沢賢治、川口清史編『非営利・協同セクターの理論と現実──参加型社会システムを求めて』日本経済評論社。

富沢賢治 (1999a)『非営利・協同入門』同時代社。

富沢賢治 (1999b)「非営利・協同セクターとは何か」川口清史、富沢賢治編『福祉社会と非営利・協同セクター──ヨーロッパの挑戦と日本の課題』日本経済評論社。

豊永郁子 (1998)『サッチャリズムの世紀──作用の政治学へ』創文社。

永島剛 (2011)「イギリス『大きな社会』構想とソーシャルキャピタル論──『福祉国家』との関係をめぐって」専修大学社会知性開発研究センター／社会関係

資本研究センター『社会関係資本研究論集』2号。

中嶋哲彦（2010）「子育て・教育条件整備の課題と教育行政学」『日本教育行政学会年報』36号。

中嶋哲彦（2011）「総合的な子ども法制と教育行政――イギリス子ども貧困法に学びつつ」『日本教育行政学会年報』37号。

中島智人（2007）「ボランタリーコミュニティセクター（VCS）の基盤整備に向けた取り組み――チャリティ制度改革とVCSインフラストラクチャーのための諸施策」塚本一郎、柳澤敏勝、山岸秀雄編『イギリス非営利セクターの挑戦――NPO・政府の戦略的パートナーシップ』ミネルヴァ書房。

中島智人（2015）「イギリスの社会的排除／包摂とソーシャル・キャピタル」坪郷實編『ソーシャル・キャピタル』ミネルヴァ書房。

中村香（2011）「成人の学習を組織化する省察的実践――学習する組織論に基づく一考察」『教育学研究』78巻2号。

「なくそう！子どもの貧困」全国ネットワーク編（2012）『大震災と子どもの貧困白書』かもがわ出版。

西村万里子（2007）「地域再生政策とローカル・パートナーシップ――ローカルガバナンスとボランタリー・コミュニティ組織の対等性・代表性」塚本一郎、柳澤敏勝、山岸秀雄編『イギリス非営利セクターの挑戦――NPO・政府の戦略的パートナーシップ』ミネルヴァ書房。

二宮晧（1981）「比較教育学の研究方法」沖原豊編『比較教育学』東信堂。

野平慎二（2000）「教育の公共性と政治的公共圏」日本教育学会『教育学研究』67巻3号。

日詰一幸（2000）「都市と公共の政治学――市民的公共性の創出とNPO」賀来健輔、丸山仁編『ニュー・ポリティクスの政治学』ミネルヴァ書房。

広井多鶴子（2012）「児童虐待をめぐる言説と政策――児童虐待防止法は何をもたらしたか」『日本教育政策学会年報』19号。

廣井良典（2006）『持続可能な福祉社会――「もうひとつの日本」の構想』ちくま新書。

広田照幸（2004）『教育』岩波書店。

広田照幸（2009）『格差・秩序不安と教育』世織書房。

広田照幸（2011）『教育論議の作法――教育の日常を懐疑的に読み解く』時事通信社。

藤田暁男（1999）「福祉社会システムと非営利協同組織の課題――ヨーロッパと日本の諸問題」川口清史、富沢賢治編『福祉社会と非営利・協同セクター――ヨーロッパの挑戦と日本の課題』日本経済評論社。

藤田至孝、塩野谷祐一編（1997）『企業内福祉と社会保障』東京大学出版会。

藤村正之（1999）『福祉国家の再編成――「分権化」と「民営化」をめぐる日本的

動態』東京大学出版会。

ヘンリー・ペリング、大前朔郎・大前真訳（1982）『新版イギリス労働組合運動史』東洋経済新報社。

S. ホウェ（2001）「旅する理論と多様な『第三の道』」R. クーペルス、K. ダフェク、J. カンデル編『ヨーロッパ社会民主主義「第三の道」論集（Ⅱ）――多様な「第三の道」』生活経済政策研究所。

細井雅夫（1999）「訳者あとがき」ドナルド・サスーン編、細井雅夫、富山栄子訳『現代ヨーロッパの社会民主主義――自己改革と政権党への道』日本経済評論社。

本田由紀（2001）「強固に残るボーダー――自閉化する日本の学校教育に関する社会システム論からの示唆」『教育学研究』78巻2号。

T. マイヤー（2001）「現代社会民主主義――共通の土俵と争点」R. クーペルス、K. ダフェク、J. カンデル編『ヨーロッパ社会民主主義「第三の道」論集（Ⅱ）――多様な「第三の道」』生活経済政策研究所。

松本伊智朗編（2010）『子ども虐待と貧困――「忘れられた子ども」のいない社会をめざして』明石書店。

丸山仁（2000a）「『静かな革命』の彼方に」賀来健輔、丸山仁編『ニュー・ポリティクスの政治学』ミネルヴァ書房。

丸山仁（2000b）「『新しい政治』の挑戦」賀来健輔、丸山仁編『ニュー・ポリティクスの政治学』ミネルヴァ書房。

三橋規宏（1989）『サッチャリズム――世直しの経済学』中央公論社。

宮腰英一研究代表（2001）『イギリスの「教育困難校」の再生施策にみる公教育施策の転回』（平成11～12年度科学研究費補助金研究成果報告書）。

宮腰英一（2002）「イギリス――公立（営）学校改革の新動向――レトリックとしてのパートナーシップ」『比較教育学研究』28号。

宮腰英一（2007）「教育変革における公私協働――イギリスと日本」『比較教育学研究』34号。

宮腰英一（2008）「英国の教育行政の今日的変容――英国モデルの示唆」『日本教育行政学会年報』34号。

宮腰英一研究代表（2011）『「子ども・青少年」行政の統合化と専門家養成に関する国際比較研究』（平成21～23年度科学研究費補助金中間報告書）。

宮腰英一研究代表（2012）『「子ども・青少年」行政の統合化と専門家養成に関する国際比較研究』（平成21～23年度科学研究費補助金最終報告書）。

宮腰英一研究代表（2015）『子ども・青少年育成活動における自治体行政とNPOの協働に関する日英比較研究』（平成24～26年度科学研究費補助金研究成果報告書）。

宮崎隆志（2011）「『ボーダーレス』下における学校の限界線の拡張可能性」『教育

学研究』78巻2号.
宮本太郎（1999）「福祉多元主義の理論と現実」川口清史,富沢賢治編『福祉社会と非営利・協同セクター――ヨーロッパの挑戦と日本の課題』日本経済評論社.
宮本太郎（2001）「比較福祉国家論の可能性――21世紀モデルへの視界は拓けたか」『社会政策学会誌』6号.
宮本太郎（2013）『社会的包摂の政治学――自立と承認をめぐる政治対抗』ミネルヴァ書房.
村上俊介,石塚正英,篠原敏昭編（2004）『市民社会とアソシエーション――構想と経験』社会評論社.
村上満,清水剛志,室林孝嗣（2011）「スクールソーシャルワーカー導入3年間の効果検証――PEST分析による富山県における成果と課題」『富山国際大学子ども育成学部紀要』2巻.
村野敬一郎（2011）「就学前教育・保育制度のあり方を考える視点――『幼保一元化』,『認定こども園』の検討をふまえて」『宮城学院女子大学発達科学研究』11号.
G. メイナード,新保生二訳（1989）『サッチャーの経済革命』日本経済新聞社.
W. メルケル（2001）「社会民主主義の『第三の道』」R. クーペルス,K. ダフェク,J. カンデル編『ヨーロッパ社会民主主義「第三の道」論集（Ⅱ）――多様な「第三の道」』生活経済政策研究所.
望田研吾（1999）「イギリスにおける教育アクション・ゾーン政策の展開」『九州大学大学院教育学研究紀要』45集.
森嶋通夫（1988）『サッチャー時代のイギリス――その政治、経済、教育』岩波新書.
柳沢敏勝（2008）「社会的企業の発見と『第三の道』」中川雄一郎,柳沢敏勝,内山哲朗編『非営利・協同システムの展開』日本経済評論社.
山岡義典編（1997）『NPO基礎講座』ぎょうせい.
山口二郎,宮本太郎,小川有美編（2005）『市民社会民主主義への挑戦――ポスト「第三の道」のヨーロッパ政治』日本経済評論社.
山口定（1989）『政治体制』東京大学出版会.
山口定（2004）『市民社会論――歴史的遺産と新展開』有斐閣.
山下晃一（2008）「米国における少年非行対策の展開と教育行政――総合的地域児童政策の視点から」『日本教育行政学会年報』34号.
山田敏（2007）『イギリス就学前教育・保育の研究――連合王国の詳細な実態及び現在進行中の諸改革の実態の考察』風間書房.
山田鋭夫（1993）『レギュラシオン理論――経済学の再生』講談社現代新書.
山田鋭夫（1994）『レギュラシオン・アプローチ（増補新版）』藤原書店.

山野則子、峯本耕治編（2007）『スクールソーシャルワークの可能性——学校と福祉の協働・大阪からの発信』ミネルヴァ書房。

山野良一（2008）『子どもの最貧国・日本——学力・心身・社会におよぶ諸影響』光文社新書。

山野良一（2010）「日米の先行研究に学ぶ——子ども虐待と貧困」松本伊智朗編『子ども虐待と貧困——「忘れられた子ども」のいない社会をめざして』明石書店。

アイリス・M・ヤング、施光恒訳（1996）「政治体と集団の差異——普遍的シティズンシップの理念に対する批判」『思想』867号。

横井敏郎（2009）「格差社会における教育機会と教育行政の課題」『日本教育行政学会年報』35号。

横井敏郎（2011）「日本における若者の教育からの排除と包括的支援行政」日本教育行政学会年報』37号。

吉田忠彦（2005a）「公益・非営利の事業をめぐる公‒民関係の変動」吉田忠彦編『地域とNPOのマネジメント』晃洋書房。

吉田忠彦（2005b）「イギリスにおける社会政策と非営利組織の戦略展開」吉田忠彦編『地域とNPOのマネジメント』晃洋書房。

アラン・リピエッツ、若森章孝訳（1990）『勇気ある選択——ポストフォーディズム・民主主義・エコロジー』藤原書店。

アラン・リピエッツ、若森章孝・若森文子訳（1994）『緑の希望——政治的エコロジーの構想』藤原書店。

若森章孝（1991）「アフター・フォーディズムにおける経済・市民社会・国家——過程としてのレギュラシオン」山田鋭夫、須藤修編『ポストフォーディズム——レギュラシオン・アプローチと日本』大村書店。

若森章孝（1996）『レギュラシオンの政治経済学——21世紀を拓く社会＝歴史認識』晃洋書房。

渡部昭男（2010）「貧困・能力・必要——特別ニーズへの対応と教育行政学の課題」『日本教育行政学会年報』36号。

渡部昭男（2011）「子ども・若者の貧困と教育行政の課題」『日本教育行政学会年報』37号。

渡辺博明（2000）「ニュー・ポリティクスとポスト福祉国家の社会福祉」賀来健輔、丸山仁編『ニュー・ポリティクスの政治学』ミネルヴァ書房。

事項索引

【ア行】

アソシエーティブ・デモクラシー　65-69, 81, 83-84, 104, 292
新しい社会運動　51, 56-57, 318
アフター・フォーディズム　57-58
アルマナック（年鑑）　115-116, 118-119, 132-142, 145-146, 151-152, 324-327
依存文化　34-35, 289, 338
委託契約　111, 134-136, 138, 140, 142, 150, 156, 325
一般チャリティ　116, 119, 132, 136, 138-139, 142, 151, 326
ウルフェンデン報告（Wolfenden Committee Report）　88
英国会計検査院（National Audit Office：NAO）　44, 169, 172, 178-180, 187, 189-190, 259, 265-266
エンパワメント　21, 148, 172, 180, 265, 286, 288, 296, 301-302, 340
大きな社会　295, 339
大きな政府　59, 62-63, 101, 159

【カ行】

階級中心性　30, 50, 57, 95, 292, 321
確信の政治　159-160
拡張学校　45-46, 194, 201, 204-205, 211-214, 218, 222-223, 228-229, 234-235, 237-248, 252, 254-259, 262-263, 265-266, 268-271, 285, 293-294, 300, 334-336

拡張サービス　234-254, 262-263, 285, 335
家族主義　14-16, 288, 300, 305-307
学校選択　26, 34-35, 90, 165-167, 285-286, 317, 328-329
学校と教育水準の枠組み法（School Standards and Framework Act）　173
カトリック・チルドレンズ・ソサイアティ（Cathoric Children's Society）　229
監査委員会（Audit Commission）　39
企業内福祉（職域福祉）　4, 88, 92, 303
規制国家　26, 36-37, 39-42, 131, 169, 189, 272-277, 279, 283, 294, 330
（子ども）虐待　16-17, 24, 192, 198, 228, 288, 298-299, 307-310, 333, 339
教育水準局（Office for Standard in Education：OFSTED）　39-40, 44, 168-169, 172, 180-187, 190, 237, 255, 259, 262-266, 293, 329-330, 332, 335-336
強制競争入札制度　120
共通善　55, 72-76, 80, 82
共同体論　71-73, 339
近隣地域再生資金（Neighbourhood Renewal Fund）　128-130
近隣ナーサリー先行施策（Neighbourhood Nurseries Initiative）　220, 226
クラスター（学校群）　173, 224, 235-236, 238-239, 247-248, 251, 255-256, 258, 285
グローバル化（グローバリゼーション）　7, 10-11, 79-80, 278, 283-284, 289, 315, 334, 338-339

クロスカッティング・レビュー　126
経済・階級中心性　30, 50, 57, 95, 292, 321
経済中心性　50, 56, 62, 81-82, 85, 95, 279, 283, 294, 319, 321
契約国家　30, 93-94, 121-122, 169
契約文化　119, 121-122, 125, 215
ケインズ主義的福祉国家　4-6, 10-12, 25, 30, 34, 43, 49-52, 54-59, 62, 67, 72, 85-88, 95, 119, 159, 278-279, 284, 292, 301, 318, 339
権威主義　5, 36, 61-63, 85
コアファンディング　150, 211, 333-334
合意の政治　159-160
公営住宅の払い下げ　163
公益ユース法　113, 324
子育て支援　14, 19-20, 24, 233, 301, 311-314, 340
子ども・学校・家庭省（Department for Children, Schools and Families：DCSF）　45, 117, 207-209, 212, 216-217, 222, 225, 236, 251, 296, 332-333
子ども・若者・家庭大臣　196, 198, 203, 207, 209, 331
子ども家庭省　301, 312
子ども家庭福祉　16, 21
子どもサービスディレクター（Director of Children's Services）　200-202, 206, 332
子どもセンター　45-46, 193-194, 205, 211, 213-214, 217-218, 220-232, 235, 238, 241, 245-246, 259-262, 264-265, 285, 287, 293-294, 334-336, 338
子どもと貧困（子どもの貧困）　13-15, 24, 192, 208, 217, 236, 304-305, 307, 309
子どもトラスト　195, 202, 211-212, 223, 235, 333-334
コミュニティからのシフト　41, 190, 279-280
コンタクトポイント　224, 334, 336
コンテクスト主義　77-78
コンパクト　112, 122-129, 147, 152-153, 157, 210-211, 215-216, 273

【サ行】

サービス供給主体の多元化　214
再商品化（脱商品化）　106-107, 319
サッチャリズム　25-19, 29, 31, 36, 39, 64, 159-161, 264, 328
資源配分様式　108-110
自己責任（自助努力）　25-26, 59, 113, 160, 164, 288, 290, 295, 306
市場原理　25-26, 28, 30, 32-33, 37, 58-59, 64, 90-91, 121, 160, 162, 167, 286, 316-317, 320, 325
篠田武司　67
自発的共同社会　81-83
市民憲章　120
社会関係資本　14, 213, 280-283, 290, 294, 306, 333, 337
社会的経済　100-101, 103-104, 117, 282
社会的包摂（社会的包括）　10, 15, 25-26, 37, 123, 171, 174, 178, 182, 227, 281-284, 294, 300, 306, 316-317, 325, 339
社会統合（大衆統合）　56, 59, 60-61, 63, 72-73, 75-76, 85-86, 319, 339
就学前児童モデルセンター　175-176, 220
自由主義　71-75
熟議民主主義（Deliberative Democracy）　65-66, 69-70, 77-78, 80 - 81, 84, 292, 320-321
条件整備機関　122
条件整備国家　93-94
自立した個人（市民）　105, 284, 289-291, 295, 339
新自由主義　3, 5, 13, 20-21, 25-27, 29, 36-37, 40, 42, 58-61, 63, 79, 83, 91-92, 159, 161-165, 167, 278, 284, 303, 307, 314, 317, 319, 321
人生前半の社会保障　23, 315
人的資本　280-283, 290, 294, 338
新保守主義　5, 8, 12, 25-27, 36-37, 40, 42, 59-61, 63, 84, 159, 161-162, 164-165, 317

スクールソーシャルワーカー　296-300, 302, 339
政治的領域　63-65, 68
税制改革　163-164
税制上の優遇処置　112, 114-115, 324
税の控除　110
積極的福祉　10-11, 86, 289, 338
全国ボランタリー団体協議会（National Council for Voluntary Organisation：NCVO）　44, 46, 114-116, 118-119, 122, 127, 132, 140, 143, 146-147, 149-150, 293, 326
戦術的ファンディング　150, 211
相対的貧困率　13, 15, 304, 306-307, 309, 315
組織民主主義　103-105, 107

【タ行】

大衆消費社会　52, 55, 81-82
大量生産－大量消費　52, 54-55, 106
対話型民主主義　69-71, 77
確かな出発　221, 226
確かな出発の地域プログラム（Sure Start Local Programmes）　220-221, 260, 265, 287, 338
脱物質主義　42-44, 49-51, 57, 62, 67, 95, 97, 102-103, 157, 277, 279-280, 283-284, 291-292, 294, 318-320
炭鉱争議　161-162
地域基盤戦略（Area Based Initiative）　172, 286-288, 329, 338
地域再生戦略　172, 286
地域戦略パートナーシップ（Local Strategic Partnership）　127-130, 287, 325
小さな政府　59, 62-63, 159, 163
蓄積体制　51-55, 63, 318
チャイルドマインダー　218, 222, 238, 243
チャリティ委員会　112-115, 117-118, 124-125, 179, 324-325
朝食クラブ　234, 240-242, 246-247, 257-258

チルドレン・リンクス（Children's Links）　45, 246
強い国家　5, 59, 63-64, 159-160, 162
デイ・ナーサリー　218
ディーキン委員会　122, 153, 325
テーラー主義　52-54, 58, 318, 320
都市の卓越性（Excellence in Cities）　170, 180, 316

【ナ行】

ナショナル・カリキュラム　29, 31, 164-165, 168, 175, 178, 189, 275, 317, 329
ナショナル・テスト　33, 164-165, 167-168, 172, 181, 276, 279, 281, 285, 291-292, 296, 301, 303-304, 317, 321, 328-329, 330
認定NPO法人　112, 323
認定こども園　18-20, 311-314, 340
2004年子ども法　23, 200, 202, 204-205, 210-211, 336
ネオ・コーポラティズム　8, 88, 303-304

【ハ行】

パートナーシップ文化　119, 125-127, 129-130, 271
非営利・協同組織　100, 103-104, 119
ビクトリア・クランビエ調査報告　198-199, 331
評価国家　30, 93, 169
評価制度　167-169, 317, 329
品質保証国家　26-36, 317
ファンディング　143, 146-147, 150, 153-154, 178, 211, 246, 275, 333-334
フォークランド紛争　161
フォーディズム　51-58, 60, 67, 72, 85, 318-319
4チルドレン（4Children）　234, 238, 247, 260, 335
福祉から労働へ　31

福祉共同体　85-87
福祉多元主義　43, 67, 85, 87-95, 97, 105-109, 111-112, 119-120, 122, 134, 152, 156-157, 214, 292-293, 321-322, 325
物質主義　30, 49-51, 55-56, 58, 62, 72, 81, 85, 95, 279, 283, 292, 294
フレキシビリティ　54, 58, 106-107, 319, 323
包摂的社会（包括的社会）　31, 33, 35-37, 40, 157, 191, 291
法と秩序　31, 59-60, 63-64, 161
ポスト福祉国家　3-8, 13, 24, 26-27, 29, 36-37, 42-43, 47, 49-50, 62, 93, 101, 157, 170, 191, 218, 234, 291, 296, 303-304, 315, 329-330, 334-335
ボランタリー・アンド・コミュニティ組織　99-100, 115, 119, 177

【マ行】

民営化　5, 8, 36-37, 39-40, 59, 62, 107, 111, 119-121, 162, 215, 277, 283, 286, 325, 331
民主主義の民主化（市民社会の政治化・民主化）　42-44, 62, 65, 68, 70-71, 76-78, 80-81, 83-85, 95, 97, 102-104, 129-130, 157, 188-189, 210, 212, 217, 274, 276-277, 284-285, 289-295, 320, 339

【ヤ行】

幼保一元化　18-21, 311
要保護児童対策地域協議会　296, 299, 301-302
予防的な支援　192-193, 197, 207, 288, 330

【ラ行】

ラディカル・デモクラシー　71-77, 80-81, 83-84, 104, 284, 321
利益政治　58, 62, 279
利益非分配制約　100, 103
レギュラシオン　44, 51, 53-54, 57-60, 279, 319
連続性・非連続性　25-27, 32, 36, 276, 317
ローカルコンパクト　211, 127-128

【ワ行】

ワンストップショップ　174, 241, 244

＊

【C】

ContinYou　45, 234, 237, 246-247, 253, 258, 260, 268, 285, 335

【E】

Education Action Forum（EAF）　170, 177-180, 185, 187-189, 285, 329
English as an additional language（EAL）　242, 335

【F】

Free School Meal（FSM）　241-243, 257, 335

【N】

NHS及びコミュニティ・ケア法（National Health Service and Community Care Act）　120-121
NPO法人　111-112, 301, 323

あとがき

　本書は2016年9月に東北大学より学位授与された博士論文「『第三の道』としての教育政策――英国労働党教育政策にみるポスト福祉国家レジーム――」を基にしたものである。この博士論文の基本的な枠組みを執筆したのは2002年の論文であったから、完成まで長い年月を要してしまった。学位授与後、世織書房の伊藤晶宣さんに原稿を送付させていただいたのが2016年の大晦日、懇切なご助言のもと、世に送りだすことができた。

　ただ、この最後の一年は、地球規模の「混沌とした一年」であったと思う。と同時に、今後の世界の道筋を定める「生まれいずる悩み」の一年でもあったように思う。2017年早々にトランプ氏がアメリカ大統領に就任した。5月にはフランスで大統領選挙が実施され、旧来の二大政党（共和党と社会党）の候補者ではないマクロン氏が圧倒的な勝利を収め、続いて6月に行われた国民議会選挙でも「マクロン新党」が573議席中306議席を占め圧勝した。本書が出版される頃にはドイツの連邦議会選挙の結果も出ているだろう。

　英国の政治状況はどうか。2016年6月にEU離脱の国民投票が行われ、大方の予想に反してEU離脱がわずかに上回る。直後のキャメロン首相の辞任、メイ首相の誕生。そして2017年6月突然の総選挙の実施（保守党は330議席から318議席に減じたが、マスコミが騒ぐほど大きく負けたわけではない）。

　これらの各国の動向をみたときに共通していることは、右か左かという単純なものではなく、旧来の政治の枠組みそれ自体が揺らいでいること、にもかかわらずその行く先を世界のだれもみつけられないことではないか。ただし、「旧来の枠組み」とひとまとめに捉えても、そのなかの解体されるべき

体制と、人類が育んできた守り、発展させるべき遺産とを区別しなければならないと思う。機会があって、この半年の間19世紀英国ビクトリア朝の教育を研究したが、労働者階級と労働運動の誕生、民主主義の探求と進展の歴史の重みを学ぶことができた。EUはそうした歴史を礎に、二つの世界大戦の反省から世界の平和を願って構想された高邁な理想ではなかったか。「保護主義」の主張はわれわれを何世紀前に連れ戻すのであろうか。

わが国に目を移したとき、事態はより深刻である。安倍政権が決して民主的とはいえない手続きで成立させた「特定秘密保護法」（2013年12月）、「安全保障関連法」（2015年9月）、「組織的犯罪処罰法改正」（2017年6月）は、国家権力を強化し、民主主義を弱体化する。自民党が提案している憲法改正案の全体像もしかりである。安倍首相は「教育基本法」を改正した（2006年12月）ことも忘れてはならない。明らかに歴史を逆行している。にもかかわらず、本書の序章で述べたとおりわが国に「オルタナティブ」がない状況は、「安倍一党独裁」を許し、深刻な状況から脱する道筋・方途を見出せないでいる。

すなわち、この20年以上もの間、ニューライトに代わるポスト福祉国家レジームの構築を世界は模索し続けている。そして、こうした「混沌とした」政治・社会状況のなかにわが国の子どもたちはおかれている。「子どもたちのウェルビーイングを保障する」'Every Child Matters'「すべての子どもを大切に」、なんと魅力的なフレーズではないか。これらのフレーズを実現する具体的な教育福祉政策の形成、それらの政策で構成された国家・社会像の探求が、世界でもわが国でも、今日これまで以上に求められている。

本研究が、それらの探求に少しばかりでも貢献することができれば、と思っている。

*

本書は社会関係資本の大切さを主張した。通例ならば、最後に本書の執筆に導いていただいた方々に感謝の念を記さねばならない。この著書は多くの人々に支えられて世に送りだすことができた。すなわち私の社会関係資本に支えられている。それらすべての方々にお礼を申し上げたい。

　　　2017年8月15日

　　　　　　　　　　　　　　　　　　　　　　　　　　　　　　著者

〈著者プロフィール〉
谷川至孝（たにがわ・よしたか）
1956年生まれ。1980年、京都大学教育学部卒業。1993年、京都大学大学院教育学研究科博士後期課程研究指導認定。2016年、博士（教育学、東北大学）。
立教英国学院（在英）教諭、京都大学助手、佛教大学教育学部教授を経て、2014年より京都女子大学発達教育学部教授。
主な論文に「『福祉国家の危機』後の福祉サービスのありようについて：供給形態の多元化における非営利・協同組織の役割を中心に」（『日英教育研究フォーラム』7号、2003年）、「福祉多元主義のもとでの英国教育政策の展開：ボランタリー・アンド・コミュニティ・セクターの活動」（『日本教育行政学会年報』34号、2008年）、「『子どもの貧困』対策から『子どもの社会的包摂』へ：家族主義＝自己責任論を乗り越える」（『佛教大学総合研究所共同研究成果報告論文集』2015年）などがある。

英国労働党の教育政策「第三の道」
―― 教育と福祉の連携

2018年2月15日　第1刷発行 ©

著　者	谷川至孝
装幀者	M. 冠着
発行者	伊藤晶宣
発行所	㈱世織書房
印刷所	㈱ダイトー
製本所	協栄製本㈱

〒220-0042　神奈川県横浜市西区戸部町7丁目240番地　文教堂ビル
　　　　　　電話 045-317-3176　振替 00250-2-18694

落丁本・乱丁本はお取替えいたします　Printed in Japan
ISBN978-4-902163-98-8

平井悠介
エイミー・ガットマンの教育理論 ● 現代アメリカ教育哲学における平等論の変容
4600円

平井秀幸
刑務所処遇の社会学 ● 認知行動療法・新自由主義的規律・統治性
5500円

広田照幸・宮寺晃夫＝編
教育システムと社会 ● その理論的検討
3600円

広田照幸
格差・秩序不安と教育
3600円

【第2版】**右派の／正しい教育** ● 市場、水準、神、そして不平等
マイケル・アップル／大田直子＝訳
4600円

大田直子
現代イギリス「品質保証国家」の教育改革
2400円

栗原彬＝編
人間学
2400円

〈価格は税別〉

世織書房